ISTANBUL

GABRIELE TRÖGER | MICHAEL BUSSMANN

VII. S. 189
Sütlüce
Eyüp
Hasköy
Goldenes Horn
Kasımpaşa
Tarlabaş
Beyoğl
Tekfur Sarayı
Balat
Chora-Kirche
Fethiye-Moschee
Fener
VIII. S. 192/193
Sultan-Selim-Moschee
Galata
Galata-turm
Cibali
Karaköy
Fatih-Moschee
Fatih
III. S. 148/149
Topkapı
V. S. 170/171
Süley-maniye-Moschee
Neue Moschee
Bahnh Sirkec
Valens-Aquädukt
Ägyptischer Basar
Großer Basar
Eminönü
Tulpen-moschee
Theodosian. Landmauer
Aksaray
Laleli
Beyazıt-Moschee
Hagia Sophia
IV. S. 165
Sultanahmet
Blaue Moschee
Kumkapı
I. S.113
Samatya
Yedikule-Kastell
Marmara-meer
VI. S. 180/181

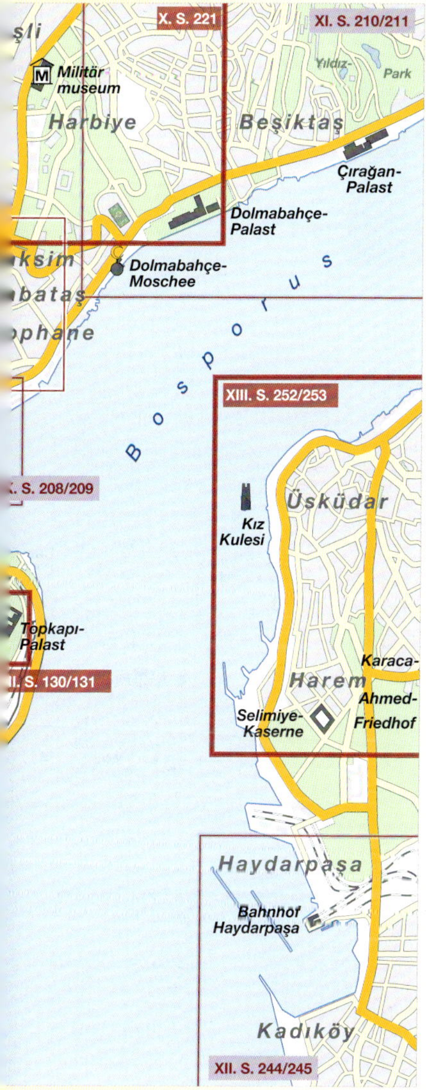
X. S. 221
XI. S. 210/211
Militär museum
Yıldız-Park
Harbiye
Beşiktaş
Çırağan-Palast
Dolmabahçe-Palast
Dolmabahçe-Moschee
Bosporus
XIII. S. 252/253
S. 208/209
Üsküdar
Kız Kulesi
Topkapı-Palast
S. 130/131
Karaca-Ahmed-Friedhof
Harem
Selimiye-Kaserne
Haydarpaşa
Bahnhof Haydarpaşa
Kadıköy
XII. S. 244/245

Unterwegs mit Gabriele Tröger und Michael Bussmann

Verlangen unsere Kinder eigentlich auch immer so häufig nach ihren Müttern? „Anne, aannee, aaannneee!" kann es in İstanbul zwischen 6 und 24 Uhr alle fünf Minuten rufen – und das in der Gasse direkt unter Ihrem Hotelzimmer. Dazwischen kommt der Gebäckverkäufer vorbei mit seinem hohen Singsang: „Sıcak poğacalar, sıcak poğacalar, sıcak poğacalar!" Und der mit seinem Karren holpernde, brummend-grummelnde Altwarensammler: „Hurdacı, hurdacı, hurdacı!" Gnade Ihnen, wenn noch eine Moschee in der Nähe steht ... Was für eine Kakofonie! Ach, könnten wir hier nur O-Töne beisteuern! Geht man erst mal aus dem Haus, geht der Spaß erst richtig los. Gehupe in jeder Gasse, ein Geklingel, Getröte, Gezwitscher, Gekeife, Geschnatter und Geplapper. Und ein Getümmel und Gedränge. *Kalabalık* nennt sich Letzteres. Ohne Kalabalık ist für viele İstanbuler eine Bar langweilig, ein Restaurant zweitklassig und überhaupt eine ganze Stadt ein Dorf – wie Freunde aus İstanbul, die bei uns zu Besuch waren, Berlin bezeichneten. Haben wir Sie jetzt erschreckt? Nur keine Sorge – Sie werden die Stadt lieben. Oder Ihren Besuch dort zumindest niemals vergessen. Sie werden staunen und hören und sich nach der Reise einfach nur wundern, wie leer, leise und beschaulich Ihnen Ihre Heimat auf einmal vorkommt. Viel Spaß in einer kunterbunten Stadt, deren einzige Konstante der wilde Sound des Lebens ist!

Impressum

Text und Recherche: Gabriele Tröger und Michael Bussmann **Lektorat:** Dagmar Tränkle **Redaktion und Layout:** Susanne Beigott **Karten:** Torsten Böhm, Carlos Borrell, Judit Ladik, Michaela Nitzsche, Gábor Sztrecska **Fotos:** Autoren, bis auf S. 31 mit freundlicher Genehmigung des Cağaloğlu Hamamı sowie S. 12/13 und S. 106/107 Kulturabteilung der Türkischen Botschaft, S. 259 © oytun – Fotolia.com **Covergestaltung:** Karl Serwotka **Covermotive:** oben: Derwischzeremonie in der Galata Mevlevihanesi unten: Blaue Moschee, Innentitel S. 1: Kız Kulesi

6. KOMPLETT ÜBERARBEITETE UND AKTUALISIERTE AUFLAGE 2013

Inhalt

Istanbul – Hintergründe & Infos

Inhalt

Istanbul – Stadttouren und Ausflüge

Mit dem grünen Blatt haben unsere Autoren Betriebe hervorgehoben, die sich bemühen, regionalen und nachhaltig erzeugten Produkten den Vorzug zu geben.

Alles im Kasten

Zeichenerklärung für die Karten und Pläne

Hauptverkehrsstraße	Allgemeine Sehenswürdigkeit	Haltestelle Metro
Straße	Moschee	Bushaltestelle
Stadtrundgang	Museum	Taxistandplatz
Grünfläche	Information	Bank/Geldautomat
Bebaute Fläche	Reisebüro	Post
Gewässerfläche	Autovermietung	Apotheke
	Straßenbahnhaltestelle	Krankenhaus
	Bushaltestelle	Öffentliche Toiletten

İstanbul: Die Vorschau

Was für eine Megacity!

İstanbul ist für viele nicht nur eine der prächtigsten Städte Europas und eine der reizvollsten Asiens, sondern eine der faszinierendsten der Welt. Und teilt man die Meinung Alexander von Humboldts, dann ist İstanbul sogar die schönste Metropole überhaupt. Als einzige Stadt auf unserem Globus erstreckt sie sich über zwei Kontinente. Ihre 13 bis 15 oder vielleicht schon 17 Mio. Einwohner – keiner kennt die genaue Zahl wirklich – machen sie zu einem brodelnden Irrwitz zwischen Orient und Okzident, zwischen Kommerz und Koran. İstanbul ist der türkische Schmelztiegel für Innovation, moderne Lebensfreude und jugendliche Aufmüpfigkeit. Am Bosporus boomt die Wirtschaft, herrscht reger Handel und Wandel und werden die neuesten Trends des Landes vorgegeben. Gleichzeitig pflegt man liebevoll sämtliche Klischees aus 1001 Nacht: mit illuminierten Kuppeln und Minaretten, orientalischen Basaren und glitzernd-rasselnden Bauchtänzerinnen.

Stadt der Gegensätze

İstanbul weckt nicht nur Träume bei ausländischen Reisenden, sondern auch bei den Türken selbst: Die sehnsüchtig nach Europa blickende, gebildete Jugend sieht in der Anonymität der Metropole meist die einzige Möglichkeit, der starr-konservativen Provinz zu entkommen. Für viele verarmte und streng religiöse Dörfler aus Ostanatolien hingegen stellt das prosperierende İstanbul oft die letzte Chance auf Arbeit dar. Das offensichtliche Nebeneinander von Liberalismus und Traditionalismus, von Arm und Reich bringt Widersprüche mit sich, die die Stadt abstoßend und anziehend zugleich machen: Während die schön-schicke High Society in

eleganten Gourmettempeln innerhalb weniger Minuten Speisen im Wert eines Monatslohns des vor dem Lokal postierten Schuhputzers futtert, Beatfreaks im Designerdrogenrausch in vernebelten Clubs bis zum Morgen feiern und junge Avantgardekünstler in Literaturcafés über die nächste Vernissage plaudern, stehen anderswo von Kopf bis Fuß in Schwarz gehüllte Frauen beim Brotverkauf an. Ihre bärtigen Männer mit ihren bunten Wollmützen und grauen Jacketts spielen *Tavla* im Kaffeehaus und warten auf Arbeit und den nächsten Ruf des Muezzins. İstanbul hat viele Gesichter.

Kunstmetropole İstanbul

Das einstige Zentrum zweier gewaltiger Imperien ist unendlich reich an Sehenswürdigkeiten: an gigantischen byzantinischen Sakralbauten wie der Hagia Sophia, an pompösen osmanischen Palästen wie dem Topkapı Sarayı und an bezaubernden Moscheen wie der Blauen Moschee – allesamt wahre Augenweiden, nicht nur für Kunsthistoriker. Hinzu kommen eindrucksvolle Museen von internationalem Ruf, allen voran das archäologische, dessen Besichtigung zum Tagesausflug ausarten kann. Wer kuriose Installationen und Performances spannender findet als byzantinische Mosaiken oder antike Torsos, kommt ebenfalls auf seine Kosten. İstanbul ist im Fokus moderner türkischer Kunst – unzählige schicke Galerien kann die Stadt aus dem Ärmel schütteln, und jedes Jahr kommen hervorragende neue hinzu. In allen ungeraden Jahren findet im Herbst zudem die Kunstbiennale statt – unbedingt hingehen!

Zwischen Basaren und Glaspalästen

„Die fremden Besucher der Stadt sollten als Erstes" die Basare von İstanbul besuchen“, bemerkte schon der dänische Schriftsteller Hans Christian

Andersen im 19. Jh. Noch heute sind die Märkte İstanbuls ein schrilles Potpourri aus Farben und Gerüchen, wo Augen und Nase Karussell fahren: orientalisch glitzernde Stoffe, duftende Gewürze, blank gewienerte Granatäpfel und funkelndes Gold an jeder Ecke. Aber nicht nur die Basare laden zum Bummeln ein. Entdecken Sie noble Einkaufsviertel mit exquisiten Boutiquen, verstaubt-charmante Antiquariate und gläserne Shoppingtempel. Wer sich mit witzigen Vintage-Klamotten eindecken will, spaziert am besten in Galata umher. Und den edlen Roben türkischer Designer begegnet man in Nişantaşı und Teşvikiye. Dass Sie dem Kaufrausch erliegen, ist fast unvermeidlich ...

Diät bitte verschieben!

Kreativität zeichnet die türkische Küche aus, das gilt für die Zubereitung der Speisen genauso wie für die Wahl ihrer Namen. Was z. B. in Deutschland schlicht als „Bulette", „Frikadelle" oder „Fleischpflanzerl" auf den Teller kommt, wird in der Türkei verführerisch als „Frauenschenkel" serviert. In einem Land, in dem selbst der Snack am Straßenrand zum kulinarischen Highlight werden kann, wird es Ihnen wie den İstanbulern ergehen, die, wenn sie nicht gerade essen, stets ans Essen denken – sagt man zumindest. Kosten Sie feine Joghurtcremes oder raffiniert zubereitetes Gemüse, baden Sie in Olivenöl, bleiben Sie an honigsüßen Puddings kleben, und erleben Sie, wie gefüllte Schwarzmeersardinen und Schwertfischcarpaccio das gegrillte Lachssteak daheim in einem höchst bescheidenen Licht erscheinen lassen. Und das Schönste: In einer Stadt wie İstanbul können Sie sich sicher sein, jedes angefutterte Pölsterchen bereits nach einem Tag wieder abgelaufen zu haben.

Clubben am Bosporus

Wenn dem Tag das Stündlein schlägt, erwachen die Vergnügungsviertel von Beyoğlu und Ortaköy und verwandeln sich in Magneten der schrillen Flaneure der Nacht. Egal ob Sie Punkrock, Türkpop, Ethno, elektronische Beats oder orientalische Klänge bevorzugen – live oder vom Plattenteller –, dem Clubbing steht am Bosporus nichts im Wege. Das Angebot ist gigantisch, es reicht von schummrigen Pinten, wo graubärtige Alleinunterhalter melancholische Volksweisen trällern, bis hin zu exklusiven Open-Air-Clubs direkt am Bosporus mit Blick über die nächtliche Skyline der Stadt. Noch konnte die AKP-Regierung der Partyfreudigkeit vieler İstanbuler keinen Einhalt gebieten, ganz im Gegenteil: Seit die islamistisch-konservative Partei die Regierung stellt, hat sich der Alkoholkonsum im Land sogar verdoppelt … Extratipp: Mischen Sie sich unters Volk der bunten Szene in Kadıköy auf der asiatischen Seite – Partyspaß mit viel Lokalkolorit.

Rotznasen willkommen!

Die Türken sind überaus kinderfreundlich. Ob Ihr Nachwuchs im Restaurant Tellersegeln spielt oder längere Zeit im Bus seinen Weltschmerz hinausschreit: Niemand wird sich darüber aufregen, die Scherben werden lächelnd beseitigt und der kreischende Rotzbengel mit Bonbons beruhigt. Dennoch ist İstanbul als Reiseziel mit Kindern nicht gerade ideal: Ist der Wurm noch im Kinderwagenalter, trägt man ihn besser – über die holprigen Gehwege, die hohen Bordsteinkanten und durch das Gewimmel der Millionen lässt sich kein Buggy schieben. Marschiert der Kleine schon selbstständig, hält man ihn besser immer an der Hand, sonst ist er schnell in der Masse verschwunden. Dennoch können Kinder in İstanbul auf ihre Kosten kommen, Tipps dazu finden Sie auf S. 37.

Die Bosporusbrücke verbindet Europa und Asien

Hintergründe & Infos

Land und Leute unterm Halbmond – Steckbrief Türkei

Offizieller Name: Türkiye Cumhuriyeti (Republik Türkei)

Geografie: Mit einer Fläche von 779.452 km² ist die Türkei gut zweimal so groß wie Deutschland. 3 % der Fläche befinden sich auf dem europäischen Kontinent, der Rest – allgemein als Anatolien bezeichnet – gehört zu Asien. Die Fläche İstanbuls beträgt 5712 km². Das historische Zentrum nimmt nur 5 % der Stadtfläche ein.

Politisches System: Die Türkei ist eine parlamentarische Demokratie, ihr Präsident ist seit 2007 Abdullah Gül. Ab 2014 wird der Präsident vom Volk für eine Amtszeit von 5 Jahren gewählt, eine einmalige Wiederwahl ist möglich (Gül kann jedoch nicht mehr kandidieren). Die Nationalversammlung (Parlament) ist die Legislative und besteht aus 550 Sitzen. Die letzten Wahlen 2011 brachten der regierenden konservativen AKP eine absolute Mehrheit von 326 Sitzen. Die beiden Oppositionsparteien sind die sozialdemokratische CHP (135 Abgeordnete) und die nationalistische MHP (53). Alle anderen Parteien scheiterten an der 10%-Hürde. Ins Parlament zogen noch 36 unabhängige Kandidaten ein. Die Legislaturperiode beträgt 4 Jahre. Ministerpräsident ist seit 2003 Recep Tayyip Erdoğan (AKP), der, so munkelt man, 2014 zum Präsidenten aufsteigen will. Der Laizismus (Trennung von Religion und Staat) ist in der Verfassung verankert. Nur – wie lange noch?

Wirtschaft: Die Türkei erlebte in den letzten Jahren – trotz eines kurzen Dämpfers durch die Finanzkrise 2009 – ein Wirtschaftswachstum, das weltweit zuweilen nur noch China toppen konnte. In der Rangfolge der größten Volkswirtschaften der Welt nimmt die Türkei nach Erhebungen der OECD mittlerweile Rang 17 ein. Doch der Boom, so befürchten Experten, könnte mit einem großen Knall enden, die türkische Wirtschaft gilt mehr und mehr als überhitzt. 2012 schwächte sich das Wirtschaftswachstum bereits ab. Die Arbeitslosigkeit schwankte in den letzten Jahren um die 10 %, die Inflation zwischen 6 und 10 %, das jährliche Pro-Kopf-Einkommen wird – je nach Quelle – mit 6000 bis 12.000 € angegeben. Diese Angaben lassen sich aufgrund der beträchtlichen Schattenwirtschaft niemals exakt ermitteln. Grundsätzlich bleibt aber festzuhalten, dass das Pro-Kopf-Einkommen im Großraum İstanbul, dem führenden Wirtschaftszentrum der Türkei, wo sich zwei Fünftel aller gewerblichen Arbeitsplätze und rund 40 % aller türkischen Industriebetriebe konzentrieren, etwa das Doppelte des Durchschnittswertes beträgt, in den armen östlichen Provinzen dafür nur die Hälfte. 2012 mussten als Bruttomindestlohn monatlich 887 YTL (ca. 385 €) gezahlt werden. Auf das ganze Land bezogen, trägt zum BIP die Landwirtschaft, in der über 30 % aller Erwerbstätigen ihr Auskommen finden, nur 10 % bei, die Industrie (v. a. die Textil-, Chemie- und Elektrobranche wie auch Fahrzeug- und Maschinenbau) 30 % und der Dienstleistungssektor 60 %.

Bevölkerung: 2012 hatte die Türkei rund 75 Mio. Einwohner (1960: 28 Mio.). Das Durchschnittsalter beträgt 29 Jahre (in Deutschland 42 Jahre) – rund 50 % der İstanbuler Bevölkerung sind unter 25! Die Bevölkerungsdichte ist sehr unterschiedlich. Der Verwaltungsbezirk İstanbul steht mit über 2300 Einwohnern je km² deutlich an der Spitze. Die geringste Bevölkerungsdichte haben die unterentwickelten Provinzen in Ostanatolien mit 16 Einwohnern pro km².

Bevölkerungsgruppen: 85,7 % Türken, 10,6 % Kurden, 1,6 % Araber, 2,1 % Armenier, Griechen, Lasen, Tscherkessen, Georgier und muslimische Bulgaren.

Gesundheit/Soziales: Auf 1000 Einwohner kommen 1,6 Ärzte (Deutschland 3,6). Die Lebenserwartung liegt für Frauen im Durchschnitt bei 75 Jahren, für Männer bei 70 Jahren. Da etwa die Hälfte der Arbeitnehmer einer informellen Beschäftigung nachgeht und nicht in die Sozialversicherungssysteme einzahlt, haben viele Türken keine Kranken- oder Arbeitslosenversicherung, nur rund 40 % der Türken über 65 Jahre beziehen Leistungen aus der Rentenversicherung. Für die Ärmsten der Armen gibt es die „Grüne Karte", die kostenfreien Zugang zu den staatlichen Krankenhäusern gewährt.

Tourismus: 2012 zählte İstanbul über 9 Mio. ausländische Gäste, 15 % davon kamen aus Deutschland. Das ganze Land verbuchte knapp 31,4 Mio. Besucher.

Bildung: 2012 trat eine umstrittene Schulreform in Kraft. Dabei wurde die Schulpflicht von 8 auf 12 Jahre erhöht. Jedoch dürfen konservative Eltern ihre Kinder nun bereits nach der 4. Klasse auf religiöse *İmam-Hatip*-Schulen („Vorbeter-und-Prediger"-Schulen) schicken, was vorher erst nach der 8. Klasse möglich war. Zudem können sie Mädchen nach der 8. Klasse von der Schule nehmen und deren Ausbildung per Fernunterricht fortsetzen lassen. Ursprünglich sah der Reformentwurf der AKP gar die Möglichkeit des Fernunterrichts für Mädchen bereits nach der 4. Klasse vor. 67 neue *İmam-Hatip*-Schulen wurden infolge der Schulreform allein in İstanbul gegründet, um – Zitat Erdoğan – „eine religiöse Generation heranzuziehen".

Ein Drittel aller Schulabgänger beginnt ein Hochschulstudium, ein Drittel aller Studierenden sind Frauen. In der Türkei gibt es 102 staatliche Universitäten und 62 staatlich anerkannte private Stiftungsuniversitäten. 30 davon befinden sich in İstanbul, und bald kommt eine neue hinzu: Zum Wintersemester 2013/2014 wird im Stadtteil Beykoz die *Türk-Alman Üniversitesi* (Türkisch-deutsche Universität) den Lehrbetrieb aufnehmen.

Stellung der Frau: Die Stellung der Frau in der Türkei ist nicht mit der der Frauen in vielen arabischen Ländern gleichzusetzen. Dies hängt zum einen mit Atatürks Reformen aus den 1920ern zusammen (→ Geschichte), zum anderen mit dem 2005 in Kraft getretenen Strafgesetzbuch, mit dem Ankara Forderungen der EU erfüllte. Dieses stärkte die Rechte der Frauen enorm: Vergewaltigung in der Ehe ist seitdem Straftatbestand, und sog. „Ehrenmördern", denen im Gerichtssaal zuvor viel Milde entgegengebracht wurde, drohen nun lebenslange Haftstrafen. Zwischen den Rechten der Frauen und den von der männlichen Gesellschaft auferlegten Zwängen herrscht jedoch, je nach dem, wo man sich in der Türkei oder İstanbul aufhält, eine große Diskrepanz. Das Emanzipationsgefälle hat wesentlich mit der Ausbildung der Frauen zu tun. Während an der Mittelmeerküste und in den modernen Städten des Landes wie İstanbul über 50 % der weiblichen Arbeitskräfte eine Ausbildung besitzen, die über das Grundschulniveau hinausgeht, sind es auf dem Lande gerade 5 %. Polygamie und verkaufte Bräute im minderjährigen Alter (obwohl das „Ehealter" gesetzlich auf 18 Jahre heraufgesetzt wurde) gehören in vielen unterentwickelten Regionen v. a. Südostanatoliens noch immer zum Alltag. Zugleich arbeiten aber an der İstanbuler Börse im Gegensatz zu Frankfurt mehr Frauen als Männer. Knapp ein Fünftel der Richter sind Frauen, mehr als ein Viertel der Anwälte und knapp ein Drittel der Ärzte – weit mehr als in vielen anderen europäischen Staaten haben in der Türkei Frauen Führungspositionen inne.

Nationalbewusstsein: Das Osmanische Reich war als Vielvölkerstaat ohne ethnisch-sprachliches Nationalbewusstsein konzipiert. Das Ziel Atatürks, den Türken das Selbstwertgefühl einer „Nation" zu geben, ist bis heute ein Leitmotiv der Innenpolitik des türkischen Staates. Unter anderem kommt das Nationalbewusstsein in den an allen Ecken und Enden gehissten Landesflaggen zum Ausdruck. Gleichzeitig ist der krude Nationalismus eine Geißel des Landes. Er schränkt die Menschenrechte und Meinungsfreiheit ein und belastet das Zusammenleben mit den ethnischen und religiösen Minderheiten.

Pressefreiheit: → S. 50.

Religion: 99 % der türkischen Bevölkerung bekennen sich zum Islam. Den verbleibenden Rest stellen Juden sowie armenische, syrisch- und griechisch-orthodoxe Christen.

Wo einst die legendäre Bagdadbahn startete:
Bahnhof Haydarpaşa auf der asiatischen Seite

Anreise

Die Anreise mit dem Flugzeug ist die bequemste Variante. Eine Fahrt mit der Bahn, dem eigenen Auto oder dem Bus ist hingegen eine langwierige Tortur. Immerhin beträgt die Distanz zwischen İstanbul und Wien rund 1600 km, bis Hamburg sind es sogar knapp 2500 km.

Mit dem Flugzeug

Maximal drei Stunden dauert der Flug aus dem deutschsprachigen Raum. Abflugmöglichkeiten bestehen von allen größeren deutschen, österreichischen und schweizerischen Städten. Das Gros der Preise bewegt sich je nach Saison, Sondertarif und Airline zwischen 200 und 400 € für ein Hin- und Rückflugticket. Sie können natürlich auch viel mehr bezahlen (z. B. in der Business Class), aber genauso auch viel weniger (z. B. mit Billigfliegern) – ein Vergleich lohnt auf jeden Fall. Achten Sie bei der Buchung auch darauf, ob der angegebene Flugpreis nur das Handgepäck (das vielfach die Größe von 20 x 40 x 50 cm und das Gewicht von 6 oder 8 kg nicht übersteigen darf) mit einschließt oder auch aufgegebene Gepäckstücke.

İstanbul besitzt bislang zwei Flughäfen, ein dritter soll bis 2016 im Norden der Stadt gebaut werden. Das Gros der Airlines fliegt den *Atatürk Havalimanı* (IST, www.ataturkairport.com) 18 km westlich des Zentrums im Stadtteil Yeşilköy auf der europäischen Seite an. Er verfügt über einen internationalen Terminal *(Dış hatlar)* und – direkt daneben – einen Inlandsterminal *(İç hatlar)*. Viele Billigflieger geben dem *Sabiha Gökçen Havalimanı* (SAW, www.sgairport.com) den Vorzug. Er liegt nahe dem Stadtteil Kurtköy, ca. 50 km vom Zentrum entfernt auf der asiatischen Seite. In beiden Flughäfen finden Sie Touristeninformationen, Banken und Geldautomaten.

Welche **Dokumente** Sie für die **Einreise in die Türkei** benötigen, erfahren Sie unter „Wissenswertes von A bis Z/Reisedokumente“ auf Seite 44.

Airlines und Anbieter im Internet

Air Berlin: www.airberlin.com, **Anadolu Jet**: www.anadolujet.com, **Atlasjet**: www.atlasjet.com, **Austrian Airlines**: www.austrian.com, **Condor**: www.condor.de, **Easyjet**: www.easyjet.com, **Germania**: www.flygermania.de, **Germanwings**: www.germanwings.com, **Lufthansa**: www.lufthansa.de, **Niki**: www.flyniki.com, **Öger**: www.flyoeger.com, **Onur Air**: www.onurair.com.tr, **Pegasus**: www.flypgs.com, **German Sky**: www.germanskyairlines.com, **Sun Express**: www.sunexpress.de, **Swiss**: www.swiss.com, **Turkish Airlines**: www.turkishairlines.com, **TUIfly**: www.tuifly.com.

Transfer zwischen Atatürk Havalimanı und Zentrum

Nach/von Sultanahmet: Zwischen 6 und 24 Uhr gelangen Sie bequem mit der **Metro M1** vom Flughafen nach Zeytinburnu und von dort mit der **Straßenbahn T1** weiter nach Sultanahmet (ca. 35–40 Min.). Umgekehrt kommen Sie ebenso schnell zum Flughafen. Die Fahrt mit dem **Taxi** nach Sultanahmet kommt je nach Verkehrslage auf etwa 17–22 €. **Flughafentransfers** (ab ca. 5 €) vermitteln zudem mehrere Hotels und Reisebüros in Sultanahmet.

Nach/von Taksim: Unmittelbar vor dem Ausgang des internationalen Flughafenterminals starten die **Busse** der Gesellschaft Havataş (www.havatas.com) zwischen 4 und 1 Uhr halbstündl. nach Taksim (4,30 €). Dauer je nach Tageszeit und Verkehr 45–60 Min. In Taksim fahren die Busse zuletzt vom Busbahnhof ab. Mit dem **Taxi** zahlt man für diese Strecke ca. 20 €.

Ab November 2013 (so die Planungen, es würde nicht wundern, wenn später) besteht zudem die Möglichkeit, mit der **Metro M1** bis Yenikapı zu fahren und dort in die **Metro M2** umzusteigen. So gelangen Sie über Beyoğlu (Station Şişhane) ebenfalls nach Taksim.

Transfer zwischen Sabiha Gökçen Havalimanı und Zentrum

Nach/von Taksim: Vom Flughafen fahren **Busse** der Gesellschaft Havataş (s. o.) zwischen 4.15 und 0.45 Uhr im halbstündl. Rhythmus (5,20 €) nach Taksim. Fahrtdauer mind. 1 Std. In Taksim fuhren die Busse zuletzt vom Busbahnhof ab. Ein **Taxi** kostet für die Strecke je nach Verkehrslage 40–50 €.

Nach/von Sultanahmet. Am einfachsten mit dem **Taxi** – wer nicht handelt, zahlt jedoch schnell 60–70 € für die Strecke anstatt der gewöhnlichen – je nach Verkehrslage – 35–45 €. Alternativ kann man auch den **Havataş-Bus** nach Taksim (s. o.) nehmen und von dort mit öffentlichen Verkehrsmitteln (→ S. 199) oder dem Taxi nach Sultanahmet fahren. Des Weiteren fahren vom Flughafen **Havataş-Busse** (3,50 €) und der Linienbus E 10 nach Kadıköy, von wo man mit der Fähre nach Eminönü und von dort mit der Straßenbahn nach Sultanahmet gelangt – die Version für İstanbul-Fortgeschrittene mit viel Zeit und wenig Gepäck.

Verpassen Sie Ihren Rückflug nicht! In İstanbul scheint an manchen Tagen die Rushhour nicht enden zu wollen. Zudem wird beim Betreten des Flughafengebäudes sorgfältig kontrolliert, zuweilen steht man hier schon Schlange. Falls Sie vom Atatürk-Flughafen abfliegen sollten und es zeitlich eng wird, dann keine vorschnelle Panik: Mit dem Flughafen von Neu-Delhi konkurriert dieser um Platz 1 im Ranking der weltweit häufigsten Verspätungen.

Mit dem Bus

Die *Deutsche Touring GmbH/Eurolines* (www.touring.de) bietet ganzjährig Fahrten von verschiedenen deutschen Städten über den Balkan nach İstanbul (Dauer 35–44 Std.). *Varan* (www.varan.com.tr) fährt von verschiedenen Städten Österreichs (ab Wien 28 Std.) über den Balkan nach İstanbul. Einen Linienbusverkehr von der Schweiz in die Türkei gibt es nicht. Je nach Abfahrtsort bewegen sich die Preise für ein Retourticket zwischen 160 und 260 €.

Endstation in İstanbul ist der Büyük İstanbul Otogarı („Großer İstanbuler Busbahnhof") im Stadtteil Esenler auf der europäischen Seite (ca. 8 km westlich des Zentrums). Wer von dort nach Sultanahmet will, fährt mit der Metro M1 bis Zeytinburnu und dann mit der Straßenbahn T1 weiter. Taksim (Busbahnhof) erreicht man mit Ⓑ 830.

Erste Eindrücke – mit dem Taxi oder Havataş-Bus vom Atatürk-Flughafen nach Taksim

Dabei fährt man vom Flughafen zunächst Richtung **Bakırköy** und dann am Marmarameer entlang. In der Ferne sieht man die Ufer des Marmarameeres auf asiatischer Seite – ein endloser Häusersaum – und bei klarer Sicht auch die **Prinzeninseln**. Schließlich passiert man den Stadtteil **Ataköy** mit der **Galleria Ataköy**, einem Shoppingcenter älteren Datums. Dann geht es vorbei an der **Theodosianischen Stadtmauer**, einem mächtigen Bollwerk, das einst Konstantinopel vor Angriffen von Land aus schützte. Fortan stehen linker Hand Abschnitte der **byzantinischen Seemauer**. Sie schützte die Stadt von der Seeseite. Die Fläche, auf der Sie mit dem Bus oder Taxi unterwegs sind, wurde erst im 20. Jh. aufgeschüttet. Es folgt der Fährhafen von **Yenikapı**, dann geht es landeinwärts, bergauf ins Viertel **Aksaray**, mit schmierigen Amüsierbetrieben und zahlreichen Modegeschäften, deren Kunden größtenteils Boutiqueninhaber aus dem ehemaligen Ostblock sind. Wenn der Bus nach rechts abschwenkt, durchfährt man den **Valens-Aquädukt**. Es geht hinab zur Atatürk-Brücke über das Goldene Horn. Im Hintergrund sieht man die Wolkenkratzer von **Levent**, rechts voraus den **Galataturm**. Nördlich des Meeresarms steigt die Straße wieder an. Rechter Hand klettern die Häuser von **Beyoğlu** den Hang hinauf, und kurz darauf – sofern Sie nicht im Stau stehen – hält der Bus in **Taksim**. Die Taxis nach Sultanahmet nehmen i. d. R. bis Aksaray den gleichen Weg.

Mit dem Havataş-Bus vom Sabiha-Gökçen-Flughafen nach Taksim

Diese Strecke ist zwar insgesamt weniger reizvoll, da man zunächst auf der Autobahn graue Vororte passiert, dann aber geht es über die **Bosporusbrücke** – ebenfalls ein kleines Erlebnis zum Einstieg.

Mit dem Zug

Auch wenn der glorreiche Orient-Express (→ S. 145) der Vergangenheit angehört – mit der guten alten Eisenbahn kann man noch immer nach İstanbul fahren. Dafür muss man jedoch tief in die Tasche greifen, sofern man ein Ticket für die gesamte Strecke im Heimatland bucht – kalkulieren Sie mit dem Doppelten des Bustickets. Infos unter www.bahn.de, www.sbb.ch und www.oebb.at. Billiger wird es, wenn Sie das Ticket in jedem Land einzeln kaufen. Von Wien bis nach İstanbul sind Sie ca. 35 Std. unterwegs, von Zürich ca. 56 Std. Von Deutschland führen die Verbindungen i. d. R. über München (ab da noch ca. 43 Std.) und Salzburg nach Wien und von dort weiter über Budapest, Belgrad und Sofia (zuweilen auch über Bukarest) zum İstanbuler Bahnhof Sirkeci (bis voraussichtlich Oktober 2013) bzw. zum Bahnhof Yenikapı (ab November 2013) auf der europäischen Seite.

Mit dem eigenen Fahrzeug

Von der Schweiz oder aus dem Süden und Westen Deutschlands führt der kürzeste Weg nach İstanbul i. d. R. durch Österreich, Slowenien und Kroatien nach Serbien. Vom Norden Deutschlands kommt auch die Route über Tschechien, die Slowakei und Ungarn nach Serbien infrage. Je nach dem, wo man in Österreich startet, bietet sich ebenfalls der Weg über Ungarn nach Serbien an. In Belgrad treffen alle Anfahrtsrouten zusammen. Von dort geht es über Niš nach Kalotina (Grenze zu Bulgarien) und weiter über Sofia und Plovdiv nach Edirne in den thrakischen Teil der Türkei. Die Straßen sind weitgehend okay und werden immer besser ausgebaut.

Eine Alternative auf dem Weg in die Türkei bildet der *Optima-Express*, ein Autoreisezug von Villach (Österreich) nach Edirne (Türkei, europäischer Teil).

Papiere und Versicherungen: Sie benötigen auf jeden Fall einen Reisepass, eine grüne Versicherungskarte und Fahrzeugpapiere auf Ihren Namen. Falls Sie beabsichtigen, in den asiatischen Teil des Landes zu fahren, lassen Sie sich von Ihrer Versicherung schriftlich bestätigen, dass Ihre grüne Versicherungskarte für die gesamte Türkei gültig ist und dass Sie in der gesamten Türkei die gleiche Deckung haben wie zu Hause!

Dauer und Kosten: Von Frankfurt (2250 km) mindestens 25 Std. reine Fahrzeit, Autobahngebühren/Vignetten für Pkws ca. 65 € pro Strecke, von Zürich (2220 km) mind. 23 Std. und ebenfalls rund 65 € Gebühren, von Wien (1580 km) ca. 18 Std. und rund 35 € Gebühren. Hinzu kommen 10–20 Std. Wartezeit an den Grenzen, falls Sie zur Hauptreisezeit der Auslandstürken unterwegs sind.

Unterwegs unbedingt beachten: Halten Sie jegliche Geschwindigkeitsbegrenzungen ein – das gilt insbesondere für Bulgarien und Serbien! Übernachten Sie dort nie auf einsamen Parkplätzen an der Autobahn! Tauschen Sie vor der Abreise oder an den Grenzen bereits etwas Geld für die Transitländer um – wer Autobahngebühren, Vignetten etc. mit Euro bezahlt, wird oft abgezockt. Für türkische Autobahnen und die Bosporusbrücken benötigen Sie eine *KGS-Kart*, die man mit einem beliebigen Betrag aufladen kann (an der Grenze erhältlich). Weitere aktuelle Infos halten die Automobilclubs bereit.

Preise/Dauer Optima-Express: Dauer laut Optimatours 31 Std., laut Leserzuschriften bis zu 40 Std. Einfach ab 130 €/Pers., Auto ab 259 €, Motorrad ab 197 €. Information in jedem türkischen Reisebüro oder direkt bei Optimatours, Karlsstr. 56, 80333 München, ✆ 089/548800111, www.optimatours.de.

Rote Rosen zur Ankunft

Alternativroute über Italien: Des Weiteren besteht die Möglichkeit, von Italien (Venedig, Ancona, Brindisi und Bari, Infos z. B. unter www.anek.gr) eine Fähre nach Griechenland (Igoumenitsa oder Pátras) zu nehmen und von dort auf dem Landweg in die Türkei einzureisen – das dauert länger und ist erheblich teurer, aber bequemer.

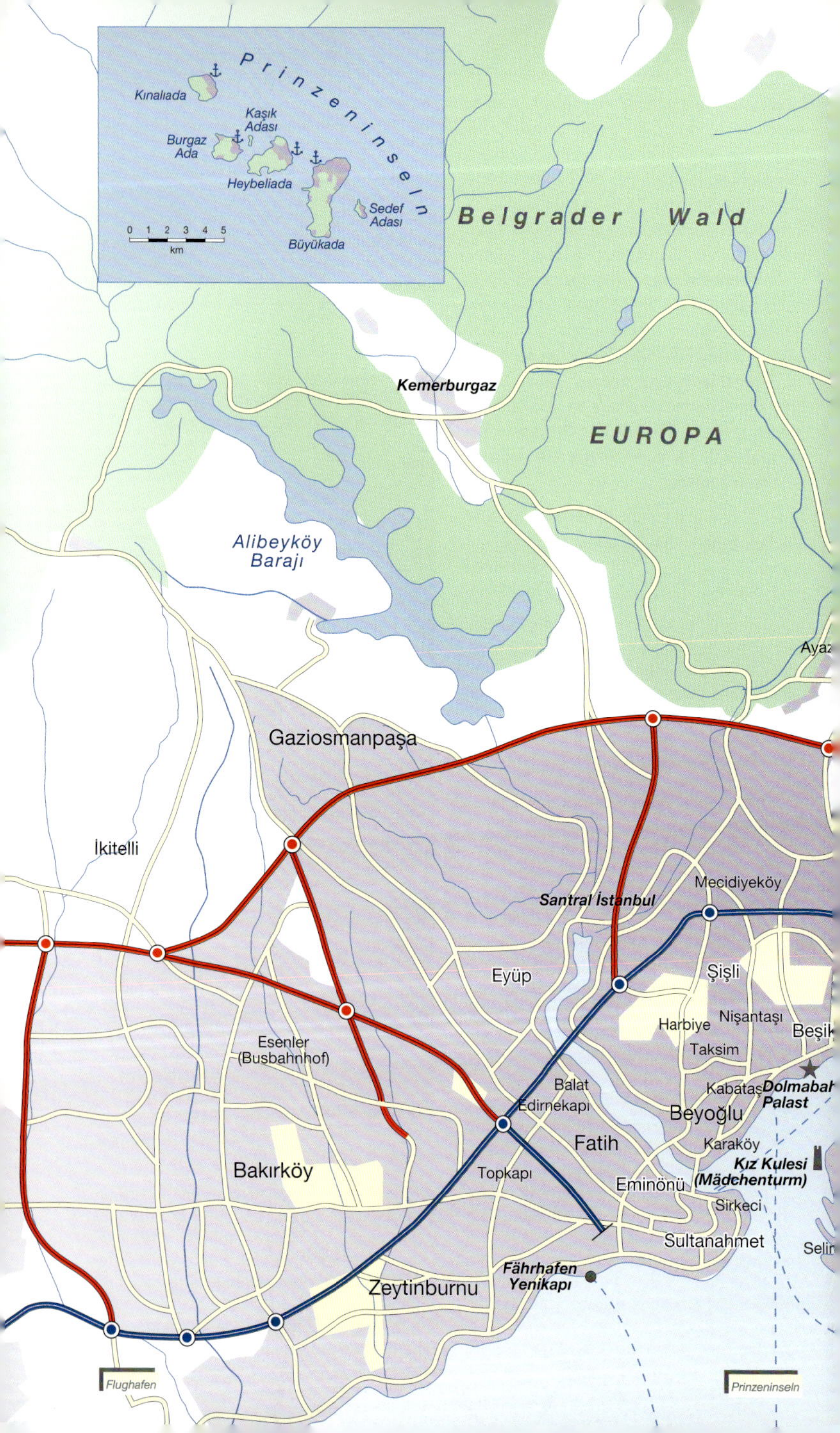
Prinzeninseln
Kınalıada
Kaşık Adası
Burgaz Ada
Heybeliada
Sedef Adası
Büyükada
0 1 2 3 4 5
km
Belgrader Wald
Kemerburgaz
EUROPA
Alibeyköy Barajı
Ayaz
Gaziosmanpaşa
İkitelli
Santral İstanbul
Mecidiyeköy
Şişli
Eyüp
Harbiye
Nişantaşı
Beşik
Taksim
Esenler (Busbahnhof)
Balat
Kabataş
Dolmabah
Palast
Edirnekapı
Beyoğlu
Fatih
Karaköy
Kız Kulesi (Mädchenturm)
Bakırköy
Topkapı
Eminönü
Sirkeci
Sultanahmet
Selim
Fährhafen Yenikapı
Zeytinburnu
Flughafen
Prinzeninseln

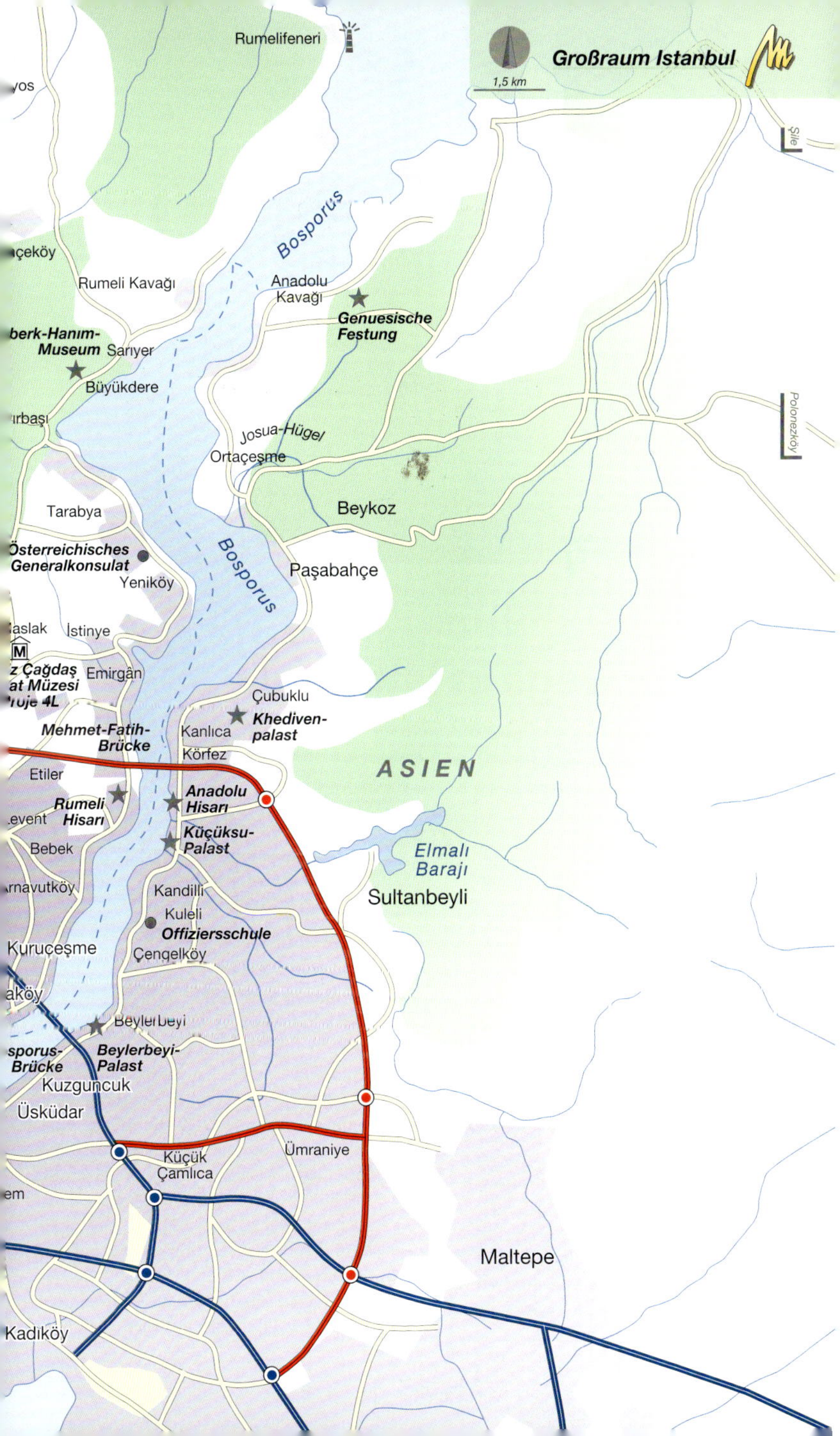

Großraum Istanbul
1,5 km
Rumelifeneri
Şile
Bosporus
Rumeli Kavağı
Anadolu Kavağı
Genuesische Festung
Museum
Sarıyer
Büyükdere
Josua-Hügel
Ortaçeşme
Polonezköy
Tarabya
Beykoz
Österreichisches Generalkonsulat
Yeniköy
Bosporus
Paşabahçe
İstinye
Emirgân
Çubuklu
Khediven-palast
Mehmet-Fatih-Brücke
Kanlıca
Körfez
ASIEN
Etiler
Rumeli Hisarı
Anadolu Hisarı
Küçüksu-Palast
Bebek
Elmalı Barajı
Sultanbeyli
Kandilli
Kuleli
Offiziersschule
Kuruçeşme
Çengelköy
Beylerbeyi
Beylerbeyi-Palast
Kuzguncuk
Üsküdar
Küçük Çamlıca
Ümraniye
Maltepe
Kadıköy

Langsam und holprig: Die Vorortbahn rattert das Marmarameer entlang

Unterwegs in İstanbul

„Man muß viel laufen in Stambul. Da man, was man nicht mit dem Kleingeld von Schritten bezahlt hat, nicht gesehen hat, ist diese Stadt schwierig." Vor rund 40 Jahren schrieb Erich Kästner diese Zeilen. Bis heute hat sich wenig daran geändert.

Das liegt v. a. daran, dass İstanbuls öffentliches Nahverkehrssystem weniger darauf abgestimmt ist, die Wege der Touristen zwischen den zentralen Stadtteilen zu verkürzen, sondern vielmehr darauf, die İstanbuler von den Vororten ins Zentrum zu befördern. Dafür stehen Fähren, Straßenbahnen, Metro, Busse und Sammeltaxis zur Verfügung. Nicht selten bedarf es einer Kombination aus verschiedenen Verkehrsmitteln, um zum Ziel zu gelangen, und auch das Umsteigen ist oft mit weiten Wegen verbunden. Man bemüht sich aber, das öffentliche Nahverkehrssystem effektiver und überschaubarer zu gestalten. Aufwendige Projekte werden bereits umgesetzt oder befinden sich in der Planung – und das alles, um dem ewigen Verkehrschaos Herr zu werden. Nur: In einer Stadt, die schneller wächst als Verkehrsplaner denken können, sind Erfolge von kurzer Dauer.

Immerhin liegen die großen Sehenswürdigkeiten in Sultanahmet recht nah beieinander, auch lassen sich die gemütlichen Ecken Beyoğlus spielend zu Fuß erkunden. Zu Zielen abseits davon gelangt man jedoch häufig nicht mehr so einfach. Das öffentliche Nahverkehrssystem befördert Sie in deren Nähe, den Rest des Weges müssen Sie zu Fuß zurücklegen. Dieser Rest ist aber oft nicht ganz einfach zu finden: Kein Stadtplan stimmt. Selbst auf den detailliertesten Plänen fehlen Gassen oder haben einen ganz anderen Namen als auf den Schildern vor Ort. Heben Sie sich also ein Lächeln für ein paar umsonst gegangene Meter auf.

In der Rubrik „Praktische Infos" am Ende der jeweiligen Stadtteilkapitel finden Sie alle wichtigen Informationen zum Transport innerhalb eines Stadtteils und darüber, wie Sie diesen erreichen. Die Anfahrten werden von Beyoğlu/Taksim und Eminönü/Sultanahmet aus angegeben, wo sich das Gros der touristischen Unterkünfte befindet. Ein wenig Selbsthilfe ist jedoch immer vonnöten. Doch keine Sorge – nach einer kurzen Anlaufzeit ist man i. d. R. grob mit den geografischen Gegebenheiten und dem öffentlichen Verkehrssystem der Stadt vertraut.

İstanbulkart – der Fahrausweis für İstanbul

Mit der *İstanbulkart*, einer Fahrkarte in Kreditkartenformat, können Sie Busse, Straßenbahnen, Metro, Vorortbahnen und die städtischen Fähren nutzen. Die Anschaffung lohnt sich, da einem so die ständige Suche nach Kleingeld erspart bleibt und man auch noch etwas sparen kann: Mit der İstanbulkart ist nämlich nicht nur die Einzelfahrt billiger – auch beim Umsteigen erhält man eine ermäßigte Anschlussfahrt. Die İstanbulkart (6 TL, ca. 2,50 €, Stand: 2012) ist an allen größeren Busbahnhöfen (z. B. Eminönü oder Taksim), an der Metrostation am Atatürk-Flughafen und den Fährstationen erhältlich, dazu an diversen Kiosken (achten Sie auf die Aufschrift *Akbil Kart Dolum Noktası* bzw. *Elektronik Kart Satış Noktası*) – insgesamt an über 1500 Verkaufsstellen.

Die Karte kann man mit jedem beliebigen Betrag aufladen – besser am Schalter, denn manche Automaten *(Biletmatik)* nehmen nur Geld und streiken danach. Falls lediglich ein Automat und kein Schalter in der Nähe ist – das Aufladen funktioniert folgendermaßen: „Akbil Yükleme" drücken, Karte auf das Lesefeld auflegen und dort liegen lassen. Es wird der Betrag angezeigt, der noch auf der Karte vorhanden ist. Dann Geldschein einschieben und warten, bis der neu geladene Betrag angezeigt wird. Starten Sie am besten mit einem kleinen Betrag – nachladen kann man immer. Verfährt man nicht alles, ist so der Verlust nicht allzu groß; eine Rückgabe der Karte am Ende der Reise ist leider nicht möglich.

Im Bus oder an den Drehkreuzen zu den Bahnsteigen bzw. Fähren wird der Fahrpreis abgezogen, indem man die Karte über ein Lesegerät hält. Die İstanbulkart ist übertragbar, als Paar kann man sich problemlos eine teilen. Mit der İstanbulkart kostet die erste Fahrt 0,85 € (1,95 TL), die Anschlussfahrt 0,55 € (1,25 TL) und die 2. Anschlussfahrt 0,45 € (1 TL).

Einzelfahrkarten und Jetons

Elektronische Einzelfahrscheine (die man beim Zusteigen im Bus oder am Drehkreuz zur Fähre, Straßenbahn oder Metro wie die İstanbulkart entwertet) kosten 1,75 € (4 TL). Man bekommt sie an Automaten und fast überall dort, wo es auch die İstanbulkart gibt. Sie können auch gleich ein 5er-Ticket *(Beş Geçişlik Bilet)* zu 6,50 € (15 TL) oder ein 10er-Ticket *(On Geçişlik Bilet)* zu 12 € (28 TL) kaufen. Vor den Drehkreuzen zu den Fähren, Straßenbahnen oder Metros werden zudem Jetons zu 1,30 € (3 TL) verkauft (z. T. auch an Automaten), die man zur Entriegelung des Drehkreuzes in einen Schlitz steckt. Zeitfahrkarten gibt es für Touristen nicht.

Mit dem Bus (otobüs)

Rund 2800 Busse sind auf İstanbuls Straßen im Einsatz. Leider ist das Bussystem auf den ersten Blick etwas undurchsichtig organisiert, zumal es keine

Gesamtpläne gibt, auf denen die Linien und Haltestellen wirklich nachvollziehbar eingezeichnet sind. Die exakten Routen der einzelnen Buslinien findet man jedoch unter www.iett.gov.tr.

Das Gros der Busse verkehrt zwischen 6 und 23 Uhr – aufgrund geringer Geschwindigkeit und vieler Stopps ein langes Fahrvergnügen (kein Ticketverkauf im Bus). Mit der Eröffnung neuer Metrolinien, insbesondere der *Marmaray*, werden künftig einige Buslinien eingestellt werden.

Mit dem Sammeltaxi (dolmuş)

İstanbuls Sammeltaxis sind moderne Kleinbusse in der Größenordnung eines Ford Transit. Man nennt sie *minibüs* oder *dolmuş*, was zu Deutsch so viel heißt wie „voll" bzw. „gefüllt". Der Name kommt nicht von ungefähr, denn sie fahren oft erst los, wenn alle Plätze belegt sind.

Sammeltaxis bedienen wie Linienbusse feste Routen, manche sogar rund um die Uhr. Die Endstation ist hinter der Windschutzscheibe angegeben. Aussteigen kann man, wo man will (sagen Sie dem Fahrer „İnecek var", ausgesprochen etwa: „Inädschäk war"), unterwegs zusteigen ebenfalls, sofern ein Platz frei ist. Dafür geben Sie dem Fahrer ein Handzeichen. Vereinzelt existieren auch Dolmuş-Haltestellen, die durch ein schwarzes D auf weißem Grund gekennzeichnet sind. Die Abfahrtsstellen der Sammeltaxis sind häufig in Seitengassen versteckt. Gezahlt wird beim Fahrer. Grundsätzlich dürfte der Preis den einer Busfahrt nicht arg übersteigen, solange man keine Vororte ansteuert.

Straßenbahn auf der İstiklal Caddesi

Mit Straßenbahn (tramvay), Vorortbahn (banliyö treni) oder Metro

Die Metro verkehrt von 6 bis 24 Uhr. Hier die für Touristen wichtigsten Linien auf der Schiene im Überblick:

Europäische Seite

B1: Dabei handelt es sich um die alte Vorortbahn *(banliyö treni)*, die südlich des Goldenen Horns vom Bahnhof Sirkeci am Marmarameer entlang gen Westen rattert.

M1: Die Metrolinie 1 verläuft ebenfalls südlich des Goldenen Horns und verband z. Z. d. Drucklegung Aksaray mit dem Flughafen. Die Metrolinie soll jedoch bis Okt. 2013 (vielleicht auch erst später) bis zum neuen Hauptbahnhof Yenikapı führen.

Einen Plan des İstanbuler Schienennetzes finden Sie auf der herausnehmbaren Karte sowie auf der hinteren Umschlagklappe.

T1: Die Gebiete südlich und nördlich des Goldenen Horns verbindet die moderne und immer übervolle Straßenbahnlinie T1, die von Zeytinburnu (Übergang zur Metro M1 Aksaray – Flughafen) über Sultanahmet, Sirkeci, Eminönü und die Galatabrücke nach Kabataş fährt. Ein Ausbau bis Beşiktaş ist geplant.

M2: Nördlich des Goldenen Horns fährt die Metrolinie M2 von Şişhane/Tünel im Süden Beyoğlus mit Halt unter dem Taksim-Platz in das nördlich davon gelegene Bankenviertel Levent und weiter bis nach Hacıosman. Gen Süden wurde diese Linie z. Z. d. Drucklegung verlängert. Bis Okt. 2013 soll sie dann über das Goldene Horn und dahinter wieder unterirdisch bis zum neuen Hauptbahnhof Yenikapı führen. Die Tatsache, dass die Linie über das Goldene Horn führt, brachte die UNESCO übrigens so auf, dass man darüber debattierte, İstanbul von der Welterbeliste zu streichen und auf die Rote Liste des gefährdeten Welterbes zu setzen.

T: Nördlich des Goldenen Horns gibt es seit 1875 die nur 614 m lange Tünel-Bahn, eine U-Bahn in Miniformat. Sie überwindet den Höhenunterschied vom Stadtteil Beyoğlu (oben) nach Karaköy (unten, Umsteigemöglichkeit zur Straßenbahn T1 Richtung Sultanahmet, s. o.).

NT: An der oberen Station der Tünel-Bahn beginnt die İstiklal Caddesi, die zum Taksim-Platz führt. Auf ihr fährt eine bimmelnde historische Straßenbahn, die Linie NT.

F1: Diese *Fünikuler* genannte Mini-U-Bahn ist der jüngere Bruder der Tünel-Bahn T. Sie ist ebenfalls nur rund 600 m lang und führt vom Taksim-Platz hinab nach Kabataş (ebenfalls Umsteigemöglichkeit zur Straßenbahn T1 Richtung Sultanahmet).

Zwischen Europa und Asien

Marmaray: Ab voraussichtlich Nov. 2013 wird die Marmaray den neuen Hauptbahnhof Yenikapı auf europäischer Seite mit dem neuen Hauptbahnhof Söğütlüçeşme auf asiatischer Seite verbinden. Für Touristen interessante Stationen sind Sirkeci (Eröffnung dieser Metrostation nicht vor 2014) und Üsküdar.

Auf der asiatischen Seite

T3: Ebenfalls eine historische Straßenbahn, die eine Schlaufe durch Kadıköy dreht.

B2: Eine Vorortbahn, die vom alten Bahnhof Haydarpaşa die Stadtteile am Marmarameer abfährt. Sie passiert Söğütlüçeşme, wo der neue Hauptbahnhof auf asiatischer Seite im Entstehen ist.

Marmaray – unterm Bosporus hindurch

Wenn alles nach Plan verläuft, wird die neue Metrolinie Marmaray am 29. Oktober 2013 – zum 90. Jahrestag der Republik – eröffnet. Dann kann man weltweit erstmals in einer U-Bahn die Kontinente wechseln, vier Minuten soll der Spaß dauern. Mit 3 Mrd. Euro wurde die Investitionssumme für das Projekt zuletzt kalkuliert, 150.000 Pendlern soll es täglich den Weg erleichtern. Aber auch der Fern- und Güterverkehr soll durch den 1400 m langen Tunnel unter dem Bosporus hindurchrollen. Der Tunnel wurde übrigens nicht gebohrt, vielmehr ist er eine Röhre, bestehend aus elf Segmenten in knapp 60 m Tiefe, die „gepolstert" auf 3000 Betonpfeilern liegen – selbst Erdbeben mit einer Stärke von 9,0 werden dieser Röhre nichts anhaben können. Mit der Realisierung des Megaprojekts unter japanisch-türkischer Leitung wurde 2004 begonnen. Vier Jahre später sollte das Projekt abgeschlossen sein. Doch die Antike machte einen Strich durch die Rechnung (→ Kasten S. 86).

Mit dem Schiff (vapur)

Egal ob man über den Bosporus, am Goldenen Horn entlang oder zu den Prinzeninseln schippert: Es gibt keine gemütlichere Art, in İstanbul herumzukommen, als mit den Fährschiffen – kein Lärm, keine Hektik. Die Skyline der Stadt zieht an einem vorbei und mit Glück auch eine Delfinschule. Die Hauptanlegestellen sind Sirkeci/Eminönü, Karaköy, Kabataş und Beşiktaş auf der europäischen sowie Üsküdar und Kadıköy auf der asiatischen Seite. Neben den städtischen Fähren (Şehir Hatları, hierfür gelten die oben beschriebenen Tickets, www.sehirhatlari.com.tr) verkehren auch *private Fähren* (eigene Ticketschalter, aber ebenfalls preiswert). Des Weiteren gibt es die *Deniz Otobüsleri* („Seebusse“, ebenfalls eigene Ticketschalter und teurer), die im Komfort irgendwo zwischen Flugzeug und ICE liegen – sie sind zwar klimatisiert und schnell, aber überhaupt nicht für eine unvergessliche Bosporusfahrt geeignet.

Deniz Taksileri („Seetaxis“) sind recht teuer: Einmal von Ortaköy über den Bosporus nach Beylerbeyi kostet rund 30 €. Reservierung unter ✆ 0212/4444498 oder www.deniztaksi.com.tr.

Tipps zu einer mehrstündigen Bosporusfahrt auf S. 239.

Mit dem Taxi (taksi)

Gelbe Taxis stehen an jeder Ecke bereit. Die Fahrten sind verhältnismäßig preiswert, wobei tagsüber und nachts jeweils der gleiche Preis verlangt wird.

Der Einstiegstarif belief sich 2012 auf ca. 1,20 € (2,7 TL), pro Kilometer kamen 0,75 € (1,7 TL) hinzu. So sollte eine Fahrt von Taksim nach Sultanahmet nicht mehr als 7,50 € kosten (Preisübersicht unter www.taksiyle.com). Für Fahrten zu weniger bekannten Sehenswürdigkeiten oder selbst zu Ihrem Hotel (wenn es nicht eines der ganz großen ist) sollten Sie für den Fahrer einen Stadtplan dabeihaben.

Mit dem Rad

Die Prinzeninseln lassen sich herrlich per Rad erkunden (diverse Verleiher vor Ort), İstanbul selbst jedoch weniger. Radwege gibt es nicht, und erwarten Sie keine Rücksichtnahme der Auto- und Busfahrer! Wer dennoch den Kick in İstanbuls Verkehrschaos suchen möchte, bekommt für 11 €/Tag bei *Rent a bike İstanbul* ein Mountainbike. Keresteci Hakkı Sok. 50 (Sultanahmet/Cankurtaran), ✆ 0533/5460474 (mobil), www.rentabikeistanbul.blogspot.com. Anfahrt → Sultanahmet, S. 124.

Zeitungslektüre auf der Fähre

Abendstimmung am Bosporus

İstanbul – das Beste auf einen Blick

Moscheen

Blaue Moschee → S. 118
Eyüp-Sultan-Moschee → S. 188
Rüstem-Pascha-Moschee → S. 155
Süleymaniye-Moschee → S. 155

Museen

Archäologisches Museum → S. 141
Industriemuseum → S. 215
İstanbul Modern → S. 214
Militärmuseum → S. 220
Museum der türkischen Juden → S. 214
Santral İstanbul → S. 188

Kirchen, Paläste, weitere Sehenswürdigkeiten

Chora-Kirche → S. 183
Dolmabahçe-Palast → S. 226
Galata-Turm → S. 212
Hagia Sophia → S. 112
Topkapı-Palast → S. 128
Yerebatan-Zisterne → S. 112

Unterhaltung & Erholung

Bosporusfahrt → S. 239
Clubben in Beyoğlu oder Ortaköy → S. 79
Fasıl-Musik → S. 78
Fußball im Stadion → S. 45
Per Gondel zum Pierre-Loti-Café → S. 189
Auf die Prinzeninseln → S. 266
Schwitzen im Hamam → S. 30
Tanzende Derwische → S. 211/212

Schlendern

Auf der İstiklal Caddesi → S. 192/193
Durch Balat → S. 170
Über die Galatabrücke → S. 170

Einkaufen

Ägyptischer Basar → S. 156
Großer Basar → S. 153
Flohmarkt in Feriköy → S. 34
Trödlerviertel Çukurcuma → S. 204/205

Rosenverkäuferin in Kadıköy

Wissenswertes von A bis Z

Adressen

Befindet sich Ihr Hotel in der XY Cad. 11 Sok. Atatürk Mah.? Nicht verzweifeln, türkische Adressen sind ein Kapitel für sich.

Hinter Cad. (= Cadde) verbirgt sich i. d. R. eine größere Straße (gelegentlich auch Bul. = Bulvarı genannt), von der kleinere Gassen (Sok. = Sokak) abgehen, die in vielen größeren Städten mangels Ideenreichtum der Stadtväter oft nur nummeriert sind. Das heißt, eine 5 Sokak gibt es mehrmals, nur die Zuordnung zur abgehenden Hauptstraße lässt auf ihre Lage schließen. Straßen und Gassen zusammen ergeben wiederum ein Mah. (Mahalle = Stadtviertel), die Untereinheit eines Stadtteils. Doch damit nicht genug: Suchen Sie eine Adresse mit der Bezeichnung XY Cad. 11 Sok. XY Apt. 22 D:5 K:2? Keine Sorge. Neben der Hausnummer (= 22) erhalten viele Apartmentblocks (= Apt.) zusätzliche Bezeichnungen. Ihre gesuchte Adresse befindet sich damit in Hausnr. 22 der 11 Sok., und zwar hinter der Wohnungstür 5 (D = Daire = Wohnung/Büro) im 2. Stock (K = Kat = Stockwerk).

Achtung bei der Adresssuche: Gerne werden Straßen umbenannt! In den meisten Stadtteilen İstanbuls wurden in den letzten Jahren zudem neue Hausnummern vergeben. Die neuen Nummern (rote Schilder) sind im Buch berücksichtigt – an den Fassaden hängen sie z. T. neben den alten blauen Schildern, sofern es zuvor überhaupt Hausnummern gab. Damit sind wir zuweilen schneller als so manches Restaurant oder Hotel, das noch keine neuen Visitenkarten drucken ließ.

Allein reisende Frauen

Es ist kein Problem, als Frau alleine nach İstanbul zu reisen. In touristischen Stadtteilen wie Sultanahmet oder westlich orientierten Vierteln wie Beyoğlu, wo auch Türkinnen mit hohen Absätzen und Minirock über die Gehwege flanieren, fällt die Anmache – wenn überhaupt – nicht anders aus als in Italien oder Spanien. In konservativen, ärmlichen Vierteln ist jedoch dezente Kleidung ratsam, um Unannehmlichkeiten und verbalen Anmachen vorzubeugen. Spricht man Sie an, bleiben Sie formell und höflich, aber vermeiden Sie Freundlichkeit und Augenkontakt, beides wird gerne falsch interpretiert. Wandernde Hände in überfüllten Bussen und Straßenbahnen (passiert selten) kommentiert man lautstark – am besten mit dem Wörtchen „Ayıp!“ (gesprochen etwa „Ajip“). Die wortwörtliche „Schande“ für den Betroffenen wird groß und die Empörung der Umgebung offensichtlich sein.

Restaurants, Lokantas und Cafés stehen Frauen jederzeit offen. Manche Lokale verfügen über einen abgetrennten Familienbereich *(aile salonu)*, der Männergrüppchen versagt bleibt. Auch in gehobenen Bars und Diskotheken brauchen Touristinnen ohne männliche Begleitung keine Rüpeleien zu befürchten, unauffälliges Verhalten und angemessene Kleidung vorausgesetzt. Für den restlichen Schutz sorgen die Türstcher. Den nächtlichen Heimweg sollte man in jedem Falle in einem Taxi zurücklegen.

Ärztliche Versorgung

Auch wenn zwischen Ihrem Land (Deutschland, Österreich oder Schweiz) und der Türkei ein Sozialversicherungsabkommen besteht, ist der Abschluss einer **privaten Auslandskrankenversicherung** dringend zu empfehlen: Die privaten Krankenhäuser sind besser ausgestattet als die staatlichen, zudem gewährleistet eine private Auslandskrankenversicherung i. d. R. auch den Krankenrücktransport. Das vorgestreckte Geld für Behandlung und Medikamente wird in der Heimat nach Vorlage einer Quittung mit Stempel, Datum und Unterschrift des türkischen Arztes bzw. Apothekers erstattet. In türkischen **Apotheken** *(ezcane*, Mo–Sa 9–19 Uhr; nächstgelegener Notdienst: *nöbetçi* im Schaufenster oder unter www.istanbulsaglik.gov.tr) gibt es kaum etwas, was es bei uns nicht gibt, vieles jedoch unter einem anderen Namen, zudem rezeptfrei und preiswerter.

Schutzimpfungen sind nicht vorgeschrieben. Es wird jedoch geraten, sich vor Reiseantritt gegen Tetanus, Diphtherie, Pertussis und Gelbsucht (Hepatitis A) impfen zu lassen.

> Falls Sie während Ihres Aufenthalts ein Schnupfen plagt: Öffentliches Naseputzen gilt in der Türkei als sehr unfein!

Im Notfall: Zwei vom deutschen Generalkonsulat empfohlene private Krankenhäuser mit englischsprachigen Ärzten sind:

Amerikan Hastanesi, Güzelbahçe Sok. 20, Nişantaşı, ✆ 0212/3112000. Anfahrt → Von Harbiye bis Şişli, S. 220.

Alman Hastanesi, Sıraselviler Cad. 71, Taksim, ✆ 0212/2932150. Bietet auch zahnärztliche Versorgung. Anfahrt → Taksim und Beyoğlu, S. 199.

Behinderte

İstanbul ist, was Infrastruktur und entsprechende Einrichtungen angeht, insgesamt keine behindertenfreundliche Stadt. Jedoch ist die Hilfsbereitschaft und Aufgeschlossenheit der Türken gegenüber Menschen mit Behinderungen groß. Organisierte İstanbul-Reisen für Behinderte werden selten angeboten.

Wo Körper und Seele ein Bad nehmen – Erholung im Hamam

In den Hamams, so sagt man, sei die osmanische Vergangenheit noch lebendig. Und wer eines der historischen Dampfbäder besucht, glaubt, in eine andere Welt einzutauchen. Man spürt die Schwere der heißnassen Luft, atmet den Geruch von Seife, vernimmt das Geplätscher des Wassers und lauscht dem Gemurmel von glänzend nackten Menschen, die in geheimnisvollem Licht auf marmornen Steinen liegen.

Ein Hamam ist in drei Bereiche gegliedert. Den *camekân*, den Eingangsbereich, schmückt meist ein ausladender Brunnen. Drum herum befinden sich die Rezeption und die Umkleidekabinen. *Soğukluk* heißt der Durchgang in den Schwitzbereich und Hauptteil des Hamams, den *hararet*. Die große, von unten erwärmte Marmorplattform in der Mitte nennt sich *göbek taşı*, Nabelstein. Auf ihn legt man sich zum Schwitzen und zur Massage. Davor werden Sie mit einem rauen Lappen kräftig abgerieben, *kese* heißt diese Prozedur. Bei den Frauen verrichten die Massage in guten Hamams schwergewichtige Masseurinnen, bei den Männern drahtig-muskulöse Meister ihres Faches. Auch wenn Sie malträtiert werden wie ein Wiener Schnitzel vorm Panieren – hinterher fühlen Sie sich gut und entspannt.

Die meisten Hamams besitzen separate Abteilungen für Männer *(erkekler)* und Frauen *(kadınlar)*. Bei kleineren Bädern baden die Geschlechter zu unterschiedlichen Zeiten oder an unterschiedlichen Tagen. Übrigens tragen Männer ein Tuch um die Lenden, Frauen baden nackt. Handtücher braucht man nirgendwo mitzubringen.

Leider ist die Hamamkultur in der Türkei im Niedergang begriffen. Die Zeiten, als die Hamams noch „Badeanstalten" für die breite Gesellschaft waren, sind passee. Viele junge Türken haben noch nie einen Hamam besucht, die Dusche zu Hause ist bequemer. Wer noch ins traditionelle Badehaus geht, gehört nicht selten zu den sozial Schwachen. Lediglich in konservativen Gegenden dienen die Hamams noch als Treffpunkte der sonst fast ausschließlich ans Haus gebundenen Frauen. In den berühmten Hamams İstanbuls liegt der Sachverhalt aber ein wenig anders. Hier ist durch den Touristenandrang Geld für die nötige Pflege und Restaurierung vorhanden. Hier wird zuweilen aber auch kräftig abgezockt – als „Massage" gilt nicht selten ein fünfminütiges liebloses Hämmern und Quetschen des Rückens zu überzogenen Preisen. Hinzu kommt unfreundliches Personal mit frechen Trinkgeldforderungen. Auch passiert es des Öfteren, dass in den Touristenhamams männliche Masseure in den Frauentrakten eingesetzt werden – ein Unding in der traditionellen Hamamkultur.

Hürrem Sultan Hamamı, eines der prächtigsten Bäder der Stadt (→ S. 110), 1556 erbaut, nach einer aufwendigen Komplettrestaurierung seit 2011 wieder geöffnet. Weniger klassischer Hamambetrieb, mehr Wellness-Oase und Spa-Zentrum mit satten Preisen: 90–190 €. Wie Leser meinen, das Geld aber durchaus wert. Tägl. 8–22 Uhr. Babıhümayun Cad. 1, Sultanahmet, www.ayasofyahurremsultanhamami.com. Anfahrt → Sultanahmet, S. 124.

Kılıç Ali Paşa Hamamı, zur gleichnamigen, von Sinan entworfenen Külliye gehörend (16. Jh.). Das Bad wurde zuletzt umfassend restauriert und soll ebenfalls ein Wellnesszentrum werden. Medrese Sok. 24, Karaköy, http://kilicalipasahamami.com. Anfahrt → Galata und Karaköy, S. 216.

Cağaloğlu Hamamı, schon Kaiser Wilhelm, Franz Liszt, Florence Nightingale und Tony Curtis schwitzten in diesem Bad aus dem 18. Jh., das auch ein beliebter

Im Cağaloğlu Hamamı

Ort für Filmaufnahmen ist. Ein unschöner Unfall passierte 1986, als der unter dem Hararet gelegene Kokskessel explodierte und Teile der Kuppel einstürzten. Ein Bad kostet 30 €, mit *Kese* und Massage (oft lieblos) 50 €. Tägl. 8–22 Uhr. Prof. Kazım İsmail Gürkhan Cad. 34, Sultanahmet, www.cagalogluhamami.com.tr. Anfahrt → Sultanahmet, S. 124.

Çemberlitaş Hamamı, ebenfalls prachtvoll. Seit seiner Errichtung 1583 wird das Bad ohne Unterbrechung genutzt. Eintritt 19,50 €, mit *Kese* und Massage (zuweilen nur 5 Min.) 30 €, Luxusbad mit allem Drum und Dran 50 €. Tägl. 6–24 Uhr. Vezirhan Cad. 8, Çemberlitaş, www.cemberlitashamami.com.tr. Anfahrt → Das Basarviertel, S. 150.

Gedikpaşa Hamamı, das 1457 erbaute Bad ist zwar eines der ältesten İstanbuls, aber nicht ganz so prächtig wie die zwei erstgenannten. Mittlerweile auch ganz und gar auf Touristen eingestellt. Es kam schon vor, dass Frauen von Männern massiert wurden. Bad 15,50 €, mit Massage 25 €. Tägl. 6–24 Uhr, Frauen 9–23 Uhr. Emin Sinan Hamamı Sok., Gedikpaşa (Basarviertel), www.gedikpasahamami.com. Anfahrt → Das Basarviertel, S. 158.

Süleymaniye Hamamı, unter Süleyman dem Prächtigen und nach Plänen Sinans entstand dieses Bad vor rund 450 Jahren. Sehr gepflegt, viele Touristen, gemischtes Bad möglich. Private Kabinen. Eintritt mit *Kese* und Massage 35 €. Tägl. 10–24 Uhr. Mimar Sinan Cad. 20, Basarviertel, www.suleymaniyehamami.com.tr. Anfahrt → Das Basarviertel, S. 158.

Büyük Hamam, von Lesern hoch gelobt. 1533 von Sinan erbaut. Jedoch geht es hier heute im Vergleich zu anderen Hamams etwas einfacher zu. Eintritt 7,50 €, mit *Kese* und Massage 13 €. Frauen tägl. 8.30–19 Uhr, Männer 6–23 Uhr. Im Stadtteil Kasımpaşa, Potinciler Sok. 34, www.buyukhamam.net. Anfahrt: von Eminönü Ⓑ 47 E, von Taksim Ⓑ 36 T bis Haltestelle Turabi Baba. Von dort orientiert man sich auf die beiden eleganten Minarette der Kasımpaşa-Moschee zu, der überkuppelte Hamam befindet sich in deren Nachbarschaft.

Çinili Hamamı, 1640 in Üsküdar neben der gleichnamigen Moschee (→ S. 253) errichtet. Ebenfalls etwas einfacher, aber ebenfalls von Lesern hoch gelobt. Separate Abteilungen für Männer und Frauen, Eintritt inkl. Massage und *Kese* 14 €. Tägl. 6–22 Uhr, Frauen 8–20 Uhr. www.cinilihamam.com. Anfahrt → Üsküdar, S. 255/256.

Diplomatische Vertretungen

Türkische Botschaften: Tiergartenstr. 19–21, 10785 Berlin, ✆ 030/275850, http://berlin.be.mfa.gov.tr.

Prinz-Eugen-Str. 40, 1040 Wien, ✆ 01/5057338, http://viyana.be.mfa.gov.tr.

Lombachweg 33, 3006 Bern 15, ✆ 031/3597070, http://bern.be.mfa.gov.tr.

Deutsches Generalkonsulat, İnönü Cad. 10, Taksim, ✆ 0212/3346100, www.istanbul.diplo.de. Anfahrt → Taksim und Beyoğlu, S. 199.

Österreichisches Generalkonsulat, Köybaşı Cad. 46, Yeniköy, ✆ 0212/3638410, www.aussenministerium.at/botschaft/istanbul. Anfahrt → Am Bosporus (europäische Seite), S. 238/239.

Schweizerisches Generalkonsulat, Büyükdere Cad. 173, Levent, ✆ 0212/2831282, www.eda.admin.ch/istanbul. Das Konsulat befindet sich im 1. Levent Plaza (A-Blok, 3. Stock), neben dem großen Einkaufszentrum Metrocity, keine 5 Min. von der Metrostation Levent (zu erreichen u. a. von Taksim mit der M2) entfernt.

Einkaufen und Handeln

Es gibt nichts, was es nicht gibt. Vieles ist im westeuropäischen Vergleich preiswert. Selbst für Gold bezahlt man nur wenig mehr als den Marktpreis, da die Löhne der Kunstschmiede niedrig sind. Beliebte Mitbringsel sind dementsprechend Schmuck, aber auch Keramik, Lederwaren und Teppiche (→ Teppichkauf, S. 48), zudem Tee, Gewürze und alles, was einen Hauch von Orient erweckt.

In puncto Fashion ist die Türkei kein Land mehr, das lediglich Schnitte ausländischer Designer preiswert umsetzt. Zig türkische Labels haben sich mittlerweile international etabliert wie z. B. *Sarer, Mavi Jeans, Polo Garage* oder *Koton*. Auf der İstiklal Caddesi in Beyoğlu reihen sich die türkischen Streetwear-Labels aneinander, in Laleli werden Osteuropa und der vordere Orient ausgestattet (→ S. 164) und in Teşvikiye wie auch Nişantaşı (→ S. 218) die edleren Konfektionen präsentiert.

In den meisten Straßengeschäften und in den Boutiquen der Shoppingmalls sind die Waren mit Preisen versehen. Wer hingegen auf den Basaren in den Genuss eines Schnäppchens kommen

In Sachen Mode schaut man sich am besten in Galata um

will, sollte die dortigen Modalitäten des Einkaufens kennen. Das Zauberwort heißt handeln. Um aber gut handeln zu können, sollten Sie den Wert und die Echtheit einer Ware einschätzen können. Türkische Händler sind leider, ohne es böse zu meinen, fast durch die Bank Schlitzohren. Lassen Sie sich also kein Kunstleder als Nappa verkaufen und glauben Sie nur einen Bruchteil von dem, was Ihnen erzählt wird ... Falls Sie schon vor der Abreise wissen, dass Sie sich für Goldschmuck oder einen Teppich interessieren, so machen Sie sich am besten im Heimatland mit den Produkten und deren Preisen vertraut.

Beim Feilschen gibt es ein paar ganz einfache Regeln: Sind Sie von vornherein nicht ernsthaft am Kauf interessiert, sollten Sie niemals selbst einen Preis nennen oder dem genannten zustimmen. Denn damit ist der Handel eröffnet bzw. im zweiten Fall schon beendet. Als unfein gilt zudem, nach dem offensichtlichen Ende der Verhandlungen ein weiteres, niedrigeres Angebot zu unterbreiten. Wer hingegen selbst nach 100 für Sie ausgerollten Teppichen und etlichen spendierten Gläsern Tee, aber ohne auf ein Verkaufsangebot eingegangen zu sein oder ein eigenes Kaufangebot unterbreitet zu haben, dem Händler den Rücken kehrt, verhält sich völlig korrekt.

Unter **pazar** verstehen die Türken einen Wochenmarkt mit Gemüse-, Käse-, Klamotten- und Schuhständen. Feste Einrichtungen wie den Großen und den Ägyptischen Basar oder Marktviertel mit richtigen Läden nennt man in der Türkei hingegen **çarşı**.

Für den Einzelhandel gibt es keine einheitlichen Öffnungszeiten. An der bereits angesprochenen İstiklal Caddesi hat das Gros der Buch- und Klamottenläden 7 Tage die Woche bis spät abends geöffnet. In anderen Stadtteilen zieht man seine Rollläden am Wochenende gar nicht hoch.

Detaillierte Tipps zum Einkaufen finden Sie in den jeweiligen Stadtteilkapiteln. Im Folgenden 2 empfehlenswerte Einkaufstempel, die außerhalb der beschriebenen Stadtteile liegen, und ein paar aus der Reihe fallende Markttipps.

Außerhalb gelegene Shoppingmalls

Kanyon Shopping Center, architektonisch überaus spannend und sehenswert. 160 eher noble Läden, Kinos, Wellness- und Fitnesscenter. Büyükdere Cad. 15, Levent, www.kanyon.com.tr. Am einfachsten zu erreichen mit der Metro M2 von Taksim, Station Levent, dort ausgeschildert. Nur ein paar Schritte vom Kanyon entfernt liegt zudem das **Metrocity**. Es ist nicht ganz so elegant, dafür mit einem großen Supermarkt ausgestattet. www.metrocity.com.tr.

Forum İstanbul, bezeichnet sich selbst als größtes Shoppingcenter Europas. 265 Läden sind vertreten, darunter selbst eine *IKEA*-Filiale. Das *Turkuazoo* genannte 8000 m² große Aquarium, in dem u. a. Haie ihr Dasein fristen, ist nichts für Tierfreunde. Mit der Straßenbahn T1 bis Yusufpaşa, dann umsteigen in die Metro M1 bis zur Station Kocatepe-Kartaltepe. www.forumistanbul.com.tr.

Biomarkt

Feriköy/Bomonti, wer ein Apartment gemietet hat und Bioprodukte sucht, wird auf dem Samstagsmarkt fündig: Obst, Gemüse, feines Olivenöl, Kosmetik, Fleisch, Honig, Joghurt. Adresse → Flohmarkt Feriköy/Bomonti. http://ekolojikpazar.org. ■

Flohmärkte

Dolapdere, der Kleine-Leute-Flohmarkt im Sinti-Viertel bietet jeden Sonntag viel Ramsch und Klamottenhaufen, auf denen sich die Straßenhunde sonnen, es gibt aber auch so manches Schnäppchen, wenn man auf die Suche geht. Angelegt in den Gassen um die große griechisch-orthodoxe Kirche Evangelista, die besichtigt werden kann (klingeln). Wegbeschreibung: In Harbiye (→ Karte S. 221) der Elmadağ Cad. bergab bis zu ihrem Ende an der Dolapdere Cad. folgen. Dann orientiert man sich links auf die Shell-Tankstelle zu und hält dabei rechter Hand in den Gassen nach dem Flohmarkt Ausschau.

»» **Unser Tipp:** **Feriköy/Bomonti**, findet sonntags in einem halb unterirdischen Parkdeck nahe Şişli statt. Flohmarkt, wie man ihn von westeuropäischen Großstädten kennt – nur mit Gözleme-Stand statt Wurstbude. Viel hochwertige Ware, teils gut sortiert: Antikes, Retro, Platten, Bücher u. v. m. Gökkuşağı Sok./Ecke Dizoglu Sok. Wegbeschreibung: Von der Halazkargazi Cad. in Şişli (→ Karte S. 221) biegt man südlich des Atatürk-Museums in die Izzetpaşa Sok ein (in entgegengesetzter Richtung heißt die Straße Ebekızı Sok.). Dann die zweite Straße (Abide-i Hürriyet Cad.) rechts ab und dann die erste Straße (Silahşör Cad.) links. Der Silahşör Cad. folgt man für ca. 5 Min. – kurz vor einer alten Kirche bzw. dem rechter Hand gelegenen Bomonti Plaza (Hausnr. 38) geht es wieder links ab. ««

Mehrwertsteuerrückerstattung

Wer in Geschäften und Boutiquen mit dem Tax-free-Symbol am Schaufenster Waren im Wert von umgerechnet ca. 50 € und mehr einkauft, kann sich bei der Ausreise (bei den *Global Refund Offices* am Atatürk- und am Sabiha-Gökçen-Flughafen, 24 Std. geöffnet) die Mehrwertsteuer (auf Kleidung z. B. 8 %) abzüglich einer Gebühr zurückerstatten lassen. Dafür bedarf es eines vollständig ausgefüllten Tax-free-Schecks vom Verkäufer, der am Flughafen vom Zoll gestempelt werden muss.

Elektrizität

Die elektrische Spannung beträgt 220 Volt. Am gebräuchlichsten sind dünne, zweipolige, runde Stecker. I. d. R. benötigt man für mitgebrachte Geräte keine Adapter.

Feiertage

1. Januar: Neujahr

23. April: Unabhängigkeitstag – am 23. April 1920 versammelte sich das Parlament in Ankara zu seiner ersten Sitzung. Wird heute auch als „Tag der Kinder" gefeiert.

1. Mai: Frühlingsfest (inoffizieller Feiertag, Ersatz für den ehemaligen Tag der Arbeit).

19. Mai: Beginn des nationalen Befreiungskriegs (1919). Heute Tag der Jugend und des Sports.

29. Mai: Eroberung İstanbuls (1453).

8.–10. August 2013 und **28.–30. Juli 2014**: Zuckerfest *(Şeker Bayramı)*, → S. 105.

30. August: Tag des Gedenkens an den Sieg über die Griechen im Jahre 1922.

15.–18. Oktober 2013 und **4.–7. Oktober 2014**: Opferfest *(Kurban Bayramı)*, → S. 105.

29. Oktober: Tag der Republik – am 29. Oktober 1923 wurde die Türkische Republik ausgerufen. Aufmärsche begleiten das Fest.

Geld und Preise

Gesetzliches Zahlungsmittel ist die Türkische Lira (*Türk Lirası*, kurz *TL*; in Finanzkreisen *Try*). Im Umlauf sind Banknoten im Wert von 5, 10, 20, 50, 100 und 200 TL, zudem Münzen zu 1 TL sowie zu 1, 5, 10, 25 und 50 *Kuruş* (*KR*; 100 KR = 1 TL).

1 € = 2,36 TL; 1 sfr = 1,93 TL
1 TL = 0,42 €; 1 TL = 0,51 sfr
(Stand Februar 2013).

Geldwechsel: Die Kursunterschiede sind insgesamt gering, lediglich an den Flughäfen sind die Kurse schlecht. Banken (meist Mo–Fr 9–12 und 13.30–17 Uhr geöffnet) und Wechselstuben (oft bis spätabends) findet man an vielen Geschäftsstraßen, u. a. auch an der İstiklal Cad. in Beyoğlu und am Divanyolu in Sultanahmet.

Bankomaten sind weit verbreitet. Der Kurs beim Abheben mit der Bankkarte *(Maestro)* ist besser als beim Barumtausch. Jedoch fressen die dafür anfallenden Gebühren (Infos dazu bei Ihrer Bank) den Kursvorteil beim Ziehen niedriger Summen wieder auf. Daher am besten in die Vollen gehen, je nach Bankomat sind max. 1000 TL/Tag möglich, manche rücken jedoch nicht mehr als 600 oder 400 TL heraus.

Bei Verlust der Kredit- oder Maestro-Karte wählen Deutsche die Servicenummer ✆ 0049-116116. Abhängig vom Ausstellungsland der Karte gelten zudem folgende Sperrnummern: Für **American Express**:

✆ 0049-69-97971000 (D/A), ✆ 0041-44-6596333 (CH). **Diners Club**: ✆ 0049-180-5070704 (D), ✆ 0041-58-6661111 (CH), ✆ 0043-1-50135135 (A). **Visa**: ✆ 00800135350900 (Servicenr. in TR für D, A, CH). **Master/Eurocard**: ✆ 00800 138870003 (Servicenr. in TR für D, A, CH). **Maestro-Karte**: ✆ 0049-1805021021 (D), ✆ 0043-1-2048800 (A), ✆ 0041-800800488 (Credit Suisse), ✆ 0041-442712230 (für alle anderen Schweizer Maestro-Karten).

Trinkgeld: In Restaurants (→ Tipping-Tipps, S. 56) gibt man i. d. R. 10 %, Masseuren, Zimmermädchen oder Friseuren rund 1 €. Lediglich Taxifahrer gehen in der Türkei leer aus.

Ermäßigungen für Studenten: → Museen, S. 43.

Preise

Die Preise in İstanbul liegen erheblich über dem Landesdurchschnitt. Wer einfach nächtigt und in einfachen Lokantas essen geht, kann dennoch recht preiswert ein paar Tage am Bosporus verbringen. Sucht man aber schickere Bars auf oder tolle Dachrestaurants, sollte man sich nicht wundern, wenn für ein kleines Bier 6 € oder mehr verlangt werden. Die im Buch angegebenen Preise entsprechen dem Stand der letzten Recherche. Diese können sich von den Preisen, die Sie vor Ort erfahren, erheblich unterscheiden. Das hängt zum einen mit extremen Wechselkursschwankungen zusammen, zum anderen auch damit, dass in der Türkei die Preise vielfach nicht linear zur Inflationsrate angepasst werden, sondern nach einer längeren stabilen Preisetappe um einen umso größeren Schritt.

İstanbul im internationalen Vergleich

Auf der Liste der teuersten Städte der Welt liegt İstanbul nach dem UBS-Städteranking, in welchem 72 Metropolen weltweit verglichen werden, auf Platz 34 (Berlin Platz 33), beim Lohnniveau auf Platz 45 (Berlin Platz 19) und bei der Binnenkaufkraft auf Platz 56 (Berlin Platz 11).

Was kostet was?

Cola vom Kiosk	ca. 0,75 €
Großes Bier im Restaurant (manchmal bis zu 5,50 €!)	ab ca. 3 €
Päckchen Zigaretten	ab ca. 2,50 €
1 l Benzin bleifrei	ca. 2 €
Mittagessen ohne Getränk	ab 4,50 €
Flasche Wein im Laden	ab 4,50 €
Döner	(Huhn) ab 1 € bzw. (Lamm) ab 2 €
Glas Tee	ab 0,60 €
Doppelzimmer	ab 50 €

Goethe-Institut und Österreichisches Kulturforum

Beide Kulturinstitute verfügen über kleine Bibliotheken mit deutschsprachigen Zeitungen, Zeitschriften und Büchern. Zudem tragen sie mit Filmvorführungen, Konzerten, Ausstellungen, Vorträgen und Lesungen zur kulturellen Vielfalt der Stadt bei.

Goethe-Institut, Yeniçarsı Cad. 32, Beyoğlu, ✆ 0212/2492009, www.goethe.de/istanbul. Bibliothek Mi–Fr 13–19 Uhr, Sa 12–17 Uhr. Anfahrt → Taksim und Beyoğlu, S. 199.

Österreichisches Kulturforum, Köybaşı Cad. 44, Yeniköy, ✆ 0212/3638415, www.aussenministerium.at/kultur/istanbul. Mo–Fr 10–12.30 und 13.30–16 Uhr. Anfahrt → Am Bosporus (europäische Seite), S. 238/239.

Gottesdienste in deutscher Sprache

Römisch-katholische Gottesdienste finden jeden Sonntag um 10.30 Uhr in der Kirche der deutschen Gemeinde St. Paul statt. Büyük Çiftlik Sok. 22, Nişantaşı, www.stpaul.de. Anfahrt → Von Harbiye bis Şişli, S. 220.

Evangelische Gottesdienste werden für gewöhnlich ebenfalls Sonntag um die gleiche Zeit in der deutschen evangelischen Kirche in der Emin Camii Sok. 30, Aynalıçeşme (Beyoğlu) abgehalten. Wer auf Nummer Sicher gehen will, ruft besser davor an, ✆ 0212/2503040, www.evkituerkei.org. Anfahrt → Taksim und Beyoğlu, S. 199.

Information

Fremdenverkehrsämter der Türkei

Baseler Str. 37, 60329 **Frankfurt**, ✆ 069/233081.

Tauentzienstr. 9–12, 10789 **Berlin**, ✆ 030/2143752.

Singerstr. 2/8, 1010 **Wien**, ✆ 01/5122128.

Stockerstr. 55, 8001 **Zürich**, ✆ 044/2210810.

Touristeninformationen (Turizm Danışması) in İstanbul

Sultanahmet, am Sultanahmet Meydanı, ✆ 0212/5188754. Tägl. 9.30–18 Uhr, im Winter 9–17.30 Uhr. Anfahrt → Sultanahmet, S. 124.

Eminönü, im Bahnhof Sirkeci, ✆ 0212/5115888. Offiziell tägl. 9.30–18 Uhr (in Wirklichkeit mehr nach Lust und Laune). Anfahrt → Sultanahmet, S. 124.

Atatürk Airport, ✆ 0212/4653151. Tägl. 8.30–22.30 Uhr.

Sabiha-Gökçen-Flughafen, ✆ 0216/5888794. Tägl. 8.30–22.30 Uhr.

Karaköy Yolcusalonu, im internationalen Terminal am Hafen von Karaköy, ✆ 0212/2495776. I. d. R. geöffnet zum Landgang der Kreuzfahrer. Anfahrt → Galata und Karaköy, S. 216.

Taksim, Mete Cad. 6, ✆ 0212/2330592. Offiziell tägl. 9–17.30 Uhr, Sa/So aber nicht immer besetzt. Anfahrt → Taksim und Beyoğlu, S. 199.

İstanbul – keine Angst vor dem großen Beben

Mit 60 % geben Wissenschaftler das Risiko für İstanbul an, innerhalb der nächsten 30 Jahre von einem Erdbeben mit der Mindeststärke von 7,0 auf der Richter-Skala getroffen zu werden. Grund für die extreme Erdbebengefahr im Raum İstanbul ist die prekäre Lage der Bosporusmetropole nahe einem Riss in der Erdkruste, der sich von Nordanatolien bis zum Marmarameer zieht. Zwei Erdplatten, die anatolische und die eurasische, stoßen hier aufeinander. Daher zittert İstanbul seit eh und je – mal mehr, mal weniger, mal alle drei Jahre, aber auch mal ein ganzes Jahrzehnt nicht. Eines der verheerendsten Beben in der Geschichte der Stadt ereignete sich 1509. Es löste eine gigantische Flutwelle aus, die über die einstigen Seemauern der Stadt einstürmte, über 100 Moscheen zerstörte und über 10.000 Menschen das Leben kostete. Ein solch schweres Beben in heutiger Zeit wäre ein Horrorszenario, Wissenschaftler prognostizieren für diesen Fall 50.000 bis 100.000 Tote. Die angekündigte Katastrophe interessierte die Stadtväter bis 2012 wenig: Nicht einmal 10 % der Schulen oder Krankenhäuser, die in den zehn Jahren davor gebaut wurden, sind erdbebensicher. Stattdessen wurden bereits Orte für Massengräber ausgewiesen. Doch 2012 widmete sich die Regierung in Ankara dem Thema und kündigte an, die Türkei in den nächsten 20 Jahren erdbebensicher machen zu wollen. Die Kosten für Istanbul: 100 Mrd. Dollar. Zu diesem Zwecke wurde das sog. „Urbane Transformationsgesetz" verabschiedet, das u. a. den Abriss und Neubau ganzer Viertel vorsieht. Kritiker aber befürchten, dass das Gesetz lediglich eine bequeme Handhabe ist, um arme oder unliebsame Mieter aus attraktiven Ecken zu vertreiben und dort schicke Lofts für eine andere Klientel bauen zu können.

Im Internet

Das Kultur- und Tourismusministerium der Türkei unterhält die Seite **www.goturkey.com** (auch in deutscher Sprache). Viele Infos zur Stadt hält die englischsprachige Seite **www.wizardistanbul.com** bereit, hier können Sie auch Fragen stellen!

Informationen zum **İstanbuler Kulturleben,** zur Clubszene, zu Restaurants usw. findet man auf **www.timeoutistanbul.com** in türkischer und englischer Sprache. Auf der Kartenvorverkaufsseite **www.biletix.com** (türk./engl.) erfahren Sie auch, welche Konzerte gerade anstehen. Über Festivals informiert zudem **www.iksv.org** (türk./engl.), über die Museen und Ausgrabungsstätten des Landes **www.kultur.gov.tr** auch in deutscher Sprache.

Informationen zu **Politik, Wirtschaft und Gesellschaft** bieten in deutscher Sprache die Internetseiten **www.istanbulpost.net, www.turkeikurier.com** und **www.deutsch-türkische-nachrichten.de.** In englischer Sprache informiert zudem die Webseite der englischsprachigen Tageszeitung **www.hurriyetdailynews.com.**

Aktuelle Informationen zu diesem Reiseführer, die die Autoren nach Redaktionsschluss erreichten, finden Sie auf den Reisebuch-Update-Seiten des Michael Müller Verlags **www.michael-mueller-verlag.de**.

Weitere interessante Internetseiten sind zudem:

www.mymerhaba.com: Wer nach İstanbul ziehen will, findet hier viele Fragen beantwortet – wo liegt der nächste Ökomarkt, wie stelle ich eine Haushaltsgehilfin ein etc.

www.iett.gov.tr: Die Seite der İstanbuler Verkehrsbetriebe.

www.reisemangel.de: Die Seite zum Thema Reiserecht. Welche Schadensersatzansprüche haben Sie laut Frankfurter Liste, wenn Ihr Flug Verspätung hat, Ihr Hotel zu laut ist usw.

www.vaybee.de: Kommerzielle Seite (auch in Deutsch) mit Reiseangeboten, Kleinanzeigen, Nachrichten etc.

Internetzugang

Das Gros aller Hotels, egal welcher Kategorie, bietet WLAN, viele verfügen auch über einen oder mehrere Terminals mit Internetzugang. Zudem offerieren viele Bars und Cafés WLAN, auch kann man in einer Vielzahl von Internet-Cafés surfen. Internet-Cafés sind im Reiseteil nicht aufgeführt, da sich deren Adressen erfahrungsgemäß ständig ändern.

Kinder

Ein paar Tipps für Unternehmungen, mit denen Sie bei Ihren Kindern punkten können:

İstanbul Akvaryum: Aquarienlandschaft mit Fischen aus verschiedenen Meeren in 64 Becken – teils etwas kitschig inszeniert, aber auf jeden Fall ein Erlebnis für Kinder. Teils geht es in gläsernen Tunnelgängen unter den riesigen Aquarien hindurch. Werktags 10–19 Uhr, Sa/So bis 20 Uhr. Eintritt 12,80 €, Fam. mit einem Kind 27 €. Nebenan die Shoppingmall Aqua Florya. Yeşilköy Halkalı Cad., Florya, www.istanbulakvaryum.com. Am einfachsten zu erreichen mit der Vorortbahn B1 von Sirkeci. In Florya aussteigen und dort auf der Meerseite für ca. 15 Min. Richtung Yeşilköy zurücklaufen (dabei passiert man das Strandbad Florya Plajı, → S. 46).

Schifffahrt zu den Prinzeninseln: Hier können die kleinen Prinzen und Prinzessinnen richtig toben, und das sogar halbwegs unbeaufsichtigt – es gibt keinen Autoverkehr, nur Kutschen sind unterwegs (→ Ziele rund um İstanbul, S. 266).

Miniatürk: Ein Freizeitpark voller berühmter Baudenkmäler in Miniaturformat aus der heutigen Türkei und den Gebieten des einstigen Osmanischen Reichs. Z. T. recht liebevoll und schön gemacht. Man darf aber nichts anfassen. Eine Bimmelbahn fährt hindurch. Infos zu den einzelnen Baudenkmälern bekommt man über ein Audiosystem mit Steckkarte, wenn's funktioniert, auch in Deutsch. Im Sommer tägl. 9–19 Uhr, im Winter tägl. 9–17 Uhr. Eintritt Ausländer 4,30 €, Türken die Hälfte, erm. stets 1,30 €. İmrahor Cad., Sütlüce, www.miniaturk.com.tr. Von Eminönü mit Ⓑ 47 E, 47 Ç und 47 zu erreichen, von Taksim mit Ⓑ 54 HT (Haltestelle Miniatürk).

Bosporusfahrt: Ein Abenteuer für kleine Seeräuber. → Am Bosporus (europäische Seite), S. 239.

Rahmi M. Koç Müzesi: Technik- und Industriemuseum, viele Exponate dürfen angefasst werden. → Sehenswertes westlich von Galata, S. 215.

Ballonfahrt: → Sport & Freizeit, S. 47.

Kleidung

Beim Kofferpacken orientieren Sie sich am besten an der Klimatabelle. Dabei sollten Sie für den Zeitraum von Ende Oktober bis Anfang Mai insbesondere die unteren Werte berücksichtigen, auch wenn Sie sich die oberen wünschen. Es kann immer wieder zu Kälteeinbrüchen kommen. In manchen Wintern muss gar der Fährbetrieb auf dem Bosporus wegen starker Schneefälle eingestellt werden. Regenfeste Kleidung ist nahezu das ganze Jahr über wichtig. Auch sind feste Schuhe von Vorteil, İstanbul ist die Stadt der 1001 Stolperfallen.

Beim Besuch konservativ geprägter Stadtteile sollte man auf kurze Hosen bzw. kurze Röcke verzichten. In Moscheen dürfen Herrenbeine und -arme nicht entblößt sein, der Rock der Dame muss mindestens knielang, ihr Kopf und die Oberarme müssen bedeckt sein. Die Türken legen großen Wert auf ein korrektes, sauberes und gesittetes Erscheinungsbild.

Spacig: İstanbul Akvaryum

	ø Höchsttemp. in °C (absol. Maximum)	ø Tiefsttemp. in °C (absol. Minimum)	Tage mit Niederschlag >= 1 mm	ø Sonnenstunden tägl.
Jan.	8,8 (21,7)	2,9 (-13,9)	12	2,6
Febr.	9,4 (24,0)	3,2 (-16,1)	10	3,5
März	11,6 (26,8)	4,3 (-11,1)	9	4,5
April	16,7 (32,7)	8,0 (-1,4)	7	6,4
Mai	21,5 (34,1)	12,0 (2,8)	5	8,7
Juni	26,2 (40,2)	16,1 (7,1)	3	10,7
Juli	28,2 (39,7)	18,5 (10,5)	3	11,6
Aug.	28,1 (40,5)	18,5 (10,2)	3	11,0
Sept.	25,0 (37,5)	15,5 (6,0)	4	8,3
Okt.	19,8 (34,2)	11,8 (2,2)	7	5,9
Nov.	15,4 (27,2)	8,5 (-7,2)	9	4,0
Dez.	11,2 (21,5)	5,4 (-10,8)	12	2,6

Klima/Reisezeit

Die besten Zeiten, um İstanbul einen Besuch abzustatten, sind das Frühjahr und der Herbst. Schweißtreibende Temperaturen, eine hohe Luftfeuchtigkeit und lästige Moskitos (Mückenschutz nicht vergessen!) bestimmen die Sommermonate. Lediglich unmittelbar am Bosporus, wo stets eine leichte Brise weht, ist es dann noch recht angenehm. Der Winter kann zwar reizvoll sein – es gibt frühlingshafte Sonnentage und melancholische Nebelschwaden über dem Bosporus –, auf Regen und Kälteeinbrüche sollte man sich aber auf jeden Fall einstellen.

Kriminalität und Sicherheit

Delikte wie Diebstahl oder Raub treten in der Türkei verhältnismäßig selten auf. Korruption nennt sich das Übel des Landes, aber die tut dem Touristen nicht weh. Wie in jeder Großstadt gibt es aber auch in İstanbul Kriminalität. Dennoch hat man wenig zu befürchten, wenn man sich an die üblichen Vorsichtsmaßnahmen hält. Dazu zählen v. a. folgende Punkte: Achten Sie ganz besonders dort auf Ihre Wertsachen, wo Gedränge herrscht, und achten Sie beim Abheben mit der Bank- oder Kreditkarte darauf, dass niemand Ihren PIN-Code ausspäht. Falls Ihre Karte gestohlen wurde → Geld/Sperrnummern, S. 34. Des Weiteren sollten Sie, um Unannehmlichkeiten vorzubeugen, insbesondere in touristischen Gebieten alle Einladungen oder Hilfeleistungen von Fremden ablehnen. Bei Problemen wendet man sich am besten an die Touristenpolizei (→ Polizei, S. 44).

Terrorgefahr

Immer wieder kommt es in İstanbul zu terroristischen Anschlägen, meist durch Splittergruppen der PKK, aber auch durch islamische Fundamentalisten. Der letzte Terroranschlag vor Drucklegung dieses Buches ereignete sich am 11. Sept. 2012 – ein Selbstmordattentäter tötete einen Polizisten, sieben Personen wurden verletzt. Die verheerendste Anschlagsserie der letzten Jahre fand im Nov. 2003 statt. Eine türkische Terrorzelle, die Verbindungen zu al-Qaida haben soll, sprengte zwei Synagogen, die britische HSBC-Bank und das britische Konsulat in Beyoğlu in die Luft. 64 Menschen kamen ums Leben, rund 750 wurden verletzt. Da weitere Terroranschläge nicht auszuschließen sind, gilt es, die Reise- und Sicherheitshinweise der Außenministerien zu beachten (www.auswaertiges-amt.de, www.eda.admin.ch, www.bmaa.gv.at).

Literatur- und Hörtipps, Stadtpläne

Kunst- und Kulturgeschichte

Freely, John u. Sumner-Boyd, Hilary: Istanbul, ein Führer. Prestel-Verlag, München 1994. Ein Klassiker, jedoch nur noch antiquarisch zu bekommen.

Zu İstanbul und den İstanbulern

Kreiser, Klaus: Istanbul. Ein historischer Stadtführer. C.H. Beck, München 2009. Hoch gelobt. Der Autor erarbeitet das alte İstanbul anhand unzähliger (vorrangig türkischer) Quellen.

Sartorius, Joachim: Die Prinzeninseln. Mare Verlag, Hamburg 2009. Ein wunderschönes Buch über die İstanbul vorgelagerten Inseln.

Groothuis, Rainer u. Lohfert, Christoph (Hg.): Istanbul, „sterbende Schöne" zwischen Orient und Okzident? Corso, Hamburg 2011. Hier wird das İstanbul unserer Tage von rund 15 Journalisten und Literaten kritisch unter die Lupe genommen – sehr gute und spannende Texte (bis auf das Vorwort des „Gastgebers" Wilhelm Genazino). So wird bald klar, warum die neue Trendstadt als „sterbende Schöne" bezeichnet wird.

Strittmatter, Kai u. Guntli, Reto: İstanbul – Metropole zwischen den Welten. Knesebeck, München 2008. Ein Bild- und Reportageband. Die unterhaltsamen Texte entstammen der wunderbaren Feder des ehemaligen SZ-İstanbul-Korrespondenten Strittmatter.

Strittmatter, Kai: Gebrauchsanweisung für İstanbul. Piper Verlag, München 2010. Humorige Einblicke in den İstanbuler Alltag.

Zu Land und Leuten

Kelek, Necla: Bittersüße Heimat. Bericht aus dem Inneren der Türkei. Goldmann Verlag, München 2009. Woher kommt und wohin geht die Türkei – die Hauptfrage der Frauenrechtlerin Necla Kelek in ihrem Werk über die politische und gesellschaftliche Stellung der Türkei. Zur Debatte um Islam und Integration erschien 2012 von der gleichen Autorin *Chaos der Kulturen* (Kiwi-Verlag, Köln).

Anderson, Perry: Die Türken, ihr Staat und Europa. Berenberg Verlag, Berlin 2009. Brillante Essays zur modernen Türkei.

Greve, Martin (Autor) und Durmaz, Ercan (Sprecher): Türkei hören. Silberfuchs Verlag, Kayhude 2008. Mehrfach ausgezeichnetes Hörbuch, das sich insbesondere der Geschichte und der Kunst des Landes widmet.

Fangfrische Köstlichkeiten vom Fischer Ihres Vertrauens

Belletristik

Kemal, Yaşar: Zorn des Meeres. Unionsverlag, Zürich 1998. Eine Liebeserklärung an İstanbul und das Marmarameer.

Pamuk, Orhan: → Kasten.

Oker, Celil: Schnee am Bosporus. Unionsverlag, Zürich 2001. Oker ist *der* Krimiautor der Bosporusmetropole.

Levi, Mario: Istanbul war ein Märchen. Suhrkamp Verlag, Frankfurt/M. 2008. Geschichten von gelebten und ungelebten Träumen, von erfüllten und unerfüllten Hoffnungen aus jener Zeit, als İstanbul noch eine Stadt der unterschiedlichsten Kulturen war.

Shafak, Elif: Der Bastard von Istanbul. Eichborn, Frankfurt/M. 2007. Eine junge Halbarmenierin, aufgewachsen in den USA, sucht ihre Wurzeln in İstanbul. Äußerungen der Romanfiguren brachten Shafak wegen „Verunglimpfung des Türkentums" eine Anklage ein! Ebenfalls empfehlenswert ist Elif Shafaks Roman *Bonbonpalast* (Eichborn, Frankfurt/M. 2008), eine Liebeserklärung an das İstanbul der einfachen Leute.

Aykol, Esmahan: Hotel Bosporus. Diogenes, Zürich 2004. Ein witziger İstanbul-Roman, der mit Stereotypen und deutsch-türkischen Klischees spielt.

İşigüzel, Şebnem: Am Rand. Berlin Verlag, Berlin 2008. Ein Roman über die Gesichter İstanbuls, die unterschiedlicher nicht sein können.

Ümit, Ahmet: Nacht und Nebel. Unionsverlag, Berlin 2008. Ein İstanbul-Krimi.

Mağden, Perihan: Zwei Mädchen. Suhrkamp, Frankfurt/M. 2008. Diese wilde,

Orhan Pamuk – erster Nobelpreisträger der Türkei

Die Ernennung Orhan Pamuks zum Träger des Literaturnobelpreises 2006 spaltete damals die Nation. „Unser Stolz" titelte die liberale Tageszeitung *Radikal*. Als einen Mann, „der sein Volk verkauft hat" und „keiner von uns" sei, bezeichnete ihn das Boulevardblatt *Sabah*. Zu oft hatte der Literat Missstände in der Türkei angeprangert und damit die Nationalisten im Land gegen sich aufgebracht. In einem Interview mit dem Zürcher *Tages-Anzeiger* bedauerte er z. B. einmal, dass sich kaum jemand in seinem Land traue, die Verbrechen an den Armeniern und Kurden anzusprechen. Die Folgen für ihn: Gewaltandrohungen und ein Verfahren wegen „Verunglimpfung des Türkentums", das später jedoch eingestellt wurde.

Orhan Pamuk, Jahrgang 1952, entstammt der kosmopolitischen, westlich geprägten Oberschicht der Bosporusmetropole. Er studierte Architektur und Publizistik. Drei Jahre lebte er in New York, ansonsten konnte er İstanbul nie länger den Rücken kehren. Seine Romane handeln größtenteils von Identitätskonflikten zwischen der westlichen und östlichen Welt. Die meisten spielen in İstanbul, und meistens schneit es. *Das schwarze Buch* (Carl Hanser Verlag 1995) erzählt von der verzweifelten Suche eines Mannes nach seiner Frau in den dunklen Gassen der Stadt. *Rot ist mein Name* (Carl Hanser Verlag 2001) ist eine faszinierende Mischung aus historischem Kriminalroman, orientalischem Märchen und Liebesgeschichte. Viel beachtet wurde auch *Schnee* (Carl Hanser Verlag 2002), ein politisches Lehrstück vor der Kulisse der tristen ostanatolischen Stadt Kars. Pamuks Kindheitserinnerungen sind Schwerpunkt von *İstanbul – Erinnerungen an eine Stadt* (Carl Hanser Verlag 2006). „Ein großartiger und trauriger Liebesroman", so die *Süddeutsche Zeitung*, ist Orhan Pamuks umfangreichstes Werk *Museum der Unschuld* (Hanser Belletristik 2008), dem 2012 ein Museum folgte (→ S. 197). In seinem neuesten Buch *Der naive und der sentimentalische Romancier* (Carl Hanser Verlag 2012) widmet sich Pamuk einem literaturwissenschaftlichen Thema.

Was türkische Namen aussagen können

Stellen Sie sich vor, Ihr Metzger würde *Etyemez* („Er isst kein Fleisch") heißen oder der Getränkehändler ums Eck *Suiçmez* („Er trinkt kein Wasser"). In der Türkei kann das vorkommen. Die Fülle lustig-blumiger Familiennamen geht auf ein Gesetz von 1934 zurück. Im Zuge von Atatürks Reformen mussten sich nämlich die bis dato nachnamenlosen Türken einen solchen zulegen. Teils konnten sie den Namen selbst wählen, teils wurde ihnen einer zugewiesen. Manche trafen zum damaligen Zeitpunkt vielleicht eine passende Wahl, bedachten aber nicht, dass der Name an ihre Söhne und Töchter weitervererbt würde. Und so kann der Klavierspieler an der Hotelbar auch *Parmaksız* („Ohne Finger") heißen ...

Heute bleibt leider nur noch die Wahl der Vornamen übrig, aber auch diese stehen den Nachnamen an Einfallsreichtum kaum nach: Der Freude über die Geburt des ersten Kindes wird z. B. gerne mit Namen wie *Devletgeldi* („Das Glück ist gekommen") oder *Gündoğu* („Die Sonne ist aufgegangen") Ausdruck verliehen. Wem die Familie irgendwann aber zu groß ist, hofft, mit Namen wie *Yeter* („Es reicht") oder *Dursun* („Es soll aufhören") den Kindersegen stoppen zu können – relativ egal, ob gerade ein Männlein oder ein Weiblein das Licht der Welt erblickt hat.

rebellische Istanbulgeschichte wurde von Kutluğ Ataman verfilmt. Mağdens neuer Roman *Ali und Ramazan* (Suhrkamp 2011) wird als einer der besten Schwulenromane überhaupt gehandelt.

Livaneli, Zülfü: Glückseligkeit. Rowohlt Verlag, Reinbek 2010. Die Herz zerreißende Geschichte einer jungen Ostanatolierin, der ein Ehrenmord bevorsteht. Spannend bis zur letzten Seite.

Stadtpläne: Es gibt keine ohne Fehler! Der detaillierteste „Plan" hat Buchformat:

İstanbul İlçe İlçe Kent Rehberi. Mepmedya Yayınları, İstanbul 2008. 2 Bände, die europäische Seite (Avrupa yakası) umfasst 660 Seiten, die asiatische (Anadolu yakası) 360 Seiten. In den Buchläden vor Ort erhältlich.

Mietwagen

Die Preise der international renommierten Verleiher unterscheiden sich wenig, pro Tag muss man mit mindestens 50 € inkl. Versicherungen für das günstigste Modell rechnen. Die lokalen Anbieter sind i. d. R. erheblich preiswerter, verfügen meist aber auch über einen älteren Fuhrpark. Zig Verleiher findet man im Hoteleck Talimhane nordwestlich des Taksim-Platzes. Eine seit Jahren bewährte Empfehlung ist die Autovermietung **Say** mit Hauptsitz in Antalya, die mit lokalen İstanbuler Verleihern zusammenarbeitet (Buchung über Deutschland möglich, ✆ 0911/686 266, www.say-autovermietung.de). 2012 gab es das billigste Modell ab 30 €/Tag.

Alle im Folgenden aufgeführten Verleiher haben Zweigstellen am Atatürk- und Sabiha-Gökçen-Flughafen.

Europcar: Topçu Cad. 1, Taksim, ✆ 0212/2547710, www.europcar.com.

National/Alamo: Aydede Sok. 12, ✆ 0212/2547719, www.yesnational.com.

Hertz: Abdülhak Hamit Cad. 76/D, Taksim, ✆ 0212/2256404, www.hertz.com.

Avis: Gumüşsuyu Mete Cad. 12/A, Taksim, ✆ 0212/2449350, www.avis.com.

Sixt: Im Hilton an der Cumhuriyet Cad. in Harbiye. ✆ 0212/2152419, www.sixt.com.

Museen

Die meisten Museen haben montags geschlossen. Die angegebenen Sommeröffnungszeiten beziehen sich in etwa auf den Zeitraum von Mitte Juni bis Mitte Sept., teils auch bis Mitte Okt.

Einmal im Jahr, stets am 18. Mai, können die Türken alle staatlichen Museen kostenlos besuchen. Unternehmen Sie an diesem Tag alles Mögliche, aber gehen Sie nicht ins Museum. Die Eintrittspreise der staatlichen Museen werden jedes Jahr in Ankara neu festgesetzt, Preissprünge von 30–50 % (nach oben oder unten) sind dabei keine Seltenheit. Fotografieren oder Filmen (Video) kostet in den meisten Museen extra und oft nicht wenig (bis zu 10 €). Ermäßigungen für Studenten *(öğrenci indirimi)* mit einer ISIC-Karte gab es 2012 nur noch selten – das kann sich jedoch wieder ändern, fragen Sie stets nach. Türkische Staatsbürger haben die Möglichkeit, eine sog. *Müze Kart* zu erwerben, die für umgerechnet 13 € für ein Jahr Zutritt zu den meisten Museen des Landes gewährt (Infos unter www.muze.gov.tr).

Museum Pass Istanbul

Der sog. *Museum Pass Istanbul* ist 72 Std. gültig und kostet 32 €. Er beinhaltet den Besuch des Topkapı-Palastes, der Chora-Kirche, der Hagia Sophia, des Archäologischen Museums, des Mosaikenmuseums und des Museums für türkische und islamische Kunst. Des Weiteren erhält man mit dem Museumspass in diversen anderen Museen (› Reiseteil) und Einrichtungen Ermäßigungen. Den Museumspass bekommt man in den oben genannten Museen und online unter www.muze.gov.tr. Am besten kauft man ihn im Archäologischen Museum (an der dortigen Kasse ist meist weniger los), dann kann man die anderen Museen und Kirchen ohne Schlangestehen besichtigen.

Parken

Eine Parkmöglichkeit zu finden ist in der Innenstadt oft mit einer langwierigen Suche verbunden. Es existieren nur wenige ausgeschilderte Parkhäuser. Parksünder werden gnadenlos abgeschleppt.

Sultanahmet: Rund um die Uhr bewachter Parkplatz nahe den großen Sehenswürdigkeiten in der Torun Sok. (neben dem Hotel Sultan Ahmet Sarayı), Pkw 17 €/Tag, Wohnmobil 22 €. Achtung: Dieser Parkplatz ist eine Baulücke, die irgendwann einmal verschwinden kann!

15 Fußmin. von Sultanahmet entfernt, direkt am Marmarameer zwischen Kumkapı und Cankurtaran, bietet zudem der Otopark Ahırkapı Fener Stellplätze für Autos und Wohnmobile (12 €/Tag).

Taksim und Beyoğlu: Je nach Verhandlungsgeschick kostet die Galatasaray Garajı (Parkhaus) in Beyoğlu an der Yeniçarşı Cad. 26 11–22 €/Tag. 10 €/Tag bezahlt man im Parkhaus im rückwärtigen Teil des Atatürk-Kulturzentrums am Taksim-Platz (Einfahrt von der Miralay Şefik Bey Sok.). Recht preiswert ist der Tepebaşı Katlı Otopark gegenüber dem Pera Müzesi: 6,50 €/Tag.

Eminönü: Parkhaus gegenüber den Fähranlegestellen an der Reşadiye Cad., 13 €/Tag.

Besiktas: Vorm Stadion, 8,70 €/Tag.

Harem: Parkplatz neben dem Busbahnhof, 6,50 €/Tag.

Kadıköy: Nahe den Fähranlegern (beim Ballon), 4,30 €/Tag.

Falls Ihr Auto abgeschleppt sein sollte: İstanbul ist riesig, und jedes Viertel besitzt seinen eigenen Abholplatz für abgeschleppte

Zu wenig Parkplätze für zu viele Autos

Autos. Fragen Sie nach der nächsten Polizeidienststelle („En yakın polis nerede?", ausgesprochen etwa: „Än jackin polis närädä?") und nennen Sie dort die Straße, in der Ihr Auto stand.

Polizei

Die türkische Polizei ist überall präsent. Gegenüber Touristen verhält sie sich i. d. R. korrekt und hilfsbereit, wenn nicht gar zuvorkommend. Falls Sie also nach dem Weg fragen wollen, sprechen Sie ruhig eine Streife an. Bei ernsteren Angelegenheiten wenden Sie sich am besten an die **Touristenpolizei** *(Turizm Polisi)*, Yerebatan Cad. 6, Sultanahmet, ✆ 0212/5274503 (Anfahrt → Sultanahmet, S. 124). Ihr Büro ist rund um die Uhr besetzt, i. d. R. sind auch deutschsprachige Beamte anwesend.

Café in Beyoğlu

Post

Egal ob die Grüße nach Deutschland, Österreich oder in die Schweiz gehen, Post-karten oder Briefe bis 20 g kosten ca. 0,85 €. Briefkästen findet man fast ausschließlich vor Postämtern. Bis die Post daheim ankommt, vergehen 2–5 Tage. Pakete mit wertvollem Inhalt sollte man mit einem internationalen Kurierdienst versenden.

Postämter: Überall in der Stadt. Die Hauptpost *(Büyük Postane)* befindet sich in Sirkeci westlich des Bahnhofs in der Büyük Posthane Cad. Tägl. 8.30–17 Uhr (mit Museum). Anfahrt → Sultanahmet, S. 123.

Paketdienste: Zweigstellen von DHL finden Sie in Taksim an der Cumhuriyet Cad. 20 (Anfahrt → Taksim und Beyoğlu, S. 199) und in Sultanahmet in der Yerebatan Cad. 5 in der Nachbarschaft zur Yerebatan-Zisterne (Anfahrt → Sultanahmet, S. 124). Für ein 1 kg schweres Paket nach Deutschland muss man mit rund 60 € rechnen, für 30 kg mit rund 150 €.

Reisebüros

Die meisten Reisebüros findet man am Divan Yolu in Sultanahmet und an der Cumhuriyet Cad. und deren Seitenstraßen nahe dem Taksim-Platz. Verkauft wird alles, was für den Touristen interessant sein könnte. Eine empfehlenswerte Adresse für Studenten ist das auf Flugtickets und InterRail spezialisierte Reisebüro **Gençtur** (**41**, Karte S. 192/193), İstiklal Cad. 108/5. Stock, Aznavur Pasajı, Beyoğlu, ✆ 0212/2446230, www.genctur.com. Anfahrt → Taksim und Beyoğlu, S. 199.

Für organisierte **Stadtrundfahrten** → S. 47.

Reisedokumente

Für Deutsche und Schweizer genügt bei der Einreise auf dem Luftweg in die

Türkei der Personalausweis bzw. die Identitätskarte. Empfehlenswert ist dennoch die Mitnahme des Reisepasses, da manche Beamte bei Ausweiskontrollen vor Ort darüber nicht informiert sind. Falls Sie mit dem Personalausweis einreisen, so bekommen Sie einen Einreisestempel auf einem separaten Blatt, dieses muss bei der Ausreise wieder vorgezeigt werden. Österreicher brauchen ein Visum, das man an der Grenze bzw. am Flughafen gegen eine Gebühr von ca. 15 € erhält. Alle, die länger als 3 Monate am Stück im Land verweilen möchten, benötigen in jedem Fall ein Visum. Führen Sie Ihren Ausweis stets bei sich. Bei Kontrollen kann es sonst gehörig Ärger geben.

Einreise mit dem Fahrzeug: → Anreise, ab S. 18.

Einreise mit Haustieren: Hunde und Katzen benötigen den EU-Heimtierausweis bzw. das schweizerische Pendant, in welchem vermerkt ist, dass Katzen mindestens 15 Tage vor der Einreise gegen Tollwut, Hunde zusätzlich noch gegen Parvovirose, Distember, Hepatitis und Leptospirose geimpft worden sind.

Bei Verlust der Ausweispapiere stellen die Konsulate einen Ersatzausweis gegen Gebühr aus. Hierfür ist es hilfreich, Kopien der Originaldokumente im Onlinepostfach zu speichern oder dabeizuhaben. Benötigt werden 2 Passbilder, ein Verlustprotokoll der Polizei und ein Nachweis Ihrer Identität.

Schwule und Lesben

→ Nachtleben, S. 82.

Sport und Freizeit

Fußball bestimmt das Leben. Davon einmal abgesehen, fällt das Sport- und Freizeitprogramm recht dürftig aus. Sorgen Sie sich aber nicht vor Bewegungsmangel – in kaum einer anderen Stadt der Welt muss man so viel laufen wie in İstanbul.

Fußball

Der Besuch eines Spiels von einem der 3 großen İstanbuler Vereine ist spannender als so manches Museum, ein Lokalderby gar ein unvergessliches Erlebnis. Ligaspiele finden von Aug. bis Mai statt, und – damit nahezu alle im Fernsehen übertragen werden können – zu unterschiedlichen Zeiten, meist am Fr, Sa oder So. Tickets zu 10–170 € (für Ligaspiele) kauft man am Stadion oder über www.biletix.com.

Beşiktaş (www.bjk.com.tr) spielt im İnönü-Stadion von Beşiktaş, dem von der Lage her schönsten Stadion der Stadt. Anfahrt → Beşiktaş, S. 231.

Fenerbahçe (www.fenerbahce.org) spielt im Şükrü-Saraçoğlu-Stadion im gleichnamigen Stadtteil. Anfahrt → Kadıköy, S. 247.

Galatasaray (www.galatasaray.org) spielt in der hochmodernen Türk Telekom Arena in Seyrantepe (bei der gleichnamigen Metrostation, mit der M2 von Taksim zu erreichen, an der Station Sanayi Mahallesi umsteigen).

Fanartikel: Im Shoppingcenter Cevahir in Şişli (→ S. 222) befinden sich Fanshops von Fenerbahçe (= Fenerium) und Galatasaray (= GS Store). Fans von Beşiktaş kaufen direkt im Stadion ein.

Golf

Rund um İstanbul gibt es mehrere Plätze. Je nachdem, ob man vormittags oder nachmittags, unter der Woche oder am Wochenende spielen will, muss man mit einem Greenfee von 50–100 € rechnen. Einen 9-Loch-Platz bietet der **Istanbul Golf Club** im Stadtteil Yeni Levent (bei Maslak), ✆ 0212/3240609, www.igk.org.tr. Über einen 18-Loch-Platz verfügt der **Kemer Golf & Country Club** im Belgrader Wald nahe der Ortschaft Kemerburgaz, ✆ 0212/2397010, www.kg-cc.com.

Pferderennen

Sie finden im **Veli Efendi Hipodromu** im Stadtteil Yenimahalle statt. Die

Renntage erfahren Sie unter www.veliefendi.com. Wetten ist möglich. Mit der Vorortbahn *(Banliyö treni)* B1 vom Bahnhof Sirkeci (im Gebäude rechts halten) nach Yenimahalle. Der Turf liegt in Fahrtrichtung rechter Hand und ist vom Zug bereits zu sehen. Man verlässt den Bahnhof jedoch in Richtung Seeseite, läuft ein paar Meter zurück und unterquert dann die Bahnlinie.

Schwimmen und Baden

Zwar springen Kinder im Sommer von den Uferpromenaden in die Fluten des **Bosporus**, dennoch sollte man von einem Bad in der Meerenge absehen, immer wieder kommt es zu Erkrankungen durch Kolibakterien. Auch das **Marmarameer** (Strandbad z. B. in Florya gleich neben der Haltestelle der Vorortbahn) ist im Sommer durch Kolibakterien belastet, Gleiches gilt für die Badeplätze auf den **Prinzeninseln** (hohe Strandgebühren für wenig Flair). Gesünder badet man an der **Schwarzmeerküste** (→ S. 264/265). Egal wo: Vorsicht vor Quallen! Eintrittspreise und Öffnungszeiten aller Istanbuler Strandbäder unter www.istanbulplajlari.com.

Ein paar **Nobelhotels** der Stadt bieten zudem gepflegte Poolanlagen, jedoch sind die Gebühren für Nicht-Hotelgäste saftig: Im Hilton (Cumhuriyet Cad., Harbiye, Anfahrt → Von Harbiye bis Şişli, S. 220) werden z. B. unter der Woche 29 €, an Wochenenden 45 € verlangt. Die schönste Poolanlage hat das **Çırağan Palace Hotel am Bosporus**, → S. 70.

Teuer ist auch der Zutritt zum Pool der **Suada**, einer künstlichen Insel im Bosporus (→ S. 234).

Alles zu den berühmten **türkischen Bädern** → S. 30.

Wo Himmel auf Hölle trifft – Fußball in İstanbul

Fußball ist in der Türkei nicht nur Leidenschaft, Liebe oder Passion – Fußball ist mehr, Fußball ist der wahre Sinn des Lebens. Die Treue zu einem Verein kommt einem Glaubensbekenntnis gleich. Den Himmel auf Erden verspürt der Fan im Stadion bei einem Sieg seiner Mannschaft. Die Hölle dagegen erfahren die unterlegenen Gegner. Wer ein Stadion in İstanbul besucht, weiß auch, warum: Rauchbomben vernebeln die Arenen, die Gesänge gleichen einem dröhnenden Wahnsinn – die Südtribüne des Dortmunder Westfalenstadions klingt dagegen wie ein kleinlauter Knabenchor. Die allerlautesten Fans sind die von Galatasaray: Beim Heimspiel gegen Fenerbahçe 2011 wurden 131,76 Dezibel gemessen – Weltrekord!

Neben Fenerbahçe und Galatasaray gehört noch Beşiktaş zu den drei großen İstanbuler Vereinen. Fenerbahçe (von der asiatischen Seite) ist – ähnlich wie der FC Bayern München – der finanzstärkste und einer der erfolgreichsten Vereine der türkischen Liga und wird deswegen entweder geliebt oder gehasst, dazwischen gibt es nichts. Beşiktaş hingegen rühmt sich, der älteste türkische Club zu sein, ein traditioneller Arbeiterverein, den auch viele Intellektuelle in ihr Herz geschlossen haben. Galatasaray ist der Club der gehobeneren Schichten und der einzige türkische Verein, der mit dem Gewinn des UEFA-Cups im Jahr 2000 je einen europäischen Titel errang. Damals versammelten sich am Taksim-Platz Abertausende und feierten ihren Verein, dabei wurde auch mit Gewehren ziellos in den Himmel geschossen. Sollte also mal wieder ein bedeutender Sieg anstehen, mischen Sie ruhig im Gedränge mit, aber schauen Sie nicht vom Balkon aus zu!

Ballonfahrten

Ballonfahrten an einer Leine, 200 m in die Wolken und wieder hinab, werden in Kadıköy nahe dem Fähranleger angeboten. Fahrten nur bei ausreichender Teilnehmerzahl und gutem Wetter! Achtung: Die Gondel fasst 30 Pers. Wer also einen Platz in der Mitte bekommt, hat außer dem Gefühl, einmal gen Himmel gefahren zu sein, nichts davon. Dauer 7–15 Min., 9 €/Pers. Infos unter ✆ 0216/3476940.

Stadtführungen und -rundfahrten

Das Gros der organisierten Stadtrundfahrten startet in Sultanahmet vor der Hagia Sophia oder von Taksim (Busbahnhof).

Plan Tours, mit einem Stand am Busbahnhof Taksim, Hauptsitz in der Cumhuriyet Cad. 83/1, Taksim, ✆ 0212/2347777, www.plantours.com. Bietet klassische Führungen zu den Highlights, wie z. B. eine Tagestour mit Hagia Sophia, Blauer Moschee, Hippodrom und Großem Basar (70 € inkl. Hotel-Pickup und Essen), Bosporusschifffahrten bei Nacht (inkl. Essen und Bauchtanzshow 80 €), Helikopterflüge (Preise abhängig von der Teilnehmerzahl) u. v. m.

Abseits der Standardtouren verlaufen die Themenspaziergänge der charmanten İstanbulerin **Edda Weissenbacher**. Spaziert wird nur in kleinen Gruppen bis zu 10 Personen. Eine Tour dauert ca. 3 Std. und kostet 10 €/Pers. Wann es wo hingeht, erfahren Sie unter ✆ 0212/2499491 oder ✆ 0212/2472891.

Führungen zu den Themen Architektur und Designszene, Stadtspaziergänge durch Basare, nach Balat und Fener u. v. m. bietet die Unterkunft **Manzara İstanbul** (→ Übernachten, S. 69).

„Hop on – hop off": Sightseeing im Doppeldeckerbus

Die offenen roten Doppeldeckerbusse von **Plan Tours** (www.city-sightseeing.com) fahren im Sommer stündl. von 10–18 Uhr, im Winter von 10–16 Uhr folgende Route: Von Sultanahmet (gegenüber der Hagia Sophia) über die Galatabrücke nach Beşiktaş (Dolmabahçe-Palast), von dort über Taksim (Plan-Tour-Kiosk am Busbahnhof, auch dort Beginn der Tour möglich) und die Atatürkbrücke nach Fener, Balat und Eyüp. Entlang der Stadtmauer geht es weiter zum Marmarameer und entlang diesem über Kumkapı zurück nach Sultanahmet. Unterwegs kann man an 8 Haltestellen aus- und einsteigen. Tagesticket satte 20 € (zuweilen bekommt man es aber auch für 15 €, im Bus erhältlich). Für alle, die nur wenig Zeit haben, dennoch eine überlegenswerte Alternative.

Telefonieren

Vorwahlnummern İstanbul: Europäische Seite ✆ 0212, asiatische Seite ✆ 0216. Telefonieren Sie von der europäischen auf die asiatische Seite oder umgekehrt, müssen Sie die Vorwahl mitwählen, ansonsten nicht.

Internationale Vorwahlnummern: Nach Deutschland ✆ 0049, nach Österreich ✆ 0043, in die Schweiz ✆ 0041. Danach wählt man die Ortsvorwahl ohne die Null am Anfang, dann die Rufnummer.

Wer in die Türkei telefonieren möchte, wählt ✆ 0090, nach İstanbul also ✆ 0090212 (europäische Seite) bzw. ✆ 0090216 (asiatische Seite).

Telefonkarten *(telefon kartı)* für öffentliche Kartentelefone (viele funktionieren auch mit Kreditkarten) gibt es in Postämtern, an Kiosken und kleinen Verkaufsständen. Verschiedene Stückelungen, 50 Einheiten kosten rund 2 € und reichen für ca. 10 Min. Gesprächsdauer ins deutsche Festnetz.

Mobiltelefon: Nahezu überall in İstanbul besteht guter Empfang.

Prepaid SIM Card: Für Vieltelefonierer und Längerbleiber lohnt der Kauf einer

Prepaid SIM Card (hazır kart) vor Ort (gibt es ab rund 10 € Gesprächsguthaben) und dazu eines türkischen Mobiltelefons (egal ob gebraucht oder neu – gibt es an jeder Ecke). Dadurch entfallen die Kosten, die sonst entstehen, falls man angerufen wird. Türkische SIM-Karten funktionieren in Mobiltelefonen, die aus dem Ausland mitgebracht werden, nur für ca. 15 Tage. Theoretisch kann man zwar sein mitgebrachtes Handy freischalten lassen, in der Praxis sieht der Sachverhalt jedoch anders aus.

Notrufnummern

Ambulanz:	✆ 112
Feuerwehr:	✆ 110
Polizei:	✆ 155
Touristenpolizei:	✆ 0212/5274503

Teppichkauf

Die Türkei ist bekannt als ein Land, in dem man preiswert Teppiche kaufen kann. Das setzt aber voraus, dass man sich mit der Materie auskennt und genau weiß, was man will. Nur dann wird der Teppich zum Schnäppchen. Das Gros der Urlauber jedoch, das sich spontan zu einem Kauf hat überreden lassen, bringt i. d. R. einen überteuerten und dazu noch einen viel zu großen oder viel zu kleinen Teppich mit nach Hause, der zudem oft farblich nicht einmal in die Wohnung passt.

Um einen guten Preis aushandeln zu können, sollten Sie in der Lage sein, Qualitäts- und Billigware zu unterscheiden. Vergessen Sie den Rat, ein Produkt um ein Drittel herunterzuhandeln, um einen guten Preis zu erzielen. Das gelingt jedem beim zehnten Tee. Auch die Händler kennen diesen Ratschlag, und wer sagt Ihnen, dass diese nicht bei einem hundertfach höheren Preis anfangen?

Daher unser Tipp für alle, die keine Ahnung von Teppichen haben: Kaufen Sie, wenn überhaupt, ein billiges Stück, das notfalls in einer Kiste auf dem Dachboden die Motten ernährt, oder gehen Sie zu Hause in ein Fachgeschäft. Dort können Sie den Teppich gegen Kaution mitnehmen und können ihn einmal in Ihren vier Wänden zur Probe auslegen.

Wer dennoch als Ahnungsloser sein Glück versuchen will, sollte wenigstens den Eindruck eines Teppichexperten erwecken. Dazu gehört der fachmännische Blick auf die Dicke der Knoten sowie die Frage nach der Anzahl der Knoten je Quadratzentimeter. Hantieren Sie mit dem Stück unter freiem Himmel etwas herum, teilen Sie gar den Flor mit den Fingern, um die Farbechtheit zu testen. Riechen Sie daran: Um neue Teppiche kostbar alt aussehen zu lassen, werden sie gerne gechlort. Passen Sie auf, beim berüchtigten Gewebetest mit dem Feuerzeug kein Loch in den Teppich zu brennen, sonst sind Sie unten durch. Fragen Sie zudem, ob der Teppich fliegen kann. Wenn nicht, drücken Sie sofort den Preis um 50 %. Beherzigen Sie die Ratschläge, dann weiß der Händler, dass Sie zumindest gewisse Grundkenntnisse besitzen. Und noch etwas: Lassen Sie sich niemals auf das Angebot des Händlers ein, dass er Ihnen bequemlichkeitshalber den Teppich mit der Post nach Hause schickt!

Toiletten

Männer finden das stille Örtchen hinter Türen mit der Aufschrift *Bay*, Frauen achten auf *Bayan*. Papier gibt es auf den öffentlichen Toiletten (oft Stehklos!) nur selten, ein eigener kleiner Vorrat ist deshalb nützlich. Steht in der Toilette ein kleiner Eimer, so werfen Sie das Papier dort hinein – bitte nicht runterspülen! Die dünnen Abwasserrohre verstopfen schnell, zudem verzögert das Toilettenpapier in den Sickergruben den Zersetzungsvorgang.

Wenn Sie das dringende Bedürfnis bei einer Stadtbesichtigung ereilt – Toiletten finden Sie bei fast jeder Moschee.

Verständigung

In den touristischen Stadtteilen kommt man mit Englisch oder Deutsch recht gut zurecht. Schwieriger wird es in abgelegenen Vierteln. Doch auch dort findet sich i. d. R. immer jemand, der etwas Deutsch spricht, da viele Türken im deutschsprachigen Ausland ihr Geld verdient haben. Hilfen zur Aussprache des Türkischen, die wichtigsten Wörter und ein paar Redewendungen finden Sie am Ende des Buches ab S. 270.

Waschsalons

Die meisten besseren Unterkünfte bieten einen Reinigungsservice an. Waschsalons, die nach Kilo abrechnen und auf Reisende spezialisiert sind, findet man in Sultanahmet und Beyoğlu (Anfahrt → dort).

Active Laundry, waschen und trocknen 3,50 €/kg. Dr. Eminpaşa Sok. 8 A, Sultanahmet.

Pak Laundry, ähnliche Preise. Oğul Sok. 1, Sultanahmet.

Çamaşırhane Beybuz, eigentlich eine Trockenreinigung, für 1,30 €/kg wird aber auch die Waschmaschine angeworfen. Topçekenler Sok. 7, Beyoğlu.

Wasserpfeife

Zu Beginn des 17. Jh. kam die Wasserpfeife *(nargile)* von Persien an den Bosporus. Anfangs wurde sie von den Herrschenden jedoch nicht immer gern gesehen, Sultan Murat IV. (1623–1640) verhängte gar die Todesstrafe auf den Rauchgenuss. Erst im späten 19. und frühen 20. Jh. wurde die Wasserpfeife zum Statussymbol der türkischen Highsociety und war vornehmlich bei Frauen beliebt. In republikanischer Zeit verlor sie wieder an Popularität, die Wasserpfeife galt in der Türkei Atatürks als Zeichen bäuerlicher Rückständigkeit. Ein Comeback erlebt sie seit einigen

Wasserpfeifencafé in Tophane

Jahren. Doch nur wenige Türken rauchen sie heute noch mit *tömbeki*, einem extrem starken Wasserpfeifentabak. Bevorzugt werden Apfelschalen, die durch ein Holzkohlestückchen am Glühen gehalten werden und die Luft mit jenem süßen Duft erfüllen, der so typisch für Nargile-Cafés (→ z. B. S. 211 oder 160) ist. Alkohol wird dazu nicht serviert.

Zeit

Gegenüber der mitteleuropäischen Zeit (MEZ) besteht – im Sommer wie im Winter – eine Stunde Zeitunterschied; bei Ihrer Ankunft müssen Sie die Uhr eine Stunde vorstellen (12 Uhr Frankfurt, Wien oder Zürich = 13 Uhr İstanbul).

Zeitungen und Zeitschriften

Hintergrundinformationen und Aktuelles zu Politik, Wirtschaft, Sport und Kultur bieten die englischsprachigen Tageszeitungen *Hürriyet Daily News & Economic Review* und *Today's Zaman*. Die konservative *Zaman* können Sie im Teehaus in Fatih lesen, in Beyoğlu machen Sie sich mit dieser Zeitung in der Hand keine Freunde. Zeitungen und Zeitschriften aus Deutschland findet man an Kiosken und in Buchläden in Taksim, Beyoğlu und Sultanahmet.

Pressefreiheit

Die Pressefreiheit ist zwar in der Verfassung verankert, doch im türkischen Strafgesetzbuch finden sich Paragrafen, die sich nicht mit dem Recht auf freie Meinungsäußerung vertragen, so z. B. der Maulkorb-Paragraf 301 („Herabwürdigung der türkischen Nation“), der fast willkürlich gegen jede Kritik am Staat auslegbar ist, oder der Paragraf 216 („Öffentliche Erniedrigung religiöser Werte“), der aktuell vermehrt selbst bei kleinsten Spötteleien Anwendung findet. Zudem wirft *Reporter ohne Grenzen* der türkischen Regierung den Missbrauch der umstrittenen Antiterrorgesetze vor, um unliebsame Stimmen in den Medien zum Schweigen zu bringen. So verwundert es nicht, dass 2012 in keinem anderen Land der Welt mehr Journalisten inhaftiert waren als in der Türkei (auch nicht in China!). Dementsprechend belegt die Türkei in der Rangliste der Pressefreiheit den traurigen Platz 148.

Zollbestimmungen

Waren für den persönlichen Bedarf dürfen zollfrei in die Türkei eingeführt werden. Dazu 200 g Tabak oder 50 Zigarren oder 200 Zigaretten (400 Zigaretten, sofern diese in einem Duty Free Shop auf einem türkischen Flughafen vor der Zollabfertigung gekauft werden – die Zigaretten sind dort billiger als im heimischen Duty Free Shop), eine 1-l-Flasche oder zwei 0,7-l-Flaschen Spirituosen sowie Geschenke im Wert bis 300 €. Für die Ausfuhr antiker Gegenstände aus der Türkei benötigt man die schriftliche Genehmigung eines Museumsdirektors. Das gilt auch für alte Siegel, Orden, Teppiche usw. Bei Zuwiderhandlung drohen hohe Strafen! Die Mitnahme von Mineralien bedarf ebenfalls einer schriftlichen Genehmigung (zuständig dafür MTA in Ankara, ✆ 0312/2873430). Bei der Rückreise per Flugzeug dürfen für den privaten Gebrauch gekaufte Waren (wie z. B. Kleidung) nach Deutschland und Österreich bis zu einem Wert von 430 € (300 € auf dem Landweg) zollfrei eingeführt werden, für Schweizer gilt die Obergrenze von 300 sfr.

Dinieren in der Blumenpassage von Beyoğlu

Essen und Trinken

„Der Imam ist in Ohnmacht gefallen", als er „Frauenschenkel" und den „Nabel der Dame" probieren sollte. „Dem Herrscher hat's gefallen", als man ihm den „Finger des Wesirs" servierte. Mit den Namen türkischer Gerichte lassen sich ganze Dramen inszenieren.

„Leben kommt aus dem Magen" heißt ein türkisches Sprichwort, das deutlich macht, welchen Stellenwert das Essen in der türkischen Kultur und Gesellschaft einnimmt. Und nirgendwo besser als in İstanbul lässt sich die türkische Küche probieren. Die Stadt am Bosporus kennt die kunstvolle osmanische Palast-Cuisine genauso wie Gerichte aus dem einstigen multikulturellen Osmanischen Reich: vom Balkan, aus Persien und Arabien, aus Südostanatolien und vom Schwarzen Meer. Daraus ergibt sich eine kulinarische Vielfalt, die ihresgleichen sucht. Neben der türkischen Küche können Sie aber auch Sushi essen, Borschtsch löffeln oder einen Burger zu sich nehmen – nichts, was es nicht gibt.

Was isst man?

Frühstück: Zu einem traditionellen türkischen Frühstück *(kahvaltı)* werden Weißbrot, Marmelade, Ei (meist hartgekocht), Oliven, Gurken, Tomaten, Butter und Schafskäse gereicht. Letzteren genießen Türken zusammen mit Honig auf dem Brot. Dazu trinkt man Tee. Filterkaffee ist nicht üblich, wer will, bekommt Nescafé oder verwandte Surrogate. Türken essen als Brotaufstrich auch *pekmez* (eingedickter Traubensaft) und *tahin* (Sesammus) zum Frühstück – sehr empfehlenswert, auf den Frühstücksbüfetts der Hotels ist beides allerdings nur selten zu finden. Gehobene Hotels bieten auch English, American oder Continental Breakfast an. Wer außer Haus frühstücken möchte, sucht am besten eine *pastane* auf, eine Konditorei, in der man neben leckeren Kuchen und Torten auch herzhafte Snacks bekommt. Zudem gibt es zahlreiche Cafés, die gutes Frühstück oder am Wochenende Brunch anbieten.

Vorspeisen: Wählen Sie zwischen pikanten Joghurtcremes *(haydari)*, würzigen Gemüsepürees *(ezme)*, kaltem Gemüse in Olivenöl *(zeytinyağlı)*, gefüllten Weinblättern *(yaprak dolması)*, Melone mit Schafskäse *(peynirli karpuz)* und ähnlichen Köstlichkeiten. *Meze* nennen die Türken solche Vorspeisen, die in Vitrinen zur Auswahl stehen. In besseren Restaurants bereichern auch Fisch und Meeresfrüchte wie *tarama* (rosafarbene Rogenpaste mit Zitrone), Krabben *(karides)* oder *hamsi* (s. u.) in Öl die Mezetabletts. Außerdem gibt es hier kalte Leckereien mit Fleisch wie z. B. Hühnchensalat *(tavuk salatası)*. Sie können auch auf den Hauptgang verzichten und nur Vorspeisen wählen; in vielen Restaurants ist das kein Problem. Dazu wird stets – wie zu allen Gerichten – frisches Weißbrot *(ekmek)* gereicht.

Suppen nehmen die Türken als Vorspeise außerhalb der eigenen vier Wände eher selten zu sich. Man isst sie als Frühstücksersatz, zwischendurch oder nach durchzechten Nächten. Viele Schnapsnasen schwören auf die Alka-Seltzer-Wirkung von Kuttelflecksuppe *(işkembe çorbası)* – sicher nicht jedermanns Geschmack. Wer dennoch als Vorspeise eine warme Suppe vorzieht, sollte die herzhafte Linsensuppe *(mercimek çorbası)* probieren.

Fleischgerichte: Am beliebtesten sind *kebap* und *köfte*. *Kebap* ist der Oberbegriff für Fleischgerichte jeglicher Couleur, die gegrillt, geschmort, gebraten oder gebacken sein können und vom Lamm *(kuzu)*, manchmal auch vom Kalb *(dana)* oder Geflügel stammen, dann insbesondere vom Huhn *(tavuk)*. Zu *döner kebap* braucht wohl nichts mehr gesagt zu werden. Beim *şiş kebap* handelt es sich um einen zarten, auf Holzkohleglut gerösteten Fleischspieß, zu dem als Beilage gewöhnlich Reis oder Bulgur (Weizengrütze) gegessen wird. Beim *patlıcan kebap* wird der Spieß mit Hackfleisch und Auberginen bestückt. *Bursa kebap* (oft auch *İskender kebap* genannt) verdient seinen Namen nur dann, wenn das Fleisch zusammen mit Joghurt und Tomatensoße auf geröstetem Fladenbrot angerichtet wird. Kosten Sie auch den *Adana kebap*, einen scharf gewürzten Hackfleischspieß. Oder *güveç*, zartes Schmorfleisch mit Gemüse im Tontopf.

Hühnchencurry für Vegetarier

Ein müdes Lächeln ist alles, was der gewöhnliche Türke einem Vegetarier entgegenbringt: Denn wer auf so leckere Dinge wie *şiş kebap*, *köfte* oder Kuttelflecksuppe freiwillig verzichtet, muss krank sein – oder verrückt. Doch keine Sorge: Auch ohne Fleisch kann man am Bosporus Köstlichkeiten bekommen. Das Gros der Vorspeisen ist rein vegetarisch, zudem warten schmackhafte Gemüseeintöpfe, sämige Suppen, Salate und gefüllte Teiggerichte auf ihre Entdeckung.

Eine Hand voll pseudovegetarischer Restaurants findet man in Beyoğlu. Doch Achtung – auch ein Hühnchencurry geht hier zuweilen als vegetarisch durch. Um also keine bösen Überraschungen zu erleben, vergewissern Sie sich mit „Etsiz mi?“ („Ist das ohne Fleisch?“, gesprochen: „Ätsis mi?“) und bekräftigen Sie Ihre Frage mit „Et yemiyorum“ („Ich esse kein Fleisch“, gesprochen: „Ät jämijorum“).

Schlemmen in İstanbul – die Highlights

Dinner mit Aussicht

360 → S. 200
Beşinci Kat → S. 200
Leb-i Derya → S. 200
Mikla → S. 199
Armada → S. 124
Vogue → S. 231

Frischer Fisch

Fischbrötchen in Eminönü → S. 158
Akın Balık → S. 216
Ahırkapı Balıkçısı → S. 125
İsmet Baba → S. 262
Cibalikapı Balıkçısı → S. 248
Poseidon Restaurant → S. 240

Leckere Kebabs – Bestes vom Grill

Hacıbey Kebapçısı S. 222
Hamdi Restaurant → S. 158
Çiya → S. 248

Die schönsten Brunchadressen

Çadır Köşkü → S. 231
Hıdiv Kasrı → S. 262
Malta Köşkü → S. 231
Vogue → S. 231

Meyhanes – laut und fröhlich

Nevizade Sokak → S. 200
Refik → S. 201
Sofyalı 9 → S. 201
Yakup 2 → S. 200

Unter die Bezeichnung *köfte* fallen frikadellenähnliche Hackfleischgerichte aus Hammel-, Lamm- oder Rindfleisch (gebraten oder gegrillt). Die leckeren „Frauenschenkel“ *(kadınbudu),* die mit Reis und Zimt verfeinert und anschließend paniert werden, haben ihren Namen übrigens von der Form der Frikadelle.

Türken lieben zudem Innereien wie z. B. gebratene Leber *(ciğer)* oder Nieren *(böbrek).* Als Innereiensnack wird an vielen Straßenecken *kokoreç* angeboten: gegrillte Därme, die mit Zwiebel und Tomate ins Brot kommen (mancherorts auch *boklu sandviç,* „Sandwich mit Scheiße“ genannt). Nebenbei haben Sie auch noch die Möglichkeit, eine Vielzahl anderer Kuriositäten zu probieren, z. B. gegrillte Schafshoden *(koçyumurtası),* gedünstete Schafsköpfe *(kelle)* oder gekochte Hammelfüße *(paça).*

Gemüsegerichte: Gemüse *(sebze)* ist weniger Beilage als vielmehr die Grundlage türkischer Gerichte. Die Auswahl an Schmortöpfen, Aufläufen und Eintöpfen ist riesig. Dabei kommen auch Gemüsesorten zum Zuge, die in Mitteleuropa eher unbekannt sind wie Kichererbsen *(nohut),* Okraschoten *(bamya)* oder Portulak *(semizotu).* Anders bei den Kräutern und Gewürzen: Verwendet werden keinesfalls geheimnisvolle orientalische Exoten, sondern in erster Linie die uns vertrauten Klassiker wie Pfeffer, Paprika und Petersilie. Knoblauch wird seltener eingesetzt, als man sich vorstellen mag. Vielfach schwimmt das Essen jedoch in Olivenöl – ungewohnte Mägen reagieren darauf wie auf Rizinusöl.

Beliebt sind insbesondere die *Dolma*-Gerichte. Dabei handelt es sich um gefülltes Gemüse, z. B. mit Reis und Hackfleisch gefüllte Zucchini *(kabak dolması)* oder Paprikaschoten *(biber dolması).* I. d. R. wird dazu Joghurt gegessen. Ebenfalls schmackhaft sind diverse Eintöpfe wie *kıymalı ıspanak* (Spinat mit Hackfleisch). Ein Genuss sind aber auch Kichererbsen oder Okraschoten mit Lamm.

Bei der *Osmanlı mutfağı,* der alten osmanischen Palastküche, werden Gemüse und Fleisch mit Cremes oder Soßen, Reis oder Früchten raffiniert kombiniert und kunstvoll zubereitet. Probieren Sie z. B. *hünkâr beğendi* („Dem Herrscher hat's gefallen“) – Fleischklößchen auf Auberginenpüree. Oder *karnıyarık* („Aufgeschlitzter Bauch“) – Auberginen mit einer Füllung aus gehacktem Lammfleisch, Pinienkernen und Rosinen.

Stichwort „Bio"

Die Türkei ist europaweit einer der größten Exporteure von Bioprodukten, daher richtet sich die Bio-Gesetzgebung vor Ort nach EU-Standards, auch das staatliche Bio-Siegel wurde an das EU-Logo angelehnt. In İstanbul sind Bioprodukte v. a. in der jungen, reichen Oberschicht hip – so findet man Bioläden vorrangig auch dort, wo die Oberschicht wohnt, z. B. in Cihangir und Nişantaşı. Ein Bio-Wochenmarkt findet jeden Sa in Feriköy/Şişli statt (→ S. 53).

Fischgerichte: Welche Fischgründe der Bosporus, das Schwarze Meer und das Marmarameer aufweisen, erfahren Sie auf den Speisekarten. Die gängigsten Fischarten sind – je nach Fang- bzw. Schonzeit – Blaubarsch *(lüfer)*, Merlan bzw. Wittling *(mezgit)*, Seebarsch *(levrek)* und Goldbrasse *(çupra o. çipura*; Seebarsch und Goldbrasse stammen meist aus der Zucht und sind daher preiswert), Brauner Zackenbarsch *(orfoz)*, Weißer Zackenbarsch *(lagos)*, Bonito *(palamut)*, Makrele *(uskumru)*, Bastardmakrele *(istavrit)* und Steinbutt *(kalkan)*, die i. d. R. gegrillt oder gebraten werden. İstanbuler Spezialitäten sind zudem *hamsi* – Schwarzmeersardinen, die mit Haut und Gräten verzehrt werden, und *midye*, frittierte Miesmuscheln mit Knoblauchsoße, die auch im Sandwich angeboten werden. Oktopus *(ahtapot)* und Calamares *(kalamar)* finden auch in leckeren Vorspeisensalaten Verwendung.

Süßspeisen und Obst: Eine der beliebtesten Süßspeisen *(tatlı)* ist *baklava*, ein Gebäck aus mehreren Teigschichten, zwischen die Mandeln und Pistazien eingestreut sind. Die kleinen Rechtecke werden mit einem Sirup aus Zucker, Zitronensaft und Honig übergossen. Genauso süß und klebrig ist *helva*, eine Kalorienbombe aus Weizenmehl, Sesamöl, Honig und Zucker. Unserem Geschmack vertrauter sind Mandelpudding *(keşkül)* oder Milchreis *(sütlaç)*. Experimentierfreudige sollten einmal *aşure* probieren, eine gallertartige Süßspeise, die, in bester Qualität zubereitet,

So kann der Tag beginnen...

Was darf es sein?

weit über 40 Zutaten enthalten muss, darunter Rosenwasser, Nüsse, Zimt und sogar Bohnen. Der Legende nach wurde sie auf der Arche Noah kreiert – man schüttete alle Speisereste zusammen und kochte sie auf. Ähnlich seltsam liest sich die Zusammensetzung von *tavuk göğüsü:* Hier werden klein gehackte Hühnerbrust, Reismehl, Milch und Zucker verarbeitet. All das und noch viel mehr bietet der *muhallebici* an, eine Art Süßspeisenschnellimbiss.

Auch mit Obst *(meyve)* schließt man gerne eine Mahlzeit ab. Je nach Jahreszeit werden Melonen, Feigen, Trauben, Pfirsiche, Kirschen, Erdbeeren, Granatapfel oder Zitrusfrüchte serviert.

Snacks: Nahezu eine komplette Mahlzeit ersetzt *börek,* eine blätterteigähnliche Strudelspezialität, die mit Hackfleisch, Spinat oder Schafskäse gefüllt wird. Mit ähnlichen Zutaten belegt man die *pide,* ein knuspriges Teigschiffchen. Eine Kostprobe wert ist auch *lahmacun,* die türkische Pizza mit Hackfleisch und Kräutern. *Mantı* nennen sich die türkischen Ravioli, die so klein sein sollen, dass 30 davon auf einen Löffel passen. Man isst sie mit Knoblauchjoghurt, zerlassener Paprikabutter und Minze. Getoastete Sandwiches, Döner und Hamburger verkaufen *büfes* an vielen Ecken. Unübersehbar sind auch die *Simit*-Verkäufer; ihre Sesamkringel sind in der Früh am knusprigsten. Oft sieht man zudem Frauen *gözleme* zubereiten, eine Art Pfannkuchen, der süß oder herzhaft gefüllt wird. Und: Kosten Sie *kumpir,* nach Ihrer Wahl gefüllte Riesenkartoffeln. Sie machen für Stunden satt. Die besten gibt es in Ortaköy (→ S. 234).

In allen Restaurants, Lokantas, Bars und Clubs herrscht Rauchverbot, lediglich auf Terrassen darf geraucht werden.

Wo isst man?

Lokanta: Hier isst man, um satt zu werden, nicht um seine Verlobte auszuführen. Lokantas sind an jeder Ecke zu finden, sind einfach, gut und günstig: Ab 5 € is(s)t man dabei. Die Innenausstattung zeigt sich mit gekachelten Wänden und kaltem Neonlicht äußerst spartanisch. Das vorgekochte Essen wird in Vitrinen warm gehalten, Sie können wählen zwischen Fleisch- und Gemüsegerichten, Suppen und Eintöpfen. Je besser die Lokanta besucht ist, desto frischer sind i. d. R. die Speisen. Lokanta-Varianten gibt es viele: Je nachdem, worauf sich eine Lokanta spezialisiert hat, heißt sie auch *kebapçı, köfteci* oder *pideci*. Beim *işkembeci* bekommt man Kuttelflecksuppe und andere Innereien. Lokantas schließen entweder früh (gegen 20 oder 21 Uhr) oder gar nicht. Die meisten Lokantas haben keine Alkohollizenz.

Restoran: Restaurants haben i. d. R. die gediegenere Innenausstattung, den besseren Service und so auch die höheren Preise. Nur die Küche unterscheidet sich nicht immer von jener der einfachen Lokantas, das gilt insbesondere für Mittelklasserestaurants. Eine volle Mahlzeit mit einem Getränk beginnt dort bei ca. 9 €. Nach oben sind keine Grenzen gesetzt: Wer sich zu İstanbuls Oberschicht gesellt und sein Candlelight-Dinner in einem eleganten Lokal mit Bosporusblick genießt, bezahlt schnell 45 € aufwärts pro Person (ohne Wein). Auch Fischlokale gehören zu den gehobeneren Restaurants, für ein komplettes Menü sollte man mit 25–60 € pro Person rechnen.

Die Auswahl an schicken und trendigen Restaurants ist enorm; kaum eine europäische Stadt kann İstanbul in dieser Hinsicht das Wasser reichen. Originell ist auch ein Abend in einem *ocakbaşı*. *Ocakbaşı* heißt „am Herd" – treffender wäre jedoch „am Grill", denn Mittelpunkt dieser einfacheren Lokale ist ein großer Holzkohlengrill, wo die Rostspezialitäten direkt vom Feuer serviert werden.

Die meisten Restaurants besitzen eine Alkohollizenz, konservative Lokale schenken jedoch keinen Alkohol aus. Restaurants haben i. d. R. täglich ab etwa 11 Uhr durchgehend bis mindestens 23 Uhr geöffnet. Da sich ein ausgiebiges türkisches Dinner über Stunden hinziehen kann, ist in besseren Restaurants für den Abend eine Reservierung empfehlenswert.

Meyhane: Eine Meyhane ist eine Art große Restaurantkneipe, in der man zum Rakı in erster Linie Vorspeisen *(meze)* isst. Dabei wird gelegentlich traditionelle türkische Livemusik dargeboten. Laut und ausgelassen geht es zu, also kein Platz für ein romantisches Abendessen. Diverse Meyhanes bieten sog. *fix menus* an: Musik, Drei-Gänge-Menü und unbegrenzte Getränke (meist nur türkische!) ab 30 €. Meyhanes sind unter der Rubrik „Praktische Infos/Essen und Trinken" bei den jeweiligen Stadtteilen aufgeführt; jene, die vorrangig Fasil-Musik bieten, jedoch unter „Nachtleben" auf S. 78. werden.

Tipping-Tipps: In einfachen Lokantas wird kein Trinkgeld erwartet, wohl aber in Restaurants, dort sind 5–10 % üblich. Zuweilen ist der Service in der Endsumme verrechnet (aufpassen!), dann liegt es an Ihnen, ob Sie noch ein zusätzliches Trinkgeld geben möchten. In Lokalen (insbesondere in touristischen Gegenden), die keine Speisekarten haben und in denen auch die Preise nicht aushängen (zum Glück werden es immer weniger), ist es ratsam, sich vor dem Bestellen nach den Preisen zu erkundigen – Schlitzohren unter den Kellnern gibt es einige. Dort kann es auch vorkommen, dass auf den Endpreis eine „Government Tax" erhoben wird. Das ist Nepp und sollte reklamiert werden.

Was trinkt man?

Softdrinks: Ob *Pepsi* oder *Coke*, überall werden die auch bei uns bekannten Softdrinks angeboten. Zum Essen wird oft Wasser *(su)* auf den Tisch gestellt. Keine Sorge: Selbst ein İstanbuler würde niemals Wasser aus der Leitung trinken. Empfehlenswert sind frisch gepresste Fruchtsäfte *(meyve suyu)*. *Ayran* ist ein erfrischendes Mixgetränk aus Joghurt, Salz und kaltem Wasser, das ein wenig an Buttermilch erinnert. Mehr zu *boza*, dem türkischen Energy Drink, → S. 167.

Heißgetränke: Das türkische Nationalgetränk ist der *çay*. Der gute schwarze Tee aus den Plantagen der Schwarzmeerküste wird zu jeder Gelegenheit getrunken. Ob beim Frühstück, bei Geschäftsbesprechungen, im Teppichladen oder beim Friseur – nirgends fehlen die kleinen bauchigen Gläser. Für Nachschub wird stets gesorgt. *Elma çayı* nennt sich der unter Touristen sehr beliebte Apfeltee.

Türkischen Mokka *(Türk kahvesi)*, den man entweder süß *(şekerli)*, mittelsüß *(orta şekerli)* oder ohne Zucker *(sade)* bestellt, trinken die Türken für gewöhnlich nach einem üppigen Essen. Mark Twain mochte ihn nicht: „Die Tasse ist klein und verschmiert mit Satz; der Kaffee ist schwarz, dick und von abscheulichem Geschmack. Der Satz bleibt in deiner Kehle stecken, kitzelt und lässt dich eine Stunde lang husten." Wer auf ein solches Erlebnis wenig Wert legt, bestellt *Neskafe*. In schickeren Cafés bekommen Sie auch Cappuccino, Espresso oder Latte macchiato. Immer mehr greift zudem die amerikanische *Starbucks*-Kette um sich. Ihr türkisches Pendant nennt sich *Kahve Dünyası* („Kaffeewelt"). Mehr zum beliebten Wintergetränk *sahlep* → S. 167.

Alkohol: Solange es noch ein paar trinkfreudige Verfassungsrichter gibt, ist ein generelles Alkoholverbot nicht in Sicht. Dennoch: Vielerorts wurden bereits Alkoholverbote durchgesetzt. Auch wird Alkohol mittlerweile außerordentlich hoch besteuert. Die liberalen, lebenslustigen Türken hält das aber

Eine Augenweide: Vefa Bozacısı

nicht vom Feiern ab. Der Alkoholkonsum steigt im Land, obwohl ein Rausch nun richtig ins Geld geht. Beliebt ist v. a. der *Rakı*, ein ca. 45-%iger Anisschnaps, der geschmacklich dem griechischen Ouzo ähnelt. Die Türken trinken ihn mit Eis und Wasser verdünnt aus schmalen, hohen 0,2-Liter-Gläsern. Er erhält dann eine milchigtrübe Färbung und wird nicht zuletzt deswegen auch „Löwenmilch" genannt. Rakı gilt als Magenelixier und Heilmittelchen gegen alle möglichen Beschwerden. Hochgeschätzt wird u. a. die Marke *Tekirdağ*, den allerbesten Ruf genießt der *Âlâ Yeni Rakı* (allerdings teuer). Guter Rakı unterscheidet sich von minderwertigem dadurch, dass er am Glasrand einen Film zieht.

Neben Rakı wird auch gerne ein Bier *(bira)* zum Essen getrunken. Am weitesten verbreitet ist das *Efes*, das es neuerdings auch ungefiltert gibt. Die Efes-Brauerei produziert zudem das malzige *Bomonti* – eine Hommage an die 1890 von den Schweizer Brüdern Bomonti in İstanbul gegründete erste moderne Braustätte der Türkei. Gelegentlich bekommt man auch das dänische – aber in der Türkei gebraute – *Tuborg*, das etwas herber schmeckt.

Vielen unbekannt ist türkischer Wein *(şarap)*. Die besseren Sorten können sich durchaus sehen lassen. Türkische Winzer haben in den letzten Jahren viel investiert und die Qualität ihrer Weine stetig gesteigert. Zahlreiche neue kleine Produzenten machen mittlerweile den Giganten wie *Doluca* und *Kavaklıdere* Konkurrenz. Türkische Weine sind aufgrund ihres geringen Säuregehaltes ausgesprochen magenfreundlich. Türken trinken Wein insbesondere zu feierlichen Anlässen – bei einem Supermarkt-Flaschenpreis von 4 € aufwärts (ab ca. 7 € aufwärts kauft man genießbare Weine) auch kein Wunder.

Die Rakı-Tafel – türkische Geselligkeit par excellence

Rakı ist nicht nur ein Getränk. Rakı steht auch für Fröhlichkeit, Unterhaltung und gutes Essen. Alles zusammen ergibt die *Rakı sofrası*, die Rakı-Tafel. Solche Tischpartys enden oft erst im Morgengrauen. Nüchtern verlässt sie niemand, der gemeinsame Rausch ist jedoch nicht das Ziel. Vielmehr steht ein unterhaltsames Gespräch, die sog. *Rakı muhabeti*, im Vordergrund. Und natürlich die Speisen: diverse Vorspeisen (ein Muss ist dabei Melone mit Schafskäse!) und zum Hauptgericht meist Fisch; Blaubarsch *(lüfer)* z. B. harmoniert hervorragend mit dem Anisschnaps. Der Rakı wird dazu in kleinen Schlückchen genossen. Die gesellige Runde schenkt sich immer erst dann nach, wenn der Letzte sein Glas geleert hat. Übrigens hat die Rakı-Tafel eine lange Tradition. Schon die Mönche des islamischen Mystikerordens der Bektaşi versuchten, gemeinsame Gebete mit gutem Essen, Rakı, Musik und philosophischen Gesprächen zu verbinden.

Die Möglichkeit, an einer Rakı-Tafel teilzunehmen, bietet sich für den İstanbul-Besucher leider nur selten: Die Tischgemeinschaften sind zu verschworen. An Wochenenden hat man jedoch gute Gelegenheit, sie zu beobachten, z. B. bei „Yakup 2“ oder in der lebendigen Restaurantgasse „Nevizade Sokak“ (→ Taksim und Beyoğlu, S. 200).

Und wo träumen Sie den Traum von 1001 Nacht?

Übernachten

Das Angebot an Quartieren in İstanbul ist riesig: Von stilvollen Hotels, die keinen Komfort missen lassen, bis zu Absteigen, deren Toiletten man ohne Badeschuhe in seinem Leben nie betreten würde, ist alles vorhanden.

Dementsprechend ist auch die Preisgestaltung: Die billigsten (aber auch unzumutbaren) Quartiere kosten nicht mehr als eine Flasche Wein, für die nobelsten Suiten können Sie sich auch einen Kleinwagen kaufen. Grundsätzlich gilt: Übernachten in İstanbul ist nicht billig, empfehlenswerte Unterkünfte in der unteren Preisklasse sind rar.

Für Touristen bieten sich als Standort insbesondere drei Stadtteile an: zum einen **Sultanahmet** südlich des Goldenen Horns, wo man nahe den großen Sehenswürdigkeiten wohnt; zum anderen **Beyoğlu** und **Galata** nördlich des Goldenen Horns, wo der Puls der Stadt schlägt. Mehr und mehr Hotels, insbesondere im gehobenen Geschäftspublikumsegment, entstehen auch in den Stadtteilen Harbiye, Nişantaşı, Teşvikiye, Beşiktaş und Levent, zudem in den europäischen und asiatischen Bosporusorten. Egal wofür Sie sich entscheiden und egal wie viele Hotels jede Woche aus dem Boden schießen – eine Reservierung ist ratsam, denn İstanbul boomt.

Die meisten **Hotels** werden vom Ministerium für Tourismus nach einem System von einem bis fünf Sternen bewertet. Wer seine Unterkunft nach der Anzahl der Sterne auswählt, sollte allerdings bedenken, dass sich die Kategorisierung der Hotels an der Ausstattung der Unterkünfte orientiert (Minibar, Fernseher, Aufzug, Restaurant, Klimaanlage oder Zimmerzahl) und Kriterien wie Lage, Architektur, Sauberkeit oder Freundlichkeit des Personals unberücksichtigt lässt. Hinzu kommt, dass die Klassifizierung bisweilen längst nicht mehr den aktuellen Verhältnissen entspricht. Viele türkische Hotels sind aufgrund ihrer billigen Bauweise und Ausstattung oft schneller abgewohnt und im Wert gemindert, als die Rückstufung bei der Kategorisierung erfolgt. Das gilt insbesondere für Drei- und Vier-Sterne-Hotels. Ein Tipp sind die sog. **Boutiquehotels**, die in alten osmanischen Stadthäusern oder traditionellen Holzhäusern eingerichtet wurden – die einen im schwer nostalgischen Ambiente, die anderen im zeitgemäßen Schick durchgestylt. Diese kleinen Hotels sind nicht nach Sternen kategorisiert. Doch Achtung: Nicht überall, wo „Boutiquehotel" draufsteht, ist auch „Boutiquehotel" drin – auch mehr und mehr 08/15-Häuser wollen mit diesem Namenszusatz punkten.

Für Familien, Selbstversorger oder all jene, die einen längeren Aufenthalt planen, bieten sich **Aparthotels** und **Ferienwohnungen** an, auch diese sind mittlerweile in großer Zahl vorhanden. Einfache, freundliche **Pensionen**, wie man sie von der Küstenregion kennt, findet man in İstanbul dagegen so gut wie nicht.

Hostels mit internationaler Backpackeratmosphäre bieten preiswert Betten in Schlafsälen. Die Doppelzimmer (mit und ohne Bad), die viele Hostels zudem offerieren, sind mit 50–60 € pro Nacht jedoch oft überteuert. Für das gleiche Geld bekommt man bessere Zimmer in einfachen Hotels. Wer weniger als diesen Betrag für ein DZ ausgeben möchte, muss mit schmutzigen Laken, finsteren Gestalten und Prostituierten im Haus rechnen. Solche Billigabsteigen findet man z. B. im Bahnhofsviertel Sirkeci oder im nördlichen Bereich Beyoğlus zwischen İstiklal Caddesi und Tarlabaşı Bulvarı.

Schlechte Karten haben **Camper** – direkt in İstanbul gibt es keinen Campingplatz! Wer mit seinem Wohnmobil autark ist, konnte 2012 jedoch in Sultanahmet und beim Leuchtturm von Ahırkapı (nahe Sultanahmet) auf gebührenpflichtigen Parkplätzen übernachten (→ Parken/Sultanahmet, S. 43). Ansonsten können Camper ans Schwarze Meer ausweichen, nach Şile auf der asiatischen oder nach Kilyos auf der europäischen Seite (→ Übernachten am Schwarzen Meer).

Die in der folgenden Auflistung angegebenen **Preise** (Stand 2012) beziehen sich auf die **Hauptsaison**, d. h. auf die Monate von April bis Oktober, die Tage zwischen Weihnachten und Neujahr sowie die nationalen Feiertage (→ S. 34). Außerhalb dieser Zeiten werden z. T. großzügige **Rabatte** gewährt, in den teuren Hotels bis zu 50 %. Die angegebenen Preise (**EZ** = Einzelzimmer, **DZ** = Doppelzimmer) sind nur als Anhaltspunkte zu verstehen. Die Zimmerpreise können bis zu Ihrem Besuch aufgrund von Preissteigerungen darüberliegen, aber auch darunter. Es ist keine 10 Jahre her, da bekam man in vielen Hotels das gleiche Zimmer für den halben Preis oder noch weniger – damals aber boomte İstanbul noch nicht. Viele Hotelzimmer sind über die **hoteleigene Buchungsseite** im Internet erheblich billiger zu bekommen als über die großen Hotelbuchungsseiten wie booking.com. Zudem sind die positiven Bewertungen vieler İstanbuler Hotels bei **Tripadvisor** mit Vorsicht zu genießen – zumindest widersprachen sie häufig unseren Eindrücken bei der Recherche. Bei Bezahlung mit **Kreditkarte** wird in kleineren Häusern oft ein Zuschlag von 5–10 €/Nacht erhoben. **Frühstück** ist, wenn nicht anders angegeben, im Preis inbegriffen, **Klimaanlage** in fast allen Häusern Standard. **Kinder** bis zu 6 Jahren wohnen in den meisten Hotels gratis, ältere erhalten einen Preisnachlass von etwa 50 %.

Sultanahmet

→ Karte S. 113

Sultanahmet ist der touristischste Stadtteil, dementsprechend präsentiert sich auch das Angebot an Quartieren: Hotels und Hostels für jeden Geschmack und Geldbeutel, darunter einige der stilvollsten Häuser der Stadt, oft mit traumhafter Dachterrasse samt Blick auf Marmarameer oder Blaue Moschee. Nachteil: Wer am Abend etwas von der Trendstadt İstanbul mitbekommen möchte, muss sich in andere Viertel aufmachen! Doch auch in Sultanahmet kann es laut werden, dafür sorgen die Traveller der Hostels (insbesondere des Orient-Hostels, was man bei der Zimmersuche beachten sollte). Für die Anfahrt zu den Unterkünften → Sultanahmet, S. 124.

Hotels

Four Seasons 17, nahe der Hagia Sophia in einem ehemaligen Gefängnis. Keine Sorge, die Zimmer sind größer als 2 mal 2 m, es wurde viel umgebaut. Und so präsentiert sich das „Four Seasons" unter den großen internationalen Tophotels der Stadt als das kleinste mit dem größten Charme. Zu den Gästen zählten u. a. David Copperfield, Demi Moore und Michail Gorbatschow. Hervorragendes Restaurant mit italienischem Chefkoch. Luxus pur. DZ ab 490 €. Wer die Diamanten aus der Schatzkammer des Topkapı-Palasts mitgehen lässt, leistet sich am besten die *Marmara Suite* für 5000 €. Tevkifhane Sok. 1, ✆ 0212/4023000, 📠 4023010, www.fourseasons.com.

Yeşil Ev 19, zwischen Hagia Sophia und Blauer Moschee. Das „Grüne Haus" ist eine kleine Nobelherberge mit viel Flair. Mobiliar und Räumlichkeiten im Stil des ausgehenden 19. Jh. Großes Gartencafé mit Springbrunnen. DZ 200 € – wenn Sie noch mal 250 € drauflegen, können Sie im Pascha-Zimmer im gleichen Bett nächtigen, in dem schon Staatsgäste wie Mitterand schlummerten. Kabasakal Cad. 5, ✆ 0212/5176785, 📠 5176780, www.yesilev.com.tr.

Ayasofya Konakları 9, nahe dem Topkapı-Palast. Beschaulicher kann man in Sultanahmet kaum wohnen. 63 Zimmer verteilen sich auf 9 alte, pastellfarben gestrichene Holzhäuser in einer ruhigen, pittoresken Gasse. Alle Räume mit Parkettböden, pseudoviktorianischem Mobiliar und Lüstern. Zum Komplex gehört zudem das Hotel Konukevi mit Dachterrasse und nettem Gartencafé in der gleichen Straße. Zu den Gästen zählten u. a. Bernardo Bertolucci und Roman Polanski. EZ (Frontseite) 140 €, DZ 200 €. Soğukçeşme Sok., ✆ 0212/5133660, 📠 5133669, www.ayasofyakonaklari.com.

Celal Sultan 8, gut geführtes Haus. 55 komfortable Zimmer, auf ein historisches Stadthaus und einen modernen Anbau verteilt. Die Zimmer im Anbau sind hell und zeitgemäß, die im Altbau kleiner, aber irgendwie charmanter. Auf der Dachterrasse frühstückt man im Angesicht der Hagia Sophia. DZ je nach Größe und Ausstattung 130–200 €. Salkım Söğüt Sok. 16, ✆ 0212/5209323, 📠 5229724, www.celalsultanhotel.com.

Rose Garden House 34, im ruhigen Viertel Kadırga. Das in holzverkleideten Konaks untergebrachte Hotel besteht aus dem Garden House mit 24 eleganten, komfortablen Zimmern und den sog. Rose Garden Suites, 13 an der Zahl. Alles hübsch und stilvoll eingerichtet. Auf die Gäste warten frische Obstteller und eine nette Gartenterrasse. DZ im Schnitt ca. 150 €. Şehit Mehmetpaşa Sok. 5, ✆ 0212/51791111, 📠 5180151, www.rosegardenhouse.com.

Empress Zoe 18, 26 individuell gestaltete Zimmer mit geschmackvoller Ausstattung: Holzböden, Bilder im byzantinischen Stil, warme Raumfarben. Gemütlicher Garten und herrliche Dachterrasse. Frühzeitig reservieren. EZ 90 €, DZ ab 140 €. Akbıyık Cad. 10, ✆ 0212/5182504, 📠 5185699, www.emzoe.com.

Armada 35, 108 Zimmer auf nur 2 Etagen, teils mit hüfthoher, blumenbemalter hölzerner Umschalung – hinten raus z. T. jedoch ohne Ausblick. Große Lobby mit Brunnen. Tolles Dachterrassenlokal. Von Lesern immer wieder gelobt. Etwas abseits des touristischen Trubels im Viertel Cankurtaran. DZ 140 €. Ahırkapı Sok. 24, ✆ 0212/4554455, 📠 4554499, www.armadahotel.com.tr.

››› Unser Tipp: **Kybele 11**, nahe der Yerebatan-Zisterne. Für den einen zu kitschig-überladen, für den anderen ein orientalischer Traum: Von den Decken der Gemeinschaftsräume baumeln ca. 4000 Lämpchen (darunter auch ein paar antike), die sanftes Licht spenden. Antiquitäten und Replika satt auch in den 16 komfortablen, farbenfrohen Zimmern, die mit Marmorbädern und Klimaanlagen ausgestattet sind. Romantische Innenhof-Terrasse und urgemütliche kleine Bibliothek. EZ ab 100 €, DZ ab 130 €. Yerebatan Cad. 35, ✆ 0212/5117766, 📠 5134393, www.kybelehotel.com. «

Dersaadet 39, schönes Holzhaus aus dem 19. Jh. in ruhiger Lage. 17 charmant eingerichtete Zimmer und Suiten, z. T. mit Gobelintapeten, Deckenmalereien und Holzböden. Ein Zimmer mit kleinem Hamam (dafür keine Dusche!). Tolle Terrasse. DZ mit Meeresblick 130 € (früh ausgebucht), ohne 115 €. Kapıağası Sok. 5, ✆ 0212/4580760, 📠 5184918, www.hoteldersaadet.com.

Emine Sultan 41, ein Lesertipp gleich gegenüber. Hübsches, familiäres 10-Zimmer-Haus im osmanischen Stil. Sehr sauber und gepflegt. Netter Service. EZ 90 €, DZ 105 €. Kapıağası Sok. 6, ✆ 0212/4584666, 📠 4584668, www.eminesultanhotel.com.

Tashkonak 38, von einer freundlichen Rückkehrerfamilie aus Deutschland geleitetes Hotel. Im Haupthaus, einem holzverkleideten alten Stadthaus, 30 schöne, wenn auch nicht allzu große Zimmer mit TV, Minibar und Klimaanlage, 3 davon mit Balkon, zudem 6 Suiten mit Kitchenette in einem Gebäude nahebei. Frühstücksbüfett auf der herrlichen Dachterrasse, netter Garten. DZ ca. 120 €. Tomurcuk Sok. 5, ✆ 0212/5182882, 📠 6388491, www.hoteltashkonak.com.

Ararat 29, kleines, fast intimes Haus bei der Blauen Moschee. 11 schnickschnackarme, z. T. winzige und schon leicht abgewohnte, aber charmante Zimmer, alle farbenfroh und individuell vom griechischen Maler Nikos Papadakis gestaltet. Mini-Bäder! 2 Dachterrassen – Sie können zwischen Meeres- und Moscheenblick wählen. Von Lesern sehr gelobt. DZ 80–100 €, je nach Größe und wohin das Fenster geht. Torun Sok. 3, ✆ 0212/5160411, 📠 5185241, www.ararathotel.com.

Apartments

Tashkonak 38, → Hotels.

Side Pension & Hotel 20, → Pension.

Pension

Side Pension & Hotel 20, gepflegte, farbenfrohe Unterkunft mit Pensions- und Hotelzimmern. Sehr sauber, Dachterrasse, ganztags kostenloser Tee. Auch Vermietung von Apartments. Gutes Preis-Leistungs-Verhältnis. Pensions-DZ 40 € ohne Bad, mit Bad 50 €, Hotel-DZ (mit TV und Klimaanlage) 70 €. Utangaç Sok. 20, ✆ 0212/5172282, 📠 5176590, www.sidehotel.com.

Hostels

Orient 22, Traveller-Treff mit Cafeteria, Bar auf dem Dach, kleinem Book Exchange usw. Gelegentlich Bauchtanzveranstaltungen und feuchtfröhliche Feiern, die den Gästen der Nachbarhäuser auf den Geist gehen. Bett im Schlafsaal mit 30 Betten ab 10 € (mit 4 Betten 15 €), Schuhschachtel-DZ mit Gemeinschaftsbad 40 €, DZ mit Bad 70 €. Akbıyık Cad. 9, ✆ 0212/5180789, 📠 5183894, www.orienthostel.com.

Sultan 25, 08/15-Hostelabstellkammerzimmer, aber guter Service. Beliebte Cafébar vorne raus. DZ 62 € (mit Bad), Bett im Mehrbettzimmer (für 4–8 Pers.) 16 €. Akbıyık Cad. 17, ✆/📠 0212/5169260, www.sultanhostel.com.

Metropolis 26, kleineres Hostel mit gemütlicher Dachterrasse. Die Zimmer sind wie in allen Hostels von Sultanahmet jedoch nichts Besonderes. DZ ohne Bad 48 €, mit Bad 62 €, Bett im Mehrbettzimmer 17 €. Terbıyık Cad. 24, ✆ 0212/5181822, www.metropolishostel.com.

Sinbad 37, in fast dörflicher Idylle im Viertel Kadırga. Von außen eher pfui, von innen aber ganz okay, wenn auch eng, simpel und spartanisch. Laundry. Bett im Schlafsaal 11 €, DZ ohne Bad 35 €, mit Bad 45,50 €. Demirci Reşit Sok. 1, ✆ 0212/5182305, 📠 5182321, www.sinbadhostel.com.

Sirkeci

→ Karte S. 113

Vom schmuddeligen Billighotel bis zum 5-Sterne-Haus ist im Bahnhofsviertel alles vorhanden. Gehobenere Häuser findet man v. a. an der İbni Kemal Cad. und der Ebusuut Cad., in Bahnhofsnähe auch noch diverse preiswertere Hotels (DZ ab ca. 45 €), die jedoch peu à peu restauriert werden. Die großen Sehenswürdigkeiten sind von Sirkeci bequem zu Fuß zu erreichen, auch in Galata und Beyoğlu ist man schnell. Mit dem Charme Sultanahmets kann Sirkeci nicht mithalten, dafür ist das Viertel natürlicher und lebendiger. Für die Anfahrt zu den Unterkünften → Sultanahmet, S. 124.

Moscheenzauber

Hotels

***** **Legacy Ottoman** **1**, das mit Abstand beste Hotel des Viertels, untergebracht in einem alten Stadtpalais. Beste Lage zwischen Sirkeci und Basarviertel, der Gewürzbasar ist direkt vor der Tür. Von der Lobby bis zu den Zimmern alles etwas zu protzig und kitschig. Wellnesszentrum mit Hamam. EZ ab 150 €, DZ ab 160 €. Hamidiye Cad. 64, ✆ 0212/5276767, ℻ 5198763, www.legacyottomanhotel.com.

Elanaz Hotel **2**, neueres, gepflegtes, kleines Haus mit nur 12 freundlichen, modern ausgestatteten Zimmern. Nettes Personal, der Chef spricht Deutsch. Einziges Manko: der kleine Frühstücksraum im Keller. DZ mit Bosporusblick 149 €, ohne 139 €. Orhaniye Cad. 34, ✆ 0212/5263806, ℻ 5125216, www.elanaz.com.

*** **Hotellino** **3**, modernes Haus mit luftiger Lobby. 23 zeitgemäß ausgestattete Zimmer. Von Lesern mehrfach gelobt: „Superfreundlicher Service. Selten haben wir uns in einem Hotel so wohlgefühlt." EZ ab 83 €, DZ ab 97 €. Nöbethane Cad. 3, ✆ 0212/5131212, ℻ 5115100, www.hotellinoistanbul.com.

*** **Hotel Erboy** **6**, älteres Haus (bemerkt man schon in der Lobby) mit 108 Zimmern, die jedoch mehrfach renoviert wurden und auf gutem 3-Sterne-Niveau sind. Auf dem Dach die Terrasse des Paşazade-Restaurants (→ S. 125). DZ 80 €. Ebusuut Cad. 18, ✆ 0212/5133750, ℻ 5133759, www.erboyhotel.com.

Laleli, Aksaray und Beyazıt

→ vordere Umschlagkarte

Auf Hotels in Laleli, Aksaray und Beyazıt stößt man schnell, wenn man über eine Hotelbuchungsseite im Internet eine preiswerte Unterkunft sucht. Die Stadtteile sind nicht gerade schön, dafür quirlig-geschäftig und recht zentral. Sie erstrecken sich ca. 2–4 km westlich von Sultanahmet, mit der Straßenbahn gelangt man spielend zu den großen Sehenswürdigkeiten. Zwischen Tausenden von Textilgeschäften, in denen osteuropäische Händler ganze Kollektionen ordern (Schwerpunkt in Laleli), stehen hier die Hotels, mit mehr als 4 Sternen glänzt kaum eines. Das Gros der Zimmerpreise bewegt sich zwischen 50 und 90 € für ein DZ. Genutzt werden sie vorrangig von Händlern aus Russland, Bulgarien, der Ukraine, Rumänien oder dem Iran. Die meisten Häuser sind sauber, zweckmäßig, unpersönlich und austauschbar – daher hier auch keine expliziten Empfehlungen. Abends kann man hier essen gehen, viel mehr lässt sich aber auch nicht unternehmen.

Zwischen Taksim und Şişli

→ Karte S. 221

Unmittelbar nordöstlich an den Taksim-Platz schließt das verkehrsberuhigte Hotelviertel Talimhane mit überteuerten Touristenlokalen, Teppichhändlern und dergleichen an. Das Viertel umfasst die Şehit Muhtar Bey Cad. mit deren Seiten- und Parallelstraßen. Die dortigen Gäste sind insbesondere Touristen aus dem arabischen Raum – ob Sie sich zwischen Niqab und Burka wohlfühlen, müssen Sie selbst entscheiden. Nördlich des Taksim-Platzes bis hinauf nach Şişli – die hier aufgeführten Hotels liegen dort – mietet sich auch gerne die internationale Geschäftswelt ein. Günstige Unterkünfte sind Fehlanzeige. Für die Anfahrt zu den Hotels → Taksim und Beyoğlu, S. 199, bzw. → Von Harbiye bis Şişli, S. 220.

Hotels

Internationale Hotelketten wie **Grand Hyatt** 28, www.hyatt.com, **Hilton** 26, www.hilton.com, oder **Ritz Carlton** 29, www.ritzcarlton.com, sind nördlich des Taksim Meydanı zu finden. Etwas aus der Reihe fallen:

Park Hyatt İstanbul 23, im „Modestadtteil" Teşvikiye. Unauffälliger Eingang, dahinter 90 modern eingerichtete Zimmer mit viel Schnickschnack, 25 davon besitzen einen eigenen Hamam. Teils tolle Ausblicke auf die Stadt. Außenpool mit Bar, gutes Restaurant. DZ ab 325 €. Bronz Sok. 4, ✆ 0212/3151234, ℻ 3151235, www.istanbul.park.hyatt.com.

The House Hotel 17, von den „The House"-Nobelboutiquehotels gibt es in der Stadt mittlerweile 3 Stück, und alle bürgen für erstklassige Qualität und Geschmack. Für den Standort Nişantaşı hat das İstanbuler Designerduo *Autoban* einen alten Stadtpalast schick gemacht – 5 Sterne für die Stilsicherheit! 44 Zimmer und Suiten, teils mit tollen Terrassen. Sie befinden sich passenderweise über einem großzügigen *Prada*-Shop. DZ ab 235 €. Abdi İpekçi Cad. 34, ✆ 0212/2245999, ℻ 2245974, www.thehousehotel.com.

Beyoğlu

→ Karte S. 192/193

Der pulsierendste Stadtteil İstanbuls. Empfehlenswert für all jene, die nicht nur Moscheen und Museen besichtigen, sondern auch am Leben der Stadt teilhaben möchten. Viele Bars, Kneipen und Restaurants. Windowshopping bis spät abends möglich! Hotels jeglicher Couleur, darunter die klangvollsten Namen İstanbuls wie das **Pera Palas** und das **Büyük Londra** (→ Kasten). In manchen Billighotels (z. B. in der Topçekerler Cad.) sind zuweilen ein paar Etagen für das Geschäft mit der Liebe reserviert. Achtung: Nachts kann es durch angrenzende Partygassen teilweise recht laut werden! Mehr und mehr Hotels und Ferienwohnungen entstehen zudem in den an Beyoğlu angrenzenden Vierteln Tarlabaşı (→ S. 195) und Aynalıçeşme nördlich des Tarlabaşı Bul. – bis vor wenigen Jahren noch als No-go-Areas verschrien, heute Altbauviertel im Sanierungswahn mit hier und da noch unfeinen Ecken. Für die Anfahrt zu den Unterkünften → Taksim und Beyoğlu, S. 199.

Hotels

Witt Istanbul 85, auch wenn sich viele Häuser „Design-Hotels" nennen – nur die wenigsten sind es wirklich, und das Witt ist eines davon. 18 überaus geräumige Zimmer, allesamt ausgestattet von dem türkischen Designbüro *Autoban* (→ S. 241): Retroschick vom Feinsten, viel Komfort, einige Zimmer mit Kitchenette. Tolles Frühstück mit Bioprodukten. DZ ab 230 €. Defterdar Yokuşu 26 (Cihangir), ✆ 0212/2931500, ℻ 3102494, www.wittistanbul.com. ■

**** **Richmond** 87, eine gute Wahl: Toplage nahe der Tünel-Bahn und trotz der vielen guten Restaurant- und Baradressen in nächster Nähe bislang größtenteils sehr ruhige Zimmer, alle gepflegt und auf dem Sternezahlniveau, 8 davon mit Bosporus-

Cool wohnen: Rezeption des Hotels Tulip City

blick. Das besondere Etwas: Die Bar Leb-i Derya im 6. Stock – aufgrund der Mega-Aussicht eine der besten Sundowner-Adressen aller İstanbuler Hotels. DZ ab ca. 200 €. İstiklal Cad. 227, ☎ 0212/2525460, 📠 2529707, www.richmondhotels.com.tr.

Mia Pera **39**, durchgestyltes Designhotel hinter historisierender Fassade. 61 Zimmer, Restaurant auf dem Dach, Pool. DZ ab 170 €. Meşrutiyet Cad. 34 (neben dem englischen Konsulat), ☎ 0212/2450245, 📠 2453330, www.miaperahotel.com.

Lush Hotel **26**, schönes, altes Stadthaus, mit viel Liebe zum Detail eingerichtet. Antiquitäten, ein bisschen Plusch, dazu modernes Design, tolles Holzparkett oder Marmorböden. Jedes Zimmer sieht anders aus. Wellnessabteilung. Nachteile: Nach vorne etwas laut, nach hinten etwas dunkel. Die Lush-Gruppe vermietet in Beyoğlu und Galata zudem auch schöne Apartments (Infos dazu auf www.lushhouses.com). DZ ab 170 €. Sıraselviler Cad. 12, ☎ 0212/2439595, 📠 2921566, www.lushhotel.com.

»» **Unser Tipp: The House Hotel** **59**, alter Stadtpalast mit tollen Bodenfliesen, frische Blumen, edle Parkettböden. In zeitgemäßem Schick eingerichtete, komfortable Zimmer, teils recht geräumig. In manchen befinden sich die Duschkabinen direkt im Schlafzimmer! Ruhige Lage im Viertel Çukurcuma. Freundliches, junges Personal. DZ ab 150 €. Bostanbaşı Cad. 19, ☎ 0212/2520422, 📠 2452307, www.thehousehotels.com. ««

Tulip Pera **81**, Haus mit 84 Zimmern. Modernes Design mit Witz. Die „Executive Rooms" in den oberen Etagen verfügen über Bäder, von denen man – in der Wanne liegend – das Goldene Horn überblicken kann. Ein paar Türen weiter gibt es das Schwesterhotel **Tulip City** **81**. Ähnliches Design, ähnliche Preise, in den oberen Etagen ebenfalls Blick aufs Goldene Horn. Standard-DZ ab 100 €, Executive-DZ 200 €. Meşrutiyet Cad. 103, ☎ 0212/2438500, 📠 2438502, www.tuliphotels.com.tr.

Gümüşyan Hotel **84**, 2011 eröffnetes, überaus geschmackvoll designtes Boutiquehotel in einem Stadthaus aus dem 19. Jh. Nur 14 Zimmer und Suiten, spannend renoviert und gestylt: da altes Mauerwerk, dort moderne Elemente. Trendige Lounge mit Lobby. DZ ab 110 €. Asmalımescit Sok. 9, ☎ 0212/2932097, 📠 2933387, www.gumusyan.com.

Villa Zürich **60**, in Cihangir. Keine schlechte Wahl, wenn auch noch lange keine Villa. Trendiges Café im EG, Panorama-Fischrestaurant im 7. Stock. 41 gepflegte, klassische Zimmer, gegen Aufpreis mit toller Aussicht. Gutes Preis-Leistungs-Verhältnis. EZ 70 €, DZ 90 €. Akarsu Yokuşu Cad. 36–36A, ☎ 0212/2930604, 📠 2490232, www.hotelvillazurich.com.

Monopol **73**, älteres Haus, das lange Zeit aufgrund seiner Lage – gegenüber befand sich bis vor wenigen Jahren die US-Botschaft – mit Schnäppchenpreisen gegen die Terrorangst der Touristen ankommen musste. Die Gefahr ist dahin, die Preise haben

| Galatasaray thehousehotel.com/the-house-hotel-galatasaray/

angezogen, sind aber immer noch für das Gebotene okay. Leicht altbackene Zimmer, in den oberen Etagen mit Blick aufs Goldene Horn. DZ 70 €. Meşrutiyet Cad. 93, ✆ 0212/2517326, ℻ 2517333, www.hotelmonopol.net.

*** **Grand Hisar Otel** 16, mitten im Trubel rund um den Fischmarkt – das Nachtleben spielt sich hörbar vor der Tür ab. Anständiges Mittelklassehotel für kleine Leute (sehr niedrige Lobby mit Bar!). 35 möchtegern-gediegene Zimmer, teils leider sehr klein. Freundlicher Service und gutes Preis-Leistungs-Verhältnis. Im EG ein beliebtes Restaurant. EZ 55 €, DZ 65 €, Frühstück 5 € extra. Kameriye Sok., ✆ 0212/2928051, ℻ 2928044, www.hisarhotel.com.

Devman 76, in seiner Preisklasse die beste Adresse der Gegend. Zimmer mit türkisfarbenem Furnierholzmobiliar, zudem TV, Kühlschrank und Klimaanlage, Bäder größtenteils

İstanbuls Grandhotels des Fin de Siècle

Mata Hari, Josephine Baker, Marlene Dietrich, Greta Garbo, Alfred Hitchcock, Kaiser Franz Joseph I., König Edward VIII., Jackie Kennedy – sie alle fielen in die prächtigen Betten des **Pera Palace**, eines der ersten Luxushotels am Bosporus. 1884 gebaut, war es İstanbuls erstes Hotel mit einem elektrischen Aufzug und konnte lange vor anderen Hotels der Stadt mit fließendem Wasser und dank eigenem Generator mit elektrischem Licht aufwarten. Marmor aus Carrara, handgeknüpfte seidene Teppiche und Gardinen – das Beste war gerade gut genug. Doch Glanz und Gloria gingen dahin. Nach einer Komplettrestaurierung durch die *Jumeirah*-Gruppe wurde das Pera Palace wieder in die Luxusklasse gehievt. Heute besitzt die glorreiche Orient-Express-Bar allerdings nichts mehr Nostalgisches. Ein paar Zimmer erinnern jedoch noch an die alte ruhmreiche Zeit. Zimmer 101 z. B., in dem mehrmals Staatsgründer Atatürk nächtigte, dient heute als Minimuseum (jedoch nur für Gäste des Hauses zu besichtigen). Und Zimmer 411, in dem des Öfteren Agatha Christie abstieg und ihren weltberühmten Roman *Mord im Orient-Express* schrieb, ist nach der englischen Krimiautorin benannt und mit ein paar Reminiszenzen an die Schriftstellerin bestückt. 1926 verschwand die gute Dame übrigens für elf Tage spurlos aus dem Hotel. Bis heute sind die Gründe unklar, manch einer vermutet gar, dass die Autorin selbst ein Verbrechen verübte, um so authentischer schreiben zu können. Wer hier wohnen will, sollte ein Zimmer mit Blick auf das Goldene Horn wählen (DZ ab 260 €).

Unweit des Pera Palace steht das 1892 errichtete **Büyük Londra Oteli**, hier lässt es sich noch wohnen wie anno dazumal. Die Bar, an der schon Ernest Hemingway versumpfte, ist noch die gleiche. Die Prominenz ist zwar mittlerweile verschwunden und der Luxus verblasst, der Charme aber blieb. Manche Zimmer des Hauses in den oberen Etagen wurden zwar bereits plüschig restauriert und bieten teilweise eine grandiose Aussicht über das Goldene Horn (DZ 80–160 €). In den alten, darunter liegenden Zimmern, die teils sogar fensterlos sind, muffelt es manchmal jedoch noch so, als wären sie seit dem letzten Orient-Express 1977 nicht mehr gelüftet worden (DZ 50 €). Witzig: die sprechenden Papageien in der Lobby. Toll: die Dachterrasse. Seitdem das Hotel übrigens in Fatih Akıns Film *Gegen die Wand* zu sehen war, ist es unglaublich populär – frühzeitig reservieren.

Pera Palace Hotel 66 (→ Karte S. 192/193), Meşrutiyet Cad. 52, ✆ 0212/3774000, ℻ 3774077, www.perapalace.com.

Büyük Londra Oteli 52 (→ Karte S. 192/193), Meşrutiyet Cad. 53, ✆ 0212/2450670, ℻ 2450671, www.londrahotel.net.

neu restauriert. Sehr sauber. Zimmer nach vorne hinaus etwas laut. EZ 45 €, DZ 60 €. Asmalımescit Sok. 22, ✆ 0212/2456212, ✆ 2927250, www.devmanhotel.com.

Hotel Paradise 82, falls das Devman voll ist, ist dieses einfachere Haus eine Alternative. Zimmer mit Kaufhausmöbeln. Nach vorne ebenfalls etwas laut. DZ 60 €. Asmalımescit Sok. 2, ✆ 0212/2433651, ✆ 2529481, www.beyogluparadisehotel.com.

Apartments

Ansen Suites 89, 10 Suiten auf 5 Etagen in einem Haus im historisierenden Stil. Modernes Design und viel Platz (50–60 m² pro Suite). Die obersten mit gigantischer Aussicht aufs Goldene Horn. Bistrorestaurant im EG. Für 2 Pers. ab 159 €. Meşrutiyet Cad. 70, ✆ 0212/2458808, ✆ 2457179, www.ansensuites.com.

Lush Houses, → Lush Hotel.

Manzara İstanbul, → Galata.

Arsu Living İstanbul, das junge türkisch-deutsche Paar Çiğdem und Matthias vermieten 5 freundliche, moderne und gut ausgestattete Ferienwohnungen für 2–4 Pers. in Aynalıçeşme und Galata, teils mit herrlichen Ausblicken. Ab 85 €/Nacht zzgl. Endreinigung. ✆ 0531/2217156 (mobil), www.living-istanbul.com.

En Estambul 1, Studioanlage in einem frisch restaurierten Stadthaus in Tarlabaşı. Vor der Haustür ärmeres İstanbul mit Patina, Taksim und Beyoğlu sind nur ein paar Fußminuten entfernt. Zimmer und Studios mit kleiner Küchenzeile, das schönste auf dem Dach mit Terrasse. Für 2 Pers. ab rund 80 €. Taksim Yağhanesi Sok. 18, ✆ 0212/3617824, www.enestambul.com.tr.

Dolmuç 11, ebenfalls in einem frisch restaurierten Altstadthaus, diesmal in Aynalıçeşme. Die netten, gelb-grau gehaltenen Studios mit Kitchenette und Kühlschrank stehen ganz im Zeichen des gleichnamigen Verkehrsmittels: hier Dolmuşsitze, dort Felgenlampen. Für 2 Pers. ab 55 €. Kılıç Aslan Sok. 15, ✆/✆ 0212/2388396.

Doğan Apartments 6, gleich gegenüber. 5 ca. 45 m² große Ferienwohnungen (Schlafzimmer, Wohnzimmer, Küche, Bad) für bis zu 3 Pers. Ordentlich ausgestattet, mit etwas Ikea aufgepeppt. Nur nach Vorausbuchung, die netten Vermieter sprechen Deutsch. Sehr zuverlässiger Service und sehr gutes Preis-Leistungs-Verhältnis. Für 2 Pers. je nach Apartment 38–55 €, günstiger bei längerem Aufenthalt. Aynalıçeşme, ✆ 0533/5247220 (mobil) bzw. 0176/30782586 (mobil Deutschland), www.rentarooministanbul.eu.

Für weitere Apartments und Ferienwohnungen in Beyoğlu und Galata, z. T. aber auch in ganz İstanbul, kann man sich u. a. auch auf folgenden Seiten umschauen: www.airbnb.com, www.easyhomeistanbul.com und www.arcsuites.net.

Hostels

»» **Unser Tipp: #bunk** 17, cooles, relaxtes Designhostel in bester Lage. Superstylish: schneeweiße Betten, Marmorbäder, durchdachte Gemeinschaftsräume, Dachterrasse. Zur Auswahl stehen DZ mit privatem Bad, ohne Bad (dafür z. T. mit Terrasse!) sowie Mehrbettzimmer. DZ ohne Bad ca. 69 €, mit Bad 79 €, im Mehrbettzimmer ab 17 €/Pers. Balık Sok. 7, ✆ 2448808, www.bunkhostels.com. ««

Chill Out Lya 7, das beste der Chill out Hostels in Beyoğlu. Kleine, farbenfrohe, mit ein bisschen IKEA aufgepeppte Zimmer mit und ohne Bad, nett gemacht. Gemeinschaftsküche. Die gemütliche Bar im EG ist ein beliebter Treffpunkt. Ums Eck pfeifen die Transen aus den Fenstern – viel Lokalkolorit! Frühstücksbüfett. DZ mit Bad 40 €, ohne Bad 32 €. Toprak Lüle Sok. 1, ✆ 0212/2447400, www.chilloutlya.com

Neverland 78, kunterbunte Unterkunft, 5 Fußmin. vom Beyoğlu Kneipentrubel entfernt. Nette Lounge, in der das Frühstück serviert wird und wo man abends das mitgebrachte Bier trinken kann. Mehrbettzimmer, aber auch ausreichend große DZ mit und ohne Bad. Tiere erlaubt. Im Dormitory 9–12 €/Pers., DZ mit Bad 38 €, ohne Bad 32 €. Boğazkesen Cad. 96, ✆ 0212/2433177, www.hostelneverland.com.

Galata und Karaköy

→ Karte S. 208/209

Südlich an Beyoğlu grenzt Galata. Die Hanglage garantiert Auf- oder Abstiege bei jeder Unternehmung! Dennoch ein

Losverkäufer am Hafen von Karaköy

idealer Standort: ruhiger als Beyoğlu, gute Infrastruktur. In Karaköy hingegen wohnt man genau zwischen den großen Sehenswürdigkeiten und dem hippen İstanbul. Einige gute Restaurants sind vorhanden, Bars dagegen nur wenige. Für die Anfahrt zu den Unterkünften → Taksim und Beyoğlu, S. 199, bzw. Galata und Karaköy, S. 216.

Hotels

5 Oda 3, klein, aber fein und persönlich. Nur 5 modern gestaltete und sehr komfortable Zimmer (*Beş Oda* = 5 Zimmer) in einem restaurierten Altbau, diese dafür rund 38 m² groß. Das leckere Frühstück wird aufs Zimmer gebracht. DZ 150 €. Şahkulu Bostan Sok. 16 (Galata), ☏ 0212/2527501, 📠 2527504, www.5oda.com.

Galata Tower's Boutique Hotel 4, familiäres Hotel in einem restaurierten historischen Stadthaus. 8 Dielenbodenzimmer unterschiedlicher Größe (teils mit nachträglich integrierter Nasszelle), individuell eingerichtet. Das Frühstück gibt es am großen Tisch in der gemütlichen Küche. Nette, kleine Dachterrasse. EZ 110 €, DZ 125 €. Kadribey Çıkmazı 4 (Seitengasse der Serdar-i Ekrem Cad., Galata), ☏ 0212/2437446, 📠 2437445, www.galatatowershotel.com.

Sub 16, 2012 eröffnetes Konzepthotel mitten im urigen Trubel von Karaköy, gute Restaurants und nette Cafés in Laufnähe. 20 stylishe Zimmer: Holzböden, Retrotelefone, Bettgestelle und Badtüren aus Schiffsmetall. Das Café samt Rezeption im EG erinnert in seiner coolen Kargheit an eine Berliner Bar. Dachterrasse mit Sonnendeck und Jacuzzi. Trendiges Publikum. Die jungen, hilfsbereiten Betreiber Çiğdem und Fırat sprechen Deutsch und Englisch. DZ 139 €. Necatibey Cad. 91, ☏ 0212/2430005, 📠 2430045, www.subistanbul.com.

Portus House 20, ums Eck. Gleiche Leitung, aber doch ganz anders. Schmales Haus mit nur 10 freundlichen, modernen Zimmern. Gemeinschaftsküche, Tee und Kaffee gibt es stets umsonst. Laundryservice. DZ mit privatem Bad 88 €, mit Gemeinschaftsbad (sehr sauber) 49 €. Mumhane Cad. 31, ☏ 0212/2923850, www.portushouse.com.

Galatalife 11, kleines Hotel neueren Datums an der tagsüber trubeligen, nachts jedoch ruhigen „Hauptgasse" von Galata. Nur 5 Zimmer (teils winzig) ohne besondere Note. Dafür tolle Dachterrasse. Die Rezeption befindet sich im angeschlossenen Café. DZ 56 €. Galipdede Cad. 75, ☏ 0212/2452315, www.galatalifeistanbul.com.

Apartments

4 Floors 1, das (Kunst-)Werk der İstanbuler Designerin Sema Topaloğlu, die ein altes Galatahaus aus dem 19. Jh. mit 4 topschicken Apartments versah – spektakulär das Penthouse mit dem Über-Blick. Schöne Holzböden, Balkendecken, gut ausgestattete Küchen, Bäder in Glaskästen (!). Sehr ruhige Lage. Für 2 Pers. je nach Apartment 170–280 €. Tercüman Çıkmazı 20, ✆ 0532/4977921 (mobil), 📠 2438866, www.4floorsistanbul.com.

Arsu Living İstanbul, → Beyoğlu/Apartments.

»» Unser Tipp: **Manzara Istanbul 14**, der deutsch-türkische Architekt Erdoğan Altındiş vermietet 44 Apartments, die meisten davon rund um den Galataturm, ein paar mittlerweile aber auch in Beyoğlu und Taksim. Viele Apartments mit traumhaftem Blick (*Manzara* = Aussicht) auf den Bosporus. Gut informiertes, freundliches, deutschsprachiges Personal. Von Lesern hochgelobt: „Ein Traum!" Frühzeitige Reservierung nötig. Wohnungen für 2 Pers. ab 65 €, für 4 Pers. ab 160 € zzgl. Endreinigung. Rezeption in der Serdar-i Ekrem Cad. 14 (Galata), ✆ 0212/2524660, 📠 2490916, www.manzara-istanbul.com. ««

Für weitere Apartments → Kasten S. 67.

Hostel

World House 12, nett. Einfache, saubere Zimmer mit farbenfroh gestrichenen Wänden. Ein Plus ist das hübsche angeschlossene Café. Im Schlafsaal 12–17 €, DZ mit Bad 54 €. Galipdede Cad. 85 B (Galata), ✆ 0212/2935520, www.worldhouseistanbul.com.

Beşiktaş

→ Karte S. 226/227

In Beşiktaş gibt es nur wenige Hotels, ein paar einfachere im Zentrum und ein paar Luxusanlagen am Bosporus wie das **Çırağan Palace** oder das **Four Seasons at the Bosphorus** (→ Kasten). Für die Anfahrt → Beşiktaş, S. 231.

W Hotel İstanbul 7, im Viertel Akaretler. Innovatives Design zeichnet die superstylishen Zimmer und Suiten aus, die Namen wie „Fabulous", „Wow" oder „Extreme Wow" tragen und teils private Terrassen mit herrlicher Aussicht bieten. Coole Clubatmosphäre. Auch die Preise sind „Wow": DZ ab ca. 270 €. Süleyman Seba Cad. 22, Beşiktaş, ✆ 0212/3812121, www.wistanbul.com.tr.

Kadıköy

→ Karte S. 244/245

Von allen Stadtteilen auf der asiatischen Seite ist Kadıköy mit seinen vielen Restaurants und Kneipen der ansprechendste für eine İstanbulvisite. Für die Anfahrt zu den Unterkünften in Kadıköy → S. 247.

Hotels

**** **Double Tree by Hilton 12**, 2011 eröffnetes Glas-Stahl-Gebäude nahe dem Fähranleger. Zeitgemäß eingerichtete Zimmer, je höher die Etage, desto teurer, desto spektakulärer aber auch die Aussicht. Obenauf eine Dachterrasse mit Pool und dem Barrestaurant 360 East (→ S. 248) mit sensationellem Panoramablick. DZ ab 139 €. Albay F. Sozdener Cad. 31, ✆ 0216/5424344, http://doubletree3.hilton.com.

Kent 4, in Downtown Kadıköy inmitten des bunten Markttreibens (auch nachts ist noch viel los). Gut geführtes Haus mit familiärer Atmosphäre. 24 unterschiedlich große Zimmer mit Marmorböden. Bäder sehr beengend. EZ 55 €, DZ 80 €. Serasker Cad. 8, ✆ 0216/3362453, 📠 4491693, www.mykenthotel.com.tr.

Hostel

Hush Hostel 2, das erste und bislang einzige Hostel auf der asiatischen Seite, nur wenige Fußmin. vom Fähranleger entfernt. In einem Altbau, nett und schlicht. Dormitories und Zimmer unterschiedlichster Art: mit und ohne Bad, mit und ohne Balkon, ganz kleine und größere. Dach- und Gartenterrasse. DZ mit Bad 52 €, ohne Bad je nach Standard 34–42 €, im Dormitory ab 12 €/Pers. İskele Sok. 46, ✆ 0216/4504363, 📠 4504364, www.hushhostelistanbul.com.

Nichts für arme Schlucker: Die besten Suiten am Bosporus

Sultan Suite des Çırağan Palace **4** (→ Karte S. 226/227), vom Flughafen gelangen Sie am schnellsten mit dem Helikopter (eigener Landeplatz) zu Ihrer 458 m² großen Suite im alten Sultanspalast direkt am Bosporus. Es erwartet Sie Luxus pur samt eigenem Butler und vergoldeter Badewanne. Preis pro Nacht: 30.000 €. Traumhaft die Poolanlage daneben (falls Sie mal schnuppern wollen – Besucherticket am Wochenende 160 €). Der 5-Sterne-Komplex, der zur Kempinski-Gruppe gehört, bietet aber auch preiswertere Zimmer (ab rund 400 € mit Parkblick). Çırağan Cad. 32, ✆ 0212/3264646, 📠 2596687, www.kempinski.com. Für die Anfahrt → Beşiktaş, S. 231.

Atik Pasha Suite des Four Seasons at the Bosphorus **5** (→ Karte S. 226/227), diese Suite in einem osmanischen Palast aus dem 19. Jh. fällt mit 377 m² etwas kleiner aus. Die Bosporusblicke sind aber ebenfalls ein Traum. Und zum Träumen können Sie auch noch zwischen 6 verschiedenen Kopfkissenhärten wählen. Preis pro Nacht: ab 23.000 €. Einfache Hotelzimmer mit Parkblick gibt es schon ab 350 €. Çırağan Cad. 28, ✆ 0212/3814000, 📠 3814010, www.fourseasons.com. Für die Anfahrt → Beşiktaş, S. 231.

Kösem Sultan Suite des Hôtel Les Ottomans **1** (→ Karte S. 234), mit der Privatjacht gelangen Sie in dieses kleine, aber feine „Feng-Shui-zertifizierte" Boutiquehotel im Viertel Kuruçeşme. Das Haus, für das die Unternehmergattin Ahu Aysal 55 Mio. US-Dollar ausgab, hat nur 10 Suiten. Kylie Minogue und Kevin Costner hat's gefallen. Und in der 148 m² großen Kösem Sultan Suite nächtigte schon Paris Hilton. Preis pro Nacht: günstige 3000 €. Muallim Naci Cad. 68, ✆ 0212/3591500, 📠 3591540, www.lesottomans.com. Anfahrt → Am Bosporus (europäische Seite), S. 238/239.

Außerhalb der zentralen Viertel

Das Gros der Unterkünfte außerhalb der zentralen Stadtteile ist aufgrund langer Anfahrtswege zu den großen Sehenswürdigkeiten für Kurzurlauber nicht zu empfehlen. Für İstanbul-Fortgeschrittene gibt es jedoch ein paar ausgefallene Adressen.

Am Goldenen Horn

Turquhouse Hotel **1** (Karte S. 189), neben dem Pierre-Loti-Café im Stadtteil Eyüp. Empfehlenswert für all jene, die Ruhe und schöne Ausblicke zentraler Lage vorziehen. Begrünte Anlage mit mehreren Holzgebäuden im alttürkischen Stil. Unterschiedlich große, komfortable Zimmer, z. T. mit Balkon. Dazu ein Hamam, ein Café und ein Restaurant mit Traumterrasse. EZ 111 €, DZ 140 €. İdris Köşkü Cad., Eyüp, ✆ 0212/4971313, 📠 4971616, www.pierrelotitepesi.com.

Am Bosporus (europäische Seite)

The House Hotel Bosphorus **8** (Karte S. 234), charmantes Boutiquehotel der Luxusklasse in einem wunderschönen Stadtpalast direkt am Bosporus im Viertel Ortaköy. 26 elegante Zimmer, einige mit Traumbalkonen zum Bosporus hin, die Bäder oft mit Glaswänden. Unten eine Caféterrasse am Wasser. Aber Achtung: mit einem gewissen Geräuschpegel der umliegenden Bars und Clubs ist v. a. im Sommer zu rechnen (besser in den oberen Etagen buchen). EZ ab 149 €, DZ ab 189 €. Salhane Sok. 1A, ✆ 0212/3277787, 📠 3277793, www.thehousehotel.com.

››› **Unser Tipp:** **1001 İstanbul**, abseits der Großstadthektik in Büyükdere hoch über dem Ufer des Bosporus (Fahrzeit ins Zentrum 40–60 Min.). Liebevoll geführte Familienpension unter hilfsbereiter deutsch-türkischer Leitung in einem über 100 Jahre alten Haus. 5 Zimmer mit Etagenbädern, sehr sauber. Dazu 2 gemütliche Terrassen (toller Blick von der oberen). Große Wohnküche, die mitbenutzt werden darf. Grillmöglichkeit, Waschmaschine und Literatur

zur Stadt. Flughafentransfer. Von Lesern hochgelobt. EZ 25–40 €, DZ 40–50 €. Topçu Karakolu Sok. 21, Büyükdere, ✆ 0212/2713320, www.1001-istanbul.de. «

Auf Büyükada (Prinzeninsel)

Die Preise auf den Prinzeninseln haben es in sich. 2 Vorschläge für Büyükada:

Splendid, der 1908 erbaute weiße Palast nahe dem Fähranleger vereint osmanische Architektur mit Jugendstilelementen. Hier übernachteten bereits Wallis Simpson und Edward VIII. 70 luftige, teils mit Antiquitäten bestückte Zimmer. Ultrahohe Decken, herrlicher Ausblick von den Balkonen. Großzügige Empfangsräume mit uralten Parkett- und Marmorböden. Viel Charme, jedoch mit Falten und Flecken; teils einfache Bäder, teils bereits restaurierte. Wer darüber hinwegsehen kann – ein Traum. Pool. EZ ab 65 €, DZ ab 95 €. 23 Nisan Cad., ✆ 0216/3826950, 📠 3826775, www.splendidhotel.net.

Ideal Köşk Pansiyon, einfache Pension mit viel Atmosphäre in einer nur ansatzweise restaurierten Holzvilla mit Balkönchen und Erkern, ein neuer Anstrich wäre dringend nötig. Verwunschenes Gärtchen davor. Schlichte Zimmer ohne Bad und Komfort. DZ ab 43 €, kein Frühstück. Kadıyoran Cad. 16, ✆ 0216/3826857.

Am Schwarzen Meer

Wer ein, zwei Tage Strandprogramm einlegen will, ist in Şile gut aufgehoben. Vermeiden Sie jedoch die Sommerwochenenden, wenn ohne Reservierung kaum ein Zimmer zu bekommen ist und die Preise um bis zu 50 % anziehen. Angegeben sind die Preise von So bis Do.

Unterkünfte in Şile

Şile Çınar Otel, nahe der Durchgangsstraße, ca. 100 m bevor sie verkehrsberuhigt wird. Freundliches Haus mit ungezwungener Atmosphäre. Nette Zimmer mit Laminatböden und hellem Mobiliar, etliche davon mit schönem Meeresblick – leider ohne Balkon. DZ 82 €. Üsküdar Cad. 180, ✆ 0216/7121110, 📠 7103431, www.silecinarotel.com.

İstanbul – wo Meer und Stadt eine Einheit bilden

Emek Pension, am kleinen zentralen Platz mit Atatürk-Statue, eine der ältesten Pensionen Şiles. 13 einfache, jedoch klimatisierte Zimmer. Die obersten zwei (reservieren!) teilen sich zudem eine tolle Terrasse mit Blick über die Stadt und aufs Meer. DZ 30 €, Frühstück extra. Belediye Meydanı 2, ✆ 0216/7115268, außerhalb der Saison ✆ 0532/4165434 (mobil), www.sileemekpansiyon.com.

Camping in Şile

Kar-Yad Camping, terrassiertes Gelände über der Steilküste, 5 km westlich von Şile-Zentrum (2,5 km bis zur nächsten Bushaltestelle nach İstanbul). Sehr simpel, eigentlich nicht viel mehr als ein begraster Parkplatz, der leider, wie die gesamte Anlage, nicht allzu gepflegt ist. Dafür tolle Meeresblicke und schöne Strände in Laufnähe. Freundlicher Inhaber – nach dessen Auskunft ganzjährig geöffnet. Campen für 2 Pers. mit Wohnmobil 11 €. Anfahrt: Von İstanbul kommend der Beschilderung zum Kumbaba-Strand folgen und dann immer geradeaus. Meşrutiyet Köyü Rokethane Mevkii, ✆ 0535/3003388 (mobil).

Camping in Kilyos

Mıstık Camping, 100 m hinter dem Strand von Kilyos. Kleiner in Parzellen unterteilter Platz ohne besonderen Charme. Saubere Sanitäranlagen. Viele Dauercamper. Fahrtdauer mit öffentlichen Verkehrsmitteln ins Zentrum ca. 2 Std. 2 Pers. mit Wohnmobil und Strom 21 €. Laut Betreiber ebenfalls ganzjähriger Betrieb, im Winter klingeln. Turban Cad. 76 (auf dem Weg zum ausgeschilderten Solar Beach Club), ✆ 0212/2011077, 📠 2508940, www.mistikcamping.com.

Spontane Party in Beyoğlu

Kultur

Auch wenn sich sehr viel tut: Mit Kulturmetropolen wie Berlin oder London kann İstanbul nicht mithalten. Dafür präsentiert sich die gesamte Stadt am Bosporus als eine große Bühne, als ein nie enden wollendes Theater, wenn auch nicht inszeniert.

Einen Überblick über das aktuelle Kulturangebot gibt das monatlich erscheinende Magazin *Time Out Istanbul* in englischer Sprache. Wer des Türkischen mächtig ist, kann sich zudem im Monatsmagazin *İstanbul Life* informieren. Programme zu Konzerten, Festivals, Theaterstücken etc. liegen vielerorts aus. Achten Sie zudem auf Plakate. Internetseiten, die über die Kulturszene berichten, finden Sie auf S. 37.

Klassische Musik, Oper, Ballett und Theater

Opern- und Ballettaufführungen sowie klassische Konzerte werden fast ausschließlich von der intellektuellen Elite des Landes besucht. Doch die staatlichen Subventionen für Oper, Orchester und Konservatorium stehen immer mehr auf der Kippe. Viele konservative AKPler haben nicht viel übrig für klassische europäische Musik und Darstellungsformen. Vor allem Ballett, wo Frauen in kurzen Röcken umhertanzen, verletzt das Schamgefühl allzu frommer Muslime. Umgekehrt haben viele Kulturschaffende auch nichts für die AKP übrig, so z. B. der international gefeierte türkische Pianist Fazıl Say. Ein paar religionskritisch-spöttelnde Tweets brachten dem Künstler 2012 einen Prozess wegen Beleidigung des Islams ein. Vorfälle wie diese fördern auch nicht gerade den Frieden zwischen Staatsmacht und Kulturtreibenden.

Um „unmoralische" Stücke bei den staatlichen Bühnen – in İstanbul gibt es rund zehn staatliche und 3-mal so viele freie – zu unterbinden, wurde 2012 ein Kontrollrat eingerichtet, der alle Inszenierungen absegnen muss. Dabei war innovatives, avantgardistisches Theater ohnehin schon vorher rar. In der Türkei übt man sich bis heute eher in der Imitation des Klassischen als in Innovation. Nur ein paar wenige freie Bühnen wagen experimentelle Wege.

Die Theatersaison dauert von Sept./Okt. bis April/Mai. Achtung: Fremdsprachiges Theater ist selten!

Theater und Veranstaltungsorte

Atatürk Kültür Merkezi (→ Karte S. 192/193), das Kulturzentrum mit seinen 5 Hallen soll nach seiner Restaurierung (Abschluss vermutlich noch 2013) wieder einer der Dreh- und Angelpunkte des İstanbuler Kulturlebens werden. Zuvor war es Veranstaltungsort für klassische Konzerte, Theater und Ausstellungen, zudem Heimat der Staatsoper und des Staatsballetts (derzeit in der Süreyya-Oper in Kadıköy zu Hause, www.sureyyaoperasi.org). Auch das staatliche Symphonieorchester, das schon Yehudi Menuhin und Luciano Pavarotti begleitete, trat hier regelmäßig auf. Unübersehbar am Taksim-Platz. Anfahrt → Taksim und Beyoğlu, S. 199.

Salon IKSV (→ Karte S. 208/209), der tolle Stadtpalast *Deniz Palas* ist die Heimat der İstanbuler Stiftung für Kunst und Kultur *(IKSV)*. Hier werden Konzerte, Theater u. v. m. geboten – anspruchsvolles Programm. Sadi Konuralp Cad. 5, Şişhane, ✆ 0212/3340811, www.saloniksv.com. Anfahrt → Galata und Karaköy, S. 216.

Cemal Reşit Rey Konser Salonu (→ Karte S. 221), Heimat des gleichnamigen Symphonieorchesters, das ebenfalls hin und wieder internationale Größen wie José Carreras begleitet. Zudem werden hier Opern, Operetten, Ballett, Jazz und (selten) klassisch-osmanische Musik aufgeführt. Großer Saal für 860 Zuschauer. Darülbedai Cad. 1, Harbiye, ✆ 0212/2329830, www.crrks.org. Anfahrt → Von Harbiye bis Şişli, S. 220.

Borusan Music House (→ Karte S. 192/193), der auch als Galerie genutzte Veranstaltungsort in einem entkernten historischen Gebäude ist ein Produkt der Borusan Holding (→ Galerien). Ausgesuchte Konzerte aus den Bereichen klassische Kammermusik, Jazz und Weltmusik. Orhan Adlı Apaydın Sok. 1, Beyoğlu, ✆ 0212/3363271, www.borusanmuzikevi.com. Anfahrt → Taksim und Beyoğlu, S. 199.

İş Sanat Kültür Merkezi, Veranstaltungssaal im UG eines Wolkenkratzers im Bankenviertel Levent. Buntes Programm: Theater, klassische Konzerte, Ausstellungen usw. İş Kuleleri, Levent, ✆ 0212/3161083, www.issanat.com.tr. Von Taksim die Metro M2 nach Levent nehmen, dem „Plazalar"-Ausgang folgen und dann auf das Hochhaus mit dem „İş"-Symbol auf dem Dach zuorientieren.

Dot (→ Karte S. 221), eines der innovativsten Theater der Stadt. Moderne Inszenierungen, oft auch mit englischen Untertiteln. In der G-Mall an der Kadırgalar Cad. 3, Maçka, ✆ 0212/2324440, www.go-dot.org. Anfahrt → Von Harbiye bis Şişli, S. 220.

Garaj İstanbul (→ Karte S. 192/193), ebenfalls ein Ort für neue Theaterformen. Aus Geldmangel jedoch kaum mehr eigene Produktionen, zudem ist der Saal häufig an Konzertveranstalter vermietet. Kaymakam Reşat Bey Sok. 5/1, Beyoğlu, ✆ 0212/2444499, www.garajistanbul.org. Anfahrt → Taksim und Beyoğlu, S. 199.

Kenter Tiyatrosu (→ Karte S. 221), 1968 von Yıldız Kenter, einer der großen türkischen Theaterschauspielerinnen, gegründet. Neben klassischen Stücken zwischen Shakespeare und Molière hin und wieder auch Modernes. Halaskargazi Cad. 35, Harbiye, ✆ 0212/2463589, www.kentertiyatrosu.com. Anfahrt → Von Harbiye bis Şişli, S. 220.

Muhsin Ertuğrul Tiyatrosu (→ Karte S. 221), die städtische Bühne ist benannt nach Muhsin Ertuğrul, dem Begründer des modernen türkischen Theaters. Das Haus ist einem modernen Kongresszentrum angeschlossen. Darülbedai Cad. 3, Harbiye, ✆ 0212/1653925, www.ibst.gov.tr. Anfahrt → Von Harbiye bis Şişli, S. 220.

Cemil Topuzlu Açıkhava Tiyatrosu (→ Karte S. 221), großes Amphitheater mit Platz für 4000 Zuschauer. Kein festes Programm: Komödien, Konzerte, Tanzaufführungen, Festivals usw. Nur im Sommer. Auf Plakate achten. Taşkışla Caddesi, Harbiye (hinter dem Hilton). Anfahrt → Von Harbiye bis Şişli, S. 220.

Küçükçiftlik Park (→ Karte S. 221), mittlerweile mit die einzige Open-Air-Location der Stadt, wo noch Alkohol ausgeschenkt werden darf. Hier treten internationale Bands auf. Kadırgalar Cad., Maçka, ✆ 0212/2477112, www.kucukciftlikpark.com. Anfahrt → Von Harbiye bis Şişli, S. 220.

Großkonzerte unterm Dach finden für gewöhnlich in der **Ora Arena** auf der europäischen Seite (Stadtteil Bayrampaşa, www.oraarena.com.tr) sowie in der **Ülker Sports Arena** auf der asiatischen Seite statt (Stadtteil Batı Ataşehir, www.ulkersport sarena.com.tr).

Tickets

Tickets für Oper, Ballett und klassische Konzerte bekommt man zuweilen schon ab 6 €, nach oben können die Preise bis ca. 60 € klettern. Ähnlich ist die Spanne bei Rock- und Jazzkonzerten. 5 € für eine kreischende Schülerband, bis zu 60 € für hochrangige Combos. Tickets bekommt man in den jeweiligen Häusern und bei der Ticketvorverkaufskette **Biletix** (www.biletix.com), z. B. in der Halep Pasaji (29, Karte S. 192/193), İstiklal Cad. 62, Beyoğlu. Anfahrt → Taksim und Beyoğlu, S. 199.

Moderne Kunst

Als Kunstförderer taten sich lange Zeit v. a. die Banken und Unternehmer des Landes hervor, relativ neu sind unabhängige Kunsträume, die von Künstlergruppen in Eigenregie geführt werden. An der İstiklal Caddesi in Beyoğlu unterhalten gleich mehrere Banken bzw. Unternehmen erstklassige Galerien. Auch in den Stadtteilen Tophane, Galata, Karaköy, Harbiye, Şişli und Nişantaşı kann man der aktuellen Kunstszene nachspüren. Die wichtigsten İstanbuler Kunstmuseen, das İstanbul Modern (→ S. 214), das Santral İstanbul (→ S. 188) und das Museum für Malerei und Skulptur (→ S. 226), sind im Reiseteil beschrieben. Die meisten Galerien kosten keinen oder nur einen geringen Eintritt. Ein Highlight für Kunstinteressierte ist die in allen ungeraden Jahren stattfindende Kunstbiennale.

Galerien in Beyoğlu

Die bekanntesten Galerien Beyoğlus findet man mit wenigen Ausnahmen an der İstiklal Caddesi. Eine Auswahl:

SALT, die 2011 in einem feinfühlig restaurierten Stadthaus eröffnete Non-Profit-Galerie ist das Kind der *Garanti Bankası*. Hervorragende, oft provokative Ausstellungen, man arbeitet auch mit der Londoner Tate Modern zusammen. Hier präsentierten u. a. schon Nick Crowe und Hassan Kahn ihre Arbeiten. Hochrangige Ausstellungen zeigt auch die „Schwester" in Karaköy (s. u.). İstiklal Cad. 136, www.saltonline.org.

Borusan Kültür Sanat, diese spannende Galerie an der İstiklal Cad. 213 geht auf die Borusan-Holding zurück, einen der größten Industriekonzerne des Landes. Hinter dem Unternehmen wiederum steckt die kunstsinnige Familie Kocabıyık. Die Firma bzw. die Familie unterhält auch ein eigenes 130-Mann-Philharmonieorchester und das **Borusan Music House** (→ Theater und Veranstaltungsorte). Im Firmensitz am Bosporus (→ Rumeli Hisarı, S. 236) entstand mit **Borusan Contemporary** zudem ein interessantes „Museum im Büro"-Konzept: Die Offices dort stecken voller Gegenwartskunst – am Wochenende werden sie auch neugierigen Kunstinteressierten zugänglich gemacht. www.borusansanat.com.

Arter, nennt sich das Kunsthaus der Unternehmerfamilie Vehbi Koç, das tolle Ausstellungen v. a. zeitgenössischer türkischer Künstler auf 4 Etagen präsentiert. İstiklal Cad. 211, www.arter.org.tr.

Vor allem Werke internationaler Künstler zeigt das **Akbank Kültür Sanat Merkezi** (İstiklal Cad./Ecke Zambak Sok., www.akbanksanat.com). Die **Yapı Kredi Kültür Merkezi Kazım Taşkent Galerisi** (İstiklal Cad. 161, www.ykykultur.com.tr) legt ihren Fokus auch auf Archäologie und Geschichte.

Galerien im Mısır-Apartmenthaus, die Galerien in diesem Galerienhaus kommen ohne Bank oder Industriekonzern im Rücken aus. Dazu gehören **CDA Projects** (ruft gern gemeinsame, oft skurrile Projekte mit Galerien in Europa oder aus dem Nahen Osten ins Leben; 2. Stock, www.cda-projects.com), **Galeri Zilberman** (3. Stock, www.galerizilberman.com), **Pi Artworks** (4. Stock, www.piartworks.com), **Non** (4. Stock, www.galerinon.com), **Nev** (ebenfalls 4. Stock, www.galerinevistanbul.com) und **Nesrinesirtgen** (5. Stock, www.nesrin esirtgencollection.com). İstiklal Cad. 161.

Galerist, genießt auch im Ausland einen sehr guten Ruf. Unter anderem stellte hier schon die in Berlin und İstanbul lebende

Provokative Kunst von Extramücadele in der Galerie Non

Künstlerin Ayşe Erkmen aus. Meşrutiyet Cad. 67, www.galerist.com.tr.

Anfahrt für alle Galerien → Taksim und Beyoğlu, S. 199.

Galerien in Tophane, Galata und Karaköy

Noch vor wenigen Jahren galt Tophane als *das* neue Galerienviertel der Stadt. Das hat sich gelegt. Viele Galerien sind wieder abgewandert lag's an der konservativen Nachbarschaft? Seitdem boomt Karaköy in Sachen Kunst, schauen Sie sich z. B. einmal in der Mumhane Cad. um.

SALT Galata, s. o. Im ehemaligen Gebäude der Osmanischen Bank in Karaköy (→ S. 213). Unbedingt empfehlenswert.

Art Sümer, zeigt etablierte und neue Kunstformen der Türkei. Mumhane Cad. 67, www.artsumer.com.

Weitere erwähnenswerte Galerien sind **Pi Artworks** (Boğazkesen Cad. 76, www.piartworks.com) und **Depo** (Lüleci Hendek Cad. 12, www.depoistanbul.net). Letztere hat in einem alten Tabaklager ihre Räume – hier werden auf 4 Etagen oft politisch brisante Ausstellungen gezeigt. Neben türkischen Künstlern kommen auch Künstler vom Balkan, aus dem Nahen Osten und den Kaukasusrepubliken zum Zuge.

Anfahrt für alle Galerien → Galata und Karaköy, S. 216.

Weitere Galerien

Elgiz Çağdaş Sanat Müzesi Proje 4 L, mehr Galerie als Museum. Präsentiert wird die Sammlung der Museumsgründer Sevda und Can Elgiz in wechselnden Ausstellungen. Schwerpunkt ist die junge türkische Avantgarde. Meydan Sok. Beybi GizPlaza B Blok, Maslak, www.proje4L.org. Anfahrt: Von Taksim mit der Metro M2 bis ITÜ Ayazağa; dort der Beschilderung „Maslak Plazalar" folgen, nach dem Ausgang rechts auf das Hochhaus Beybi Giz zuhalten.

Açık Ekran, die erste Galerie für neue Medien in der Türkei wurde von der *Şeker Bank* ins Leben gerufen. Die hier gezeigten Arbeiten werden z. T. auch an diverse Bankfilialen verliehen – ein Versuch, Kunst in die anatolische Provinz zu bringen. Teşvikiye Cad. 37, Teşvikiye, www.acikekran.com.tr. Anfahrt → Von Harbiye bis Şişli, S. 220.

Galeri X-Ist, häufig Expositionen internationaler Fotografen. Abdi İpekci Cad. Kaşıkçıoğlu Apt. 42/D:2; Nişantaşı, www.artxist.com. Anfahrt → Von Harbiye bis Şişli, S. 220.

Kino

Die schönen alten Filmpaläste wurden in den letzten Jahren von den austauschbaren Multiplex-Popcornpalästen gefressen. Man findet sie u. a. an der İstiklal Caddesi in Beyoğlu, aber auch in fast jeder Shoppingmall.

Neben Hollywood-Mainstream und seichten türkischen Filmen werden auch anspruchsvollere Produktionen präsentiert. Ausländische Filme laufen meist in der Originalfassung mit Untertiteln. Tickets kosten um die 4–8 €, die Platzanweiser erwarten zudem ein kleines Trinkgeld. Positiv für Raucher: Zum Rollenwechsel gibt es oft eine viertelstündige Pause.

Autorenkino oder Soap: türkischer Film auf dem Vormarsch

Als seicht und drittklassig wurde das türkische Kino lange Zeit verspottet, bis Yılmaz Güneys *Yol – Der Weg* 1983 die Goldene Palme in Cannes erhielt. Der Film prangerte soziale Ungerechtigkeit und Unterdrückung in der Türkei aufs schärfste an. Erst 1999 durfte er in einer zensierten Fassung in den türkischen Kinos gezeigt werden. Mit Güney wurde das türkische Kino mutiger. In den 90er-Jahren folgten Produktionen wie *Hamam* von Ferzan Özpetek oder *Lola und Bilidikid* von Kutluğ Ataman – revolutionär setzten sich beide Filme mit dem Thema Homosexualität auseinander. Auch die *Reise zur Sonne (Güneşe yolculuk,* 1999) von Yeşim Ustaoğlu, die Geschichte eines jungen Mannes, der die Provinz gegen das vermeintliche Glück in İstanbul eintauscht und an seinem kurdischen Aussehen scheitert, begeisterte Cineasten europaweit. Ustaoğlus jüngster Film *Somewhere in between* (*Araf*, 2012), ein düsteres Märchen über den Ausbruch aus dem Alltag, wurde auf dem *Abu Dhabi Film Festival* als bester Spielfilm ausgezeichnet. Große Erfolge feierte im neuen Jahrtausend auch der İstanbuler Regisseur Nuri Bilge Ceylan: Mit dem melancholischen İstanbulstreifen *Uzak*, dem mit Schuld und Sühne beladenen Familiendrama *Three Monkeys* und der Reise durch die Nacht *Once upon a time in Anatolia (Bir zamanlar Anadaolu'da)* räumte er in Cannes 2003, 2008 und 2011 ab. Den Goldenen Bären der Berlinale 2010 holte hingegen Semih Kaplanoğlus Film *Bal – Honig*. Im Mittelpunkt steht das Leben eines kleinen Jungen im wildromantischen Kaçkar-Gebirge.

Die türkischen Blockbuster haben mit Niveau eher wenig am Hut. Jüngstes Beispiel: der Historienfilm *Eroberung 1453* (*Fetih 1453*, 2012), ein 160-minütiges Brachialwerk mit stark islamischer und christenfeindlicher Färbung. Er ist der bis dato teuerste (17 Mio. Dollar) und erfolgreichste türkische Film aller Zeiten. Enorm beliebt – v. a. im Nahen Osten und in den arabischen Staaten – sind übrigens auch türkische Seifenopern. Dass Muslime auch modern leben und denken können, kommt dort gut an. Die populäre Serie *1 Erkek 1 Kadin* wird u. a. auf den Prinzeninseln gedreht – für viele arabische Touristen deswegen erstes Ziel ihrer İstanbulreise. Im Mittelpunkt steht bzw. stand ein junges, unverheiratetes Paar. 2012 beschloss die mehrheitlich mit AKP-Mitgliedern besetzte türkische TV-Aufsicht RTÜK die „Zwangsverheiratung" der beiden Protagonisten. Grund: Sie hätten die türkische Bevölkerung zu außerehelichen Affären ermutigt.

Gemütliche DJ-Bar: Arka Oda in Kadıköy

Nachtleben

İstanbul schläft nicht. Ob Bauchtanzperformance oder Technobeats – das Angebot ist überwältigend und stellt das vieler europäischer Metropolen in den Schatten.

Selbst wenn nur jeder tausendste İstanbuler am Abend das Nachtleben auskosten wollte, wären das hochgerechnet schon weit mehr als 10.000 Menschen, die nächtens durch die Clubs zögen. Es sind aber weit mehr, und dementsprechend zeigt sich auch das Angebot. Zentrum des Nachtlebens ist Beyoğlu, wo an Wochenenden Bars und Clubs restlos überfüllt sind. Wer zu Platzangst neigt, sollte nach Ortaköy ausweichen; dort findet man gemütliche Kneipen und einige der exklusivsten Clubs der Stadt. Auch in Kadıköy auf der asiatischen Seite ist einiges los.

Traditionelle türkische Musik/Bauchtanz

Türkische Musik unterteilt sich in unterschiedliche Stilrichtungen. Bei der traditionellen türkischen **Volksmusik** *(Halk müziği)*, die auch *Türkü* genannt wird, steht die *saz*, eine Laute mit meist drei Saiten, im Vordergrund. In den ungezwungenen, gemütlich-orientalisch eingerichteten Türkü-Bars besingen Alleinunterhalter oder kleine Combos Themen aus dem Leben des einfachen Landvolkes, mittlerweile auch wieder auf Kurdisch. Bei anatolischen Immigranten sind diese Kneipen sehr beliebt. Oft wird getanzt.

Im Gegensatz zur Volksmusik wird **Fasıl** in Restaurants oder Meyhanes präsentiert. Die schwer zu definierende, anspruchsvolle Kunstmusik hat ihre Ursprünge in der osmanischen Palastmusik, doch haben auch modernere Einflüsse Spuren hinterlassen. Folgende Instrumente begleiten meist den Gesang: *kanun* (Zither), *darbuka*

(Handtrommel), *tef* (Tamburin) und *ud* (Laute).

Von auswegloser Liebe handelt die sog. **arabeske Musik**, die, wie der Name schon sagt, Einflüsse aus Arabien aufweist. Als Idole dieser singsangartigen Trauermusik gelten der mittlerweile schwerreiche, stets unpolitisch auftretende Kurde İbrahim Tatlıses *(tatlı ses* = „süße Stimme") und Müslüm Gürses *(gür ses* = „kraftvolle Stimme"). Berühmtberüchtigt sind die Konzerte des Letzteren, bei denen das Publikum regelmäßig in kreischend-heulende Ekstase verfällt.

Als Inbegriff türkisch-orientalischer Sinneslust gilt für viele Europäer der **Bauchtanz**. Dabei hat diese Kunst in der Türkei – anders als z. B. in Ägypten, wo die großen Damen des Bauchtanzes hoch verehrt werden – etwas Anrüchiges. Die Nightclubs und Folklore-Revues sind fest in den Händen von Geschäftsleuten im Strohwitwerstatus und Touristengruppen, zumal für Ali Normalverbraucher die stolzen Preise von bis zu 90 € (inkl. Essen und Getränken) zu hoch sind.

Hinweis: Denken Sie in Türkü-Bars und Fasıl-Restaurants an ein Trinkgeld für die Musiker!

Türkü-Bars

Havar Türkü Evi 30 (Karte S. 192/193), in einer Straße mit mehreren Türkü-Bars. Hier tobt der Bär, es wird getanzt, selbst am Sonntag, wenn anderswo gähnende Leere herrscht. Außergewöhnlich viele Frauen im Publikum. Hasnun Galip Sok. 23, Beyoğlu. Anfahrt → Taksim und Beyoğlu, S. 199.

Munzur Café Bar 28 (Karte S. 192/193), in der gleichen Straße und auch nicht schlecht. Täglich bis 4 Uhr morgens Livemusik in Wohnzimmeratmosphäre. Treffpunkt von in İstanbul lebenden alewitischen Kurden aus der Provinz Tunceli, die für ihre Aufgeschlossenheit und Toleranz bekannt sind. Hasnun Galip Sok. 17, Beyoğlu. Anfahrt → Taksim und Beyoğlu, S. 199.

Eylül Türkü Evi 31 (Karte S. 192/193), alteingesessene, einfache Türküpinte. Livemusik täglich ab 20 Uhr. Gazeteci Erol Dernek Sok. 2 C, Beyoğlu. Anfahrt → Taksim und Beyoğlu, S. 199.

Fasıl-Restaurants

Außer den hier aufgeführten Adressen in Beyoğlu bieten auch etliche Restaurants in Kumkapı (→ S. 125) Fasılmusik. Zudem lohnt es sich, einen Blick in die Blumenpassage und in den Fischmarkt zu werfen, wo oft Fasılmusiker aufspielen. Achtung: Die Musik startet oft erst gegen 21 Uhr, und oft auch nur, wenn sich genügend Gäste eingefunden haben – kommen Sie deswegen am besten am Wochenende! Dann empfiehlt sich auch eine Reservierung. Anfahrt für alle Lokale → Taksim und Beyoğlu, S. 199.

Galata Restaurant 75 (Karte S. 192/193), gepflegtes Restaurant. Essen (türkisch-griechisch) wie Musik (Start 20.30 Uhr) gut, am fröhlichsten am Wochenende. *Fix Menu* unter der Woche 32,50 €, am Wochenende 37,50 €. Viele Touristen. So Ruhetag. Orhan Adlı Apaydın Sok. 5/A, ✆ 0212/2931139.

Lokal Grand Pera 48 (Karte S. 192/193), im Saal im 1. Stock des Mısır Apartmanı an der İstiklal Cad. 163 finden Mi/Fr/Sa Fasıl-Nächte statt. Beste Stimmung und viel türkisches Publikum. *Fix Menu* 35 €. ✆ 0212/2494999.

Kallavi 4 (Karte S. 192/193), fast tägl. Livefasıl, die Musik startet i. d. R. gegen 21 Uhr. Sehr empfehlenswerte, gemütliche Meyhane mit schwerer Holzdecke und Kronleuchter. Für das Gebotene günstig: Meze 2,50–6 €, Hg. ab 6,50 €. Reservierung nötig. Kurabiye Sok. 16, ✆ 0212/2451213.

Bauchtanz

Galataturm (Karte S. 208/209), im Turm finden allabendlich Bauchtanz- und Volkstanzvorführungen statt. Galata, ✆ 0212/2938180, www.galatatower.net.

Orient House 16 (Karte S. 148/149), die Bühnenshow gilt als die beste der Stadt. Saal mit „mittelalterlichem" Ambiente, ca. 400 Plätze. Die Shows starten tägl. um 20.30 Uhr. Im Gebäude des Hotels President in der Tiyatro Cad. 25 A, Beyazıt, ✆ 0212/5176163,

Ruhe vor dem Sturm – die Party beginnt um Mitternacht

www.orienthouseistanbul.com. Anfahrt → Das Basarviertel, S. 158.

Kervansaray 25 (Karte S. 212), netter Saal. Dinnerbeginn 19.30 Uhr, Show 21 Uhr. Nahe dem Hilton in der Cumhuriyet Cad. 30, Harbiye, ✆ 0212/2471630, www.kervansarayistanbul.com. Anfahrt → Von Harbiye bis Şişli, S. 220.

Gelegentliche Bauchtanzabende, die auch für den studentischen Geldbeutel erschwinglich sind, veranstaltet zudem das **Orient Hostel** in Sultanahmet (→ Übernachten, S. 62).

Clubszene

Am Bosporus kann man bestens clubben – insbesondere im Winter, denn im Sommer ziehen viele DJs und Nachtschwärmer an die Ägäisküste, und so manche Clubs in İstanbul schließen vorübergehend. Vor den meisten Locations besorgen stiernackige, schwarz verpackte Türsteher die Auswahl des Publikums. Die Fluktuation der İstanbuler Clubszene ist enorm – was heute in ist, kann morgen schon wieder out sein, geschlossen haben oder unter einem völlig anderen Namen auf den Plakaten auftauchen. Achtung: Machen Sie sich bei den In-Clubs auf hohe Eintritts- und astronomische Getränkepreise gefasst!

Das Gros der Clubs bietet Türkpop, House, Rock oder elektronische Musik. Jazz wird am Bosporus ebenfalls gehört – interessant sind diesbezüglich v. a. das Internationale Jazzfestival im Juli und das *Akbank*-Jazzfestival im Oktober (→ İstanbul rund ums Jahr, S. 83).

Im Folgenden sind vorrangig Clubs aufgeführt. Bars und Kneipen finden Sie in den jeweiligen Stadtteilkapiteln.

Livemusik-Clubs

Hayal Kahvesi 8 (Karte S. 192/193), Liverock-Kneipe im American-Bar-Style. Eines der ältesten Musikpubs Beyoğlus. Im Sommer verlegt der Club seinen Sitz nach Çubuklu auf der asiatischen Seite am Bosporus – herrlich! Konzertbeginn meist gegen 22.30 Uhr. Fr/Sa Eintritt (je nach Event), sonst frei. Meşelik Sok. 10, Beyoğlu, www.hayalkahvesibeyoglu.com. Anfahrt → Taksim und Beyoğlu, S. 199. Im Sommer besteht von İstinye (→ S. 237) ein Bootszubringerdienst nach Çubuklu.

Bosporus-Beats im Überblick

Türkischen Pop machte in Europa nicht erst die bauchtanzende **Sertab Erener** salonfähig, die mit *Every way that I can* den *Eurovision Song Contest* 2003 für die Türkei entschied. Gute Vorarbeit leistete schon **Tarkan**, der „türkische Ricky Martin" mit den wippenden Hüften: Sein Hit *Şımarık* ist wohl der bekannteste türkische Popsong aller Zeiten. Zum Stardasein verhalf beiden **Sezen Aksu**, die wandlungsfreudige „Madonna vom Bosporus", die die türkischen Massen seit über 30 Jahren begeistert. Und das trotz eines fragwürdigen Privatlebens: Mit jungen Mädchen soll sie sich ihre Nächte um die Ohren schlagen und dem Kokainkonsum nicht abgeneigt sein. Auch ihre vier Ehen waren für ihre Fans nie ein Problem.

Provokant präsentiert sich auch **Bülent Ersoy**, eine der erfolgreichsten Interpretinnen der klassischen Kunstmusik mit Millionen von Anhängern: Die prallbusige, grell geschminkte und mit Nerzen und Glitterkleidung wie eine korpulente Barbie geschmückte Dame (geb. 1952) war bis 1979 ein Mann. Seit Jahrzehnten füllt sie die Klatschspalten der Regenbogenblätter, besonders ihr Faible für deutlich jüngere Männer ist von Interesse.

Auf dem elektronischen Sektor ist zuerst der in Montreal und İstanbul lebende DJ und Allroundkünstler **Mercan Dede** (auch: **Arkın Allen**) zu nennen. Seine skurrile Mischung aus Ambient und traditioneller Sufi-Musik präsentiert er manchmal im Club

»» **Unser Tipp: Babylon** 86 (Karte S. 192/193), egal ob De-Phazz oder Stereolab, Haumichtots aus der internationalen Avantgarderock-Szene, Fusion-Jazzer, DJs aus allen Metropolen der Welt oder die lokale Rock- und Pop-Elite – alles tritt hier auf. Eine der besten Adressen der Stadt. Konzertbeginn wochentags 21.30 Uhr, Fr/Sa später. Tickets je nach Gig schon ab 8 €. Juli bis Ende Sept. Sommerpause. Şehbender Sok. 3, Beyoğlu, www.babylon.com.tr. Anfahrt → Taksim und Beyoğlu, S. 199. ««

Mojo 24 (Karte S. 192/193), Rockclub, der nicht nur die ollen Kamellen bringt, sondern auch viele spannende Gigs von aktuellen türkischen Rockbands im Programm hat. Tägl. ab ca. 22 Uhr Konzerte. Büyükparmakkapı Sok. 22/A, Beyoğlu, www.mojobeyoglu.com. Anfahrt → Taksim und Beyoğlu, S. 199.

Dorock 9 (Karte S. 192/193), Hardrock- und Metalkneipe, so mancher Gast kommt mit der Harley angefahren. Bärte und lange Haare überwiegen, Iron-Maiden-Shirt nicht vergessen! Bierpreise okay, die regelmäßigen Livekonzerte kosten keinen Penny. İmam Adnan Cad. 8, Beyoğlu, www.dorockbar.com. Anfahrt → Taksim und Beyoğlu, S. 199.

Araf 15 (Karte S. 192/193), die alternative, große Musikkneipe ist in den beiden obersten Etagen eines etwas angeschrammten Mehrzweckhauses untergebracht. Ganz oben herrliche Ausblicke aufs nächtliche Istanbul, allerdings keine Terrasse und somit kein Raucherbereich. Worldmusic und Balkanbeats. Bei den DJ-Nächten Fr/Sa wird ausgiebig geschwoft, sonst meist Konzerte. Mo geschl. Buntes, internationales Publikum. Balo Sok. 32, Beyoğlu, www.araf.com.tr. Anfahrt → Taksim und Beyoğlu, S. 199.

Jolly Joker 18 (Karte S. 192/193), hier liegt der Schwerpunkt auf Live-Auftritten schon recht bekannter türkischer Rocker und Popper, mal mehr, mal weniger schmalzig. Konzerte finden i. d. R. Do–Sa statt. Balo Sok. 22, Beyoğlu, www.JJistanbul.com. Anfahrt → Taksim und Beyoğlu, S. 199.

Ghetto 25 (Karte S. 192/193), neben dem Babylon (s. o.) ebenfalls eine der Top-Livemusik-Locations der Stadt. Saal für 800 Leute. Gute Auswahl an Konzerten abseits des Gängigen (Worldmusic, Jazz, Fusion etc.), hin und wieder Partys. I. d. R. nur Do/Fr/Sa geöffnet, während der Sommermonate geschl. Die Konzerte starten zwischen 22 und 23 Uhr. Eintritt variiert je nach Band. Kallyoncu Kulluğu Cad. 10, Beyoğlu, www.ghettoist.com. Anfahrt → Taksim und Beyoğlu, S. 199.

İstanbul Bronx 62 (Karte S. 192/193), minimalistischer, L-förmiger Liveclub für rund 550 Leute. I. d. R. Grunge, Punk und Alternative, türkisch-internationales Booking. Hier bescherten u. a. schon die Toten Ho-

Babylon. Nicht selten bläst er hinter dem DJ-Pult dann auch die *Ney*-Flöte oder lässt ein Roma-Kind singen. Gelegentlich tritt er zusammen mit der kurdischen Sängerin **Aynur** auf. Sie ist die erste Künstlerin, die je in einem türkischen Film ein kurdisches Volkslied gesungen hat. Auch mit dem Rapstar **Ceza** war Mercan Dede schon zusammen auf der Bühne zu sehen. Mercan Dede, Ceza und Sezen Aksu agieren auch im Musikfilm *Crossing the Bridge* (2005), für den der deutsch-türkische Regisseur Fatih Akın in İstanbuler Clubs den Bosporussounds nachspürte. Der Film sorgte nicht nur dafür, dass Europa mehr und mehr das Ohr zum Bosporus hinwendete, sondern er war auch Mitauslöser für den anhaltenden İstanbulhype. Weitere Bands, die im Film vorkommen, sind **Orient Expressions,** die anatolische Volkslieder mit Beats aus der Maschine kombinieren, Baba Zula, die Rockmusik mit orientalischer Musik zu einem leicht psychedelischem Sound mischen, und **Duman,** die sich ein wenig dem Seattlesound verpflichtet fühlen.

Ebenfalls in die Grunge-Schublade lässt sich **Mor ve Ötesi** einordnen. Einprägsamen Gitarrensound liefern die Schrammlerin **Şebnem Ferah** (mit einer Stimme irgendwo zwischen Shakira und Björk), der Solist **Teoman** und die Softrocker von **Gripin,** die auch immer wieder in Deutschland zu sehen sind. Der Percussionist **Burhan Öçal** trommelte sich bereits in die internationale Worldmusicszene. **Athena** steht für türkischen Ska. Und **Manga** schließlich spielt satten Rock mit orientalischen Einschlägen.

sen ihren İstanbuler Fans ein Konzert in fast intimer Atmosphäre. Terkoz Çıkmazı 8/1, Beyoğlu, www.istanbulbronx.com. Anfahrt → Taksim und Beyoğlu, S. 199.

Danceclubs

Sortie 4 (Karte S. 234), der Elite-Nightspot der Stadt direkt am Bosporus. Wen die Türsteher durchlassen, der gehört zu İstanbuls Jetset oder hat Glück. Eher konventionelle türkische und internationale Dancemusik, dazu Live-Performances und Jazz. Sehen und Gesehenwerden ist das, was zählt. Alles in allem ein riesiger Komplex mit verschiedenen Lokalitäten, topschicken Menschen und bombastischen Preisen. Tägl. 18–4 Uhr, ganzjährig, besonders schön aber natürlich im Sommer. Eintritt am Wochenende ca. 25 €. Muallim Naci Cad. 54, Ortaköy (Richtung Kuruçeşme), www.eksenistanbul.com. Anfahrt → Am Bosporus (europäische Seite), S. 238/239.

Reina 3 (Karte S. 234), nur ein paar Schritte vom Sortie entfernt und diesem sehr ähnlich. Ähnliche Öffnungszeiten, ähnliche Musik, ähnlich hohe Preise und ebenfalls mit einer fantastischen Terrasse am Bosporus. Muallim Naci Cad. 44, Ortaköy, www.reina.com.tr. Anfahrt → Am Bosporus (europäische Seite), S. 238/239.

Anjelique 10 (Karte S. 234), → Ortaköy/Essen und Trinken, S. 240.

Riddim 27 (Karte S. 192/193), in dem etwas kitschig gestylten Club trifft sich die junge Hip-Hop-Szene, oft gute Konzerte. Sa 13 € Eintritt (inkl. eines Freigetränks), sonst Eintritt frei. Mo geschl. Sıraselviler Cad. 35/1, Cihangir, www.riddim.com.tr. Anfahrt → Taksim und Beyoğlu, S. 199.

Kiki 44 (Karte S. 192/193), coole Mischung aus Dancebar und Restaurant, → Taksim und Beyoğlu/Bars, S. 199.

Peyote 23 (Karte S. 192/193), lustig-einfacher Nightspot auf 3 Etagen. Unten Tanzfläche (vorrangig elektronische Musik), in der Mitte ein Konzertraum (nur für die Konzerte zahlt man Eintritt), oben eine je nach Wetter halb- bis ganz offene Terrasse, auf der man eng an eng Flaschenbier trinkt, während der DJ sein Bestes gibt (Rock, Sixties-Sound, Grunge und Indie). Tägl. 11–5 Uhr. Kameriye Sok. 4, Beyoğlu, www.peyote.com.tr. Anfahrt → Taksim und Beyoğlu, S. 199.

Jazz

Nardis Jazz Club 17 (Karte S. 208/209), *die* Location der İstanbuler Jazz-Szene, unweit des Galata-Turms. Backsteinwände, klein und intim, spärlich dekoriert. Fast tägl. interessante Live-Gigs. Für einen guten Platz sollte man reservieren, ✆ 0212/2446327. Die Konzerte starten unter der Woche um 21.30 Uhr, am Wochenende um 22.30 Uhr.

Cocktailbar über den Dächern der Stadt

Eintritt 13–15 €. Galata Kulesi Sok. 8, Galata, www.nardisjazz.com. Anfahrt → Galata und Karaköy, S. 216.

İstanbul Jazz Center 7 (Karte S. 234), gediegener Jazzclub mit teurem Restaurant (internationale Küche). Auf der Bühne oft Stars aus dem Ausland. Sommerevents auf der Terrasse. Konzerteintritt je nach Combo 17–35 €. Tägl. (außer So/Mo), nicht jeden Tag allerdings Konzerte. Salhane Sok. 10, Ortaköy, www.istanbuljazz.com. Anfahrt → Am Bosporus (europäische Seite), S. 238/239.

Schwules und lesbisches Nachtleben

Homosexualität ist in der Türkei nicht verboten, aber verpönt, ein Outing führt zu gnadenloser Diskriminierung. Homosexualität wird auch als einer der ganz wenigen Gründe akzeptiert, sich vom Militärdienst befreien zu lassen. Das Schwulsein muss dabei mit Fotos oder Videos nachgewiesen werden ... Einer Umfrage zufolge haben schon 37 % der türkischen Homosexuellen Gewalt erfahren, 89 % der Transsexuellen! 87 % aller Türken möchten keinen schwulen Nachbarn.

Trotz aller Schikanen: İstanbul bietet eine große Vielfalt an Clubs und Kneipen, was v. a. damit zu tun hat, dass türkische Homosexuelle lediglich in die Anonymität der Millionenstadt İstanbul ausweichen können. Dementsprechend wird auch der Umzug zur *Gay Pride* von Jahr zu Jahr größer. An ein ausschließlich lesbisches Publikum gerichtete Kneipen gibt es kaum. Frauen sind aber in den Schwulentreffs stets willkommen.

Wer Türkisch spricht, kann sich im Magazin *KAOS GL* der gleichnamigen schwul-lesbischen Organisation aus Ankara, erhältlich in den großen Buchhandlungen Beyoğlus, einen Überblick über die Szene verschaffen. Deren Webseite (www.kaosgl.com) ist z. T. auch in englischer Sprache abgefasst. Touristische Infos, gayfreundliche Hotels u. Ä. findet man unter www.istanbulgay.com und www.turkeygay.net. Eine auf Schwule und Lesben ausgerichtete Reiseagentur ist *Pride* (www.turkey-gay-travel.com). Die Schwulen-, Lesben- und Transsexuellen-Organisation İstanbuls heißt *Lambda* (www.lambdaistanbul.org).

Clubs

X-Large 47 (Karte S. 192/193), spannende Atmosphäre in den großzügigen Räumlichkeiten eines ehemaligen Kinos. Alles in allem nicht billig, dafür bekommt man auch etwas für sein Geld – coole Shows! Mi u. Fr/Sa ab 23 Uhr. Eintritt ca. 13 €. Kallavi Sok. 12, Beyoğlu. Anfahrt → Taksim und Beyoğlu, S. 199.

Tek Yön 37 (Karte S. 192/193), großer Club mit großer Tanzfläche und Terrassengarten. Sehr populär, am Wochenende extrem voll, dann auch oft Dragshows. Gemischtes Publikum. Kein Eintritt. Tägl. 22–4 Uhr. Sıraselviler Cad. 63/1, Beyoğlu. Anfahrt → Taksim und Beyoğlu, S. 199.

Penthouse Club 5 (Karte S. 192/193), schicker, langer Schlauch im 4. Stock, Terrasse mit tollem Blick auf das nächtliche Treiben Beyoğlus. Auch Heteros „erlaubt". Harte Tür! Eintritt am Wochenende 13 €. Mi–Sa 23–5 Uhr. Zambak Sok. 2/5, Beyoğlu. Anfahrt → Taksim und Beyoğlu, S. 199.

Cheeky 13 (Karte S. 192/193), Afterhour-Club (die Party geht bis 7 Uhr), vor 3 Uhr ist kaum etwas los. Kleiner Darkroom – eine Seltenheit in der Türkei. Eintritt ca. 12 €. Nur Fr/Sa. Küçük Bayram Sok. 1/A, Beyoğlu. Anfahrt → Taksim und Beyoğlu, S. 199.

Cafés/Bar

Frappe 2 (Karte S. 192/193), hier wirbt man offen mit einer Regenbogenflagge. Nette Mischung aus Cafébar und Club: DJ-Nächte und Karaoke. Zambak Sok. 10/A, Beyoğlu, www.frappeistanbul.com. Tägl. 9–2 Uhr. Anfahrt → Taksim und Beyoğlu, S. 199.

Sugar & Spice 58 (Karte S. 192/193), freundliches, lichtes Gaycafé und ein ruhiger Treffpunkt abseits des aufgetakelten Gayclublebens. Sakasalim Çıkmazı 7, Beyoğlu. Anfahrt → Taksim und Beyoğlu, S. 199.

Bigudi 10 (Karte S. 192/193), erste reine Lesbenbar der Türkei, auch arbeiten hier nur Frauen, von den Türsteherinnen bis zur DJane. Publikum zwischen 20 und 40. Unter der Woche ab 13 Uhr Cafébetrieb, Fr/Sa Partys, Sa werden Männer nicht eingelassen. Im Dachgeschoss, mit Terrasse. Mis Sok. 5, Beyoğlu, www.bigudiproject.net. Anfahrt → Taksim und Beyoğlu, S. 199.

İstanbul rund ums Jahr

Aktuelle Informationen zu den diversen Veranstaltungen erhalten Sie in den Touristenbüros. Achten Sie zudem auf Plakate!

Februar

!f Festival – das internationale Festival des zeitgenössischen Films dauert 10 Tage. Verschiedene Kinos machen mit. www.ifistanbul.com.

April

Internationales İstanbuler Filmfestival – einer der größten Events der Stadt. Gezeigt werden über 200 Filme aus aller Welt in diversen Kinos. Sehr schnell ausverkauft. Dauer: ca. 2 Wochen. www.iksv.org.

Orthodoxes Osterfest – die Ostermesse im Griechisch-Orthodoxen Patriarchat (→ S. 173), die übrigens eine Woche nach unserem Osterfest stattfindet, lässt auch den härtesten Atheisten weich werden. Unzählige Kerzen tauchen die Patriarchatskirche in ein samtenes Licht.

Art Bosphorus – die 4-tägige Messe zeitgenössischer Kunst fand zuletzt im Haliç-Kongresszentrum im Stadtteil Sütlüce statt. www.artbosphorus.com.

Tulpenfest in Emirgân (→ S. 236/237).

Mai

Internationales Theaterfestival – das Festival, das nur in geraden Jahren stattfindet, verteilt sich auf verschiedene Theater der Stadt. Eine gute Möglichkeit, fremdsprachiges Theater in İstanbul zu sehen. Geht bis in den Juni. www.iksv.org.

Internationales Puppentheaterfestival – eine Woche, die auch Kindern Freude macht. Auf mehrere kleine Bühnen verteilt. www.kuklaistanbul.org.

Galata Moda Festivalı – 4 Tage lang präsentieren İstanbuler Designer ihre Kollektionen, dazu gibt's Musik und Performances. Der Veranstaltungsort wechselt immer wieder.

Juni

Internationales İstanbuler Musikfestival – dauert oft bis in den Juli hinein und bietet über 20 klassische Konzerte. Ausgetragen wird das Festival z. T. an Orten, die der Öffentlichkeit sonst nie zugänglich sind, wie z. B. der Kirche Hagia Eirene. www.iksv.org.

Efes One Love Festival – 2-Tages-Open-Air im Zeichen des Rock und Pop; 2012 kam u. a. Pulp. Ob das Event auch künftig auf dem Gelände des Santral İstanbul (→ S. 188) stattfindet, ist ungewiss – dort darf nämlich kein Alkohol mehr ausgeschenkt werden. www.efespilsenonelove.com.

Juli

Rock'n Coke – 2-tägiges Megafestival, das zuletzt nur noch in ungeraden Jahren stattfand. Veranstaltungsort ist der Hezarfen-Flugplatz ganz im Westen der Stadt. www.rockncoke.com.

Internationales İstanbuler Jazzfestival – über 2 Wochen langes Festival, das nicht nur Jazz bietet. 2012 kam auch Keith Jarrett. Mehrere Veranstaltungsorte. www.iksv.org.

September

İstanbuler Kunstbiennale – alle ungeraden Jahre von Sept. bis Nov. Europäische Avantgardeszene trifft hier Kunst am Bosporus. Ausgestellt wird in der ganzen Stadt, oft an ungewöhnlichen Orten. www.iksv.org.

Internationales Lyrikfestival – 5 Tage im Zeichen der Dichtkunst aus aller Herren Länder. Auf verschiedene Veranstaltungsorte in der Stadt verteilt. www.istanbulsiirfestivali.org.

Oktober

Akbank-Jazzfestival – 3-wöchiges Festival mit vielen Konzerten und begleitenden Filmen überall in der Stadt. Viele Konzerte im Club Babylon und im Nardis Jazz Club. www.akbanksanat.com.

Eurasia-Marathon – die Teilnehmer laufen über die Bosporusbrücke, die sonst für Fußgänger gesperrt ist. In manchen Jahren auch erst im November. www.istanbulmarathon.org.

Design-Biennale – 2012 fand die erste Biennale ganz im Zeichen des türkischen Designs statt (von Mode bis Städteplanung). Dauert ca. 2 Monate. Hauptveranstaltungsort war 2012 das Museum Istanbul Modern. www.iksv.org.

İstanbul Fashion Week – die Modemesse der Stadt, auf mehrere Locations verteilt. www.ifw.com.tr.

Filmekimi – 1-wöchiges Filmfestival. Im Mittelpunkt stehen die letztjährigen Gewinner der weltweit bekannten Filmfestspiele. www.iksv.org.

November

İstanbuler Kunstmesse Artist – Kaufmesse mit rund 100 teilnehmenden Galerien. Weit außerhalb des Zentrums im Tüyap-Zentrum im Stadtteil Beylikdüzü. Kostenloser Shuttle-Service ab dem Taksim-Platz (Atatürk-Kulturzentrum). www.istanbulsanatfuari.com. Etwa zur gleichen Zeit findet dort auch die **İstanbuler Buchmesse** statt – fast alle türkischen Verlage sind vertreten; Diskussionen mit Schriftstellern und Journalisten. www.istanbulkitapfuari.com. Beide Messen gehen zuweilen auch schon im Okt. über die Bühne.

Efes Pilsen Blues Festival – über das ganze Land verteilt, davon zwei Bluesabende in İstanbul. Stets wechselnde Veranstaltungsorte. www.efespilsen.com.tr.

Dezember

Silvester – auch in İstanbul steigt die Party, am meisten Trubel herrscht am Taksim-Platz. Allerdings wird der Jahreswechsel nicht so aufwendig gefeiert wie in Europa.

Sonntagsständchen auf der İstiklal Caddesi

Der Fall Konstantinopels – Szene im Museum Panorama 1453

Geschichte

Byzantion, Konstantinopel, İstanbul – eine Stadt, 2700 Jahre Geschichte. Sie wurde gegründet, als die Welt noch keine Kontinente kannte. Heute ist sie der bedeutendste Brückenkopf zwischen Asien und Europa. Kirchen und Paläste, Moscheen und Museen erinnern an ihre große Vergangenheit, an die Völker, Dynastien, Sprachen und Religionen, die sie prägten.

Aller Anfang ist griechisch

Funde aus dem Neolithikum nahe Kadıköy und aus Yenikapı geben Aufschluss darüber, dass die Ufer des Bosporus schon vor rund 8000 Jahren besiedelt waren. Der obligatorischen Stadtlegende nach beginnt die Stadtgeschichte jedoch erst vor rund 2700 Jahren. Demnach war es der sagenhafte Byzas aus dem griechischen Megara, der auf der heutigen Serailspitze (Sarayburnu) 667 v. Chr. eine Kolonie gründete, die nach ihm *Byzantion* (Byzanz) genannt wurde. Ausschlaggebend für die Ansiedlung war dabei nichts Geringeres als ein Spruch des Orakels von Delphi, der die Anweisung enthielt, gegenüber dem Gebiet der Blinden zu siedeln. Und für blind hielt Byzas die Siedler von Chalkedon (dem heutigen Kadıköy), die sich wenige Jahre zuvor auf der asiatischen Seite niedergelassen hatten, ohne die Vorteile einer Stadtgründung auf der Serailspitze zu erkennen. Von einer Girlande von Wasser umgeben, reichte hier eine verhältnismäßig kurze Stadtmauer aus, um sich vor Angreifern zu schützen. Außerdem ließ sich von der Serailspitze spielend die Meerenge kontrollieren.

Aufgrund der günstigen Lage am Bosporus entwickelte sich Byzantion schnell zu einem reichen Handelszentrum, das zu den vierzig wichtigsten Stadtstaaten der Antike zählte. Das aber machte Byzantion auch begehrt. Im Wechsel folgten Belagerungen und Eroberungen. Der persische Großkönig Dareios I. ließ 512 v. Chr. gar eine riesige hölzerne Pontonbrücke über den

Bosporus schlagen, um mit seinem Heer die Stadt einzunehmen.

340 v. Chr. erschien Philipp II. von Makedonien vor den Toren der Stadt. Ein ganzes Jahr lang verweilte er dort – vergebens. Angeblich wurden während der langen Belagerung in den Stadtmauern Weinschenken eingerichtet, um die byzantinischen Soldaten bei der Stange zu halten.

Wohin dem Vater der Einlass verwehrt blieb, durfte der Sohn ohne Widerstand schreiten. Dem ruhmvollen Heer Alexanders des Großen, Sohn Philipps II., öffneten die Byzantiner vorauseilend die Tore. Mit dem Tod Alexanders, dem Zerfall seines Weltreichs und dem Erstarken der neuen Supermacht Rom geriet Byzantion jedoch erneut in den Strudel kriegerischer Auseinandersetzungen. Diese hielten bis in die Mitte des 2. Jh. v. Chr. an, bis Byzanz zur *civitas foederata*, zum Verbündeten Roms wurde. Es folgte eine fast drei Jahrhunderte andauernde Friedensepoche, in welcher die Stadt schließlich in die römische Provinz Bithynien eingegliedert wurde und in der sie sich erfolgreich der Mehrung ihres Reichtums widmen konnte.

Das neue Rom

196 n. Chr. fand das süße Leben infolge römischer Thronstreitigkeiten ein jähes Ende. Byzanz hatte sich bei den Kämpfen um die Kaisermacht auf die falsche, die Verliererseite gestellt. Der Sieger Septimius Severus belagerte die Stadt, ließ ihre Befestigungen schleifen und massakrierte die Soldaten und Beamten. Kurz darauf aber erinnerte sich derselbe Septimius Severus an die einzigartige taktische Bedeutung der Stadt und ließ sie samt neuen Mauern wieder aufbauen, größer und prächtiger als zuvor.

Yenikapı – neuer Bahnhof im alten Hafenbecken

Als das Marmaray-Projekt (→ Kasten S. 25) in Angriff genommen wurde und die Bagger das Areal für den neuen Bahnhof Yenikapı aushoben, stieß man auf antike Mauerreste. Und zum Entsetzen des Verkehrsministeriums verwandelte sich das größte Bahnhofsprojekt der Türkei in eine der größten Ausgrabungsstätten des Landes: Denn genau dort, wo der neue Bahnhof entstehen sollte, erstreckte sich einst der unter Theodosius I. im 4. Jh. angelegte Stadthafen – heute rund 300 m von der Küstenlinie entfernt. Die Archäologen gruben in rund 9 m Tiefe 36 Schiffe aus dem 5.–11. Jh. aus, darunter die älteste Galeere, die je im Mittelmeerraum gehoben wurde, aber auch byzantinische Dromonen, Ruderschiffe zur Kriegsführung, und mit Amphoren bestückte Handelssegler. Das Gros der Schiffe war in einem sensationell guten Zustand, da sich Hafenschlick über die gesunkenen Boote gelegt hatte, der die Zersetzung verzögerte. Auch stieß man auf Geschirr, Werkzeug, Öllampen, auf Gold und Silber aus Russland und auf Elfenbein aus dem Iran. Manches davon sank mit den Schiffen auf den Grund, anderes war vermutlich beim Löschen der Fracht über Bord gegangen – 40.000 Artefakte wurden gehoben. Nahebei entdeckte man zudem noch eine prähistorische Siedlung. Acht Jahre dauerten die Grabungsarbeiten, täglich waren dafür 500 Arbeiter und 60 Archäologen in drei Schichten im Einsatz. Erst Ende 2012 wurden die Grabungen beendet, während gleichzeitig der neue Bahnhof entstand. Das Archäologische Museum will eine Sonderausstellung zu den Funden aus dem Theodosiushafen einrichten. Zudem soll neben dem Bahnhof ein Stadtmuseum mit Grabungsfunden entstehen.

Die reiche Geschichte des Orients spiegelt sich im Archäologischen Museum wider

In der ersten Hälfte des 4. Jh. geriet Byzanz erneut in erbitterte Kämpfe um die Vorherrschaft im Römischen Reich. Einer der Kandidaten war Konstantin, der 306 vom Militär im Westen zum *Augustus* ausgerufen worden war. In der entscheidenden Schlacht bei Chrysopolis (dem heutigen Stadtteil Üsküdar auf der asiatischen Seite) ging er 324 gegen Licinus, den Kaiser des Ostens, als Sieger und Alleinherrscher hervor. Einen Tag später, am 18. September 324, zog Konstantin I. alias Konstantin der Große in Byzanz ein, dessen Pracht und Schönheit der einstigen Weltstadt Rom schon längst den Rang abgelaufen hatten.

Konstantin I. traf in den folgenden Jahren aus außenpolitischen und strategischen Gründen, aber auch aus Prestigegründen weitreichende Entscheidungen, die darin gipfelten, dass 330 das ehemalige Byzantion unter dem Namen *Nea Roma* (Neues Rom) als neue Hauptstadt des Römischen Reiches eingeweiht wurde. Der Kaiser hatte durch ambitionierte Bauvorhaben der neuen Kapitale seinen Stempel aufgedrückt und allein das Stadtgebiet um das Fünffache vergrößern lassen. Kein Wunder also, dass sich schon bald *Constantinopolis* (also Konstantinopel) als neuer Name durchsetzte. Um die kaiserlichen Anlagen auf dem Paladin in Rom zu übertrumpfen, wurde der sog. „Große Palast" gebaut, der sich von der heutigen Blauen Moschee bis zum Marmarameer erstreckte. Für Jahrhunderte sollte er der Sitz der Kaiser werden. Heute liegen seine Reste teils mehrere Meter unter der Stadtbebauung der osmanischen Epoche.

Die schönste Stadt der Welt

Mit dem neuen geografischen Schwerpunkt veränderte sich auch das religiöse und damit gesellschaftliche Gesicht des Römischen Reiches. Schon Konstantin hatte das Christentum toleriert und sich selbst, wenn auch erst auf dem Totenbett, taufen lassen. Unter Theodosius I. wurde das Christentum 380 zur Staatsreligion. Mit seinem Tod und der Aufteilung des Römischen Reichs unter seinen Söhnen kam es 395 endgültig zur Spaltung in eine westliche, lateinische und eine östliche, griechischsprachige Hälfte. Letztere sollte als Byzantinisches Reich oder Oströmisches Reich in die Geschichte eingehen.

Während der weströmische Teil von Germanen und Hunnen überrannt wurde und der letzte weströmische Kaiser schließlich 476 abgesetzt wurde, boomte Konstantinopel. In der ersten Hälfte des 5. Jh. wurde es unter Theodosius II. notwendig, abermals eine neue Stadtmauer weiter westlich zu errichten; sie ist noch heute erhalten. Wie Rom erstreckte sich nun auch Konstantinopel auf sieben Hügel und war – ganz die legitime Nachfolgerin der einstigen Weltstadt – ebenfalls in 13 Stadtteile gegliedert.

Unter Kaiser Justinian I. (527–565) erreichte das Byzantinische Reich seine größte Ausdehnung. Es erstreckte sich von Süditalien über die Balkanhalbinsel und ganz Kleinasien bis zum Rand des iranischen Hochlands. Eine straffe zentrale Verwaltung sorgte zudem für innere Sicherheit. Und so waren die Voraussetzungen gegeben, dass sich Konstantinopel zur prächtigsten Metropole der damals bekannten Welt entwickeln konnte – mit einer eigenen neuen griechisch-christlichen Kultur. Kunst, Gelehrsamkeit und Jurisprudenz blühten hier, während das nördliche Europa größtenteils in Unwissenheit und Analphabetismus lebte.

Man schätzt, dass am Ende der Regierungszeit Kaiser Justinians zwischen 600.000 und einer Million Menschen in Konstantinopel lebten. Die Stadt, durch Justinian mit der gewaltigen *Hagia Sophia* in ihrer Mitte gekrönt, war mittlerweile von einer Seemauer umgeben. Die Häuser im Zentrum hatten fünf bis sechs Stockwerke.

Die folgenden Kaiser taten sich schwer, das Erbe Justinians zu bewahren, zumal Reich und Stadt von außen immer wieder bedroht wurden. In Konstantinopel lag daher der Schwerpunkt jeglicher Bautätigkeit in der Verstärkung der Verteidigungsanlagen. Um auch die Einfahrt feindlicher Schiffe ins Goldene Horn zu verhindern, ließ man eine schwere Kette schmieden, die im Notfall über den Meeresarm gespannt werden konnte.

Immer wieder standen in den folgenden Jahrhunderten feindliche Armeen vor den Toren der Stadt. Doch all den Angriffen geboten die sog. Theodosianischen Landmauern Einhalt. 716 tauchten die Araber gar mit 800 Schiffen auf. Nur ganze fünf kehrten zurück, der Rest verschwand auf dem Grund des Bosporus. Aber nicht nur Kriege hielten die Stadt in Atem, auch Erdbeben, Brände und Epidemien.

Im Zuge des sog. *Ikonoklasmus* („Bilderstreit“) wurde unter Leo III. (717–741) die bildliche Darstellung von Christus, den Aposteln und Heiligen als Sünde angesehen. Alle Ikonen wurden aus den Kirchen entfernt, unzählige Kunstwerke zerstört. Über 100 Jahre währte der Bilderstreit, der auch zu einer Schwächung des Reiches durch innere Aufstände führte. Erst Mitte des 9. Jh. fand die kulturelle Stagnation ihr Ende, und die Kirchen wurden neu geschmückt. Jedoch verschärfte sich fortan das Verhältnis zum restlichen christlichen Abendland. Die religiös-kulturelle Entfremdung gipfelte 1054 in der Trennung von der römisch-katholischen Kirche.

Von der Königin zur Bettlerin

Eine der letzten großen, erfolgreichen Schlachten des Byzantinischen Reiches führte Basil II. (976–1025) im Jahr 1014 gegen die Bulgaren. Fast alle seiner 15.000 Gefangenen ließ er blenden, nur jedem Hundertsten ließ er das Augenlicht – um die geschlagene Armee zurück ins Zarenreich führen zu können. Nach der Schlacht von Manzikert (1071, heute Malazgirt in Ostanatolien), die mit der katastrophalen Niederlage gegen die Seldschuken und dem Verlust Kleinasiens endete, verlor das Byzantinische Reich jedoch peu à peu an Boden.

Goldmosaiken, Relikte des alten Byzanz

Konstantinopel aber blühte noch immer, wurde gar zur reichsten Stadt der Welt, denn die Kaiser der sog. Komnenendynastie (1081–1204) liebten den Luxus, ließen Paläste und Klöster bauen und förderten eine liberale Wirtschaftspolitik. Zu den Handelspartnern zählte die Creme der damaligen Seerepubliken – Venedig, Amalfi, Pisa, Genua – sowie Russland. Nördlich des Goldenen Horns bildeten die Händler eigene kleine Kolonien. Bereits Mitte des 12. Jh. sollen dort rund 60.000 Menschen gelebt haben.

Intrigen lösten Ende des 12. Jh. eine Thronfolgekrise aus. 1195 entmachtete Alexios III. seinen Bruder Isaak II. und ließ ihn inhaftieren. Isaaks Sohn heuerte daraufhin das 4. Kreuzfahrerheer an und versprach diesem im Falle der Einnahme Konstantinopels und der Wiedereinsetzung seines Vaters die Rückkehr zur Katholischen Kirche und, was noch wichtiger war, viel, viel Geld. Die Kreuzfahrer gingen auf das Geschäft ein, eroberten Konstantinopel, doch Alexios hatte sich mit den Reichsjuwelen aus dem Staub gemacht, und die Rechnung konnte nicht beglichen werden. Die Folge waren mehrtägige Plünderungen. Was nicht niet- und nagelfest war, wurde mitgenommen, darunter Kunstschätze von unermesslichem Wert. Danach lag die Stadt in Trümmern. Das Gros der Einwohner flüchtete.

Die Sieger etablierten das sog. Lateinische Kaiserreich (1204–1261). Patriarchen aus Venedig bezogen die Residenzen ihrer griechischen Vorgänger und ließen die Stadt vollends ausbluten. Alles, was aus Edelmetall bestand, wurde eingeschmolzen. Konstantinopel verkam zu einer Ansammlung verstreuter Siedlungen mit ca. 50.000 Einwohnern, unfähig, sich zu behaupten.

Die geflohenen byzantinischen Familien sammelten Geld und gewannen schließlich Genua – damals größter Rivale Venedigs im Mittelmeerhandel – und ein bunt gemischtes Söldnerheer zur Rückeroberung Konstantinopels. 1261 konnte dieser Plan verwirklicht werden. Unter Michael VIII. Paläologos wurde das Byzantinische Reich wiederhergestellt, allerdings in vergleichsweise bescheidenen Ausmaßen; es umfasste nur mehr

Teile Thrakiens, Makedonien und den Peloponnes. Und der Aderlass dauerte an: Zu Beginn des 15. Jh. bestand das einst so stolze Byzantinische Reich gerade noch aus der Stadt Konstantinopel und ein paar Dörfern drum herum.

Die Osmanen kommen

Orts- und Zeitwechsel: ein Schritt gen Südosten und ein Schritt zurück. 1326 eroberte Osman, Heerführer und Emir eines kleinen türkischen Stammes aus Zentralasien, die westanatolische Stadt Bursa, die daher gerne als die Wiege des Osmanischen Reiches bezeichnet wird. Da der Osten von mongolischen Reiterheeren beherrscht wurde, orientierten sich Osmans Nachfolger nach Norden und Westen. Bereits sein Sohn Orhan versuchte 1337 einen vergeblichen Angriff auf Konstantinopel. Unter Beyazıt I. (1389–1402), der die Bulgaren und die Ungarn unterwarf und ein Kreuzritterheer bis in die Steiermark verfolgte, war das Osmanische Reich schon so weit expandiert, dass es Byzanz umschloss. Am Bosporus wurden Festungen errichtet, um Konstantinopel vom Schwarzen Meer und damit von möglichen Hilfstruppen abzuschneiden.

Im April 1453 begann unter Mehmet II. die mehrwöchige Belagerung Konstantinopels. Die Stärke seiner Truppen wird auf 80.000–250.000 Mann geschätzt – die Zahlen in der Literatur schwanken erheblich. Um die Stadt von allen Seiten in die Zange zu nehmen, ließ Mehmet 70 Kriegsschiffe auf eingeseiften Brettern vom Bosporus über Land an Galata vorbei zum Goldenen Horn schleppen. So umging er die Sperrkette im Meeresarm. Gerade 5000–9000 wehrhafte Männer hatte Konstantinopel zur Verteidigung. Am 29. Mai 1453 (heute ein Feiertag) gab Mehmet II. den Befehl zur Erstürmung der Stadt. Der letzte byzantinische Herrscher Konstantin XI. starb heroisch im Kampf. Blut soll die Straßen hinabgelaufen sein wie Fluten nach einem Sturmregen. Die Zahl der Toten wird mit rund 50.000 angegeben.

Der Fall Konstantinopels wurde in Literatur und Film vielfach verewigt, u. a. in Stefan Zweigs historischen Miniaturen *Sternstunden der Menschheit.* Die überlebenden Einwohner wurden mit Ausnahme der Juden und Genuesen deportiert. Letztere konnten dank ihrer umsichtigen Haltung während der Belagerung Besitz und Privilegien retten. Viele Intellektuelle – meist Geistliche – flüchteten nach Italien, nach Frankreich und nach Deutschland. Im Gepäck hatten sie die überlieferte antike Literatur. Sie prägten dadurch maßgeblich den europäischen Humanismus und die Renaissance.

Der Aufstieg des Osmanischen Reiches

Konstantinopel hieß von nun an *Kostantiniya,* und Mehmet II. schmückte sich mit dem Beinamen *Fatih,* der Eroberer. Ein neues Kapitel in der Geschichte der Stadt brach an, eines im Zeichen des Islam. Unzählige Kirchen, wie die Hagia Sophia, wurden zu Moscheen umfunktioniert. Aber auch neue islamische Gebetsstätten entstanden, und Minarette begannen die Silhouette der Stadt zu prägen. Mehmet selbst verewigte sich mit der *Fatih Camii,* der Erobererмoschee, gab aber auch den Bau des Topkapı Sarayıs in Auftrag. Schon bald durften die vertriebenen Griechen und Armenier zurückkehren. Mehmets Nachfolger, Beyazıt II. (1481–1512), nahm zudem vor der Inquisition geflüchtete spanische Juden auf. Mit den nichtmuslimischen Minderheiten begann der Handel der wieder aufstrebenden Metropole zu blühen.

Gleichzeitig expandierte das Reich weiter. Beyazıt II. eroberte Bosnien, Selim I. (1512–1520) Syrien und Ägypten. Damit kam das Kalifat an den Bosporus und Kostantiniya wurde das Zentrum zweier Religionen, da auch weiterhin das Orthodoxe Patriarchat hier seinen

Kalif, Kadi und Khedive – Titel, Gruppen und Institutionen des Osmanischen Reichs

Sultan: Politisches Oberhaupt des Reiches, ab 1517 (s. u.) auch religiöses. Der Titel wurde vererbt, nicht jedoch automatisch an den ältesten Sohn.

Diwan: Bezeichnung des osmanischen Reichsrats, benannt nach dem Ort seines Zusammentretens im Topkapı-Palast. War das höchste gesetzgeberische Staatsorgan, ihm oblag zudem die Exekutive.

Wesir: Bezeichnung eines Ministers. Die vier ältesten Wesire nahmen an den Kabinettssitzungen im Diwan teil. Ab dem 16. Jh. leitete ein Großwesir die Unterredungen.

Emir: Fürstentitel ab dem 10. Jh.

Bey: Gouverneur einer Provinz

Pascha: Ein auf Lebenszeit verliehener Titel für hochverdiente Militärs oder lang gediente Beamte

Gazi: Titel für verdiente islamische Glaubenskämpfer

Khedive: Titel der Vizekönige von Ägypten, welche die Vormachtstellung des Osmanischen Reiches anerkannten.

Janitscharen: Anfangs die Leibgarde des Sultans, ab dem 14. Jh. die Kern- und Elitetruppe des Osmanischen Reiches und verantwortlich für dessen militärische Erfolge. Rekrutiert wurde durch die berüchtigte „Knabenlese" *(devşirme)*, bei welcher alle paar Jahre die erstgeborenen Söhne der christlichen Bevölkerung aussortiert wurden. Die Knaben wurden am Hofe des Sultans, abgeschieden von ihren Eltern, zum Islam erzogen und später als Soldaten zum lebenslangen Dienst verpflichtet. Die Sultane verfügten damit über die ersten Berufssoldaten der Welt, anderswo in Europa rekrutierte man zu jener Zeit Bauern für militärische Aktionen.

Kalif: Bezeichnete das Oberhaupt der islamischen Welt. Nach der Eroberung Ägyptens 1517 und dem Tod des letzten abassidischen Kalifen Mütevekkil nahm der Sultan das Amt des Kalifen wahr. Zur Entlastung seiner Person schuf er jedoch das Amt des Şeyhülislam.

Şeyhülislam: Auch Großmufti genannt, Leiter der *Ulema*, einer religiösen Institution von Gelehrten, welche für die Auslegung und Einhaltung des islamischen Gesetzes (Scharia) verantwortlich zeichnete.

Kadi: Richter, der mit der Auslegung der islamischen Gesetzeslehre betraut war.

Sitz hatte. Die Eroberungszüge brachten neben Land auch viel Geld. Mit der Kriegsbeute ließ sich die Stadt weiter ausbauen und ausschmücken.

Unter Süleyman dem Prächtigen (1520–1566) wurde Kostantiniya wieder das, was es schon einmal war, Hauptstadt eines riesigen Reiches. Unter seiner Regierung wurden Bagdad, Belgrad, Rhódos, Ungarn, Georgien, Aserbeidschan und Gebiete Nordafrikas erobert. 1529 standen seine Truppen gar vor Wien. 75 Minuten brauchte nun die Sonne, um über seinem Imperium unterzugehen. Das Vielvölkerreich erstreckte sich über drei Erdteile, 72 Sprachen wurden gesprochen. Süleyman, der wegen seiner Toleranz, Humanität, Intelligenz und Gerechtigkeit auch im Abendland überaus geschätzt wurde, führte das Osmanische

Reich an den Zenit seiner Macht. Unzählige Paläste und Moscheen entstanden unter seiner Herrschaft, viele davon durch Sinan, den größten Baumeister seiner Zeit (→ S. 120).

Südlich des Goldenen Horns entwickelte sich İstanbul zu einer orientalischen Stadt mit engen, verschlungenen Gassen zwischen imposanten Moscheen, nördlich davon begann sich Pera, der heutige Stadtteil Beyoğlu, zu formen. Vorwiegend ausländische Gesandte, Diplomaten und Kaufleute ließen sich dort nieder.

Das Sultanat der Frauen

Doch mit Süleyman dem Prächtigen und seiner Hauptfrau Roxelane begann auch das sog. „Sultanat der Frauen", eine Umschreibung und Erklärung für den langsamen, über drei Jahrhunderte dauernden Niedergang des Osmanischen Reiches. Durch Intrigen und Anstiftung zum Mord brachte Roxelane ihren Sohn Selim II. auf den Thron. Als „Selim der Säufer" ging er in die Geschichte ein. Noch bevor dieser beschwipst in der Badewanne ausrutschte und ertrank, verlor das Osmanische Reich seine Flotte. Fünf Söhne hatte Selim II., vier davon ließ seine Frau Nurbanu umbringen, damit ihr eigener Sprössling als Sultan Murat III. den Thron besteigen konnte. Dieser zeigte sich, wie so viele Sultane, im Harem reger als in der Politik. Er brachte es auf über 100 Kinder, von denen allein seine Frau Safiye 19 ermorden ließ, damit ihr Sohn als Sultan Mehmet III. den Thron ...

Die Geschichte der weiblichen Einflussnahme auf die Thronfolge könnte man ewig so weiterführen. Und die Tatsache, dass die angehenden Sultane verhätschelt und verwöhnt in der realitätsfernen Welt des Harems heranwuchsen, umschmeichelt von intriganten Höflingen, die nur ihre eigenen Interessen befriedigt sehen wollten, führte dazu, dass überwiegend unfähige Regenten nachkamen. Viele von ihnen waren nicht einmal stark genug, bis ans natürliche Ende ihres Lebens zu regieren. Schon vorher wurden sie erdrosselt, vergiftet oder wegen Geistesschwäche abgesetzt.

Nördlich und südlich des Goldenen Horns – wo rund 2000 Jahre ...

Und so verwundert es nicht, dass es mit dem Osmanischen Reich peu à peu bergab ging. Im Serail störten die Probleme im eigenen Land aber nicht allzu sehr. Hier schwelgte man im Luxus, und ein Bedürfnis nach Veränderung war nicht vorhanden. In der Bevölkerung jedoch kam sozialer und politischer Unfrieden auf.

Ahmet III. (1703–1730) war der erste Sultan, dessen Herrschaft aufgrund einer Revolte beendet wurde. Für seine Regierungszeit – die Staatsgeschäfte hatte er seinem Großwesir übergeben – steht der Begriff *Lale Devri,* Tulpenzeit. In der Kunst war sie geprägt vom osmanischen Rokokostil, in der Politik von einer ersten Annäherung an Europa und im Alltag der Herrschenden von rauschenden, märchenhaften Festen und Empfängen, bei denen der Sultan Tulpen streuen ließ, während das einfache Volk hungerte.

Der kranke Mann am Bosporus

Der verpasste Anschluss an die industrielle Revolution hatte den Niedergang des Osmanischen Reiches weiter vorangetrieben. Man wurde abhängig von Importen und Waren, die man zuvor lange Zeit selbst gewinnträchtig exportiert hatte.

... Geschichte aufeinandertreffen

Im 19. Jh. sprach man schließlich vom „kranken Mann am Bosporus“, wenn man das Osmanische Reich meinte. Für dessen Hauptstadt hatte sich bereits ab dem 18. Jh. der Name „İstanbul“ (bzw. verwandte Formen) eingebürgert. Woher er stammt, weiß übrigens niemand so genau. Manche Theorien sehen die Herkunft im osmanischen Wort *İslâmbol* („von Islam erfüllt“), andere in der Verstümmelung des griechischen *istin polin* („in der Stadt“).

Erste Versuche, das Reich schrittweise zu reformieren, unternahm Mahmut II. (1808–1839). Mit einem Massaker löschte er die Janitscharen aus, die gegen alle fortschrittlichen Strömungen erbittert gekämpft hatten. Er verbot den Turban und führte dafür den Fez ein. Er versuchte, alte Traditionen zu brechen und das Land an Europa – an dem er insbesondere den Champagner schätzte – anzunähern.

Weiter reichende Reformen folgten unter seinen Nachfolgern Abdül Mecit (1839–1861) und Abdül Aziz (1861–76). Beide setzten ihre Hoffnungen auf die Wirtschaftskraft der Nichtmuslime (in İstanbul stellten sie zu jener Zeit rund 50 % der Einwohner), die sie fortan – zumindest auf dem Papier – gleichwertig an der osmanischen Gesellschaft partizipieren ließen. *Tanzimat,* Neuordnung, nannte man diese Reformperiode. Neu waren eine osmanische Verfassung und die Schaffung eines Parlaments. Neu waren auch westlich angehauchte Paläste wie der Dolmabahçe Sarayı, die ersten fahrplanmäßig verkehrenden Bosporusdampfer (1850), eine Telegrafenleitung von İstanbul nach Europa (1855), die erste pferdegezogene Straßenbahn (1872) usw. Neu war aber am Ende auch der Staatsbankrott (1875).

Abdül Hamit II. (1876–1909), ein Despot, löste das Parlament wieder auf. Sympathien genoss er beim deutschen Kaiser Wilhelm II., beim Volk nicht, das zahlreichen Repressalien ausgesetzt war. Antichristliche Ressentiments der moslemischen Bevölkerung setzte Abdül Hamit II. zudem systematisch gegen die Armenier ein. Unter ihm erfolgten der Anschluss İstanbuls an das Eisenbahnnetz Europas und der Bau der Bagdad-Bahn. Das Ende seiner Herrschaft führten junge Offiziere herbei, die sich gegen ihn erhoben. Heute verwendet man dafür den Ausdruck „Jungtürkische Revolution". Danach übernahm das Militär die Macht.

Im Ersten Weltkrieg schlug sich das Osmanische Reich auf die Seite der Deutschen. Letztere schauten zur Seite, als die jungtürkischen Nationalisten 1915 das Gros der armenischen Bevölkerung in die syrische Wüste schickten. Nach unterschiedlichen Schätzungen kamen dabei zwischen 200.000 und 1,5 Mio. Armenier ums Leben. Den Vorwurf des Genozids weist die Türkei, die Rechtsnachfolgerin des Osmanischen Reichs ist, vehement von sich.

In der Schlacht von Gallipoli im gleichen Jahr, einem der blutigsten Stellungskriege der Weltgeschichte – man schätzt die Verluste auf alliierter Seite auf ca. 150.000 Mann, auf türkischer Seite auf ca. 90.000 Soldaten –, tat sich ein damals noch unbekannter Offizier hervor: Mustafa Kemal, der später als „Atatürk" in die Geschichte eingehen sollte.

Die Türkische Republik

Nach dem Krieg wurde das Osmanische Reich unter den alliierten Siegermächten aufgeteilt, sodass es letztendlich aus nichts anderem als aus Inneranatolien bestand. Italien besetzte den Küstenstreifen um Antalya, Frankreich Kilikien, englische Kriegsschiffe kontrollierten den Bosporus. Die Griechen, die Ostthrakien erhalten hatten, marschierten zudem mit ihren Truppen von Smyrna (heute İzmir) auf Ankara zu, um ein neues Großgriechenland zu schaffen. Der Vormarsch stieß auf erbitterten Widerstand der Türken. Unter Mustafa Kemals Führung begann ein über zwei Jahre andauernder Befreiungskrieg, in dessen Verlauf die Griechen aus Anatolien vertrieben wurden (→ Kasten „Griechen und Türken" – eine schwierige Nachbarschaft, S. 174). Die anderen Besatzer bekamen es dabei mit der Angst zu tun und zogen freiwillig ab.

Am 29. Oktober 1923 – heute ein Feiertag – wurde die Türkische Republik ausgerufen, und zwar in Ankara, der neuen Hauptstadt, vom neu gewählten Staatspräsidenten Mustafa Kemal, besser bekannt als Atatürk. Zu jener Zeit zählte die gesamte Türkei ca. 13,6 Mio. Einwohner, in etwa so viel, wie İstanbul heute. Eine neue Verfassung trat in Kraft, die u. a. die Trennung von Staat und Religion (Laizismus) vorsah. Grundlage des Staates war nun nicht mehr der Koran, sondern das schweizerische Zivilrecht, das italienische Strafrecht und das deutsche Handelsrecht.

Bis zu Atatürks Tod wurden unzählige Reformen durchgeführt, welche die Türkei näher an Europa heranführen sollten: Bildungs- und Schriftreform (Übergang zum lateinischen Alphabet), Einführung von Familiennamen, Umstellung des Ruhetags von Freitag auf Sonntag, gesetzliche Gleichstellung der Frau, Wirtschaftslenkung zur Industrialisierung usw.

Nach Atatürks Tod sorgte das Militär, der selbsternannte Hüter über den Laizismus, dafür, dass dessen geistiges Erbe nicht durch islamische Fundamentalisten und linksradikale Gruppierungen verletzt wurde. Kemalistische Offiziere putschten 1960 und ließen den Ministerpräsidenten Adnan Menderes hinrichten, der reaktionären islamischen Kräften nachgegeben hatte.

Denkmal der Republik am Taksim-Platz

Atatürk – Vater der Türken

Atatürks Konterfei grüßt in jedem zweiten Büro, schaut beim Essen im Restaurant zu und verabschiedet sich mit jeder Note beim Bezahlen. Kaum einem anderen Staatsmann wird posthum noch solch ein Personenkult zuteil. Mustafa Kemal, um 1881 als Sohn eines Zollbeamten und einer Bauersfrau im damals weltoffenen Saloniki (das heutige Thessaloniki) geboren, zeichnete sich nicht nur als Offizier aus, sondern auch als Präsident, der die Türkei in einem gewaltigen Kraftakt säkularisierte und europäisierte. Er vertrat den Kurs einer strikten Trennung von Staat und Religion. Für den Staatsgründer war der Islam das größte Hindernis bei der Modernisierung des Landes („Der Politiker, der zum Regieren die Hilfe der Religion braucht, ist nichts anderes als ein Schwachkopf"). Kemal verwarf die islamische Jahresrechnung und hob die Stellung des Islam als Staatsreligion auf. Für seine Verdienste verlieh ihm das Parlament 1934 den Namen Atatürk, „Vater der Türken". Und selbst Winston Churchill erkannte neidvoll an: „Jedes Jahrhundert bringt nur eine geniale Person hervor, leider gab Gott in diesem Jahrhundert diese geniale Person den Türken." So ruhmreich Atatürks militärische und politische Laufbahn war, im privaten Leben sah es nicht so rosig aus. Er war ein Bewunderer schöner Frauen, doch das Glück der großen Liebe blieb ihm versagt. Nur kurz war er verheiratet, die Ehe mit der späteren Frauenrechtlerin Latife Hanım ging in die Brüche. Um nicht kinderlos zu sein, adoptierte er mehrere bedürftige Mädchen. Seine berühmteste Tochter sollte Sabiha Gökçen werden, die erste türkische Pilotin, nach der auch einer der İstanbuler Flughäfen benannt ist. Halt im Leben fand er insbesondere beim Rakı. 1938 verstarb er an Leberzirrhose in İstanbul (→ Dolmabahçe-Palast). Seine Gebeine ruhen im Atatürk-Mausoleum in Ankara. Für alle Türken, die die Theokratisierung des Landes fürchten, leuchtet sein Stern heute heller denn je.

Exil Türkei

Während der Nazidiktatur suchten viele Juden in der Türkei Zuflucht, darunter Hunderte von Wissenschaftlern, die in Deutschland mit Arbeitsverboten belegt worden waren. Atatürk, der das Land nach westlichen Maßstäben reformieren wollte, waren sie willkommen. Unter den emigrierten Professoren befanden sich u. a. der Jurist Ernst Hirsch, der das türkische Handelsgesetzbuch und Urheberrecht verfasste (später Rektor der Freien Universität Berlin), der Soziologe Gerhard Kessler, der die erste Gewerkschaft des Landes ins Leben rief, Hans Wildbrandt, der das türkische Genossenschaftswesen aufbaute, Eduard Zuckmayer, der die Musikakademie von Ankara begründete, oder Carl Ebert, auf den die erste türkische Schauspiel- und Opernschule zurückgeht. An den Universitäten des Landes lehrten der Politiker und Städteplaner Ernst Reuter (späterer Bürgermeister von Berlin), der Ökonom Wilhelm Röpke, der Historiker Ernst Engelberg, der Islamkundler Karl Süßheim, der Bildhauer Rudolf Belling, der Komponist Paul Hindemith, der Architekt Clemens Holzmeister und viele, viele mehr. Die türkischen Behörden stempelten das aus dem Deutschen entlehnte Wort „Haymatloz“ in ihre Pässe. Heute ist im Gespräch, in İstanbul ein kleines Forschungszentrum einzurichten, das die deutsche Emigration in die Türkei zum Schwerpunkt haben soll. Ein passender Ort wäre das einstige Wohnhaus des Architekten Bruno Taut auf einem Hügel über Ortaköy, das an eine japanische Pagode erinnert. Taut wurde 1936 an die İstanbuler Akademie der Bildenden Künste berufen. In Berlin hatte er zuvor jene Hufeisensiedlung geschaffen, die heute auf der UNESCO-Welterbeliste steht. In İstanbul entwarf er u. a. Universitätsgebäude, in Ankara sogar den Katafalk für Atatürk.

Unruhen und Streiks führten 1972 dazu, dass das Militär erneut in die Politik eingriff. 1980 übernahm abermals das Militär die Macht, löste das Parlament auf und verbot die zwei größten Parteien des Landes. Später setzte es sich für ein Verbot der islamistischen „Wohlfahrtspartei“ (1998) und deren Auffangbecken, die „Tugendpartei“ (2001), ein. Auch die gerade regierende AKP stand unter scharfer Beobachtung der Militärs, nicht zuletzt wegen deren Forderungen nach einer „muslimischen Türkei“ – wie die auch immer aussehen soll. 2008 wurde schließlich der Versuch unternommen, die AKP von der politischen Bühne zu stoßen. Die Mehrheit der Verfassungsrichter stimmte für ein Verbot, doch die in diesem Fall vorgeschriebene Mehrheit von sieben der elf Stimmen wurde um eine verfehlt. Mittlerweile wurden diverse Verfassungsrichter ausgetauscht, das Militär ist entmachtet. Allein im September 2012 wurden 330 Generäle und hochrangige Offiziere zu teilweise langen Haftstrafen verurteilt, da sie angeblich den Sturz der Regierung Erdoğan geplant hatten. Im sog. Balyoz-Prozess warf die Verteidigung der Staatsanwaltschaft vor, die Beweise manipuliert zu haben.

İstanbul – heimliche Hauptstadt

Mit der Ernennung Ankaras zur neuen Hauptstadt endete 1923 die politische Vormachtstellung İstanbuls, die über eineinhalb Jahrtausende angedauert hatte. Wirtschaftlich und kulturell aber blieb die Stadt am Bosporus das Zentrum der neuen Republik. So verwundert es nicht, dass ab Mitte des 20. Jh.

Die Galatabrücke in vorrepublikanischer Zeit

ein Bevölkerungszuzug einsetzte, der zu einer Verzehnfachung der Einwohnerzahl führte. Täglich erreichten Busladungen mit verarmten Bauern aus Ostanatolien, Glücksrittern aus der Provinz und Kurden aus den Krisengebieten im Südosten des Landes die Metropole. Letztere kamen insbesondere ab 1984, dem Beginn der gewaltsamen kurdisch-türkischen Auseinandersetzungen. Der Krieg kostete bereits über 40.000 Menschen das Leben. Nach einer Phase der Ruhe flackerten die Kämpfe 2004 wieder auf, auch Bombenanschläge in İstanbul waren die Folge (→ Wissenswertes von A bis Z/Terrorgefahr, S. 39).

Die Zuzügler ließen sich in sog. *Gecekondus* (über Nacht errichteten Hütten) an den Stadträndern İstanbuls nieder. Wer im Laufe der Zeit ein wenig Gespartes zusammen hatte, bezog eine Wohnung in einem Apartmentblock, den meist eine Baumafia illegal und billigst auf Staatsland errichtet hatte – man schätzt, dass 65–70 % aller Gebäude İstanbuls Schwarzbauten sind. Bei Erdbeben sind sie die Wackelkandidaten Nummer eins. Das Buhlen um Wählerstimmen ließ die Kommunalpolitiker alle Augen zudrücken und eine Bodenamnestie auf die andere folgen. Erst seit es Boomtowns wie Kayseri oder Gaziantep in Zentral- und Ostanatolien gibt, hat der Zuzug etwas nachgelassen.

Mit der extremen Zunahme der Bevölkerungszahlen standen und stehen die Stadtväter vor immer neuen infrastrukturellen Herausforderungen. Gigantische Bauprojekte über und unter der Erde waren und sind noch immer die Folge.

İstanbul, mittlerweile auf 13 bis 15 Millionen Einwohner und auf eine Ost-West-Ausdehnung von über 70 km angewachsen, lockt aber seit jeher nicht nur die Mittellosen, sondern auch die Wohlhabenden an: Wer viel Geld hat und es dekadent oder auch nur stilgerecht ausgeben will, zieht ebenfalls in die Metropole am Bosporus. In keiner Stadt der Türkei ist die Kluft zwischen Arm und Reich, zwischen religiöser Verschlossenheit und westlicher Weltoffenheit so groß. İstanbul ist bis heute das Zentrum der Republik – nicht die hässliche, technokratische Stiefschwester Ankara, auch wenn dort die Politik gemacht wird.

Hafen von Eminönü

Die Türkei und İstanbul – ein Ausblick

Orient oder Okzident, Westen oder islamische Welt – es stellt sich die Frage nach der Zugehörigkeit. Dabei bezeichnet der Westen für viele alteingesessene İstanbuler nicht nur eine Himmelsrichtung, sondern eine politische und kulturelle Orientierung. Wer seit Generationen in İstanbul lebt, gibt dies auch gerne kund und klagt die Überfremdung der Stadt durch die anatolischen Zuwanderer an! Diese Zuwanderer aber bilden zusammen mit der konservativen Landbevölkerung den Rückhalt der AKP, die Stadt und Land regiert. Den Rückhalt jener Partei also, die die Wiedereinführung der Todesstrafe fordert (2012 von Erdoğan vorgeschlagen), eine beschränkte Immunität für Imame und ein verschärftes Abtreibungsrecht will, Kunst und Presse mehr und mehr zensiert und unterdrückt sowie das Kopftuchverbot an Universitäten aufhob. Genau diese Partei aber sorgte durch ein engagiertes Reformprogramm nicht nur für einen Wirtschaftsboom, der der breiten Masse zugutekam, sondern ermöglichte auch erst EU-Beitrittsverhandlungen. Der Abschluss der Verhandlungen wird nicht vor 2023 erwartet, zumal erst eines von 35 Verhandlungskapiteln abgeschlossen ist. Und obwohl die EU die Türkei mit rund 700 Mio. Euro jährlich unterstützt, ist es fraglich, ob die Türkei überhaupt noch in die EU will. Die Ihr-seid-doch-gar-nicht-willkommen-Haltung vieler EU-Länder führte dazu, dass die Zahl der türkischen Befürworter des EU-Beitritts von 70 % (2004) auf rund 30 % (2011) schwand. Genauso ist fraglich, ob Erdoğan und die AKP den Beitritt jemals wirklich wünschten, denn der würde ungewollte Souveränitätseinschränkungen mit sich bringen. Regierungschef Erdoğan bezeichnete die Demokratie einmal als „einen Zug, auf den wir aufsteigen, bis wir am Ziel sind." Der einstige Schwenk Richtung Europa half v. a. die Macht der Militärs zu brechen.

Zeittafel – die wichtigsten Daten im Überblick

8000 v. Chr.	Erste Siedlungen am Bosporusufer
667 v. Chr.	Stadtgründung durch griechische Kolonisten
73	Byzantion wird Teil der römischen Provinz Bithynien
330	Konstantin I. ernennt die Stadt zur Hauptstadt des Römischen Reiches
381	Unter Theodosius I. wird das Christentum Staatsreligion
395	Teilung des Römischen Reiches. Konstantinopel, wie die Stadt mittlerweile heißt, wird das Zentrum des Byzantinischen Reiches
413	Theodosius II. lässt die große Landmauer errichten
532	Unter Kaiser Justinian wird die Hagia Sophia erbaut. Über eine halbe Million Menschen leben in der Stadt
622	Mohammeds Flucht nach Medina, Beginn der islamischen Zeitrechnung
1054	Bruch zwischen der römisch-katholischen und der griechisch-orthodoxen Kirche
1204	Kreuzfahrer erobern Konstantinopel, Errichtung des Lateinischen Kaiserreichs
1261	Rückeroberung Konstantinopels durch die Byzantiner
1348	Die Genuesen verstärken ihre Befestigungen nördlich des Goldenen Horns
1453	Unter Mehmet II. erobern die Osmanen Konstantinopel

Das Fayencenschlösschen im Archäologischen Museum

1492	Beyazıt II. nimmt vor der spanischen Inquisition geflüchtete Juden auf
1512–1520	Regierungszeit Selims I.; Syrien und Ägypten werden erobert, damit kommt das Kalifat an den Bosporus
1520–1566	Unter Süleyman dem Prächtigen erreicht das Osmanische Reich den Zenit
1609	Baubeginn der Blauen Moschee unter Ahmet I.
1683	Die zweite, vergebliche Belagerung Wiens läutet den Niedergang des Osmanischen Reiches ein
1703–1730	Die Regierungszeit Ahmet III. markiert den Beginn der „Tulpenzeit"
1826	Aufstand der Janitscharen, daraufhin lässt sie Mahmut II. niedermetzeln
1845	Bau der ersten Galatabrücke über das Goldene Horn
1850	Erstmals fahren fahrplanmäßig Bosporusdampfer
1853	Fertigstellung des Dolmabahçe-Palasts
1875	Staatsbankrott
1877	Erstmals tagt das osmanische Parlament
1889	Eröffnung des Bahnhofes Sirkeci
1912	Bau des ersten Elektrizitätswerkes
1914	Das Osmanische Reich tritt auf Seiten Deutschlands in den Ersten Weltkrieg ein
1918–1922	Alliierte Besetzung und Befreiungskrieg
1923	Die Türkische Republik wird ausgerufen, die neue Hauptstadt: Ankara
1930	Konstantinopel wird offiziell in İstanbul umbenannt
ab 1935	Deutsche Juden fliehen nach İstanbul und Ankara
1950	İstanbul zählt rund 980.000 Einwohner
1955	Nach Pogromen verlassen viele Griechen İstanbul
1973	Bau der ersten Bosporusbrücke
1974	Türkische Truppen besetzen den Norden Zyperns
ab 1984	Beginn der gewaltsamen kurdisch-türkischen Auseinandersetzungen im Südosten des Landes
1999	Schweres Erdbeben ca. 100 km südöstlich von İstanbul (18.000 Tote)
2002	Die AKP wird Regierungspartei
2006	Aufnahme der EU-Beitrittsverhandlungen
2010	İstanbul ist Kulturhauptstadt, im gleichen Jahr fällt das Kopftuchverbot an Hochschulen
2012	İstanbul bewirbt sich um die Austragung der Olympischen Spiele und der Fußball-Europameisterschaft 2020

Fünfmal am Tag betet der fromme Muslim

Der Islam

Minarette prägen die Skyline İstanbuls. Ständig kommen neue hinzu. Und die höchsten der Welt sollen folgen.

Die Rolle, die der islamische Glaube am Bosporus einnimmt, ist von Stadtteil zu Stadtteil verschieden. Mancherorts, wie im unbeschwerten, westlich orientierten Beyoğlu, tendiert er gar gegen null. In anderen Vierteln sind beim Ruf des Muezzins die Gassen schlagartig leergefegt. Den laizistisch geprägten Regierenden der Vor-AKP-Zeit waren religiös-fundamentalistische Strömungen stets ein Dorn im Auge. So ernennt der Staat bis heute die Vorbeter (Imame) und schreibt vor, was gepredigt und in Korankursen gelehrt werden darf. Aus der strengen Kontrolle wurde jedoch mit der Machtübernahme der islamistischen AKP beidseitiger Zuspruch. Seitdem sprießen neue Moscheen wie Pilze aus dem Boden, alte werden aufwendig restauriert – kein Wunder bei einem Regierungschef namens Recep Tayyip Erdoğan, der schon die „Minarette als seine Bajonette" bezeichnete. So erstaunt es nicht, dass in Bälde die Bauarbeiten an einer Megamoschee mit den höchsten Minaretten der Welt (weit über 200 m) beginnen sollen. Die Moschee soll auf dem Çamlıca-Hügel (→ S. 256), dem höchsten Punkt İstanbuls, errichtet werden und weithin sichtbar von der Größe Allahs künden.

Geschichte

Religionsstifter war Mohammed (um 570–632), der als Waisenkind in ärmlichen Verhältnissen in Mekka aufwuchs. Sein religiöses und politisches Wirken begann um 610, nachdem ihm in einer Vision der Erzengel Gabriel erschienen war. In seiner Geburtsstadt stand man seinen öffentlichen Auftritten zunächst sehr skeptisch gegenüber. Erst in Medina, wohin er 622, dem Beginn der islamischen Zeitrechnung, abgewandert war, verschaffte sich Mohammed weltliche und geistliche Autorität und wurde als Gesetzgeber und Prophet allgemein akzeptiert. Einige der von ihm verbreiteten Botschaften hatten für die damalige Zeit geradezu revolutionäre Inhalte, z. B. die Verdammung der Sklaverei im Namen Gottes.

Der Islam (arab. = „Unterwerfung", „Hingabe"), die jüngste der großen Weltreligionen, ist ebenso wie das Juden- und das Christentum eine streng monotheistische Religion, d. h. seine Anhänger glauben an den einen allmächtigen Gott. Nach islamischer Auffassung ist Allah Schöpfer und Bewahrer aller Dinge und allen Lebens. Er versorgt, führt und richtet die Menschen, wobei sich das Richten auf den Tag des Jüngsten Gerichts bezieht, an dem die „Geretteten" ins Paradies eingehen, während die „Verdammten" in die Hölle absteigen.

Koran und Sunna

Sie sind die grundlegenden Quellen der islamischen Glaubenslehre. Dabei wird der Koran, der aus 114 Suren (Kapitel) besteht, als das authentische Wort Gottes verstanden, das Mohammed durch den Erzengel Gabriel übermittelt wurde. Daraus erklärt sich der Unfehlbarkeitsanspruch, der dem Koran zugeschrieben wird. Die Grundlage der Sunna (arab. = Gewohnheit) bilden hingegen die Hadithe, die Überlieferungen der Aussagen und Taten Mohammeds. Die Sunna wird im Unterschied zum Koran nicht für unfehlbar gehalten.

Propheten

Da die Menschen moralisch schwach und fehlbar sind, schickt Gott ihnen Propheten, welche die göttliche Botschaft verbreiten, an der sich das Handeln der Menschen orientieren soll. Zu diesen Propheten zählt im Islam neben Abraham und Moses u. a. auch Jesus. Die christliche Auffassung, nach der es sich bei Jesus um den Sohn Gottes handelt, wird vom Islam nicht geteilt. Die Muslime glauben dagegen, dass sich das Prophetentum mit Mohammed vollendet hat und der Koran die letztgültige und vollkommenste Offenbarung Gottes ist.

Neue Moschee im Detail

Rituelle Fußwaschung

Islamische Gruppierungen

Streitigkeiten um die Nachfolge des Propheten führten nach Mohammeds Tod zu einer Spaltung der Muslime in zwei Hauptgruppen: *Sunniten* und *Schiiten*. Über 70 Prozent der Türken sind Sunniten. Die Sunniten sahen im Kalifen (→ S. 91) den rechtmäßigen Nachfolger Mohammeds und das Oberhaupt der muslimischen Welt. Für die Schiiten (ihr Name leitet sich vom arabischen Wort *Schia* für „Partei" ab) hingegen konnte diesen Führungsanspruch nur ein Blutsverwandter des Propheten wahrnehmen. Da dieser aber keine überlebenden Söhne hinterlassen hatte, sahen die Schiiten in Ali, Vetter und Schwiegersohn Mohammeds, und seinen Nachkommen die legitimen Nachfolger.

Rund 25 Prozent der Türken sind *Aleviten* (darunter viele Kurden), die der Schia zugerechnet werden. Mit der Schia iranischer Prägung hat der Alevismus nur die Nachfolgeregel gemein, lehnt als libertäre Glaubensrichtung jedoch z. B. die *Scharia* ab. Dieses antiquierte islamische Rechtssystem beruht auf einer über tausend Jahre alten, nahezu unveränderten Auslegungsvariante des Korans und der Sunna und beschreibt die Rechte und Pflichten des Einzelnen in der Gemeinschaft.

Die fünf Säulen des Islam

Die als die fünf Säulen des Islam bekannten Pflichten werden als zentrale Bestandteile im Leben eines jeden Muslims angesehen. Die erste Pflicht ist das Glaubensbekenntnis *(kelimei şahadet:* „Ich bezeuge, dass es keinen Gott gibt außer Allah, und Mohammed ist sein Prophet …"), die zweite sind die fünf täglichen Gebete *(namaz)* mit den vorgeschriebenen Waschungen, die dritte ist die Almosengabe an Bedürftige *(zekat)*, die vierte das Einhalten des Fastenmonats Ramadan *(oruç)* und die fünfte die Pilgerfahrt nach Mekka *(hac)*. Bei einigen Geboten gibt es etwas Spielraum. So braucht der Muslim seine Pilgerfahrt nur dann durchzuführen, wenn er gesund ist und es ihm (finanziell) möglich ist. Die Waschungen können notfalls ohne Wasser, d. h. als bloßes Ritual, ausgeführt werden, und schwangere Frauen können aus gegebenem Anlass die Fastenzeit verschieben.

Cami – die Moschee

Der Großraum İstanbul weist über 3000 Moscheen auf, zudem eine große Zahl an *mescitler,* kleineren Gebetsstätten, unseren Kapellen ähnlich. Für gewöhnlich betritt man eine Moschee über einen Vorhof *(avlu),* wo am Reinigungsbrunnen *(şadırvan)* die rituellen Waschungen vor dem Gebet vorgenommen werden. Zur Grundausstattung des mit Teppichen ausgelegten Gebetssaals gehören eine Gebetsnische *(mihrab),* die stets in Richtung Mekka weist, eine Kanzel für die Freitagspredigt *(minbar)* und ein Stuhl oder eine Art Thron *(kürsü),* von dem der Vorbeter *(Imam)* Passagen aus dem Koran verliest. Männer und Frauen beten getrennt, stets jedoch Richtung Mekka. Indem man kniet und den Kopf zu Boden neigt, zeigt man Allah Demut und Respekt. Zum Gebet ruft fünfmal am Tag der Muezzin vom Minarett der Moschee. Die Minarette kamen übrigens erst im 8. Jh. auf, zuvor kletterten die Muezzins dazu aufs Dach. Heute ertönt der für Europäer so verheißungsvoll und orientalisch klingende Gebetsruf meist nur noch aus dem Lautsprecher.

Zu den großen Moscheenkomplexen *(külliye)* von einst, die oft auch karitative Zwecke erfüllten, gehörten meist eine Schule *(medrese),* ein Hospital *(darüşşifa),* eine Armenküche *(imaret),* ein Bad *(hamam)* und eine Karawanserei *(kervansaray)* für Reisende. In den Moscheengärten ruhen in ornamentalen Mausoleen *(türbe)* die Stifter der Külliyen und osmanische Nobilitäten. Heute dienen die einzelnen Gebäude meist anderen Zwecken.

Hinweis: Türkische Moscheen können von Nichtmuslimen jederzeit besucht werden – nur zur Gebetszeit sind Touristen unerwünscht. Beachten Sie die Kleidervorschriften: Herrenbeine und -arme dürfen nicht entblößt sein, der Rock der Dame sollte mindestens knielang sein, ihr Kopf (Kopftuch!) und die Oberarme bedeckt. Vor dem Betreten der Moschee zieht man die Schuhe aus. Betende sollten nicht fotografiert werden.

Über den Dächern Sultanahmets ...

Religiöse Feiertage

Die genaue Terminierung wird Jahr für Jahr nach dem islamischen Mondkalender neu bestimmt (→ Wissenswertes von A bis Z/Feiertage, S. 34). Nach islamischer Konvention beginnt ein Feiertag jedoch bereits mit dem Sonnenuntergang am Vortag, bei großen religiösen Festen sind sogar ab Mittag des Vortages viele Läden, Büros usw. geschlossen. Besonders hervorzuheben sind:

Kadir Gecesi („Nacht der Kraft"): In der 27. Nacht des Fastenmonats Ramadan wird die Offenbarung des Koran gefeiert. Mohammed soll in dieser Nacht durch den Erzengel Gabriel zum Boten Gottes ernannt worden sein. Nach dem Volksglauben gehen Wünsche und Gebete, die in dieser Nacht ausgesprochen werden, in Erfüllung.

… im Hintergrund die Blaue Moschee

Şeker Bayramı (Zuckerfest): Es bildet den Abschluss des Fastenmonats Ramadan. Man besucht Verwandte, und die Kinder ziehen von Haus zu Haus und bitten um Süßigkeiten. Daher rührt auch der Name der dreitägigen Feierlichkeiten, bei denen Behörden, Banken und viele Geschäfte geschlossen bleiben.

Kurban Bayramı (Opferfest): Das höchste Fest des Islam dauert vier Tage. Hintergrund des Opferfestes ist die (auch biblische) Geschichte von Abraham, der, um Gott seine Treue zu beweisen, seinen Sohn Isaak opfern will. Das Fest ist gesetzlich verankert, sodass alle öffentlichen Einrichtungen geschlossen bleiben.

Der Ramazan

So nennen die Türken den islamischen Fastenmonat, der in den meisten anderen islamischen Ländern Ramadan heißt. 30 Tage lang darf der Gläubige zwischen Sonnenauf- und -untergang nicht essen, trinken, rauchen oder Geschlechtsverkehr haben. Nach Anbruch der Dunkelheit wird jedoch alles ausgiebig nachgeholt. In den konservativen Vierteln İstanbuls sind während der Fastenzeit tagsüber viele Lokale geschlossen. Dafür gibt es abendliche Ramadanmärkte mit etlichen Ständen, traditioneller Musik, Schattenspieltheater etc. – Christkindlsmarkt auf Türkisch. Der größte Markt wird in Sultanahmet abgehalten. In westlichen Stadtteilen merkt man hingegen kaum einen Unterschied zu den restlichen Monaten.

Ramadan-Daten: 9.7.–7.8.2013 und 28.6.–27.7.2014

Fischbrater am Hafen von Eminönü

Stadttouren und Ausflüge

Die Silhouette von Sultanahmet – die meistfotografierte İstanbuls

Sultanahmet

2700 Jahre Geschichte treffen auf Millionen Besucher. Grandiose Bauten wie die Hagia Sophia oder die Blaue Moschee erinnern hier an zwei untergegangene Weltreiche.

Sultanahmet, das Herz der historischen Altstadt, ist ein einzigartiges Freilichtmuseum. Auf wenigen Quadratkilometern konzentrieren sich die größten Sehenswürdigkeiten der Stadt. Ihre Silhouetten prägen das İstanbul der Bildbände und Postkarten. Kunstliebhaber könnten ganze Wochen hier verbringen, ohne auch nur einen Schritt in einen anderen Stadtteil zu tun. Allein die Besichtigung des Topkapı Sarayı kann zum Tagwerk ausarten.

Zwischen Moscheen und Museen, Parks und Palästen kreuzen sich die Wege von Studienreisenden, Kreuzfahrttouristen und Rucksackurlaubern: Sultanahmet steht rund um die Hagia Sophia und die Blaue Moschee ganz im Zeichen des Tourismus. Türken begegnet man hier vornehmlich als Kellner, Taxifahrer, Portiers und Schlepper. Letztere begrüßen Sie mit einem freundlichen „Hello my friend, where are you from?“ und lassen Sie – wenn Sie nicht aufpassen – mit einem Teppich im Arm zurück. Und noch etwas: Dem vor Ihnen gehenden Schuhputzer fällt niemals versehentlich die Bürste auf die Straße – nur nicht aufheben und dann auch noch glauben, zum Dank die Schuhe umsonst poliert zu bekommen!

Abseits der touristischen Highlights lässt sich aber auch in Sultanahmet das İstanbul der İstanbuler entdecken, so z. B. in den Vierteln Cankurtaran und Kadırga südlich der großen Sehenswürdigkeiten am Marmarameer. Verschlungene, kopfsteingepflasterte Gassen, z. T. von alten Holzhäusern gesäumt, laden dort zum Schlendern ein. Besten (aber nicht billigen) Fisch und jede Menge Trubel bietet das Viertel Kumkapı (→ Kasten S. 125).

Der **Topkapı-Palast** *(Topkapı Sarayı)* wird aufgrund seiner vielen Sehenswürdigkeiten in einem eigenen Kapitel ab S. 128 behandelt.

Sultanahmet

Spaziergang

Länge ca. 2,7 km, **Dauer** ca. 1 ¾ Std., **Karte** S. 113.

Das Schönste liegt nicht selten im Verborgenen: Ausgangspunkt des Spaziergangs ist die → **Yerebatan-Zisterne** *(Yerebatan Sarnıcı)*, ein geheimnisvoller unterirdischer Wasserspeicher. Ihr unauffälliger Eingang liegt an der gleichnamigen Straße gegenüber der Touristenpolizei. Unter mehreren Häuserblocks erstreckt sich die Zisterne. An der Alemdar Caddesi erblicken Sie wieder das Licht der Welt. Es sind nur ein paar Schritte von hier bergauf bis zum **Ayasofya Meydanı**, einem von Platanen und Kastanien umsäumten Platz und İstanbuls Touristenfokus. Auf ihm paradieren Reisegruppen im Gänsemarsch hinter bunten Fähnchen, Tourbus folgt auf Tourbus, drum herum Postkartenständer und Cafés. An dem Platz liegt auch der Zugang zur → **Hagia Sophia** *(Ayasofya Müzesi)*, einer der imposantesten Sakralbauten der Welt.

Hinweis zum Aufbau des Reiseteils: Der in Spaziergängen und einleitenden Kapiteln auftauchende Pfeil „→" vor einer Sehenswürdigkeit verweist auf eine ausführlichere Beschreibung im anschließenden Kapitel „Sehenswertes". Die angegebene Dauer eines Spaziergangs beinhaltet nicht den Besuch von Museen oder anderen Sehenswürdigkeiten.

Im Südosten grenzt der → **Archäologische Park** *(Sultanahmet Arkeolojik Parkı)* an den Ayasofya Meydanı. Hier grub man u. a. Mauerreste des *Palatium Magnum*, des Großen Palastes aus, der Sitz der Kaiser in byzantinischer Zeit. Finanziert wurden die Grabungen vom nahen Four Seasons Hotel, das dafür eine Genehmigung für einen Hotelanbau erhielt, ebenfalls auf Fundamenten der alten Palastanlagen. Auf den Deal folgte harsche Kritik von Archäologen aus aller Welt.

Die Blaue Moschee

Nur ein paar Schritte vom Zugang zum Archäologischen Park entfernt steht das **Hürrem-Sultan-Bad** *(Hürrem Sultan Hamamı)*, ein Werk Sinans und seit der jüngsten Restaurierung wieder einer der schönsten Hamams der Stadt (→ S. 30). Roxelane, die Hauptfrau Süleymans des Prächtigen, gab den rotweißen Bau selbst in Auftrag.

Durch die Grünanlage des Sultanahmet Meydanı führt der Spaziergang weiter zur → **Blauen Moschee** *(Sultanahmet Camii)*. Die Gebetsstätte, unverwechselbar durch ihre sechs Minarette, gehört wie die Hagia Sophia zu den İstanbuler „Weltwundern". Touristen betreten die Moschee für gewöhnlich nicht von ihrem Vorhof, sondern von der Südseite. Rechter Hand des Moscheenausgangs blickt man auf einen alten **Sultanspavillon**. Das Gebäude besitzt einen direkten Zugang zur Blauen Moschee und ermöglichte Sultan Ahmet I. und seinen Nachfolgern, ungestört der Freitagspredigt lauschen zu können.

Ein Durchgang rechts der Rampe zum Sultanspavillon führt hinab zum **Arasta Bazaar**. So mancher kostbare, alte Teppich, den Sie hier sehen, ist ein Reimport aus Deutschland, erworben bei Haushaltsauflösungen in Berlin und anderswo. Im frühen 20. Jh. kamen die Teppiche nach Deutschland, als das osmanische Zimmer in Mode war. Erben und Trödler verkennen oft deren Wert. In der Basarzeile ist der Weg zum → **Mosaikenmuseum** *(Büyüksaray Mozaikleri Müzesi)* ausgeschildert.

Ein paar hundert Meter weiter, am Ende der von Hotels und Restaurants gesäumten Küçük Ayasofya Caddesi, steht die → **Sergius-und-Bacchus-Kirche** *(Küçük Ayasofya Camii)*. Auch wenn erheblich kleiner, zählt sie neben der Hagia Sophia zu den bedeutendsten noch erhaltenen byzantinischen Sakralbauten der Stadt. Ein idyllisches Gartencafé lädt neben der Kirche auf eine Pause ein.

Kadırga heißt der pittoreske Stadtteil westlich der Sergius-und-Bacchus-Kirche. Es ist ein typisches Wohngebiet mit oft renovierungsbedürftigen, alten Holzhäusern, wo sich Frauen aus den Fenstern lehnen und über die Straße hinweg tratschen. Darunter ein paar einfache Lebensmittelläden, spielende Kinder und – weil auch Touristen hier durchmarschieren – ein paar Galerien. Dazu hat das → **Fotografiemuseum** *(İstanbul Fotoğraf Müzesi)* in Kadırga seinen Sitz.

Über die Kadırga Liman Caddesi und die bergauf führende Şehit Mehmetpaşa Sokak geht es zur → **Sokullu-Mehmed-Pascha-Moschee** *(Sokullu Mehmet Paşa Camii)*. Im Innenhof, der über eine Treppe zu erreichen ist, befindet sich eine Koranschule. Zuweilen hört man hier kleine Jungen monoton Koran-Suren aufsagen.

Weiter über die steil ansteigende Su Terazisi und die davon abzweigende Üçler Sokak gelangt man zum → **At Meydanı** („Pferdeplatz"), einem länglichen, begrünten Platz. In byzantinischer Zeit befand sich hier das Hippodrom, wo Massenspektakel à la „Ben Hur" über die Bühne gingen. Auch wenn die Straßen drum herum den fast exakten Rennparcours von einst nachzeichnen, kann man sich heute kaum mehr vorstellen, wie die monumentale Pferdewagenrennbahn ausgesehen haben mag. Der große → **Ibrahim-Pascha Palast** *(İbrahim Paşa Sarayı)* auf der Westseite des Platzes beherbergt das sehenswerte Museum für türkische und islamische Kunst – eine der weltweit größten Ausstellungen dieser Art.

Die heruntergekommenen Justizgebäude an der Terzihane Sokak sind bis zu Ihrem Besuch vielleicht schon abgerissen. Nach archäologischen Grabungsarbeiten soll dort ein Stadtmuseum entstehen. Die Terzihane Sokak mündet in die geschäftige Klodfarer Caddesi, benannt nach dem französischen Schriftsteller Claude Farrère (1876–1957), der wie Pierre Loti (→ S. 287/288) zahlreiche in der Exotik angesiedelte Romane verfasste. Unter einem freien Platz rechter Hand erstreckt sich die → **Zisterne der 1001 Säulen** *(Binbirdirek Sarnıcı)*. Der zweitgrößte unterirdische Wasserspeicher İstanbuls kann der Yerebatan-Zisterne jedoch – im wahrsten Sinne des Wortes – nicht das Wasser reichen.

Ein paar Schritte weiter steht man auf dem **Divan Yolu**, einer der bekanntesten und ältesten Straßen İstanbuls. In byzantinischer Zeit war sie gesäumt von prächtigen Säulengängen aus Marmor. Der Name der Straße rührt jedoch aus osmanischer Zeit: Der *yol* (dt. „Weg") führte vom Diwan im Topkapı-Palast zu den weiter westlich gelegenen Palästen der Minister. Zahlreiche Moscheen, Medresen, Bibliotheken und Sultans-Türben zeichnen noch immer ein eindrucksvolles Bild von der einstigen Prachtstraße. Heute gehört der Divan Yolu, der Trampelpfad zwischen Basarviertel und Hagia Sophia, den Touristen und der meist überfüllten Straßenbahn.

Folgt man dem Divan Yolu gen Westen, gelangt man zu der von Tauben bevölkerten **Konstantinssäule**, die – dem Mast eines untergehenden Schiffes gleich – traurig in die Höhe ragt. Die İstanbuler nennen das von Eisenringen gestärkte Monument *Çemberlitaş* („Reifenstein"). In byzantinischer Zeit bildete die Säule den Mittelpunkt des Konstantinforums. Das Kapitell mit einem bronzenen Kaiserstandbild obenauf fiel vor rund 900 Jahren einem Erdbeben zum Opfer. Im Inneren der Säule sollen sich allerhand Reliquien befinden, u. a. Nägel und Splitter vom Kreuze Christi, Brotreste von der Speisung der Zehntausend und die Axt, mit der Noah seine Arche baute.

Sultanahmet → Karte S. 113

Sehenswertes

Yerebatan Sarnıcı (Yerebatan-Zisterne)

Im 6. Jh. wurde die Zisterne, auch „Versunkener Palast" genannt, unter Kaiser Justinian gebaut. Sie fasste 80.000 Kubikmeter Wasser, das über Aquädukte aus dem Belgrader Wald kam. Ihr einstiger Grundriss war größer als der der Hagia Sophia. Zwei Drittel der Anlage können heute besichtigt werden, der Rest verschwand im 19. Jh. hinter Mauern. Laufstege führen durch das geheimnisvoll gurgelnde Halbdunkel, das bis 1987 nur mit Booten zugänglich war (James Bond ruderte noch in *Liebesgrüße aus Moskau* hindurch). 336 Säulen, 8 m hoch, viele mit ionischen oder korinthischen Kapitellen verfallener Tempel versehen, stützen die Zisterne. Einige wenige Sockel sind mit Medusenhäuptern verziert. Wasser tröpfelt von der Decke, und am Boden schimmert es silbern. Dezente klassische Musik verstärkt die reizvolle Atmosphäre. Auch für Kinder lohnenswert.

Yerebatan Cad. Tägl. 9–18 Uhr, im Sommer bis 20 Uhr. 4,30 € (für Türken 2,20 €!). www.yerebatan.com.

Medusenhaupt in der Yerebatan-Zisterne

Ayasofya Müzesi (Hagia Sophia)

→ Karte S. 115

Erst Kirche, dann Moschee, heute Museum – aber zu allen Zeiten beeindruckend: die Hagia Sophia, die „Heilige Weisheit". Anfang April des Jahres 532 wurde unter Kaiser Justinian mit dem Bau der Kirche begonnen. Ende Februar desselben Jahres war ihr Vorgängerbau abgebrannt. Es wird vermutet, dass der Kaiser während des Nika-Aufstands (→ Kasten S. 122) deren Inbrandsetzung angeordnet hatte, um sich mit dem Neubau ein Denkmal setzen zu können. Denn es ist erstaunlich, dass Justinian bereits einen Monat später die Pläne für die Kirche bereithielt, die nach seinen Worten alle Bauten des Altertums in den Schatten stellen und zugleich die größte Kirche der Christenheit werden sollte. Das war sie dann auch für knapp 1000 Jahre, bis sie von der Peterskirche in Rom abgelöst wurde. Die Bauzeit betrug bescheidene fünf Jahre, über 100 Baumeister und mehr als 10.000 Arbeiter waren beteiligt.

20 Jahre nach der Einweihung stürzte die Hauptkuppel bei einem Erdbeben ein. Viele Legenden verlegen das Datum auf einen späteren Zeitpunkt, da der Einsturz eines vollendeten Bauwerks unter einem vollendeten Kaiser für unmöglich galt. Es sollte aber nicht das einzige Beben bleiben, das der Hagia Sophia großen Schaden zufügte. Mehrmals musste die Kirche wiederaufgebaut und dabei durch zusätzliche klobige Außenpfeiler und Verstärkungen gesichert werden. Ihnen verdankt sie ihre heutige gedrungene Erscheinung – in ihrer Jugend präsentierte sie sich rank und schlank.

Unmittelbar nach dem Fall Konstantinopels wurden die Kirchenbänke durch Gebetsteppiche ersetzt. Nach und nach

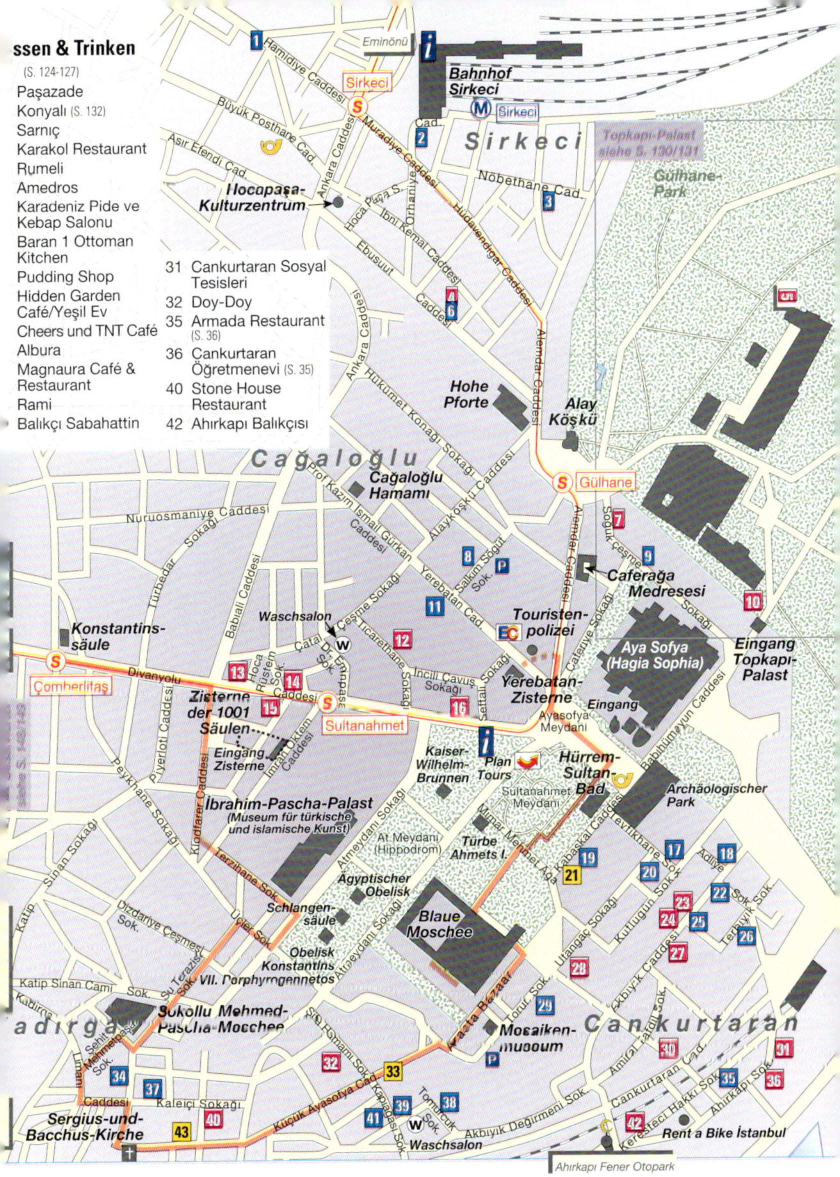

ssen & Trinken
(S. 124-127)

Paşazade
Konyalı (S. 132)
Sarnıç
Karakol Restaurant
Rumeli
Amedros
Karadeniz Pide ve Kebap Salonu
Baran 1 Ottoman Kitchen
Pudding Shop
Hidden Garden Café/Yeşil Ev
Cheers und TNT Café
Albura
Magnaura Café & Restaurant
Rami
Balıkçı Sabahattin
31 Cankurtaran Sosyal Tesisleri
32 Doy-Doy
35 Armada Restaurant (S. 36)
36 Cankurtaran Öğretmenevi (S. 35)
40 Stone House Restaurant
42 Ahırkapı Balıkçısı

bernachten (S. 61-63)

1 Legacy Ottoman
2 Elanaz Hotel
3 Hotellino
5 Hotel Erboy
3 Celal Sultan
9 Ayasofya Konakları
1 Kybele
7 Four Seasons
8 Empress Zoe
19 Yeşil Ev
20 Side Pension & Hotel
22 Orient Hostel
25 Sultan Hostel
26 Metropolis Hostel
29 Ararat
34 Rose Garden House
35 Armada
37 Sinbad Hostel
38 Tashkonak
39 Dersaadet
41 Emine Sultan

Einkaufen (S. 127)

14 Galeri Kayseri
21 İstanbul El Sanatları Çarşısı
33 Cocoon
43 Hattat Kâmil Nazik

kamen dann die vier Minarette hinzu, die zwei dickeren an den Westenden stammen vom berühmten Baumeister Sinan. Bis zum Bau der Blauen Moschee blieb die Ayasofya die Hauptmoschee der Osmanen. Vier Sultane ließen sich in ihrem Schatten beisetzen, darunter der legendäre Murat III. (1546–1595), der es auf die stattliche Zahl von 103 Kindern gebracht hatte. Auch Selim II. (1524–1574), Selim der Säufer genannt, ruht hier. Tragisch sein Tod: Betrunken rutschte er in der Badewanne aus. Die Türben, in welchen die Sultane mit ihren Lieblingsfrauen samt Anhang bestattet wurden, können besichtigt werden (separater Zugang von der Babıhümayun Caddesi). Jene von Selim II., die der große Architekt Sinan entwarf, ist dabei die schönste.

Atatürk wandelte die Hagia Sophia 1934 in ein Museum um. Er wollte damit verhindern, dass sie zum Zentrum reaktionärer islamischer Kreise wurde. Seitdem sind auch die Mosaiken wieder zu sehen, die im 18. Jh. unter Putz gekommen waren.

Rundgang: Für gewöhnlich betritt man die Hagia Sophia auf ihrer Westseite. Unmittelbar vor dem Eingang linker Hand brachten Grabungen Reste der im Jahre 415 geweihten „alten“ Hagia Sophia zum Vorschein, u. a. ein Friesfragment, das Lämmer zieren.

Fünf Bronzetüren trennen den **Exonarthex** (äußere Vorhalle) vom **Narthex** (innere Vorhalle), der über 60 m lang, 11 m breit und mit Marmor ausgekleidet ist. Hier legte der Kaiser seine Krone ab, bevor er durch das sog. Kaiserportal (mittlere Tür) den Sakralraum betrat. Darüber befindet sich ein herrliches Mosaik, das Christus auf einem juwelengeschmückten Thron darstellt. Ihm zu Füßen kniet reumütig Kaiser Leo VI., der aufgrund seiner vier Eheschließungen gegen damaliges orthodoxes Recht verstoßen hatte. Rechter Hand (heute als Ausgang gekennzeichnet) liegt die **Vorhalle der Krieger** – in diesem Raum wartete die Garde auf den Kaiser, bis er aus dem Gottesdienst zurückkam. Den Durchgang ziert ebenfalls ein schönes Goldgrundmosaik mit der heiligen Maria im Zentrum. Das Gros der noch heute existierenden Mosaiken entstand übrigens zwischen 850 und 1000, alle älteren wurden zerstört.

Vom gegenüberliegenden Ende des Narthex führen Stufen zu den Galerien

Die Hagia Sophia von außen ...

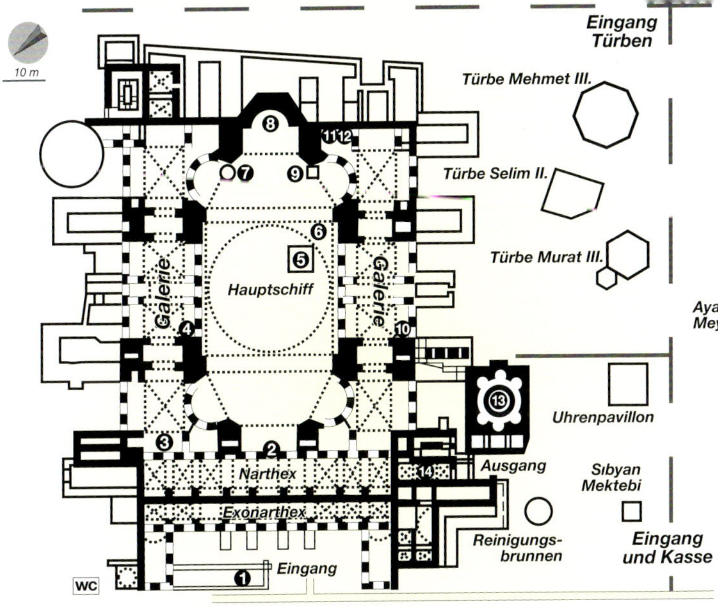

1 Theodosianische Hagia Sophia (Ausgrabungen)
2 Kaiserportal
3 Schwitzende Säule
4 Mosaik von Kaiser Alexandros
5 Omphalos
6 Vorbetertribüne
7 Sultansloge
8 Mihrab
9 Minbar
10 Deesis-Mosaik
11 Christus-Mosaik umringt v. Konstantin IV. und Zoë
12 Mosaik der Jungfrau Maria mit Johannes II. und Eirene
13 Altes Baptisterium
14 Vorhalle der Krieger

Hagia Sophia

(s. u.). Aber zuerst dorthin, wohin lange Zeit nur Männer gehen durften: Das **Hauptschiff**, knapp 80 m lang und 56 m hoch, ist einer der gewaltigsten Räume, die je von Menschenhand geschaffen wurden. Gekrönt wird es von einer Kuppel, welche scheinbar jeglichen Gesetzen der Statik spottet. Sie hat einen Durchmesser von 33 m und schwebt förmlich im hellen Licht ihrer 40 Fenster, zumal sie sich über tiefer gelegene Halbkuppeln erhebt. Stellt man sich darunter, wird man die Absicht der Architekten erkennen: Gott ist groß, und der Mensch ist klein. 30 Jahre lang war der Anblick der Kuppel durch ein Gerüst getrübt, erst zum Kulturhauptstadtjahr 2010 verschwand es. Und zum Vorschein kam, was fast 700 Jahre lang niemand mehr hatte sehen dürfen: das Gesicht eines der vier Seraphime (Engel) in den Bögen direkt unter der Kuppel. Die drei anderen Gesichter sollen irgendwann auch noch freigelegt werden.

Es gibt viele Legenden über den Bau der Kirche und deren Kuppel. Eine erzählt, dass man, um ein Gerüst zu sparen, den Innenraum mit Erde auffüllte, in welche Goldstücke gemischt waren. So halfen nach Vollendigung des Baus die Bürger freiwillig mit, die Erde wieder wegzuschaffen, denn jeder, der ein Goldstück fand, durfte es behalten.

In Wirklichkeit wurde die Kuppel natürlich mit Gerüst gebaut. Als man dieses demontierte, flutete man die Kirche meterhoch, damit die herabstürzenden Balken das Bauwerk nicht erschütterten. Das Material für den Bau der Kirche wurde übrigens aus dem ganzen Reich zusammengetragen. So stammen z. B. die großen Hauptsäulen aus rotbrauner Brekzie aus einem Gymnasion von Ephesus.

In der Apsis befindet sich der nach Mekka ausgerichtete **Mihrab**, darüber ein Mosaik, das die Muttergottes mit dem Jesuskind zeigt. Links davon steht die hochbeinige Sultansloge, eine Arbeit der Gebrüder Fossati (→ S. 196) aus der Mitte des 19. Jh. Sie konkurriert mit dem prachtvollen **Minbar** rechts der Apsis, ein Geschenk Süleymans des Prächtigen. Das marmorne Podest etwas weiter war einst die **Vorbetertribüne**, von der der Koran gelesen wurde. Neben ihr fällt ein quadratisches Bodenmosaik aus farbigem Porphyr auf, der sog. **Omphalos**. Er symbolisierte im Byzantinischen Reich den „Nabel der Welt", und man vermutet, dass genau hier die Kaiserkrönungen vollzogen wurden.

In der Nordecke „transpiriert" die **Schwitzende Säule**, über die es wundersame Geschichten gibt. Angeblich saugt sie aus einer tiefer gelegenen Zisterne – nach der verschiedene Grabungen erfolglos suchten – Feuchtigkeit auf und „schwitzt" sie wieder aus. So ist ihre Oberfläche stets feucht. Kaiser Justinian soll einst seine Stirn an die Säule gelehnt haben und so von heftigen Kopfschmerzen befreit worden sein. Das sprach sich herum. Blinde wurden zu ihr geführt und konnten wieder sehen, Gelähmte wieder laufen und so fort. Die Säule wurde zum „Heiligtum", an das Generationen von Christen und Moslems ihre Stirn legten. Irgendwann entstand gar ein Loch in ihr. Viele Besucher bohren heutzutage unwissend mit dem Zeigefinger darin herum – das hilft nichts.

... und von innen

Die **Galerien**, welche die Längsseiten des Hauptschiffs flankieren, waren für die Frauen bestimmt, die in byzantinischer Zeit den Hauptraum der Hagia Sophia nicht betreten durften. Von allen Goldgrundmosaiken (die einstige Gesamtfläche betrug 16.000 m², nur wenige blieben erhalten) sind hier die schönsten zu finden: In der Nordgalerie zählt dazu ein bestens erhaltenes Mosaik von Kaiser Alexander, welches er vermutlich selbst anbringen ließ. Es zeigt den Kaiser in seiner Kleidung, die er zur Prozession am Ostersonntag anlegte. Die vier Medaillons rings um ihn enthalten die Inschrift: „Gott, helfe deinem Diener, dem rechtgläubigen und getreuen Kaiser Alexander." Gott half ihm nicht: Seine Regentschaft dauerte nur 13 Monate, dann stürzte er bei einer Art Polospiel betrunken vom Pferd und starb.

In der Südgalerie findet man das berühmte **Deesis-Mosaik**, von dem jedoch nicht viel mehr als drei Köpfe übrig sind, diese aber in wundervoller Ausarbeitung: in der Mitte Jesus mit voller Haarpracht im Strahlenkranz, umgeben von Maria und Johannes dem Täufer. Gegenüber liegt das **Grabmal Henricus Dandolos**, eines Dogen, der 1204 die Kreuzfahrer maßgeblich zur Plünderung von Byzanz anstiftete.

Daumen rein: An der Schwitzenden Säule

Nahe der Apsis, an der Stirnwand der Südgalerie, fallen zudem zwei weitere prächtige Mosaike ins Auge: Das linke zeigt Christus mit dem Evangelium in der Mitte, links von ihm Konstantin IX. mit einem Geldsack, rechts von ihm Konstantins Gemahlin Zoë mit einer Schriftrolle. Die Heirat des Kaiserpaars fand 1042 statt, Zoë war zu diesem Zeitpunkt schon weit über 60 Jahre alt. Bis zu ihrem fünfzigsten Lebensjahr soll sie Jungfrau gewesen sein, dann verschliss sie Mann auf Mann, Konstantin IX. war Gemahl Nr. 3. Der Schriftzug über ihr meint dennoch: „Zoë, die allerfrommste Augusta". Das Mosaik daneben wird von der Jungfrau Maria mit Kind in der Mitte dominiert, links von ihr sieht man Kaiser Johannes II., rechts von ihr dessen Gattin Eirene. Es handelt sich um jenes Paar, welches das Pantokrator-Kloster (→ S. 164) stiftete.

Die acht überdimensionierten, runden, mit Kamelleder überzogenen und mit Goldkalligrafien versehenen Holztafeln, welche auf Höhe der Galerien in das Hauptschiff der Kirche blicken, wurden ebenfalls von den Brüdern Fossati angebracht. Sie sind mit den Namen Allahs, des Propheten Mohammed, der ersten vier Kalifen sowie der Märtyrer Hasan und Hussein versehen.

Nach Verlassen der Hagia Sophia passiert man noch den 1740 errichteten **Reinigungsbrunnen**, ein Paradebeispiel des türkischen Rokokos: fröhlich-bunt die Ornamentik, bemerkenswert die Liebe zum Detail.

Ayasofya Meydanı. Tägl. (außer Mo) 9–18 Uhr, im Sommer bis 19 Uhr, Galerien schließen eine Stunde früher. 11 €, der *Museum Pass Istanbul* wird akzeptiert. Türben: gleiche Öffnungszeiten, Eintritt frei. www.ayasofyamuzesi.gov.tr.

Sultanahmet Arkeolojik Parkı (Archäologischer Park)

Der Große Palast *(Palatium Magnum),* der zwischen dem 4. und 11. Jh. entstand, von den Kreuzfahrern im 13. Jh. verwüstet und nach Verlegung des Hofes in den Blachernen-Palast (→ S. 185) aufgegeben wurde, war kein einzelnes Gebäude, sondern eine terrassierte Anlage mit mehreren Palästen, Kirchen, Wirtschaftsgebäuden, Bade- und Parkanlagen. Das Palastareal erstreckte sich vom heutigen Ayasofya Meydanı bis zum At Meydanı (Hippodrom) und von dort bergab bis zum Marmarameer. Zuvor gab es hier schon eine Bebauung aus römischer Zeit. Danach wurde unter den Osmanen an jener Stelle, die zukünftig als Archäologischer Park zugänglich sein soll, eine Hochschule erbaut, die 1933 abbrannte. 1997 begann man hier mit Grabungsarbeiten. Dabei kamen nicht nur Mauern aus römischer, byzantinischer und osmanischer Zeit ans Tageslicht, sondern auch Münzen, Tonwaren u. v. m. aus den verschiedenen Epochen.

Ayasofya Meydanı. Das Areal war z. Z. d. letzten Recherche noch nicht der Öffentlichkeit zugänglich, sollte aber bis zu Ihrem Besuch die Pforten geöffnet haben (das schreiben wir jedoch schon seit drei Auflagen!).

Sultanahmet Camii (Blaue Moschee)

Der offizielle Name der İstanbuler Hauptmoschee geht auf ihren Stifter Sultan Ahmet I. zurück, der in jungen Jahren den Thron bestieg. 1609 gab er den Auftrag zum Bau der Moschee, die gewaltiger als die Hagia Sophia werden und ihn unvergessen machen sollte. Mit dem ehrgeizigen Projekt beauftragte er den erfahrenen Baumeister Mehmet Ağa, einen Schüler Sinans (→ Kasten S. 120). Sieben Jahre dauerten die Arbeiten. Wenige Wochen nach der Fertigstellung der Moschee starb der Sultan im Alter von 27 Jahren. Das Ziel, die Hagia Sophia zu übertreffen, wurde – zumindest was die Ausmaße angeht – nicht erreicht. Dennoch entstand mit der Sultanahmet-Moschee einer der schönsten und berühmtesten Sakralbauten der Welt.

Der Name Blaue Moschee ist im Türkischen unbekannt, für Ausländer jedoch der gebräuchlichere. Betritt man die Moschee, dann weiß man auch, warum. Bis zur Höhe der Fenster sind die Wände mit blau-grünen Fayencen aus der letzten Blütezeit der İznik-Kachelkunst (→ Kasten S. 156) verkleidet. Sie tauchen alles in einen blauen Farbton. Früher, als dazu noch alle Fenster der Moschee buntes, insbesondere blaues Glas hatten, war das noch extremer. Der Blick hinauf zur mächtigen Hauptkuppel (Höhe 43 m, Durchmesser 22 m), umgeben von aufsteigenden Halbkuppeln, ist von großartiger Harmonie. Der marmorne **Mihrab** ist mit kostbaren Steinen, u. a. mit einem Stück der Kaaba in Mekka, geschmückt. Die fein gemeißelte weiße Marmorkanzel rechts

Kein Gold, aber sechs Minarette

Die Blaue Moschee – ein Traum aus 1001 Nacht. Und wie ein orientalisches Märchen klingt auch die Geschichte ihrer sechs Minarette: Als Baumeister Mehmet Ağa dem Sultan seine ersten Entwürfe vorlegte, zeigte sich dieser begeistert. Nur forderte er anstelle von vier steinernen Minaretten vier goldene. Mehmet Ağa wusste, dass sich mit den vorhandenen finanziellen Mitteln der ehrgeizige Plan nicht verwirklichen ließ. Andererseits wollte er den Herrscher nicht vor den Kopf stoßen – um den eigenen zu schonen. Also verstand er seinen Bauherrn absichtlich falsch und baute sechs Minarette (türk. *altı* = sechs) statt vier goldene (türk. *altın* = „golden"). Als die Moschee fertig war und sechs Minarette weithin von der Größe Allahs und des edlen Spenders kündeten, vergaß der Sultan seine einstige Forderung. Doch der Bau einer Moschee mit sechs Minaretten wurde in der islamischen Welt als Anmaßung gegenüber der Harem-i-Şerif-Moschee in Mekka aufgefasst. So musste sich Sultan Ahmet I. verpflichten, der heiligsten islamischen Gebetsstätte ein siebtes Minarett zu spendieren, um deren exponierten Status zu dokumentieren.

davon, von welcher der Imam die Freitagspredigt hält, ist eine exakte Kopie des Minbar der Moschee von Mekka. Auch der elegante **Vorhof** der Anlage beeindruckt. Er besitzt in etwa dieselben Ausmaße wie die Moschee. Weit geschwungene Kolonnadengänge säumen ihn. In der Hofmitte erhebt sich der sechseckige **Reinigungsbrunnen**, heute ist er nur noch Schmuckwerk, die Fußwaschung findet außen an den Längsseiten des Vorhofs statt. Das Ritual befolgt jeder Moslem, leider kein christlicher Tourist: Die Blaue Moschee ist die einzige Moschee İstanbuls mit z. T. stechendem Fußgeruch.

Zur **Külliye** der Sultanahmet-Moschee gehörten einst auch ein Hospital und eine Karawanserei. Beide wurden abgerissen. Erhalten sind die **Armenküche** und die große **Türbe von Ahmet I.** Hier ruht der Stifter der Moschee – er starb vermutlich an Krebs – zusammen mit seiner Frau Kösem (von einem Eunuchen erdrosselt), seinem Sohn Osman II. (durch Zerquetschung seiner Hoden hingerichtet) und seinem Bruder Murat IV. (Todesursache ungewiss). Murat IV. lynchte übrigens noch vor seinem Tod seinen Bruder Beyazıt, der nun neben ihm liegt. Nicht schön, aber so geht man in die Geschichte und Literatur ein – das Schicksal Beyazıts wurde von Jean Racine in der gleichnamigen Tragödie aufgegriffen. Diese wiederum wurde Grundlage für Ruggiero Leoncavallos Oper *Bajazzo* (1892).

Sultanahmet Meydanı. Moschee tägl. 9–12.15, 14–16.15 und 17.15–18.15 Uhr (Fr jedoch 11–14.30 Uhr geschl.), Türbe tägl. 9.30–16.30 Uhr.

Büyüksaray Mozaikleri Müzesi (Mosaikenmuseum)

Highlight dieses kleinen, aber feinen Museums ist ein Bodenmosaik, das einst ein Gebäude des Großen Palastes (→ Archäologischer Park, S. 117) zierte und vermutlich aus dem 6. Jh. stammt. Bei Ausgrabungsarbeiten in den 50er-Jahren kam es zutage. Die Fundamente des alten Palais liegen heute einige Meter unter der Erde. 15 Jahre lang war ein österreichisch-türkisches Forscherteam damit beschäftigt, das Mosaik extern zu konservieren, bis es wieder an seinen ursprünglichen Fundort südöstlich der Blauen Moschee zurückgeführt werden konnte. Tierfabeln, Jagdbilder und Szenen aus dem Landleben und der Mythologie sind die Hauptmotive.

Arasta Bazaar, Kabasakal Cad. Tägl. (außer Mo) 9–16.30 Uhr, im Sommer bis 18 Uhr. 3,50 €, der *Museum Pass Istanbul* wird akzeptiert. www.muze.gov.tr/mosaic.

Im Mosaikenmuseum

Baumeister Sinan – ein bescheidenes Genie

Koca Mimar Sinan, der „altehrwürdige Baumeister Sinan“, wie ihn die Türken nennen, kam um 1490 als Kind christlicher Eltern in einem zentralanatolischen Dorf nahe Kayseri zur Welt. Die *devşirme,* die Rekrutierung junger Christen zum Militärdienst, führte ihn in den Dienst des Sultans. Nachdem er in der Palastschule zum Muslim erzogen worden war, trat er den Janitscharen als Militäringenieur bei. Auf Feldzügen durchstreifte er das Osmanische Reich und studierte dessen Moscheen ebenso wie die Pyramiden von Gizeh und die Aquädukte des Balkans. Unterwegs hatte er in vielen Ländern Gelegenheit, großen Architekten über die Schulter zu blicken. Als er für einen persischen Feldzug jene Schiffe baute, welche das Heer über den Van-See in Ostanatolien bringen sollten, wurde Sultan Süleyman I. auf ihn aufmerksam.

Sinan, schon über 50 Jahre alt, wurde sein Haus- und Hofarchitekt. All jene Pracht, die mit dem Sultan in Verbindung gebracht wird, fand erst durch Sinans geniale Architektur ihren Ausdruck. In den folgenden Jahrzehnten arbeitete er mit schier unglaublichem Fleiß. Zu seinen 477 (!) Bauwerken – u. a. auch Medresen, Mausoleen, Aquädukte und Hamams – gehören allein 42 Moscheen in İstanbul. Eines seiner Meisterwerke, die Selimiye-Moschee in Edirne (seit 2011 auf der UNESCO-Welterbeliste), beendete er im Alter von 85 Jahren. Die Kuppelrestaurierung der allerheiligsten Moschee Harem-i Şerif in Mekka wurde übrigens auch unter seiner Leitung durchgeführt.

Bis zu seinem Tod im Alter von 97 Jahren blieb der großartigste Architekt der osmanischen Periode ein bescheidener Mensch. In einer schlichten, von ihm selbst entworfenen Türbe nahe dem Süleymaniye-Komplex (→ S. 155) liegt er begraben – wohl wissend, dass sein Werk ihn um Jahrhunderte überleben und somit sein Name nie in Vergessenheit geraten würde.

Küçük Ayasofya Camii (ehem. Sergius-und-Bacchus-Kirche)

Im Jahre 527, unter Kaiser Justinian, wurde die kleine Kirche den Heiligen Sergius und Bacchus geweiht, den Schutzpatronen der christlichen Soldaten in der römischen Armee. Anfang des 16. Jh. erfolgte die Umwandlung in eine Moschee. Die Türken nennen sie seither „Kleine Hagia Sophia“ – über die Ähnlichkeit mit der großen Schwester kann man sich jedoch streiten.

Im Inneren überwiegen die Farben Blau, Grau und Weiß. Reiz verleiht dem Bauwerk auch sein konfuser Grundriss – ein möglicher Hinweis darauf, dass die Kirche einst zwischen anderen Gebäuden eingequetscht war. Die ausladende Mittelkuppe wird von einem unregelmäßigen Säulenachteck gestützt. An einigen Kapitellen sind noch Monogramme von Justinian und seiner Frau Theodora zu erkennen.

Küçük Ayasofya Cad.

İstanbul Fotoğraf Müzesi (Fotografiemuseum)

Das 2011 eröffnete Museum zeigt neben Wechselausstellungen eine kleine permanente Ausstellung mit Bildern der bedeutendsten türkischen Fotografen wie Ara Güler oder Nuri Bilge Ceylan – Letzterer ist auch als Regisseur bekannt.

Kadırga Liman Cad. 60. Tägl. (außer Mo) 10–18 Uhr. 1,70 €, erm. die Hälfte. www.istanbulfotografmuzesi.com.

Sokullu Mehmet Paşa Camii (Sokullu-Mehmed-Pascha-Moschee)

Sokullu Mehmed Pascha – ein gebürtiger Serbe namens Bayo Sokolovitsch, der bis zu seinem 18. Lebensjahr Christ war – ließ die Moschee 1572 errichten. Er galt als einer der fähigsten Politiker seiner Zeit und war Großwesir unter Selim dem Säufer, bis er von einem irren Soldaten ermordet wurde. Die Moschee selbst zählt zu den schönsten kleineren Gebetsstätten des Baumeisters Sinan (→ Kasten S. 120) und beherbergt grandiose türkisblaue İznik-Fayencen. Die kleinen schwarzen Steinchen an der Wand über dem Eingang, an Mihrab und Minbar entstammen dem Hadschra, dem heiligen Schwarzen Stein der Kaaba in Mekka. Angeblich sollen sich die Marmorsäulen nahe dem Mihrab schon bei der kleinsten Erschütterung drehen – falls es stimmt, ein geniales Erdbebenwarnsystem.

Şehit Çeşmesi Sok.

At Meydanı (Pferdeplatz/ehemaliges Hippodrom)

Die einstige Pferdewagenrennbahn der Byzantiner, im Jahre 203 von Septimius Severus errichtet und rund 130 Jahre später von Konstantin ausgebaut, gab es schon Ende des 16. Jh. nicht mehr. Die Osmanen hatten sie dem Erdboden gleichgemacht und als Steinbruch verwendet zum Aufbau des Topkapı Sarayı und diverser Moscheen. Nur zwei Obelisken und eine Säule, um welche die Pferde hetzten, sind übrig geblieben. Das südliche Ende des At Meydanı dominiert der **Obelisk Konstantins VII. Porphyrogennetos**. Er ist benannt nach dem Kaiser, der die 32 m hohe Kalkquadernadel unbestimmten Alters im 10. Jh. restaurieren und mit Bronze verkleiden ließ. Das schmucke Kleid wurde jedoch von den Kreuzrittern zwei Jahrhunderte später entfernt und eingeschmolzen. Etliche Amateurakrobaten, die über Jahrhunderte hinweg ihren Mut beweisen wollten, sind verantwortlich für den heute eher schlechten Zustand des Obelisken.

Nur wenige Meter weiter steht die rund 2500 Jahre alte **Schlangensäule**, die sich einst vor dem Apollo-Tempel von Delphi emporwand. Kaiser Konstantin ließ sie im 4. Jh. nach İstanbul bringen. Zahlreiche Legenden ranken sich um die heute fehlenden Köpfe der drei ineinander verdrehten Schlangen. Am häufigsten wird die Geschichte

Schlangensäule und Ägyptischer Obelisk

Sultanahmet → Karte S. 113

Blut und Spiele – das Hippodrom

So wie die Hagia Sophia in byzantinischer Zeit als Mittelpunkt des religiösen Lebens angesehen wurde, galt das Hippodrom als Zentrum profaner Aktivitäten. Bis zum 12. Jh. waren Wagenrennen das Massenspektakel schlechthin. Jeder vierte Einwohner suchte die gigantische Rennbahn auf, die 100.000 Menschen fasste und um einiges größer war als das riesige Giuseppe-Meazza-Fußballstadion in Mailand. Die Herrscherfamilie saß in der mächtigen Kaiserloge. Da das Hippodrom der einzige Ort war, an dem Volk und Herrscher zusammentrafen, kam es hier des Öfteren auch zu politischem Aufruhr. Am blutigsten war der sog. Nika-Aufstand im Jahre 523: Die zwei mächtigsten gesellschaftlichen Gruppierungen der Stadt waren nicht nur Rivalen um die politische Macht, sondern auch auf der Rennbahn. Es waren die „Blauen" und die „Grünen", benannt nach den Farben ihrer Wagenlenker im Hippodrom. Als Kaiser Justinian ein Verbot beider Parteien erwog, kam es zum Aufstand. Unter dem Schlachtruf „Nika, nika!" („Sieg, Sieg!") äscherten sie innerhalb weniger Tage die halbe Stadt ein. Nach Verhandlungen ließen sich die „Blauen" bestechen und räumten das Feld. 30.000 überraschte „Grüne" wurden im Hippodrom eingekesselt, niedergemetzelt und nach alter Tradition an Ort und Stelle begraben.

Auch nach dem Abriss des Hippodroms behielt der Platz seine Rolle als Schauplatz blutiger Auseinandersetzungen bei. 1826 ließ hier Sultan Mahmut II. im Zuge seiner „Militärreform" 30.000 Mitglieder des aufständischen Elitekorps der Janitscharen umbringen. Wer heute über das Gelände spaziert, läuft also über ein Massengrab.

eines betrunkenen polnischen Gesandten erzählt, der die Köpfe in einer Aprilnacht des Jahres 1700 abgeschlagen haben soll. Der Oberkiefer eines Kopfes tauchte Mitte des 19. Jh. wieder auf und befindet sich heute im Archäologischen Museum.

Der **Ägyptische Obelisk**, rund 1500 Jahre älter als unsere Zeitrechnung und ältestes Monument auf dem Boden İstanbuls, stammt von den Ufern des Nils. Annähernd 20 m Länge misst der Koloss; zweifelhaften Quellen zufolge soll er ursprünglich dreimal so groß und 800 t schwer gewesen sein. Wie man ihn im 4. Jh. nach İstanbul schipperte, ist unbekannt. Tatsache aber ist, dass ihn Theodosius I. aufstellen und sich und seine Familie auf dem marmornen Sockel verewigen ließ.

Der **Kaiser-Wilhelm-Brunnen** am nördlichen Ende des At Meydanı hat ganz und gar nichts mit dem antiken Hippodrom zu tun. Der mit Mosaiken geschmückte und von acht Säulen getragene Brunnen war ein deutsches Geschenk für Sultan Abdül Hamit II. Die meisten Teile wurden in Deutschland vorgefertigt und erst in İstanbul montiert.

İbrahim Paşa Sarayı/ Türk ve İslam Eserleri Müzesi (İbrahim-Pascha-Palast/ Museum für türkische und islamische Kunst)

Er gilt als einer der größten Paläste des Osmanischen Reiches. İbrahim Paşa, der Großwesir Süleymans des Prächtigen, ließ ihn 1524 errichten. Jahrelang

Im İbrahim-Pascha-Palast

genoss der Großwesir die Hochachtung Süleymans. Doch dann wurde er ihm zu mächtig. 1536, nach einer letzten gemeinsamen Mahlzeit, ließ ihn der Sultan im Schlaf ermorden. Später diente der Palast als Internat für Pagen, als Kaserne für unverheiratete Janitscharen, als Textilfabrik und Gefängnis.

Heute wird hier islamische Kunst aller Perioden präsentiert – über 40.000 Exponate aus dem 7.–20. Jh. (auch wenn das Museum kleiner wirkt). Zu sehen gibt es u. a. persische und türkische Miniaturen, Koranhandschriften, Glaslämpchen, Keramik-, Bronze-, Holz- und Steinarbeiten. Die Teppichsammlung zählt zu den größten und bedeutendsten weltweit, es sind jedoch nicht alle Stücke ausgestellt. Die ethnografische Abteilung dokumentiert u. a. das Leben der Yörüken, anatolischer Nomaden, z. B. zeigt man ein traditionelles schwarzes Ziegenhaarzelt. Nebenbei überraschen auch ein paar Kuriositäten wie Badeschlappen aus dem 18. und 19. Jh., die wie kubistische Designerstücke aussehen. Vom Balkon des Innenhofs hat man einen schönen Rundblick auf den At Meydanı. Das angeschlossene Café dient zugleich als kleines Kaffeemuseum. Dort kann man eine stilechte türkisch-osmanische Kaffeezeremonie genießen.

At Meydanı. Tägl. (außer Mo) 9–18.30 Uhr, im Winter verkürzt. 4,30 €, der *Museum Pass Istanbul* wird akzeptiert. www.tiem.gov.tr.

Binbirdirek Sarnıcı (Zisterne der 1001 Säulen)

Der Name ist etwas hochgegriffen: Die zweitgrößte unterirdische Zisterne İstanbuls, im Jahr 330 unter Konstantin erbaut, wartet lediglich mit 224 Säulen auf. Das Innere ist heute weitgehend trockengelegt. Angeschlossen ist ein meist verwaistes Café. Kein Muss!

Unscheinbarer Eingang an der İmran Öktem Cad. Tägl. 9–20 Uhr. 4,30 €. www.binbirdirek.com.

Sultanahmet → Karte S. 113

Praktische Infos

→ Karte S. 113

Vorwahl: 0212

Verbindungen

Sultanahmet erreichen Sie **vom Taksim-Platz**, indem Sie mit der **Fünikuler-Metro** hinab nach Kabataş und von dort weiter mit der **Straßenbahn** bis Sirkeci (Bahnhofsviertel), Gülhane (Zugang zum gleichnamigen Park) oder Sultanahmet (Spaziergangsstart und Topkapı-Palast) fahren.

Eine andere Möglichkeit besteht darin, **von Beyoğlu** mit der **Tünel-Bahn** nach Karaköy zu fahren und von dort weiter mit der Straßenbahn (Richtung Zeytinburnu) nach Sultanahmet zu gelangen (Stationen s. o.).

In die Viertel **Cankurtaran** und **Kumkapı** gelangt man, will man nicht laufen, mit der Vorortbahn B1 vom Bahnhof Sirkeci; die Züge fahren von den Gleisen rechter Hand ab.

Essen und Trinken

In Sultanahmet gibt es eine Vielzahl an Restaurants, kaum aber eines, das nicht vornehmlich Touristen bedient. Zum stilvollen Dinieren wählen die İstanbuler i. d. R. andere Stadtteile. Wirklich empfehlenswerte Adressen sind rar. Einfache Lokantas verstecken sich in den Gässchen südlich und nördlich des Divan Yolu, zudem im Bahnhofsviertel Sirkeci.

Restaurants

Sarnıç 7, gediegen-rustikales Ambiente – fast schon Burgcharakter – im Gewölbe einer einstigen byzantinischen Zisterne (6. Jh.). Hohe Säulen, Kerzenlüster usw. Jeden Abend Live-Pianomusik. Umfangreiche Karte, gute Meze, außergewöhnliche Hauptgerichte wie Shrimps mit Honigsoße oder Entenbraten mit Orangensoße. Hg. 13–22 €. Nur abends. Soğukçeşme Sok. 26, ✆ 5124291.

Rami 28, kleines, gepflegtes Restaurant in einem osmanischen Haus bei der Blauen Moschee. Das Innere könnte als Kulisse für einen Film aus dem Beginn des letzten Jahrhunderts dienen. An den Wänden Bilder des aus Ankara stammenden Malers Rami Uluer, daher auch der Name. Zudem schöne Dachterrasse. Serviert wird eine kleine Auswahl an fein zubereiteten Klassikern der türkischen Küche mit qualitativ hochwertigen Zutaten. Hg. um die 15 €, kleines Bier 6,50 €. Utangaç Sok. 6, ✆ 5176593.

Armada 35, riesiges Dachrestaurant des gleichnamigen Hotels (→ Übernachten, S. 61) mit verglastem Bereich für den Winter und toller Terrasse für den Sommer. Schöne Aussicht auf das Marmarameer. Sehr gute türkische und internationale Küche, opulente Vorspeisenauswahl, gute Weine, zuvorkommender Service. Von Lesern vielfach gelobt. Hg. 12–20 €. Ahırkapı Sok. 24, ✆ 4554455.

Balıkçı Sabahattin 30, gemütlich-gehobenes, auch bei Einheimischen überaus beliebtes Fischlokal im Viertel Cankurtaran. Alteingesessener Familienbetrieb, existiert seit 1927. Gute Meze, frischester Fisch, viel Rakı, versiertes Personal. Auch hier gefällt es Lesern. Portion Fisch ab ca. 13 €. Seyit Hasan Kuyu Sok., ✆ 4581824.

Magnaura Café & Restaurant 27, im touristischsten Eck Sultanahmets. Kleines beigefarbenes, 2-stöckiges Haus mit Dachterrasse. Steht in vielen Reiseführern. Die Karte (türkische und internationale Küche, dazu Pasta-Gerichte und Steaks) wurde von so manchem umliegenden Restaurant kopiert. Nette Straßenbestuhlung. Hg. 9–17 €. Akbıyık Cad. 23, ✆ 5187622.

Albura 24, schräg gegenüber dem Magnaura. Recht charmant, man sitzt sehr schön vor weißen Tischdecken, entweder im Hof, auf der Straße oder auf der Dachterrasse. Gute Meze. Spezialität des Hauses ist *Testi Kebap*, Fleisch mit Gemüse im Tonkrug. Auch an Vegetarier wird gedacht. Hg. 7–16 €. Akbıyık Cad. 38, ✆ 5179031.

Amedros 13, nettes, modernes Lokal mit Dielenböden, dezenter Musik und einem Blümchen auf jedem Tisch. Neben internationaler Küche (Pasta, tolle Salate) gibt es die oft mit Früchten und Nüssen zubereite-

Kumkapı und Koca Mustafa Paşa – die Adressen für Fisch

Im Südwesten Sultanahmets liegt das einstige Fischerviertel Kumkapı, heute Heimat vieler in İstanbul verbliebener Armenier. Rund um den Kumkapı Meydanı und in den abzweigenden Gassen reiht sich Fischrestaurant an Fischrestaurant. Abends spielen hier zuweilen Roma-Combos auf. Gute Fasılmusik und leckere Meze bieten u. a. das alteingesessene **Çapari** 3 in der Çapariz Sok. 16–18 (✆ 5177530), das **Neyzen** 2 in der gleichen Straße (Hausnr. 10/2, ✆ 5172293) und das armenisch geführte **Kör Agop** 1 in der Ördekli Bakkal Sok. 5/A (✆ 5172334).

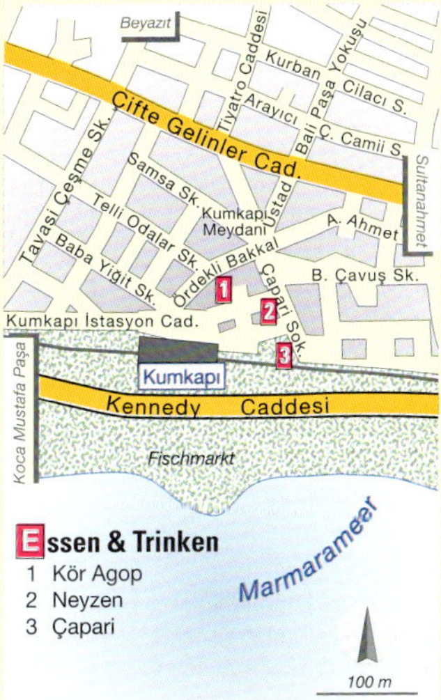

Am Hafen beim Fischmarkt gibt es sowohl einfache Fischbrätereien als auch teure Terrassenlokale mit aufdringlichen Kellnern.

Die Qualität und die Preise der Lokale unterscheiden sich kaum, Meze kosten 3–8 €, Fischgerichte 7,50–17 €, hinzu kommen die Getränke. Überprüfen Sie Ihre Rechnung! Deutlich weniger touristisch geht es in **Koca Mustafa Paşa** zu, einem noch recht ursprünglichen Viertel zwei Vorortbahnstationen weiter (→ Karte auf S. 100/181). Auch dort gibt es einen kleinen Platz (Samatya Meydanı) mit Fischlokalen. Schauen Sie sich einfach um, vergessen Sie aber auch hier nicht, die Preise, sofern nicht angegeben, vorher zu erfragen!

ten Klassiker der osmanischen Palastcuisine. Probieren Sie die originellen Fisch- und Meeresfrüchtevariationen! Auch vegetarische Gerichte. Hg. 10,50–28 € (Meeresfrüchtetopf). Hoca Rüstem Sok. 7, ✆ 5228356

Rumeli 12, Café-Restaurant in schönem Backsteingemäuer. Im Winter flackert ein Feuer im Kamin, im Sommer sitzt man draußen. Internationale Küche (Steaks, Pasta) überwiegt. Hg. zwischen 7,50 € (Pasta) und 28 € (Riesengarnelen). Ticarethane Sok. 8, ✆ 5120008.

Paşazade 4, Leser bezeichnen die Küche und den Service dieses gepflegt-gediegenen, großen Restaurants als „prima und empfehlenswert". Der Schwerpunkt liegt auf außergewöhnlicher osmanischer Küche. Kosten Sie z. B. *Terkib-i Çeşidiye* (Lamm und Kalb mit Aprikosen, Honig und getrockneten Tomaten), *Ördek Yahnisi* (Ente mit Karotten) oder *Seferceliye* (Kalbfleisch mit Früchten und Honig). Zum Restaurant gehört übrigens auch die Dachterrasse des Erboy-Hotels im gleichen Gebäudekomplex. Hg. 8,50–11,50 €. İbn-i Kemal Cad. 5/A, ✆ 5133750.

Stone House Restaurant 40, Natursteinhaus in einer ruhigen Straße im Kadırga-Viertel. Sympathisches, familiäres, folkloristisch dekoriertes Lokal auf 2 Etagen, im Sommer sitzt man draußen. Neben den touristischen Standards (Kebab, Pasta) überraschen einige kurdische Gerichte. Hg. 7,50–15 €. Kaleiçi Sok. 7, ✆ 5181118.

Ahırkapı Balıkçısı 42, kleines, einfaches Lokal, ein paar Tische drinnen, ein paar draußen.

Sultanahmet → Karte S. 113

Überschaubare Auswahl an Meze und frischestem Fisch, simpel, aber unglaublich lecker zubereitet. Meze 2,50–5 € (bis zu 10 € mit Fisch), Fischgerichte (wenig Auswahl, nur das, was gerade frisch da ist) ab 9 €. Rechnung überprüfen! Trotz seiner unmittelbaren Nähe zu den großen Sehenswürdigkeiten ziemlich versteckt gelegen. Keresteci Hakkı Sok. 38 A, ✆ 5184988.

Cankurtaran Öğretmenevi 36, eine nur selten von Touristen besuchte Oase im gleichnamigen Viertel. Das der türkischen Lehrerorganisation angeschlossene Haus (Restaurant und Unterkunft) steht jedem offen und lädt im Sommer auf seine Terrasse mit Marmarameerblick. Zu essen gibt es Gegrilltes jeder Art (Fisch und Fleisch), dazu Frühstück, aber keinen Alkohol. Für die Ecke überaus günstig: Hg. 5–7 €. Ahırkapı Sok. 7, ✆ 5172411.

Lokantas

Baran 1 Ottoman Kitchen 15, gehobene Lokanta in zentralster Lage, bei Türken wie ausländischen Touristen gleichermaßen beliebt. Kitschpalastartiges Interieur und leckere, appetitlich präsentierte Topfgerichte (3,50–5 € ohne Beilagen), dazu Döner und Gegrilltes. Işık Sok. 6.

Doy-Doy 32, ein netter Name: „Werde satt, werde satt!". In diesem mehrstöckigen Lokal mit schöner Dachterrasse brauchen Sie sich übers Sattwerden keine Sorgen zu machen. Kebabs, Pide, Topfgerichte zu 4,50–9 €. Şifa Hamamı Sok. 13.

Karadeniz Pide ve Kebap Salonu 14, günstige Adresse (Hg. 4,50–9 €) mitten in Sultanahmet. Was serviert wird, sagt der Name des Lokals: Pide und Kebap nach Schwarzmeerart. Hier essen auch viele Händler. Doch Achtung – viele Lokale ums Eck wollen am Geschäft teilhaben und nennen sich nun auch so. Das Original erkennt man am Schriftzug „KD 1985". Und nochmals Achtung: Zuweilen gibt's auch hier, wie bei den Nachbarn, einen „Government Tax"-Zuschlag! Hacı Tahsin Bey Sok.

Hoca Paşa Sokak, kleine Fressgasse im Bahnhofsviertel Sirkeci. Eine kleine Lokanta mit Tischen auf der Straße reiht sich dort an die andere. Serviert wird alles zwischen Kuttelflecksuppe, Pide und Topfgerichten. Gut und günstig.

Cafés

Hidden Garden Café/Yeşil Ev 19, in dem schattigen, gemütlichen Garten des Hotels Yeşil Ev wird neben Tee und Kaffee auch Bier serviert. Leider liegen die Preise weit über denen eines fränkischen Biergartens. Man kann auch essen. Kabasakal Cad. 5.

Cankurtaran Sosyal Tesisleri 31, nett angelegtes Terrassenlokal, in die alte Seemauer integriert. Schöne Aussicht auf das Marmarameer (darunter allerdings die befahrene Küstenstraße). Zugleich eine Art Nachbarschaftstreff der Bewohner von Cankurtaran. Man kann frühstücken, aber auch zu günstigen Preisen richtig essen, z. B. eine

Pudding Shop 16 – eine Legende überlebt sich

Schade, dass keiner der weißhemdigen Kellner des Restaurants Lale, so der offizielle Name des Pudding Shops, mehr von den turbulenten 60ern zu erzählen weiß. Von den langhaarigen Freaks und leicht beschürzten Mädchen, die sich mit dem Daumen im Wind gen Südosten aufmachten. Goa, Karatschi oder Kabul hießen ihre Ziele, der Pudding Shop war ihr Zwischenstopp. Hier, am Divan Yolu (Nr. 6) in Sultanahmet, gab es die besten und billigsten Puddings İstanbuls. Hier tauschte man Infos und Kontakte aus, hierher ließ man sich die Post von zu Hause schicken, und hier konnte man – davon will die Geschäftsleitung heute allerdings nichts mehr wissen – auch billigen Shit kaufen. Ein paar Zeitungsartikel und Fotos an den Wänden erinnern an die glorreiche Zeit des mittlerweile recht schick gewordenen Kultlokals. Heute speisen hier ältere japanische und amerikanische Herrschaften. Die Traveller essen ums Eck, wo man für weniger Geld ebenfalls satt wird.

Simit – die türkische Brezel

Sultanahmet → Karte S. 113

Portion Fisch zu 6 €. Aber: kein Alkohol! Ahırkapı Sok.

Bars

Sultanahmet ist – abseits der Hostels – kein Ort für Partypeople.

Cheers 23, kleine Musikkneipe zwischen den Backpacker-Hostels an der Akbıyık Cad. (Nr. 28). Dementsprechend das Publikum – jung und international. Das Bier fließt in Strömen. Nebenan gibt es weitere Kneipen, beliebt ist v. a. auch das **TNT Café** 23 4 Türen weiter.

Einkaufen

Rund um die Sehenswürdigkeiten bekommen Sie in erster Linie Fese, glitzernde Pantöffelchen, Teppiche u. Ä. mehr. Ein paar Empfehlungen:

Bücher

Galeri Kayseri 14, sehr gut sortierter Buchladen mit Schwerpunkt auf englischsprachiger Literatur. Egal ob Reiseführer, Übersetzungen türkischer Romane oder interessante Bildbände – hier finden Sie fast alles. Divan Yolu Cad. 52. Dazu eine Filiale schräg gegenüber ebenfalls am Divan Yolu.

Kalligrafie

Hattat Kâmil Nazik 43, wollten Sie schon immer einmal wissen, wie Ihr Name in arabischen Lettern aussieht? Im kleinen, freundlichen Laden des Kalligrafen Kâmil Nazik erfahren Sie es. Küçük Ayasofya Cad. 66.

Kunsthandwerk/Teppiche

Cocoon 33, guter Souvenirshop, untergebracht in 2 benachbarten Läden. Qualitativ hochwertiges Kunsthandwerk, schöne Stoffe, Kissenbezüge, originelle Schuhe, witzige Kopfbedeckungen u. v. m. Küçük Ayasofya Cad. 13 bzw. 17–19.

İstanbul El Sanatları Çarşısı 21, in einer ehemaligen Medrese untergebracht. Mehrere kleine Läden vereint um einen schattigen Innenhof. Einige Kunsthandwerker lassen sich bei der Arbeit zuschauen. Für ein paar Cents ist hier jedoch nichts zu bekommen. Kabasakal Cad.

Arasta Bazaar, geboten wird nahezu alles, was das türkische Kunsthandwerk hergibt, u. a. Meerschaumpfeifen, İznik-Kacheln oder Goldschmuck. Wer unbedingt mit einem Teppich nach Hause fliegen will, findet hier und in der Umgebung auch Adressen, bei denen man ein paar Tausend Euro lassen kann.

Der Topkapı-Palast von der Seeseite

Topkapı-Palast (Sarayburnu)

Sarayburnu, die Serailspitze, umgeben von den Wassern des Goldenen Horns, des Bosporus und des Marmarameers, war drei Jahrhunderte lang der Sitz der Osmanenherrscher. Sie hinterließen den Topkapı Sarayı, eine gewaltige Palaststadt, ein Traum wie aus 1001 Nacht.

Wie die Peterskirche zu Rom oder die Akropolis über Athen ist auch İstanbuls Topkapı-Palast ein touristisches Muss. Wenige Jahre nach der osmanischen Eroberung Konstantinopels begann man mit dessen Bau auf jener Landspitze Sultanahmets, wo die alten byzantinischen Kaiserpaläste langsam verfielen. Anfangs beherbergte er die Reichsverwaltung und eine Eliteschule für angehende Beamte. Zum Sultanspalast wurde der Topkapı Sarayı 1540 mit dem Einzug Süleymans des Prächtigen. Unter ihm und seinen Nachfolgern wurde an- und umgebaut, jeder Herrscher drückte dem Palast seinen Stempel auf. Es entstand ein verschachtelter Komplex, eine 70 ha große Stadt in der Stadt und mit dem Harem eine Stadt in der Stadt in der Stadt, ein Sammelsurium aus Gebäuden der verschiedensten Epochen, die eines gemeinsam haben: alles vom Feinsten.

Mahmut II. (1808–1839) war der letzte Sultan, der den Topkapı Sarayı bewohnte. Seine Nachfolger kündigten diese Tradition auf und zogen in europäisch angehauchte Paläste nördlich des Goldenen Horns. Mit dem Bau des Bahnhofs Sirkeci, der Zuglinie dahin und der Uferstraße rund um die Serailspitze veränderte der Topkapı Sarayı im späten 19. Jh. sein Gesicht von der Seeseite. Es verschwand u. a. das von zwei Türmen flankierte Kanonentor (türk. *topkapı)* an der Spitze der Landzunge, das dem Palast seinen Namen gegeben hatte.

Als Museum ist der Palast heute jedermann zugänglich. Mehrere Tausend Exponate, verteilt auf verschiedene Sammlungen, machen einen Besuch zu einem unvergesslichen Kulturerlebnis. Ein zusätzliches Bonbon ist das inmitten der einstigen Palastgärten gelegene Archäologische Museum, eines der angesehensten seiner Art weltweit.

Rundgang durch den Palast

Länge ca. 2 km, **Dauer** ca. 1 ½ Std., **Karte** S. 130/131.

Das Haupttor zum Palast liegt östlich der Hagia Sophia. Vom Ayasofya Meydanı führt die Babıhümayun Caddesi vorbei am Sultanahmet Arkeolojik Parkı darauf zu (für Hagia Sophia und Archäologischen Park → Sehenswertes Sultanahmet). Noch vor dem Tor rechter Hand steht der **Brunnen Ahmets III.** *(Sultan Ahmet Çeşmesi)*, einer der schönsten und stattlichsten Straßenbrunnen İstanbuls. 1728 ließ ihn der Sultan im osmanischen Rokoko erbauen. Beeindruckend ist seine verspielte Eleganz, die Reliefs mit Blumenornamenten unter einem breiten, vorschwingenden Dach sind liebevoll herausgearbeitet. Ein goldfarbenes Schriftband auf blaugrünem Grund preist das Quellwasser. Die Inschrift in arabischen Lettern endet jedoch mit den Worten: „Des Sultans Mauer schloss hier Wasser ein – erstaunt lässt selbst die Flut ihr Strömen sein!“ Wie wahr, die Quelle des Brunnens ist heute versiegt.

Das **Haupttor** trägt den exotischen Namen „Tor des vom Paradiesvogel beschatteten Kaisers“ *(Bab-ı Hümayun)*.

Bewacht wird es von der Jandarma, die hier in paramilitärischem Khaki und mit Maschinenpistolen ausgestattet ihren Dienst tut. In der Regierungszeit Selims II. (1566–74) muss der Weg durchs Tor grauenerregend gewesen sein, denn damals blickten die Besucher in die leeren Augen unliebsam gewordener Staatsbeamter, nachdem der Henker ihre Köpfe in Nischen des Tores platziert hatte.

Der **erste Hof**, ein weites, parkähnliches Gelände, wird auch „Hof der Janitscharen“ genannt, denn die Elitetruppe der Sultane hatte hier ihre Domäne. Einem feudalen Palastanwesen gleicht dieses Areal noch nicht. Hinter den Mauern rechter Hand lagen einst ein Spital, eine Bäckerei, Werkstätten und Unterkünfte für Wachen und Bedienstete. Das Gros der Gebäude war jedoch aus Holz errichtet und fiel Bränden zum Opfer.

Essen & Trinken

1 Müzenin Kahvesi
5 Konyalı
10 Karakol Restaurant

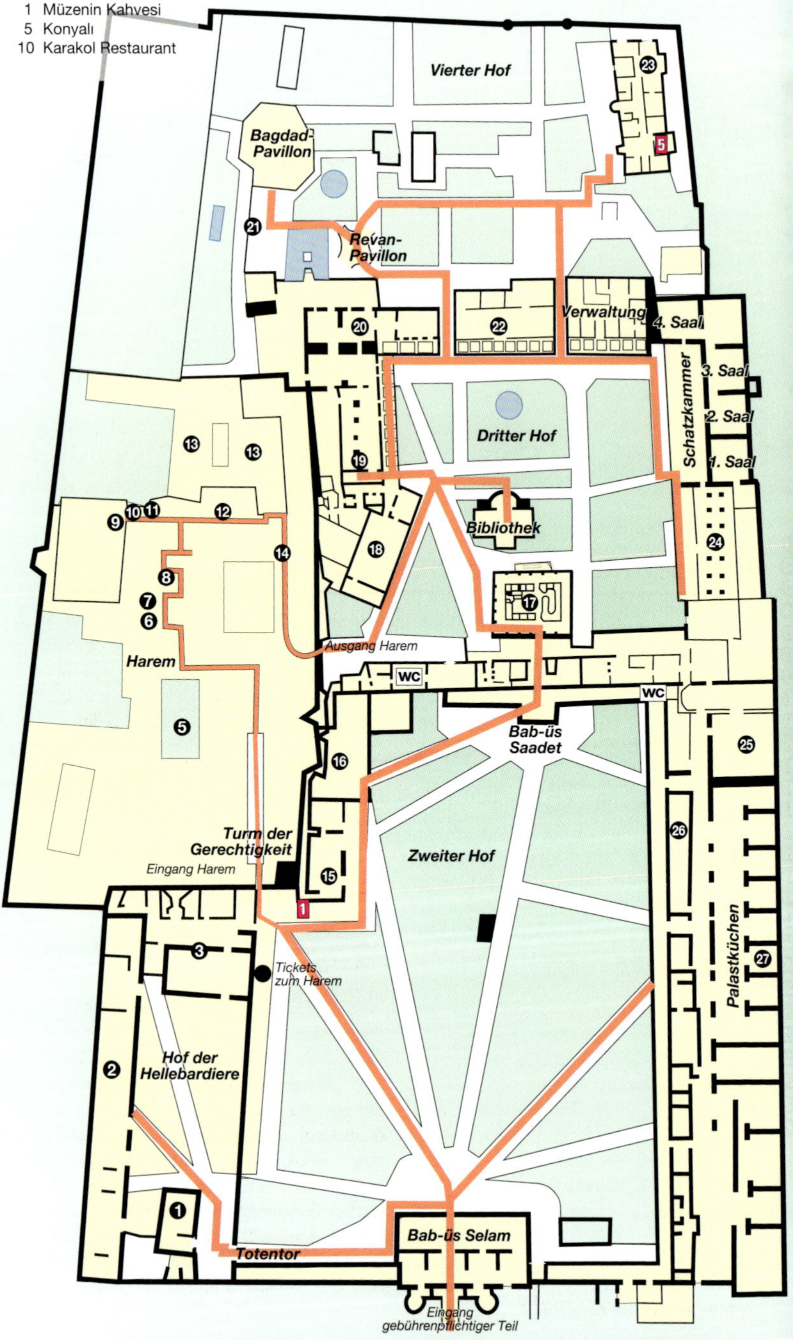

1 Beşir-Ağa–Moschee
2 Ehem. Stallungen
3 Quartiere Hellebardiere
4 Hof der schwarzen Eunuchen
5 Innenhof der Sultansfrauen
6 Gemächer der Sultansmutter
7 Sultansbad
8 Saal des Sultans
9 Früchtezimmer
10 Bibliothek Ahmets I.
11 Salon Murats III.
12 Doppelpavillon
13 Hof der Favoritinnen
14 Goldener Weg
15 Diwan
16 Sammlung Waffen und Rüstungen
17 Audienzsaal
18 Ağalar-Moschee
19 Porträtsammlung
20 Sammlung des Hl. Mantels des Propheten
21 Goldener Baldachin
22 Wechselnde Ausstellungen
23 Mecidiye-Pavillon
24 Sammlung der Sultansgewänder
25 Küchengeräte
26 Silber
27 Porzellan

20 m

Topkapı-Palast (Sarayburnu)

Linker Hand verbirgt sich schüchtern hinter Bäumen die → **Hagia Eirene** *(Aya İrini Kilisesi)*, eines der ältesten christlichen Heiligtümer der Stadt. Daran schließt die alte, restaurierungsbedürftige **Münzprägeanstalt** *(Darphane-i Amire)* an, die heute der Altertümerverwaltung İstanbuls unterstellt ist. Gelegentlich finden auf dem Areal temporäre Ausstellungen statt. Unmittelbar dahinter zweigt ein gepflasterter Weg ab. Im Anschluss an die Tour durch den Topkapı-Sarayı gelangen Sie auf diesem hinab zum **Archäologischen Museum** *(Arkeoloji Müzesi)* und weiter zum Eingang des **Gülhane-Parks** *(Gülhane Parkı)* – unter „Sehenswürdigkeiten in Palastnähe" lesen Sie mehr dazu.

Das mit Zinnen bestückte **Tor der Begrüßung** *(Bab-üs Selam)* führt in den gebührenpflichtigen Teil des Serails. Nur dem Sultan war der Durchritt erlaubt, alle anderen mussten von ihrem Pferd steigen. Heute finden hier Kontrollen wie auf einem Flughafen statt. In den Wachtürmen rechts und links des Tors befanden sich früher Warteräume für Gesandte, aber auch jene Kerkerzellen, in denen die letzten Stunden der zum Tode Verurteilten schlugen. Die Hinrichtungen erfolgten unmittelbar vor dem Tor. Der kleine, unauffällige Brunnen zwischen Ticketschalter und Tor wird daher auch **Henkersbrunnen** *(Cellat Çeşmesi)* genannt. Der Scharfrichter wusch sich hier nach getaner Arbeit die Hände.

Den zweiten Hof bestimmen Rasenflächen (so gepflegt wie auf Golfplätzen), welche geradlinig von Wegen durchschnitten werden. Er ist durchsetzt von Zypressen und Platanen. Rechter Hand liegen die → **Palastküchen** *(Mutfaklar)*, die, wie so manch ein Historiker augenzwinkernd anmerkt, mit zum Untergang des Osmanischen Reiches beigetragen haben: Die Palast-Cuisine muss ein solcher Gaumenschmaus gewesen sein, dass sie die Sultane von der Erledigung ihrer Staatsgeschäfte abhielt. So ließ sich z. B. Sultan Mahmut I. (1730–54)

Topkapı-Palast → Karte S. 130/131

gerne mehr als 70 Gänge auffahren. In Stoßzeiten rauchten 20 dicke Schornsteine zum Wohle der Palastbewohner, täglich wurden hier 100 Ochsen und 500 Schafe geschlachtet. An Festtagen standen bis zu 1200 Köche vor den Töpfen und kredenzten Speisen für bis zu 15.000 Hungrige. Heute – bzw. nach Abschluss der Restaurierungsarbeiten wieder – dienen die Palastküchen als Ausstellungsräume diverser Sammlungen (Porzellan, Glas, Silberwaren und Küchengeräte).

Auf der gegenüberliegenden Seite des Hofes führt linker Hand das „Totentor“ *(Meyyit Kapısı)*, durch das man früher die Leichname der im Palast Verstorbenen hinaustrug, in den tiefer gelegenen **Hof der Hellebardiere** *(Baltacılar Avlusu)*.

Der Gebäudekomplex an dessen Westseite beherbergte einst die **Stallungen** für die schnellsten und edelsten Pferde des Sultans. Heute werden die Räumlichkeiten für wechselnde Ausstellungen genutzt.

Der Zutritt zu den → **Quartieren der Hellebardiere** *(Baltacılar Koğuşu)* erfolgt – sofern mal wieder geöffnet – für die Besucher von heute vom zweiten Hof aus. Gleich daneben, ebenfalls im Schatten des „Turms der Gerechtigkeit“ *(Divan Kulesi)*, befindet sich der Eingang zum → **Harem**.

Rechts des Eingangs ragt ein von Arkaden umsäumter Komplex in den zweiten Hof, der **Diwan** *(Divan)*. Im Eckraum tagten früher viermal wöchentlich die höchsten Würdenträger des Imperiums. Der Großwesir saß gegenüber der Tür. Oberhalb seines Platzes sieht man

Hinweise zur Besichtigung

Tickets und Öffnungszeiten: Der gebührenpflichtige Teil des Topkapı Sarayı (ab dem zweiten Hof) ist im Sommer tägl. (außer Di) 9–19 Uhr geöffnet, im Winter bis 17 Uhr. Letzter Einlass 1 Std. vor Schließung. Eintritt 11 €, auch wird der *Museum Pass Istanbul* akzeptiert. Das Ticket berechtigt zur Besichtigung der meisten Ausstellungen und Palasttrakte. Ein zusätzliches Ticket muss jedoch für den Harem (6,50 €) gelöst werden. Die **Ticketschalter** befinden sich im ersten Hof rechter Hand vor dem Tor der Begrüßung. Verkauft werden hier nur Tickets für den Topkapı Sarayı als solchen. Tickets für den **Harem** (9–16.30 Uhr) kauft man am Eingang zum Harem. www.topkapisarayi.gov.tr.

Audioguides werden im gebührenpflichtigen Teil unmittelbar hinter dem Tor der Begrüßung angeboten, Dauer der Besichtigung der Palastanlage (inkl. Harem) mit Audioguide ca. 100 Min., Kostenpunkt 7 €.

Hinweis: Nicht immer sind alle Abteilungen und Sammlungen zugänglich. Zudem werden die Exponate von Zeit zu Zeit umgestellt, vertauscht oder vorübergehend weltweit an Museen verliehen.

Essen und Trinken: Da die Besichtigung des Topkapı Sarayı für gewöhnlich mehrere Stunden in Anspruch nimmt, empfiehlt es sich, Getränke bzw. Verpflegung mitzubringen. Wer diesen Ratschlag zu spät liest, kann für teures Geld im **Konyalı** (→ S. 135, **5**, Karten S. 113 und 130/131), dem einzigen Restaurant im gebührenpflichtigen Teil des Palastgeländes, einkehren. Man findet es im vierten Hof. Im ersten Hof gibt es zudem noch das **Karakol Restaurant** (**10**, Karten S. 113 und 130/131) mit netter Gartenterrasse, aber ebenfalls alles andere als preiswert. Außerdem verkaufen im ersten Hof ein paar Kioske und im zweiten Hof das Café **Müzenin Kahvesi** **1** neben dem Eingang zum Harem (Karten S. 113 und 130/131) Getränke. Gemütliche Teegärten mit schöner Aussicht findet man im angrenzenden Gülhane-Park (→ S. 144). Für Restaurants in der Umgebung → Sultanahmet, ab S. 124.

Verbindungen → Sultanahmet, S. 124.

Touristenrummel vor dem Diwan

ein vergittertes Fenster. Dahinter lauschte der Sultan gelegentlich heimlich den Beratungen. In den angrenzenden Räumen im Stil des türkischen Rokoko befanden sich bis in die Mitte des 17. Jh. die Amtsräume des Großwesirs.

Gleich nebenan war die Finanzverwaltung untergebracht. Die Steuern und Tribute aus allen Provinzen des Reiches flossen hier zusammen. Damit wurden vierteljährlich die Gehälter der Beamten und Janitscharen bezahlt. Was übrig blieb, sackte der Sultan selbst ein. Heute wird in den Räumlichkeiten die → **Waffensammlung** *(Silâh ve Zırh)* des Palastes gezeigt.

Wer den **dritten Hof** nicht über den Harem betritt, gelangt dahin durch das **Tor der Glückseligkeit** *(Bab-üs Saadet)*. Sein Rokokodekor erhielt es im 18. Jh. Unter dem ausladenden Baldachin saß einst der Sultan bei Krönungsfeierlichkeiten und Ordensverleihungen. Alljährlich dient es nun während des Internationalen İstanbuler Musikfestivals als stimmungsvolle Kulisse. Des Öfteren wurde hier schon Mozarts Oper *Entführung aus dem Serail* inszeniert.

Gleich hinter dem Tor steht der private **Audienzsaal** *(Arz Odası)*, ein intimes, kleines Gebäude mit einem weit ausladenden, schattenspendenden Dach. Falls geschlossen, kann man durch ein vergittertes Fenster hineinblicken. Unter einem Baldachin prunkt der Thron, der zu gegebenem Anlass mit smaragdbestickten Brokaten drapiert wurde. Hier schenkte der Sultan ausländischen Gesandten Gehör. Bis ins 19. Jh. war es dabei üblich, dass der Großwesir die Konversation führte, denn der Sultan sprach nicht mit Nichtmuslimen. Das Plätschern des Wandbrunnens sorgte dafür, dass die Gespräche vertraulich blieben.

Ungefähr in der Mitte des dritten Hofes befindet sich die **Bibliothek** *(Kütüphane)*, die Ahmet III. 1719 errichten ließ. Einst beherbergte sie rund 13.000 griechische, arabische und türkische Handschriften – heute steht sie leer.

Die Gebäude rund um den Hof gehörten früher größtenteils zur Palastschule, in der junge Knaben auf den Dienst für den Sultan vorbereitet wurden. Heute beherbergen sie u. a. diverse Sammlungen. Im Uhrzeigersinn: Linker Hand (nach dem Ausgang des Harems) steht die Ağalar-Moschee *(Ağalar Camii)*, die, so die vorläufigen Planungen, nach Abschluss der Restaurierungsarbeiten die → **Miniaturensammlung** *(Minyatürler)* beherbergen soll. Im nächsten Gebäude schließt die → **Porträtsammlung der Sultane** *(Portreler)* an. Darauf folgt die → **Sammlung des Heiligen Mantels des Propheten** *(Hırka-i Saadet Dairesi)*. Sie verteilt sich auf mehrere Kuppelsäle, ehemalige Privatgemächer Mehmets des Eroberers. Den ganzen Tag zitieren hier Geistliche Passagen aus dem Koran (bitte mit Respekt betreten).

In dem Gebäude zwischen den Durchgängen zum vierten Hof werden immer wieder temporäre Ausstellungen gezeigt.

Das Eckgebäude beherbergt die → **Schatzkammer** *(Hazine)*, ein buntes Sammelsurium an Kostbarkeiten und einer der Höhepunkte des Serails. Daran schließt sich die → **Sammlung der Sultansgewänder** *(Seferli Odası)* an, die letzte Ausstellung im Serail.

Den **vierten Hof** erreicht man u. a. über die Passage nahe der Schatzkammer. Er ist streng genommen gar kein Hof, sondern mehr ein terrassenförmig angelegter Garten mit Pavillons. Im Türkischen heißen sie *köşkler* (Sing. *köşk*), woraus sich übrigens das deutsche Wort „Kiosk“ ableitet. Der Garten wird auch Tulpengarten genannt, da hier zu Zeiten Ahmets III. (1703–1730) die berühmten Tulpenfeste stattfanden, die einer ganzen Epoche ihren Namen gaben (→ Geschichte, S. 93). Unter Mahmut II. (1808–39) verkam der vierte Hof zu einem Obst- und Gemüsegarten, in dem Himbeeren, Melonen und Gurken wuchsen. Letztere liebte der Sultan überaus. Als ihm eine davon gestohlen wurde und sich niemand zur Tat bekennen wollte, ließ er die Bäuche seiner Pagen der Reihe nach aufschlitzen, bis man beim siebten die vermeintlichen Gurkenreste im Magen fand.

Ganz im Osten des vierten Hofes liegt, mit Blick auf den Bosporus und das Marmarameer, der **Mecidiye-Pavillon** *(Mecidiye Köşkü)* aus der ersten Hälfte des 19. Jh. Die Architektur dieses Baus zeigt mehr europäische Stilelemente als orien-

İbrahim „der Verrückte“ (1640–1648)

Es bedarf keiner großen Fantasie, um zu erraten, weshalb Mehmet II. „der Eroberer“ genannt wurde oder Selim II. „der Säufer“. Auch Sultan İbrahims Beiname lässt Rückschlüsse auf seine Person zu, jedoch weniger auf sein Handeln. Verrückt nannte man ihn z. B. deshalb, weil er gerne mit der Armbrust vom Alay Köşkü (→ S. 144) wahllos auf Passanten schoss. Doch der Sultan hätte auch noch ganz andere Beinamen verdient: Aufgrund fehlender Manneskraft begab er sich kurz nach seiner Inthronisierung in die Obhut eines Mannes namens Cinci Hoca, der den Ruf eines „Wunderdoktors“ hatte und diesem auch gerecht wurde. Schon bald erlebte der Harem einen wahren Kindersegen. Aber damit nicht genug. Als ob er nun als Kraftprotz der Sinneslust in die Geschichte eingehen wollte, soll İbrahim später damit begonnen haben, seine Potenz auch vor Zuschauern unter Beweis zu stellen. Dadurch stieg er – bis heute hat sich daran nichts geändert – zu einem legendären Helden in vertrauten Männergesprächen auf. Der nicht nur verrückte, sondern auch jähzornige und ungerechte Sultan wurde übrigens nach achtjähriger Herrschaft von einer aufgebrachten Menge auf dem At Meydanı gelyncht.

Touristen aus aller Welt treffen sich im Open-Air-Esszimmer der Sultane

talische. Darin befindet sich heute das preisgekrönte Restaurant **Konyalı**. Die vornehmsten Räumlichkeiten werden nur Staatsgästen aus aller Welt geöffnet. Für Touristen gibt es eine teure Konyalı-Selfservice-Theke mit herrlicher Terrasse.

Auf der gegenüberliegenden Seite des Tulpengartens stehen die schönsten Pavillons des vierten Hofes, der **Revan-Pavillon** (Revan Köşkü) und der **Bagdad-Pavillon** *(Bağdat Köşkü)*. Ersterer wurde von Murat IV. 1635 zur Erinnerung an die Eroberung Eriwans gebaut. Der zweite und größere entstand drei Jahre später nach der Einnahme Bagdads. Beide zeigen in ihrem Innern herrliche Fayencen. Dazwischen steht ein Baldachin, 1640 von Sultan İbrahim errichtet. Unter dem goldverkleideten Bronzedächlein speiste der verrückte Sultan (→ Kasten S. 134) im Ramadan nach dem langen Fastentag in der Abenddämmerung und verdaute mit Blick über das Goldene Horn.

Sehenswertes

Aya İrini Kilisesi (Hagia Eirene)

Vermutlich wurde die „Kirche des himmlischen Friedens“ kurz nach der Einnahme von Byzanz im Auftrag Kaiser Konstantins errichtet. Bis zum Bau der Hagia Sophia diente sie als Patriarchensitz. Mehrmals wurde die Kirche durch Brände, Aufstände und Erdbeben verwüstet, mehrmals musste sie wiederaufgebaut werden. Nach der Einnahme Konstantinopels durch die Osmanen wurde der Bau den Janitscharen als Arsenal übergeben. Heute ist das Innere der dreischiffigen Basilika leer und bis auf ein großes Apsismosaik – ein Kreuz – kahl. Dennoch besitzt sie etwas Anmutiges und bildet einen würdevollen Rahmen für Konzerte und Ausstellungen. Seit Jahren soll darin ein Museum für Reliquien und Ikonen eingerichtet werden.

Topkapı Sarayı, erster Hof. Zuletzt nur zu Veranstaltungen geöffnet.

Mutfaklar (Sammlungen in den Palastküchen)

Die **Porzellansammlung** zählt zu den bedeutendsten der Welt. Der Fundus zählt mehrere Tausend Objekte! Der Schwerpunkt der ausgestellten Exponate liegt auf chinesischem Porzellan. Über die Seidenstraße gelangten die Stücke an den Bosporus. Bei Hof wurde chinesisches Porzellan aus Celadon (13.–15. Jh., Sung-Periode) bevorzugt, angeblich verdunkelt sich seine eigentümliche lindgrüne Farbe in Verbindung mit vergifteten Speisen. Gezeigt wird nur ein Bruchteil der Sammlung, die u. a. auch japanische und europäische Porzellanarbeiten umfasst, darunter Stücke von Manufakturen aus Meißen, Sèvres, Wien usw.

Die **Silbersammlung** ist reich an filigran gearbeiteten Stücken aus dem 16.–19. Jh. Viele waren Geschenke ausländischer Gesandter. Sofern sie am Hofe hergestellt wurden, tragen sie das Monogramm des jeweiligen Sultans.

In der **Glassammlung** dominiert böhmisches Kristall, insbesondere Stücke aus der Karlsbader Manufaktur Moser, zu deren Kundschaft noch heute Königshäuser aus aller Welt gehören.

Keine Entführung aus dem Serail – der Harem

Darüs Saadet, „Ort der Glückseligkeit“, wurde der Topkapı-Palast gerne genannt, nicht zuletzt aufgrund seines Harems. Aber nur für die Sultane sollte sich der Harem als ein solcher Ort erweisen, nicht für die Frauen darin. Für sie war der Harem ein Gefängnis, i. d. R. auf Lebenszeit. Die bekannte *Entführung aus dem Serail* war schlichtweg unmöglich.

Die Frauen des Harems, bis zu 500 an der Zahl, waren Sklavinnen aus allen Teilen des Reiches, Geschenke an den Sultan. Dabei zählten sie gar nicht zu den teuersten Präsenten, die besten Frauen waren nicht wertvoller als fünf gute Pferde. Da man keine muslimischen Frauen versklaven durfte, handelte es sich i. d. R. um Christinnen oder Jüdinnen, die erst im Harem islamisiert wurden. Eine Augenweide waren die meisten Frauen nur bei ihrer Ankunft. Sie alterten im Nu, da sie selten an die frische Luft kamen, keinerlei Bewegung hatten und ihre Langeweile mit Essen vertrieben.

Der Harem war hierarchisch aufgebaut: Die mächtigste Frau war die *Valide Sultan,* die Mutter des Sultans. Direkt unter ihr kam die *Kâya kadın,* die Verwalterin des Harems. *Kadınlar* nannten sich die vier Hauptfrauen des Sultans, die ihm das islamische Recht zugestand. Gefiel ihm eine nicht mehr, tauschte er sie gegen eine seiner Favoritinnen aus. Als *İkballar* bezeichnete man jene Frauen, mit denen der Sultan schon ein Abenteuer hatte. Die *Gözdeler* hingegen warteten noch darauf. Sie waren zugleich die Einzigen, die unter besonderen Umständen in die Freiheit entlassen wurden. Unter ihnen allen herrschte Neid. Wer sich zu großen Unmut zuzog, endete nicht selten in einem mit Steinen beschwerten Sack auf dem Grunde des Bosporus. Wer jedoch Favoritin des Sultans wurde und ihm einen Sohn gebar, hatte Chancen auf Heirat und konnte damit später selbst *Valide Sultan* werden. Doch die Chancen waren gering. Murat III. (1574–1595) brachte es im Harem z. B. auf über 100 Kinder. Und um Thronstreitigkeiten auszuschließen, war man stets damit beschäftigt, die Kleinen zu erdrosseln – denn Sultansblut durfte nicht vergossen werden.

Die **Sammlung alter Küchengeräte** zeigt Bronzekessel und andere Küchenutensilien, die hier einst Verwendung fanden.

Weitere Räumlichkeiten sind wechselnden Ausstellungen vorbehalten.

Topkapı Sarayı, zweiter Hof. Seit Jahren wegen Restaurierungsarbeiten geschl., die Wiedereröffnung ist für 2013 angekündigt.

Baltacılar Koğuşu (Quartiere der Hellebardiere)

Die Hellebardiere waren die Garde des Palastes. Ihr Name leitete sich von der Waffe ab, die sie trugen: eine Art Lanze mit mehreren Eisenzacken. Da sie des Öfteren Feuerholz in den Harem zu schaffen hatten, hingen von ihren Hüten zwei Quasten herab, die ihre Sicht behindern sollten. Dieser Quasten wegen nannte man sie auch „Schmachtlock-Hellebardiere" (türk. *zülfülü baltacılar*). Ihre Quartiere sind nicht ganz so blumig wie ihr Name, vielleicht waren sie deshalb zuletzt für die Öffentlichkeit geschlossen.

Topkapı Sarayı, zweiter Hof.

Harem

Die Stadt in der Stadt in der Stadt – ein verwirrendes, immer wieder umgebautes und vergrößertes Labyrinth aus schmalen Gängen und Treppen, dunklen Korridoren und Höfen, aus über 300 verschachtelten Räumen, Hospitälern, Bibliotheken, Schulen, Bädern usw. Der auf mehrere Etagen verteilte Harem hatte eine Fläche von insgesamt 6700 m². 70 dunkelhäutige Eunuchen, meist Sklaven aus Afrika, schirmten den Komplex rund um die Uhr ab. Das Wort *harem* kommt aus dem Arabischen und heißt „unzugänglich". Die einzigen Männer, die ihn außer den Eunuchen betreten durften, waren der Sultan und seine Söhne. Erbaut wurde der Harem in der Mitte des 16. Jh. unter Süleyman I. Die letzte Frau verließ ihn 1909.

Heute ist der Harem seiner Teppiche und Tücher beraubt, seiner Kissen und

Der Harem

Schleier, seiner Düfte und Musik, seines Zaubers und seiner Macht. Kein Funken mehr von Erotik oder Exotik. Touristengruppe folgt auf Touristengruppe, und die Litanei der Fremdenführer hallt von den Wänden wider.

Der Rundgang beginnt beim sog. Equipagentor, dem ehemaligen Liefereingang. Durch düstere, aber schön gekachelte Wachräume gelangt man in den schmalen **Hof der schwarzen Eunuchen**. Dass diese alle kastriert waren, ist übrigens nur ein gern erzähltes Gerücht. Linker Hand, hinter den Arkaden, lagen ihre Quartiere. Danach betritt man den Kernbereich des Harems. Durch den Konkubinengang gelangt man in den etwas größeren, ebenfalls länglichen **Innenhof der Sultansfrauen.**

Diwan: Tagungsort der Würdeträger

Das Sultansbad

Gegenüber der dortigen Arkade wohnte die *Kâya kadın,* die rechte Hand der Sultansmutter. Ihre Privatgemächer sind nicht immer zugänglich.

Der Rundgang führt weiter in die **Gemächer der Sultansmutter**. Erstaunlicherweise verfügte die uneingeschränkte Herrscherin des Harems über relativ kleine Räumlichkeiten. Jedoch sind sie mit herrlichen Fayencen und goldverzierten Decken ausgeschmückt.

Nächste Station ist für gewöhnlich (→ Kasten unten) das ganz in Marmor gehaltene **Sultansbad** mit einem – heute würde man sagen – kubistisch angehauchten Dach. Es war der einzige Ort im Serail, in dem der Sultan alleine war. Um ihn auch hier vor Attentaten zu schützen, wurde das Bad mit Eisengittern gesichert.

Nachdem man des Herrschers Stehklo passiert hat, betritt man den **Saal des Sultans**, nicht nur der größte Raum des Harems, sondern auch einer der schönsten. Hier thronte der Sultan gemütlich unter einem Baldachin und folgte den tänzerischen Darbietungen seiner Haremsfrauen. Die musikalische Begleitung kam von einem Orchester auf der Empore. Die barocken Ausschmückungen im unteren Teil des Saales stammen aus der Zeit Osmans III. (1754–57). Der Kuppelbereich wurde im 19. Jh. mit Delfter Kacheln ausgestattet.

Nun betritt man ein kleines, verschwenderisch gekacheltes Vorzimmer. Linker Hand schließt der **Salon Murats III.** an, einer der beeindruckendsten Räumlichkeiten des Harems. Tiefblaue Fayencen mit Kalligrafien wechseln sich reizvoll mit roten Blumenmustern ab. Die Kuppel gilt als ein Meisterwerk Sinans (→ S. 120). Das Plätschern des Brunnens verhinderte hier – wie im Diwan –, dass vertrauliche Gespräche belauscht werden konnten. Der dahinter liegende Raum war die Bibliothek

Ahmets I. (1603–17); Bücher sieht man darin keine mehr, jedoch jede Menge kostbarer İznik-Fayencen (→ S. 156). Daran grenzt das sog. **Früchtezimmer** aus dem 18. Jh., ein Paradebeispiel der Tulpenperiode. Die Wände sind über und über mit Obst- und Blumenmotiven dekoriert. Sultan Ahmet III. (1691–95) pflegte hier seine Speisen einzunehmen. Er war ein schwacher Esser, die Bilder sollten seinen Appetit anregen.

Von dem oben bereits erwähnten Vorzimmer führt rechter Hand ein Durchgang zum Hof der Favoritinnen. Dabei passiert man den Zugang zu einem Doppelpavillon, der häufig auch **Trakt der Kronprinzen** genannt wird. Anfangs vermutete man, dass hier die Brüder der jeweiligen Kronprinzen gefangen gehalten wurden. Aber es ist nicht anzunehmen, dass man diesen so feudal ausgestattete Räume zugestand. Immerhin zählt der farbenprächtige Fayenceschmuck zu den schönsten des gesamten Serails.

Hinweis: Wegen Renovierungsarbeiten ändert sich der Rundgang durch den Harem gelegentlich. 2012 waren z. B. das Sultansbad und – eines der Highlights – der Saal des Sultans nicht zugänglich. Der Rundgang führte von den Gemächern der Sultansmutter über den Hof der Sultansmutter und eine kleine Brunnenhalle (auch „Sultanstor" genannt) direkt zu jenem Vorzimmer, von wo man linker Hand den Salon Murats III. und rechter Hand den Trakt der Kronprinzen erreicht.

Der **Hof der Favoritinnen** ist einer der größten Höfe des Harems. Die Wohnungen der Favoritinnen lagen oberhalb der Arkadengänge. Die Sultane sollen hier gerne gesessen und dabei über ihre Stadt geblickt haben. Manchen Herrschern wurde der Hof aber auch zum Verhängnis, drei Sultansmorde sah der Ort.

Von hier führt der **Goldene Weg** zum Ausgang. Angeblich erfreuten die Sultane nach der Rückkehr aus Schlachten die hier auf sie wartenden Haremsfrauen mit Goldstücken, die sie auf den Weg streuten. Durch das sog. „Vogelhaus-Tor" verlässt man den Harem und gelangt in den dritten Palasthof.

Topkapı Sarayı, Eingang zweiter Hof, Ausgang dritter Hof. Separates Ticket nötig, → S. 132.

Silâh ve Zırh (Waffensammlung)

Gezeigt werden Schwerter, Kettenhemden, Pistolen, Helme, Äxte, Lanzen und Ähnliches mehr. Sie stammen aus Palastbeständen, teils auch aus dem persönlichen Besitz der Sultane. Darunter sind auch Beutestücke und Geschenke aus Europa, Asien und Afrika. Wer sich für dergleichen interessiert, sollte auch das Militärmuseum in Harbiye besuchen (→ S. 220).

Topkapı Sarayı, zweiter Hof.

Minyatürler (Miniaturensammlung)

Unter künstlerischen Gesichtspunkten zählt die Miniaturensammlung zu den wertvollsten des Palasts. Ihren Fundus bilden die rund 13.000 Manuskripte aus der Bibliothek Ahmets III., von denen ungefähr 600 mit winzigen Bildern verziert sind. Besonders faszinierend sind die mit surrealistischer Fantasie dargestellten Szenen aus der Welt der Dämonen des Malers Mehmet Siyah Kalem (12. Jh.) und die leicht erotisch angehauchten Darstellungen von Tänzerinnen des Malers Levnîs (18. Jh.).

Die Sammlung, schon seit mehreren Jahren unter Verschluss, soll in der Ağalar-Moschee des Topkapı Sarayıs (dritter Hof) einen neuen Platz finden. Wann konkret, weiß jedoch niemand.

Topkapı Sarayı – Sammlungen über Sammlungen

Portreler (Porträtsammlung der Sultane)

Von Mehmet dem Eroberer über Süleyman den Prächtigen bis zu den letzten Herrschern des Osmanischen Reiches sind alle vertreten. Außerdem werden deren Stammbäume und Porträts berühmter Feldherren gezeigt. Auch wenn viele der Exponate Kopien sind (die Originale befinden sich in großen europäischen Museen), zeigt die Sammlung einen recht interessanten Querschnitt der verschiedenen Modestile des Osmanischen Reiches – man beachte die Bartkunst, die Kopfbedeckungen, die Kaftans und die Uniformen.

Topkapı Sarayı, dritter Hof.

Hırka-i Saadet Dairesi (Sammlung des Heiligen Mantels des Propheten)

Die Sammlung ist zugleich eine muslimische Pilgerstätte, in der einige der heiligsten islamischen Reliquien aufbewahrt werden. Diese kamen nach der Einnahme Kairos 1517 unter Sultan Selim I. nach Konstantinopel. Kostbarstes Exponat ist der Mantel Mohammeds. Des Weiteren werden u. a. sein Handsiegel, seine zwei Schwerter, ein Fußabdruck, einer seiner Zähne und ein paar seiner Barthaare gezeigt. Zur Sammlung gehören ferner die Schwerter der vier ersten Kalifen und der legendenumwobene erste Koranband (aus Gazellenleder), in dem Osman, der Gründer des Osmanischen Reichs, gerade geblättert haben soll, als er ermordet wurde. Gleich im zweiten Raum überraschen zudem Reliquien (Arm und Schädel) von Johannes dem Täufer.

Topkapı Sarayı, dritter Hof.

Hazine (Schatzkammer)

Die Sultane horteten unermessliche Reichtümer. Ein kleiner, aber erlesener Teil ihrer Schätze – Beutegut, Geschenke ausländischer Regenten, Gaben des Volkes und käuflich erworbene Stücke – wird in vier Sälen präsentiert. Die wichtigsten Exponate im Überblick: Prunkstücke im **ersten Saal** sind der Baldachinthron Ahmets I. (reich verziert mit Edelsteinen, Elfenbein und Schildpatt) und der sog. İsmail-Thron (mit mehr als 20.000 Perlen geschmückt), den Selim I. 1514 als Kriegsbeute aus Persien mitbrachte.

Im **zweiten Saal** dominieren u. a. Orden und Medaillen, aber keine einfachen Blechabzeichen, sondern eher funkelnden Riesenbroschen gleich, darunter welche aus Frankreich, Russland, Spanien, England, Österreich-Ungarn und selbst aus dem Vatikan.

Highlights des **dritten Saals** sind zwei schulterhohe goldene Kerzenständer, die mit 6666 (!) Diamanten bestückt sind.

Die prächtigsten Stücke gibt es jedoch im **vierten Saal** zu bewundern: Dort befindet sich der weltberühmte Star aus dem Film *Topkapi* (mit Peter Ustinov), der Topkapıdolch (18. Jh.). Knauf und Goldscheide sind über und über mit Smaragden und Diamanten besetzt. Die kunstvoll gearbeitete Waffe sollte ein Präsent für den Schah von Persien sein. Er bekam es jedoch nie, denn bevor der Sultan sein Geschenk überreichen konnte, wurde der Schah bei einem Aufstand umgebracht. Eine weitere Kostbarkeit ist der sagenumwobene Löffler-Diamant, 86 Karat schwer und angeblich der fünftgrößte geschliffene Diamant der Welt. Der arme Fischer, der den Riesenklunker in einem Müllhaufen fand, soll ihn gegen drei Löffel eingetauscht haben. Ein Hingucker ist ferner die Paraderüstung von Sultan Mustafa III.

Topkapı Sarayı, dritter Hof.

Seferli Odası (Sammlung der Sultansgewänder)

Über 1300 Gewänder verstorbener Sultane lagern im Serail, aber nur ein paar sind ausgestellt. Die kostümgeschichtlich und textilkünstlerisch interessantesten Stücke sind die älteren Gewänder im Kaftanschnitt. Aus Satin, Seide oder Samtbrokat wurden sie in leuchtenden Farben und mit fantasievollen Mustern gewebt. Die ausgestellten Gewänder werden immer wieder gewechselt, an einigen klebt noch Blut – nicht wenige Herrscher starben eines gewaltsamen Todes.

Topkapı Sarayı, dritter Hof.

Topkapı-Palast → Karte S. 130/131

Sehenswürdigkeiten in Palastnähe

Arkeoloji Müzesi (Archäologisches Museum)

Das Archäologische Museum von İstanbul besteht nicht etwa aus nur einem einzelnen Gebäude, sondern aus einem ganzen Komplex – ein Übersichtsplan ist vor Ort kostenlos erhältlich. Mehrere Tage könnte man in dem Museum verbringen, um sich den Kulturen längst vergangener Zeiten zu nähern. Dass die Präsentation teils alles andere als zeitgemäß ist, braucht angesichts der sensationellen Exponate nicht zu stören.

Gleich links hinter dem Eingangstor zum Museumskomplex flankieren zwei hethitische Löwen (14. Jh. v. Chr.) die Freitreppe zum Gebäude der einstigen Kunstakademie des Osmanischen Reiches. Darin ist heute die **Altorientalische Abteilung** *(Eski Şark Eserleri Müzesi)* untergebracht. Funde aus Hattuşa, der einstigen Hauptstadt des Hethiterreichs (ca. 170 km östlich von Ankara), aus Ninive, der einstigen Hauptstadt des Assyrerreichs, aus Lagasch, einer altsumerischen Königsstadt, aus Nippur, einer einst bedeutenden Handelsstadt, aus Babylon und Assur (allesamt im heutigen Irak) sowie aus Ägypten

Alexandersarkophag im Archäologischen Museum

und anderen Orten, die einst auf dem Boden des Osmanischen Reiches lagen, werden hier präsentiert. Darunter sind über 5000 Jahre alte Figuren und Töpferarbeiten. Zwar nicht unbedingt eindrucksvoll, aber kulturhistorisch von großer Bedeutung sind die Keilschrifttafeln aus Ton – über 75.000 Stück lagern hier in den Archiven. Die berühmteste Tafel ist der *Vertrag von Kadesch,* der erste bekannte schriftlich fixierte Friedensvertrag der Menschheit. Geschlossen wurde er zwischen den Ägyptern und den Hethitern im Jahr 1269 v. Chr. Dieser garantierte sogar politischen Flüchtlingen bei ihrer Heimkehr Amnestie.

Hinter dem Museumsgarten (mit nettem Café und vielen Funden aus Iasos, Südägäis) steht das **Çinili Köşk** (Fayencenschlösschen), das in der zweiten Hälfte des 15. Jh. unter Mehmet dem Eroberer errichtet wurde. Von der luftigen, verspielten Vorhalle verfolgte der Sultan gewöhnlich das Treibballspiel *Cirit,* eine Art Polo. Das Spielfeld lag da, wo heute das neoklassizistische Hauptgebäude steht. Im Innern werden seldschukische und türkische Fayencen aus verschiedenen Epochen gezeigt. Zu den Glanzstücken gehören neben Vasen und Schalen aus der Blütezeit der İznik-Keramik (→ S. 156) der Mihrab aus der İbrahim-Bey-Moschee im zentralanatolischen Karaman. Auch sind Keramikfunde aus dem Kubadabad-Palast am Beyşehir-See zu sehen, wo einst der Seldschukenherrscher Alaeddin Keykobat (13. Jh.) seine Sommer verbrachte. Im Fayencenschlösschen selbst ist zudem noch der Pfauenbrunnen ein Blickfang.

Betritt man das **Hauptgebäude** durch den Eingang gegenüber dem Çinili Köşk, gelangt man zur Sarkophagsammlung des Museums. Der Sidon-Saal gleich linker Hand beherbergt eines der berühmtesten Exponate des Museums, den Alexandersarkophag vom Ende des 4. Jh. v. Chr. Der Name ist ein wenig verwirrend, denn der Leichnam Alexanders des Großen befand sich nie darin. Man vermutet, dass ein phönizischer Prinz in ihm beigesetzt wurde. Die faszinierenden Reliefs des Marmorsarkophags zeigen jedoch Alexander den Großen bei der Jagd und in der siegreichen Schlacht über die Perser. Beachtenswert ist auch der daneben stehende „Sarkophag der Klagefrauen" aus der Mitte des 4. Jh. v. Chr. Die Reliefs – sitzende und stehende Frauen, durch kleine Säulchen getrennt – sind ebenfalls überaus filigran herausgearbeitet. Beide Sarkophage wurden von Osman Hamdi Bey, dem Wegbereiter der türkischen Archäologie, 1887 in Sidon (im heutigen Libanon) eigenhändig ausgegraben – er selbst wird ebenfalls mit einer kleinen Ausstellung im Gebäude geehrt.

Die nördlich daran anschließenden Säle des Erdgeschosses widmen sich ebenfalls dem antiken Gräberkult und beherbergen neben Grabstelen weitere Sarkophage aus verschiedenen Gegenden Kleinasiens, darunter den ursprünglich zwei Mann hohen, marmornen Sidamariasarkophag (3. Jh.) aus der Nähe von Konya. Zudem sieht man schöne, teils riesige römische Mosaiken (u. a. aus Birecik in Südostanatolien) und Fragmente des überaus imposanten Frieses des Artemistempels von Magnesia (Südägäis, 3.–2. Jh. v. Chr.).

Nahe dem Museumsshop, zwischen den südlichen und den nördlichen Sälen des Hauptgebäudes, stößt man auf die grimmig grüßende Kolossalstatue des altägyptischen Halbgottes Bes, der eine enthauptete Löwin an den Hintertatzen hält. Zwischen seinen Lenden klafft ein Loch – einen Brunnen zierte bzw. füllte die Statue jedoch nie. Da der Halbgott zugleich Kraft und Fruchtbarkeit symbolisierte, ist anzunehmen, dass dort etwas anderes Großes steckte.

Die Säle der südlichen Hälfte des Hauptgebäudes sollen nach Abschluss der Restaurierungsarbeiten (Zeitpunkt unbekannt, bis dahin geschlossen) wieder archaische und hellenistische Skulpturen beherbergen, dazu attische Grabstelen und Reliefs, Büsten von römischen Kaisern und, und, und ... Darunter sind viele Funde aus Pergamon, Ephesus und Smyrna (heute İzmir), aus Tralleis, Milet und Aphrodisias (alle im westanatolischen Mäandertal). In Aphrodisias wurde einst der Göttin der Liebe, der Schönheit und der Verführung gehuldigt. Die Bildhauer der Stadt gehörten zu den angesehensten im ganzen römischen Imperium und schmückten ihren Namen mit dem Zusatz „Aphrodisieus". Ein Best-of dieser Schätze wird bis zum Abschluss der Restaurierungsarbeiten im **Erdgeschoss des Neubaus** gezeigt, der an das klassizistische Hauptgebäude anschließt.

Des Weiteren ist im Erdgeschoss des Neubaus eine Ausstellung zu sehen, die Funde aus Thrakien und Bithynien präsentiert, jenen historischen Landschaften, die Byzanz umgaben (Bithynien bezeichnete den südöstlichen, asiatischen Bereich und Thrakien wie noch heute den nordwestlichen, europäischen). Ins Auge fällt hier das marmorne Relief des Tiberiusgrabmals (1. Jh. v. Chr.) mit nahezu lebensgroßen Kriegern. An diese Ausstellung schließt die Abteilung „Byzantinische Kunst" an, die durch hübsche Schmuckstücke und ein großes (5,87 x 3,45 m) Orpheusmosaik aus Jerusalem vom Ende des 5. Jh. besticht.

Das **erste Obergeschoss** des Neubaus beherbergt eine mit „İstanbul im Wandel der Zeit" betitelte Ausstellung. Gezeigt werden u. a. Skulpturen, Büsten, Münzen und Architekturfragmente aus dem Stadtgebiet, darunter der bronzene Kopf der Schlangensäule vom At Meydanı (→ S. 121) und Teile der Eisenketten, mit welchen die Byzantiner einst feindlichen Schiffen die Einfahrt ins Goldene Horn verwehrten.

Die Säle des **zweiten Obergeschosses** widmen sich der Geschichte Anatoliens von der Altsteinzeit bis zur Eisenzeit. Im Mittelpunkt steht Troja. Funde aus den verschiedenen Siedlungsepochen

Topkapı-Palast → Karte S. 130/131

zieren die Vitrinen, darunter 4500 Jahre alter Goldschmuck. Die wertvollsten Grabungsfunde Trojas schaffte jedoch der deutsche Archäologe Heinrich Schliemann außer Landes.

Auch aus Gordion (100 km südwestlich von Ankara), der einstigen Hauptstadt des Phrygischen Großreiches, sind Funde zu sehen, dazu ein rekonstruiertes königliches Grabmal. Bei den Ausgrabungen entdeckte man, dass der König samt seinem Haushalt (mit Geschirr und Schränken!) beigesetzt wurde.

Im **dritten Obergeschoss** erweist man den „Nachbarkulturen Anatoliens" die Reverenz. Gezeigt werden Grabungsfunde (Büsten, Votivfiguren, Statuetten, Glaswaren, Knochenwerkzeuge usw.) aus dem heutigen Syrien, Libanon, Israel, Palästina und von der Insel Zypern. Auch wurde ein Hypogäum (unterirdische Grabkammer) einer reichen Familie, das man in Palmyra (Syrien) entdeckte, nachgebaut und mit den vor Ort gefundenen Porträtbüsten der Verstorbenen versehen.

Die Antike steht Modell im Archäologischen Museum

Osman Hamdi Bey Yokuşu, Topkapı Sarayı, vom ersten Hof aus beschildert. Im Sommer tägl. (außer Mo) 9–19 Uhr, im Winter bis 18 Uhr, letzter Einlass eine Stunde vor Schließung. 4,30 €, der *Museum Pass Istanbul* wird akzeptiert. www.istanbularkeoloji.gov.tr.

Gülhane Parkı (Gülhane-Park)

Einem breiten, grünen Gürtel gleich erstreckt sich westlich und nördlich des Topkapı Sarayı der Gülhane-Park, einst Teil der Palastanlage, heute einer der beliebtesten Relaxplätze im historischen Zentrum İstanbuls. Bei der sog. **Gotensäule** (3. Jh.) im Norden des Parks laden Teegärten auf eine Pause mit schönem Blick über die Bosporusmündung ein. Die Säule, ein 15 m hoher Monolith aus Granit mit korinthischem Kapitell, erinnert an den Sieg Ostroms über die Goten und war bis zum Fall Konstantinopels eines der Wahrzeichen der Stadt.

Auf dem Weg zur Säule führt, gleich links hinter dem Parkeingang, eine Rampe zum **Alay Köşkü**, einem kleinen Erkerturm, der auf der äußeren Serailmauer thront. Von hier aus konnte der Sultan das Kommen und Gehen an der sog. **Hohen Pforte** schräg gegenüber auf der anderen Seite der Alemdar Caddesi beobachten. Die Hohe Pforte, ein saharagelber Portalbau im Rokokostil mit schön geschwungenem Dach, führte zum Amtssitz des Großwesirs. Für die internationale Diplomatie war ihr Name das Synonym für das Osmanische Reich schlechthin. Heute hat dahinter das İstanbuler Gouverneursamt seinen Sitz. Das schön restaurierte Alay Köşkü selbst beherbergt eine Mischung aus Bibliothek und winzigem, wenig spannendem **Literaturmuseum** *(Ahmet Hamdi Tanpınar Edebiyat Müzesi Kütüphanesi).*

Etwas weiter im Gülhane-Park lehnt sich ein ehemaliges Gestüt an die Serailmauer, heute das **Museum für Geschichte der Wissenschaft und Technologie im Islam** *(İstanbul İslam Bilim ve Teknoloji Tarihi Müzesi).* Themenschwerpunkte der modern konzipierten Ausstellung (auch mit deutschen Erklärungen) sind u. a. Astrologie, Nautik, Medizin, Botanik und Mathematik in der Zeit vom 9. bis zum 16. Jh. Bei den Exponaten handelt es sich um Nachbauten, die mithilfe von Abbildungen und Beschreibungen in Quellenschriften, aber auch in Anlehnung an erhaltene Originale entstanden. Verantwortlich dafür zeichnete das Institut für Geschichte der Arabisch-Islamischen Wissenschaften an der Goethe-Universität in Frankfurt a. M.

Alay Köşkü, tägl. (außer Mo) 10–19 Uhr. Eintritt frei. **Museum für Geschichte der Wissenschaft und Technologie im Islam**, tägl. (außer Di) 9–16.30 Uhr, im Sommer zuweilen bis 18.45 Uhr. 2,20 €. www.ibttm.org.

Soğukçeşme Sokak

Die Gasse zwischen Alemdar Caddesi und Bab-ı Hümayun zählt zu den wenigen Ecken rund um den Topkapı Sarayı, die an die frühere pittoreske Beschaulichkeit Sultanahmets erinnern. Pastellfarben gestrichene, restaurierte Holzhäuser säumen das kopfsteingepflasterte Gässchen, das schon mehrmals als Filmkulisse diente und ein beliebtes Motiv für Künstler jeder Art ist. Längst verschwunden sind jedoch die früheren Anwohner. In den Häusern befinden sich heute gehobene Unterkünfte (→ Übernachten, S. 61) und Restaurants.

Endstation Sirkeci – wohin der Orient-Express rollte

Der legendäre Orient-Express nahm seinen Dienst von Paris in Richtung İstanbul 1883 auf. Anfangs verlief die Route über Wien und Budapest nach Varna (Bulgarien) am Schwarzen Meer, von dort ging es per Schiff weiter. 1889 rollte der Zug erstmals im Bahnhof Sirkeci auf der Serailspitze ein. Berühmt wurde er durch diverse Filme und literarische Werke, insbesondere durch Agatha Christies *Mord im Orientexpress* und durch Graham Greenes *Stamboul Train*. Letzterem Werk sollte man aber nicht allzu großen Glauben schenken, Greene ging bereits in Köln das Geld aus, die restliche Strecke bis İstanbul entspringt seiner Fantasie. Die Fahrt durch die verschiedenen Königreiche des Balkans war in den ersten Jahren nicht ungefährlich. Mehrmals kam es zu Überfällen, denn der Luxuszug beförderte neben betuchten Passagieren auch wertvolle Waren: auf der Hinfahrt Schuhe, Parfüm, Wein und Stoffe, auf der Rückfahrt Leder, Gewürze und Baumwolle. Mitte des 20. Jh. war es mit dem Glanz und der Gloria des Zuges vorbei. 1977 setzte er sich zum letzten Mal in Bewegung. Im Bahnhof Sirkeci erinnern das schöne, aber immer recht leere Restaurant mit dem klangvollen Namen „Orient Express Restaurant" und ein kleines, nettes Museum (Demiryolu Müzesi, Di–Sa 9–12.30 und 13–17 Uhr, Eintritt frei) an die gute alte Zeit. Wie der Orient-Express wird auch der Bahnhof Sirkeci in nicht allzu ferner Zukunft von den Fahrplänen verschwinden. Mit der Eröffnung des neuen Bahnhofs Yenikapı (→ S. 18) hat er im nationalen und internationalen Zugverkehr ausgedient, lediglich die Vorortbahn wird hier noch einlaufen.

Topkapı-Palast → Karte S. 130/131

Ewiger Trubel im Großen Basar

Das Basarviertel

Der Große Basar und die Märkte drum herum sind İstanbuls Epizentrum der Geschäftigkeit. Was wie ein orientalisches Wunderland aussieht, ist Shoppingalltag in der Millionenmetropole.

Hinweis: Sonntags haben der Große Basar und viele Geschäfte geschlossen!

Das Basarviertel erstreckt sich in einem breiten Streifen vom Beyazıt-Platz hinab nach **Eminönü** bis zur Galatabrücke. Es ist ein quirliges Durcheinander, ein Tohuwabohu aus verwinkelten Gassen und orientierungslosen Menschen. Gleichzeitig zählt es zu den ältesten und malerischsten Ecken İstanbuls. Zu byzantinischer und osmanischer Zeit galt das Basarviertel gar als eines der wichtigsten Handelszentren der Welt. Und noch heute kann man nirgendwo besser in İstanbul die Gerüche orientalischer Geschäftigkeit schnuppern.

Touristen shoppen vornehmlich in den gepflegten überdachten Passagen – vom Bauchtanzkostüm bis zum Fes ist hier alles zu bekommen. Das einfache İstanbuler Volk kauft auf der Straße, wo die Waren teils von Paletten auf die Gehwege quellen oder auf Tüchern ausliegen – vom karierten Hemd bis zum Holzlöffel reicht hier das Angebot. In den engen Gassen, durch die kaum ein Auto kommt, sind bis heute noch *Hamallar*, bucklige Lastenträger, für den Warentransport zuständig. Zwischen all dem verstecken sich auch ein paar bezaubernde Moscheen. Die schönste liegt etwas abseits, es ist die Süleymaniye-Moschee.

Das Basarviertel

Spaziergang

Länge ca. 3,5 km, **Dauer** ca. 2 ½ Std., **Karte** S. 148/149.

Über bzw. auf dem → **Beyazıt-Platz** sieht man oft mehr Tauben flattern als Menschen herumspazieren. Einer Legende nach stammen sämtliche Tauben des Platzes von einem Taubenpaar ab, das Sultan Beyazıt II. einst einem armen Mann vor der Moschee abgekauft und selbstlos in die Freiheit entlassen hat. Um stets an die gute Tat des Sultans zu erinnern, vermehrten sich die Tauben fortan über alle Maßen. So genießt, was in anderen Städten als Plage bezeichnet wird, in İstanbul das Wohlwollen der Bevölkerung. Viele Menschen sind überzeugt, das Schicksal gütig stimmen zu können, wenn sie die Tauben mit Körnern oder Brotstücken füttern.

Der maurisch anmutende, monumentale Torbau auf der Nordseite des Beyazıt Meydanı führt auf den Hauptcampus der **İstanbul Üniversitesi**, mit weit über 60.000 Studenten eine der größten Universitäten des Landes. Dort steht auch der **Beyazıt-Turm** *(Beyazıt Kulesi)*, eine markante Nadel in der İstanbuler Skyline. Im 19. Jh. verbarg sich hinter dem Tor das osmanische Kriegsministerium. Kriegsähnliche Zustände erlebte der Beyazıt-Platz auch noch im 20. Jh.: 1975 z. B., als neofaschistische Studenten ein halbes Dutzend linker Kommilitonen niederschossen, oder 1999, als die Polizei einen Protest von Studentinnen, denen wegen ihres Kopftuches der Ausschluss von der Hochschule drohte, mit Wasserwerfern und Tränengas niederschlug. Seit 2012 ist der baumbestandene Campuspark nicht nur Studenten, sondern jedermann zugänglich – eine ruhige, grüne Oase im Getümmel der Metropole. In naher Zukunft soll auch der Beyazıt-Turm für Besucher geöffnet werden.

Essen & Trinken (S. 158-160)
1 Cibalikapı Balıkçısı
2 Hamdi Restaurant
4 Pandeli
5 Darüzziyafe
7 Lâle Bahçesi
11 Subaşı Lokantası
14 Cihan Derya Balık Lokantası
15 Erenler
17 Gedikpaşa Caddesi
Einkaufen (S. 160/161)
3 Namlı Pastırmacı
6 Kurukahveci Mehmet Efendi
8 Hafız Mustafa
9 Ali Muhiddin Hacı Bekir
10 Saatçioğlu
12 Armaggan
13 Sofa
Nachtleben (S. 78)
16 Orient House
Fener, 1
Atatürk Bulvarı siehe S. 165
Goldenes Horn
Galatabrücke
Anlegestelle für Fähren entlang dem Goldenen Horn
Private Bosporus-fähren
Private Fähren nach Üsküdar und Kadıköy
Bosporus-fähren
Fähren nach Üsküdar
Fähren nach Kadıköy
Autofähre nach Harem
Fischbrötchen-verkäufer
Stork's-Gebäude
Busbahnhof
Sobacılar
Sobacılar Caddesi
Reşadiye Caddesi
Eminönü
Yeni Cami Meydanı
Neue Moschee
Ägyptischer Basar
Blumen- und Tiermarkt
Rüstem-Pascha-Moschee
Holz- und Korbwaren
Tahtakale
Eminönü
Sirkeci
Bahnhof Sirkeci
Sirkeci
Hauptpost
Ankara Caddesi
Ibni Kemal Cad.
Mimar Vedat Sokak (Uhren)
Mimar Kemalettin Caddesi
Yalı Köşkü Caddesi
Hamidiye
Şeyhülislam Hayri Efendi Caddesi
Vakıf Hanı Sok.
Büyük Postahane Cad.
Aşirefendi
Hocahanı
Hanımeli
Çiçek Pazarı Sokak (Kleidung, Haushaltswaren)
Marpuççular Cad.
Sabuncuhanı
Yokuşu
Saka Mehmet Sok.
Yenicami
Mahmutpaşa
Çınar
Vasıf
İsmetiye Caddesi (Haushaltswaren)
Sami Onar Caddesi
Uzunçarşı
Fuat Paşa Caddesi
Siyavuşpaşa Sokak
Dökmeciler Sok.
Prof. Cemil Bilsel Cad.
Fetva Yokuşu
Kutucular Cad.
Hasırcılar
Kantarcılar
İpçiler Cad.
Paçarcı Sok.
Balkapanı Sok.
Cömert Türk Sok.
Mahkeme Sok.
Kalçın Sok.
Tahmis
Yeni Cami
Yenicami Meydanı Sokak
Sabunhanesi Sok.
Kepenekçi
Hanım Sokak
Kıble Çeşme Caddesi
Küçükpazar Caddesi
Namaharem Sokak
Semsettin Sokak
Fetvayokuşu Sokak
Hamamı
Türbe Sinans
Mimar Sinan (Kupferwaren)
Ehem. Karawanserei
Ehem. Armenküche
Ehem. Krankenhaus
Şifahane Cad.
Vorhof
Süleymaniye-Moschee
Süleymaniye Hamamı
Mausoleengarten
Schulen
Ehem.
Prof. Sıddık
Süleymaniye
Süleymaniye Cad.
İstanbul Üniversitesi
Vefa
Büyük

Das Basarviertel
100 m
Sultanahmet siehe S. 113
Atatürk Bulvarı siehe S. 165
Großer Basar
Großer Basar siehe S. 153
Büyük Valide Han
Kürkçü Han
Mahmutpaşa Yokuşu (Festtagskleidung)
Abud Efendi Han
Mahmutpaşa Kapısı
Nuruosmaniye-Moschee
Nuruosmaniye Kapısı
Fesciler Kapısı
(Gold)
Beyazıt-Turm
Tor
Teelokal
Beyazıt Meydanı
Beyazıt-Moschee
Bücherbasar
Kalligraphie-Museum
WC
Beyazıt
Laleli
Architektur-fragmente des Theodosius-forums
Busbahnhof
BUS
Beyazıt - İstasyonu
Çemberlitaş
Sultanahmet
Konstantins-säule
Çemberlitaş Hamamı (Türk. Bad)
Gedikpaşa Hamamı (Türk. Bad)
Gedikpaşa
Çemberlitaş
Yeniçeriler Caddesi
Divan Yolu
Ankara Caddesi
Babıali Caddesi
Nuruosmaniye Caddesi
Çadırcılar Caddesi
Fuat Paşa Caddesi
Ömer Paşa Caddesi
Darülfünun Cad.
Orücüler Caddesi
Mercan Caddesi
Çakmakçılar Yokuşu
Tığcılar Sokak
Aciçeşme Sok.
Aynacılar Sok.
Sahaflar Çarşısı Sok.
Sandalyeciler Sok.
Tarakçılar
Hanı Sok.
Sultan
Mektebi Sokak
Tarakçı
Hocahanı Sokak
Türkocağı Caddesi
Kazım İsmail Gürkan Caddesi
Molla Fenarı Sokak
Hoca Rüstem Mek Sok.
Çeşme
Dr. Emin Paşa Sok.
Ticarethane Sok.
Çatal
Ceride Hane Sok.
Mahmut Paşa Sokak
Kılıçolar Sokak
Şeref Ef. Sokak
Vezir Hanı Caddesi
Türbedar Sokak
Boyacı Ahmet Sok.
Peykhane
Tavuk Pazarı Sokak
Kürkçüler Pazarı Sok.
Camii Sokak
Müseyin Ağa
Çarşıkapı
Bileyciler
Divan-ı Ali Sokak
Gedikpaşa Caddesi
Gedikpaşa Camii Sokak
Dönem Sokak
Evkaf Sok.
Taşdibek Çeşmesi Sok.
Öktem Caddesi
Hamamı Sokak
Sinan
Emin
Asmakandil Sok.
Karakol Sokak
Pehlivan Sok.
Yahya Paşa Sokak
İvaz Caddesi
Beyazıt
Tatlı Kuyu Hamamı Sok.
Tatlı Kuyu Sokak
Dibekli Camii Sokak
Mithatpaşa Caddesi
Yeni Devir Sokak
Turanlı
Fermanlı Sok.
11
12
13
14
15
16
17

Auf der Westseite des Beyazıt-Platzes befindet sich das → **Kalligrafie-Museum** *(Türk Vakıf Hat Sanatları Müzesi)*, das in der ehemaligen Medrese der gegenüberliegenden → **Beyazıt-Moschee** *(Beyazıdiye)* untergebracht ist. Neben der Moschee lädt ein Teelokal auf eine Pause ein.

Vorbei an dem Teelokal und einigen schönen Kastanien gelangt man zum → **Bücherbasar** *(Sahaflar Çarşısı)* in einem z. T. von Weinreben überrankten Hof. Antiquarisches (türk. *sahaf* = „Antiquar") wird hier kaum mehr geboten, Kunst- und Lehrbücher sowie Softwareanleitungen dominieren. Zum Durchschlendern ist der Ort aber noch allemal schön und angenehm, die Bücherverkäufer gelten seit jeher als die unaufdringlichsten Händler der Stadt.

Lässt man sich von den Massen mitschieben, gelangt man zum → **Großen Basar** *(Kapalı Çarşı)*, einem farbenprächtigen Labyrinth aus schmalen Gassen und Straßen, der, da überdacht, auch „Gedeckter Basar" genannt wird. Er dient immer wieder als Filmkulisse, zuletzt u. a. für den neuen 007-Film *Skyfall* (2012) mit Daniel Craig. 500.000 Menschen wuseln hier tagtäglich hindurch. Verirren gehört dazu, hinausfinden wird man dank guter Beschilderung immer.

Wer zufällig im Osten des Basars herauskommt, kann einen Blick in die → **Nuruosmaniye-Moschee** (Nuruosmaniye Camii) werfen. Wer sie suchen will, folgt der Kalpakçılar Caddesi zum Nuruosmaniye-Tor *(Nuruosmaniye Kapısı)*. Um den Spaziergang aber fortzusetzen, verlässt man den Großen Basar über das Mahmutpaşa-Tor *(Mahmutpaşa Kapısı)*, das man über die Aynacılar Sokak erreicht.

Entlang dem bergab führenden **Mahmutpaşa Yokuşu** wird in erster Linie Festtagskleidung für Hochzeiten oder Beschneidungen verkauft. Dem Trubel nach scheint halb İstanbul jede Woche etwas zu feiern zu haben. Unterwegs passiert man etliche alte Hane (→ Kasten S. 154), die oft in Low-Budget-Einkaufszentren mit vielen kleinen Läden umfunktioniert wurden.

Ein glänzendes Geschäft im Großen Basar: Muhlis Günbattı

Ayşe Normalverbraucherin geht hier auf die Suche nach günstigen Büstenhaltern, Stricksocken oder Kleiderbügeln. Touristengrüppchen sieht man hier nur noch wenige.

Auf der Vasıf Çınar Caddesi, die in die İsmetiye Caddesi übergeht, werden Tischdecken, Gardinen und kitschiger Wohnmüll verkauft. Hin und wieder holpern laut rufende Bananen- oder Simitverkäufer mit Handwagen auf und ab. Hupende Taxis heizen ihnen ein.

Über diese Straßen gelangt man in ein etwas ruhigeres Eck und schließlich zur → **Süleymaniye-Moschee** *(Süleymaniye Camii)*. Von ihrer Terrasse kann man einen der schönsten Ausblicke über die Stadt genießen. Der Moschee gegenüber, an der Prof. Sıddık Sami Onar Sokak, befand sich in früheren Zeiten der Tiryaki Çarşısı, der „Markt der Süchtigen": In den kleinen Cafés, in denen heute Touristen ihren Durst stillen oder Bohneneintopf *(Kuru Fasulye)* essen, gab es zum Tee oder Kaffee auf Wunsch auch die Opiumpfeife.

Kochtöpfe, Ventilatoren, Teeservice und Bohrmaschinen begleiten Sie von der Süleymaniye-Moschee bergab zurück ins Basargetümmel.

Westlich der breiten Prof. Cemil Bilsel Caddesi beginnt das Viertel **Tahtakale**, wo u. a. ein buntes Sortiment an Fußabstreifern, Korb- und Holzwaren sowie Brotkästen angeboten wird. Zwischen all den Händlern an der Kutucular Caddesi übersieht man leicht den Zugang zur → **Rüstem-Pascha-Moschee** *(Rüstem Paşa Camii)*. Halten Sie an der Ecke zur Uzun Çarşı Caddesi linker Hand danach Ausschau – auf überdachten, verwinkelten Treppchen steigt man zum Vorhof der Moschee auf.

Die Hasırcılar Caddesi verläuft weiterhin parallel zum Goldenen Horn. Der Name der Straße erinnert an die Mattenflechter, die hier einst ansässig waren. Heute hat man sich auf Lebensmittel spezialisiert: Nüsse, getrocknete Früchte, Oliven, Tee, thrakischer Käse und rosafarbenes *pastırma* (Dörrfleisch in Schafschwanzform) bescheren orientalische Düfte. Eine gute Adresse für frisch gerösteten Kaffee ist **Kurukahveci Mehmet Efendi** (→ Einkaufen) am Eingang zum → **Ägyptischen Basar** *(Mısır Çarşısı)*. Dieser Basar wurde übrigens gebaut, um die sozialen Einrichtungen der → **Neuen Moschee** *(Yeni Cami)* nebenan zu finanzieren. Zwischen der Moschee und dem Gewusel an den Fähranlegestellen von Eminönü fährt die Straßenbahn nach Sultanahmet bzw. (über die Galatabrücke) Richtung Kabataş ab. Noch ein kleiner Snack gefällig? Probieren Sie ein *Balık Ekmek* (Fischbrötchen) von den schaukelnden Booten mit ihren kostümierten Fischbratern links der → **Galatabrücke** (→ Essen und Trinken)!

Sehenswertes

Beyazıt Meydanı (Beyazıt-Platz)

Zu byzantinischen Zeiten erstreckte sich weit über den heutigen Beyazıt Meydanı hinaus das *Forum Tauri*, der „Platz des Stieres". In dessen Mitte stand ein kolossales stierförmiges Bronzegefäß, in dem Opfertiere und angeblich auch Verbrecher verbrannt wurden. Im 4. Jh. ließ Theodosius II. das Forum umgestalten und mit einem überdimensionalen Triumphbogen versehen. Fragmente davon fand man bei Bauarbeiten in den 50er-Jahren. An der Ordu Caddesi (Verlängerung der Yeniçeriler Cad.) stehen sie heute verloren am Straßenrand.

Beyazıdiye (Beyazıt-Moschee)

Die älteste noch heute bestehende Sultansmoschee wurde 1506 für Beyazıt II. fertiggestellt. Wegen der vielen Tauben drum herum wird sie auch *Güvercin Camii* („Taubenmoschee") genannt. Das architektonische Vorbild war wie bei vielen Moscheen dieser Zeit die Hagia Sophia: Im Inneren umringen Halbkuppeln die ausladende Hauptkuppel. Bemerkenswert ist die Sultansloge aus Marmor. Gelungen ist der marmorgepflasterte quadratische Vorhof mit einem eleganten Reinigungsbrunnen in der Mitte. Die Säulen der ihn umgebenden Arkaden sind aus edelstem Gestein wie Verde Antico, rotem Porphyr oder Rosengranit aus Ägypten.

Souvenirs, Souvenirs im Großen Basar

Türk Vakıf Hat Sanatları Müzesi (Kalligrafie-Museum)

Die Kalligrafie zählte einst zu den höchsten islamischen Künsten. Heute scheint sich kein Mensch mehr für sie zu interessieren: Die Zahl der Aufseher im Museum übersteigt für gewöhnlich die der Besucher. Zu sehen gibt es Kalligrafien auf Holz, Stoff oder Papier, zudem Koranausgaben aus dem 13.–16. Jh. Der Niedergang der Kunstform ist übrigens nicht zuletzt mit der Westorientierung des Landes verbunden. Das Interesse an der Kalligrafie ließ nach, nachdem die lateinische Schrift eingeführt worden war und Künstler sich mehr und mehr für das Porträtieren von Personen interessierten, was während der osmanischen Periode verboten war. Lediglich Sultane hatten sich bisweilen darüber hinweggesetzt.

Beyazıt Meydanı. Das Museum ist wegen Restaurierungsarbeiten bereits seit Jahren geschl. Zeitpunkt der Wiedereröffnung unbekannt.

Sahaflar Çarşısı (Bücherbasar)

Er ist einer der ältesten Märkte İstanbuls, auch wenn Bücher hier erst seit 1894 angeboten werden. Zuvor waren an gleicher Stelle Turbanmacher und Graveure ansässig. Bis Anfang des 18. Jh. durften im Osmanischen Reich übrigens lediglich Handschriften verkauft werden, gedruckte Bücher galten als sittenverderbende Werke von Ungläubigen. Heute erinnert inmitten des Marktes eine Büste an İbrahim Müteferrika, der um 1730 die ersten türkischen Werke druckte. Dank seiner Nähe zur Universität, zu mehreren Bibliotheken und zum alten Presseviertel Cağaloğlu ist der Markt ein beliebter Treffpunkt von Wissenschaftlern und Studenten.

Sahaflar Çarşısı Sok., Beyazıt. Tägl. 8–20 Uhr.

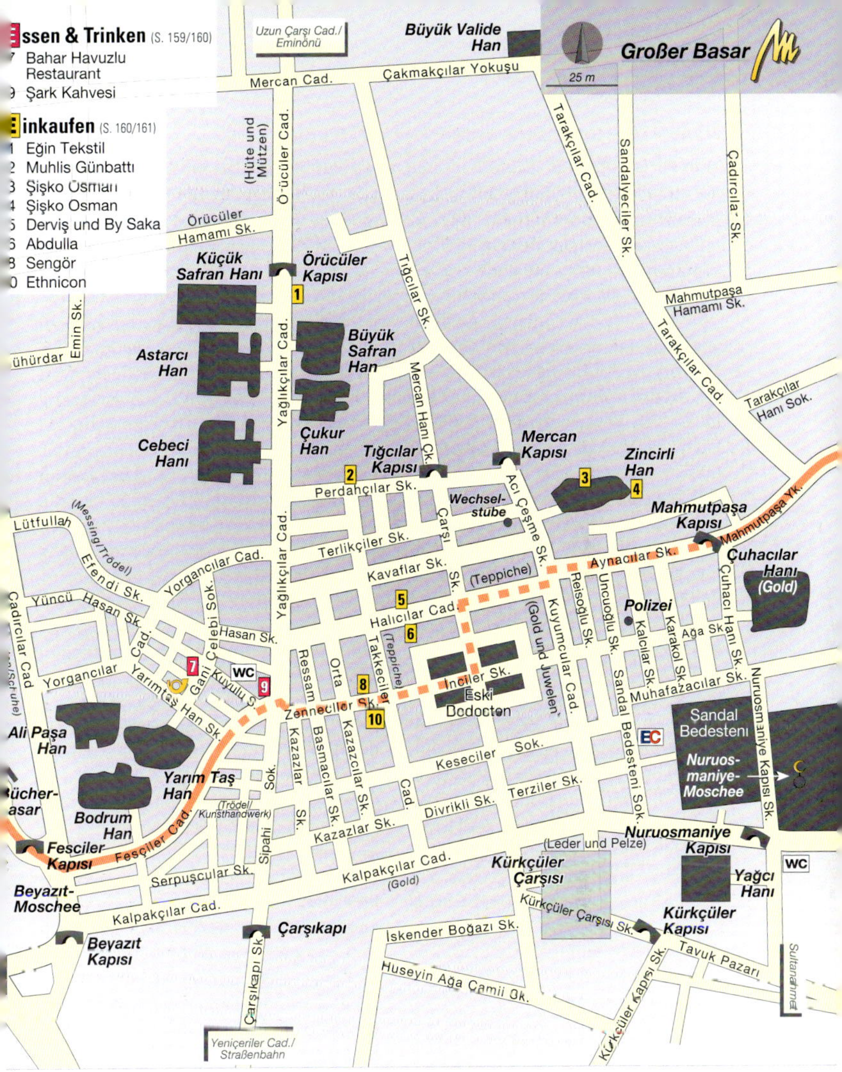

Kapalı Çarşı (Großer Basar)

Eine kleine Stadt für sich – ca. 3600 Geschäfte, in denen rund 25.000 Menschen arbeiten. Die Geschichte des osmanischen Shoppingcenters par excellence reicht bis in die zweite Hälfte des 15. Jh. zurück. Obwohl durch Erdbeben und Brände – der letzte 1954 – mehrmals schwer in Mitleidenschaft gezogen, blieb die ursprüngliche orientalische Struktur seit Jahrhunderten nahezu unverändert. Für die nächsten Jahre ist allerdings eine Rundumsanierung des so charmanten wie maroden Basars in Planung: Die Dächer lecken, die Stromleitungen sind brandgefährlich, die Toiletten in einem unsäglichen Zustand.

Im Zentrum steht der **Eski Bedesten** (auch *Cevahir Bedesten* genannt), der älteste Teil des Basars, ein von Ziegel-

Hane – die Hostels der osmanischen Händler

Wie Perlen an einer Schnur reihten sich einst Hane rund um den Großen Basar. Über Jahrhunderte hinweg waren sie die Herbergen der Händler, die aus allen Teilen des Osmanischen Reiches über die Karawanenstraßen nach İstanbul kamen. Drei Tage durften sie darin nächtigen (i. d. R. umsonst, Mahlzeiten, Futter für die Kamele und die Kerze für die Nacht inklusive), ihre Waren lagern und verkaufen. Die meisten großen Hane waren um einen Innenhof mit einer kleinen Moschee in der Mitte angelegt. Manche waren auch direkt an einen Moscheenkomplex angegliedert und hießen dann *kervansaray* (Karawanserei). Heute kommen die anatolischen Teppich- und Gewürzhändler mit dem Bus oder Kleinlaster und übernachten in den Billighotels von Beyazıt. In die alten Hane sind kleine Läden und Handwerksbetriebe eingezogen. Viele davon verfallen zusehends. Der größte Han der Stadt war der *Büyük Valide Han* nördlich des Großen Basars an der Ecke Çakmakçılar Yokuşu/Tarakçılar Caddesi. Die Sultansmutter Valide Kösem ließ ihn kurz vor ihrer Ermordung im 17. Jh. errichten. Heute befinden sich darin vorrangig Herrenkonfektionsgeschäfte. Ältester Han der Stadt ist der orangefarben gestrichene *Kürkçü Han* am Mahmutpaşa Yokuşu 85 nordöstlich des Großen Basars. Er stammt aus dem 15. Jh. und war einst erste Adresse von Pelzhändlern. Heute verkauft man hier vornehmlich Miederwaren, Nachthemden und Handtücher.

steinkuppeln bedeckter Bau. Da dieser separat abgeschlossen werden kann, beherbergt er die Geschäfte mit den wertvollsten Waren: Kunstschmiedearbeiten, Ikonen, Antikes, Schmuck und Edelsteine. Den **Sandal Bedesteni** aus dem 16. Jh. ganz im Osten des Basars, wo früher vorrangig Seide umgesetzt wurde, beherrschen heute Läden mit Touristenkitsch: T-Shirts mit İstanbul-Aufdrucken, glitzernde Pantöffelchen u. v. m.

Geschäfte mit ähnlichem Warenangebot sind oft in denselben Gassen angesiedelt – ein kundenfreundliches System, das den besseren Preisvergleich ermöglicht. Auch die Benennung der Gassen erfolgte einst nach den dort ansässigen Berufsständen – bei manchen wäre es jedoch mal an der Zeit, die Namen zu ändern: In der Kalpakçılar Caddesi, der einstigen „Straße der Fellmützenverkäufer“, setzen heute Juweliere jährlich rund 100 t Gold um. Angeblich sind das 60 % der gesamten türkischen Goldexporte; die Preise orientieren sich an den Kursen der hiesigen Devisen- und Edelmetallhändler. In der Yağlıkçılar Caddesi, der „Straße der Fett- und Ölbehälterverkäufer“, gibt es von imitierten Armani-Shirts bis zu Teegläsern so ziemlich alles zu kaufen. Das Angebot ist überwältigend. Doch ist nicht alles Gold, was glänzt, auch wenn Ihnen gute Händler widersprechen mögen – und das auf bis zu 25 Sprachen nahezu fließend. Alle Händler stimmen übrigens darin überein, dass der erste Kunde am Morgen Glück bringt, sodass ihm die Ware zu einem günstigeren Preis verkauft wird.

Östlich der Beyazıt-Moschee. Tägl. (außer So) 9–19 Uhr. www.kapalicarsi.org.tr.

Nuruosmaniye Camii (Nuruosmaniye-Moschee)

Die „Lichtmoschee des Hauses Osman“, eine wuchtige Einkuppel-Moschee, wurde 1748 von Mahmut I. in Auftrag gegeben und 1756 unter seinem Bruder Osman III. fertiggestellt. Fünf Fensterreihen sorgen für ein lichtdurchflutetes Inneres. Als erste Moschee der Stadt war sie architektonisch am europäischen Barockstil orientiert. Sie besitzt einen hufeisenförmigen, von Platanen und Kastanienbäumen gesäumten Hof. Er ist einzigartig in İstanbul – ihm fehlt nämlich der klassische Reinigungsbrunnen. Zuletzt wurde die Moschee aufwendig restauriert.

Vezirhanı Cad., Çemberlitaş.

Süleymaniye Camii (Süleymaniye-Moschee)

Sultan Süleyman der Prächtige gab den nach ihm benannten Stiftungskomplex Mitte des 16. Jh. in Auftrag. Ausgeführt wurde er von Sinan (→ S 120) in siebenjähriger Bauzeit; von allen İstanbuler Bauten des berühmten Architekten gilt die Moschee als sein Meisterwerk. Würdevoll überblickt sie das Goldene Horn. Ihre vier Minarette mit insgesamt zehn Balkonen rühmen Süleyman symbolisch als den vierten in İstanbul regierenden Sultan und den zehnten Herrscher des Osmanischen Reiches.

Von außerordentlicher Grandesse zeigt sich schon der Innenhof. Die dortigen Säulen aus rosafarbenem Granit und weißem Marmor entnahm man z. T. der ehemaligen Kaiserloge des byzantinischen Hippodroms. Das Innere der Moschee strahlt erhabene Weite aus: 3500 m² (!) groß ist der Gebetsraum, vier massive Säulen stützen die 27 m breite Hauptkuppel. Feinste İznik Kacheln (→ Kasten) in Türkis, Dunkelblau und Tomatenrot zieren den marmornen Mihrab. 138 farbige Fenster sorgen für ein lichtdurchflutetes Inneres. Die meisten davon schuf „İbrahim der Betrunkene" – kein trinkfreudiger Sultan, sondern ein begnadeter Künstler.

Im Mausoleengarten stehen die kunstvoll ausgeschmückten Türben von Süleyman dem Prächtigen und seiner Gemahlin Roxelane. Der große Architekt Sinan ruht etwas abseits des Komplexes an der nach ihm benannten Mimar Sinan Caddesi in einer schlichten Türbe. Zu dem großen Stiftungskomplex gehörten einst auch mehrere Schulen, ein Krankenhaus, eine Karawanserei und eine Armenküche, in der man rund 1000 Bedürftige am Tag mit Suppe versorgte – heute ein gepflegtes Touristenlokal (→ Essen und Trinken).

Prof. Sıddık Sami Onar Cad., Süleymaniye. Über die Prof. Cemil Bilsel Cad. von Eminönü in ca. 15 Min. zu Fuß zu erreichen. Der Moscheengarten war zuletzt wegen Restaurierungsarbeiten nicht zugänglich. Sinan-Türbe nur unregelmäßig geöffnet.

Rüstem Paşa Camii (Rüstem-Pascha-Moschee)

Wie auf einem Hochsitz überblickt die Moschee das Markttreiben von Tahtakale. Auch sie, 1561 fertiggestellt, ist ein Werk Sinans. Auftraggeber war der

Auf der Süleymaniye-Terrasse

Schwiegersohn Süleymans des Prächtigen, Rüstem Pascha, ein korrupter, intriganter und raffgieriger Großwesir. In ihrem Innern begeistert ein reicher Fayencenschmuck an Wänden, Säulen, Mihrab und Minbar – eine Augenweide auch für Laien. Ihr kuppelartiger Unterbau beherbergt kleine Läden.

Ecke Uzun Çarşı Cad./Kutucular Cad. 46 C, Eminönü.

Mısır Çarşısı (Ägyptischer Basar)

Mit Steuergeldern, die das Osmanische Reich aus Ägypten erhielt, wurde der Bau des Basars im 17. Jh. finanziert – so zumindest eine Erklärungsvariante für die Herkunft des Namens. Seine inoffizielle Bezeichnung „Gewürzbasar“ bedarf keiner Erklärung, hat man auch nur

Keramikträume werden wahr: İznik-Fayencen

Bunte Kacheln aus İznik sind nicht nur für die Pracht vieler Bauten in İstanbul verantwortlich. Im ganzen Orient waren sie begehrt, und selbst den Felsendom von Jerusalem schmücken sie. Die ersten Fayencen aus dem kleinen Städtchen südöstlich der Bosporusmetropole entstanden im 15. Jh. Sie besaßen schlichte kobaltblaue Muster auf weißem Untergrund, später kamen die Farben Gelb und Grün hinzu. In der zweiten Hälfte des 16. Jh. erlebte die Fayencenkunst ihre blühendste Periode, in der die schönsten und edelsten Produkte gefertigt wurden. Die Technik brachten persische Kunsthandwerker mit, die nach den Feldzügen Sultan Süleymans I. nach Westanatolien verschleppt worden waren. Ihre Fayencen wiesen ein kräftiges Tomatenrot auf, das vom armenischen Bolus, einer durch Eisenoxide gefärbten Tonerde, herrührte. Wunderschöne Beispiele davon schmücken die Rüstem-Pascha-Moschee. Die schweigsamen persischen Künstler nahmen ihr rotes Geheimnis aber mit ins Grab. Spätere Kopien lassen sich an ihrem schmutzigbräunlichen Rotton leicht erkennen. Die Blaue Moschee markiert sowohl den letzten Höhepunkt als auch den Niedergang der İzniker Kachelkunst. Denn während der siebenjährigen Bauzeit durften die Kunsthandwerker nur Kacheln für die Blaue Moschee produzieren. Der Lohn dafür war gering, und andere Aufträge anzunehmen war ihnen verboten. Um nicht zu verhungern, packten viele von ihnen ihr Bündel und zogen von dannen – z. B. ins westanatolische Städtchen Kütahya, das seitdem für Keramikkunst bekannt ist. In İznik versucht man heute, wieder an die alte Tradition anzuknüpfen.

Literaturtipp Mehr zum Thema „İznik-Fayencen“ liefert das Büchlein *Ein Selbst-Führer zu İznik Fayencen in İstanbul* von Edda Renker Weissenbacher, erhältlich z. B. in der Türkisch-Deutschen Buchhandlung in Beyoğlu (→ S. 205).

einen Blick in das L-förmige Gebäude geworfen: Ein verführerisches Potpourri aus exotischen Gewürzen, Tee, orientalischem Naschwerk, Käse und Dörrfleisch wartet hier auf den Besucher. Achtung: Wer Safran kaufen will, muss explizit nach dem „echten" (= *gerçek safran*, gesprochen etwa „gärtschäck") fragen. Das überall offerierte *Aspır* (dt. Saflor bzw. Färberdistel) sieht dem weitaus teureren Safran zwar täuschend ähnlich und färbt den Reis ebenfalls schön gelb, ist aber so gut wie geschmacksneutral!

Kenner schwören auf den Kaviar aus Persien und Aserbaidschan. Aphrodisiaka werden ebenfalls angeboten – ein Relikt aus osmanischer Zeit, als hier noch vermehrt Heilkräuter, Elixiere und sonstige Arzneien zu erstehen waren. Als Stimulans gilt auch *Lokum*, eine süße, gummiartige Masse in Würfelform, die angeblich viagraähnliche Wirkung besitzt (man wirbt mit „Six times a night!"). Daneben gibt es etliche Souvenirläden und Tausende von Touristen.

Südwestlich der Neuen Moschee, Eminönü. Tägl. 8–19 Uhr.

Yeni Cami (Neue Moschee)

Der Blickfang am Ufer Eminönüs stammt aus dem Jahre 1663. „Neu" wurde die Moschee genannt, weil sie eine ältere Brandruine ersetzte. Von ihren zwei schlanken Minaretten mit jeweils drei Balkonen erschallte früher der Gebetsruf von sechs Muezzins gleichzeitig. Heute hat man dafür, wie bei den meisten Moscheen, Tonbänder und Lautsprecher. Zwar bereichert die Moschee die Silhouette des Stadtteils, zu den architektonisch wertvollen zählt sie jedoch nicht, da Baumeister Davut Ağa, ein Schüler Sinans, mit der Yeni Cami lediglich Ideen seines Lehrers kopierte. Dennoch ist der quadratische Moscheenhof recht eindrucksvoll. Das

Im Ägyptischen Basar gibt es auch Süßigkeiten, die müde Männer munter machen

Innere schmücken schöne İznik-Fayencen – alle Pfeiler sind bis in die Rundbögen hinein gekachelt.

Yeni Cami Meydanı, Eminönü.

Galata Köprüsü (Galatabrücke)

Mitte des 19. Jh. wurde die erste Brücke über das Goldene Horn gebaut, die die orientalisch-türkische Altstadt mit den Wohn- und Geschäftsbezirken der christlichen Levantiner verband. Das Betreten war mautpflichtig. Ihre Nachfolgerin, die selbst in Gedichten gefeierte, 1912 durch MAN erbaute Pontonbrücke, brannte 1992 aus. Seitdem dümpeln ihre hellblauen Pontons weiter landeinwärts zwischen den Stadtteilen Balat und Hasköy bzw. Eyüp und Sütlüce im Goldenen Horn. Die heutige Brücke ist eine deutsch-türkische Koproduktion und nach wie vor der bedeutendste Passierweg über das Goldene Horn – kein İstanbulbesucher, der sie nicht einmal überquert. Wie auch im Vorgänger haben im Unterbau der Brücke einfache Fischlokale ihren Sitz, oben bevölkern Angler das Geländer.

Die Lokale unter der Galatabrücke sind immer gut für eine Pause

Praktische Infos

→ Karte S. 148/149 u. S. 153

Vorwahl: 0212

Verbindungen

Von Sultanahmet: Egal ob Sie das Basarviertel von Norden oder von Süden her erkunden wollen, am einfachsten gelangen Sie mit der **Straßenbahn** dahin. Um in die Nähe des Ausgangspunkts des Spaziergangs zu gelangen, fahren Sie bis zur Station Beyazıt-İstasyonu. Wollen Sie die Sache von hinten aufziehen, steigen Sie an der Station Eminönü aus. Auch zu Fuß ist man zu keiner der hier angegebenen Sehenswürdigkeiten länger als 20 Min. unterwegs.

Von Taksim: 1- bis 2-mal stündl. fährt Ⓑ 61 B vom **Bus**bahnhof nach Beyazıt (Haltestelle Beyazıt-İstasyonu nahe dem Ausgangspunkt des Spaziergangs). Etliche Busse fahren zudem vom Tarlabaşı Bul. nach Eminönü, z. B. Ⓑ 54 E. Eine andere Möglichkeit besteht darin, von Beyoğlu mit der **Tünel-Bahn** nach Karaköy (bzw. vom Taksim-Platz mit der **Fünikuler-Metro** hinab nach Kabataş) zu fahren und von dort mit der Straßenbahn nach Eminönü oder Beyazıt weiterzufahren.

Essen und Trinken

Die Lokale im und um den Großen Basar sind meist sehr touristisch und überteuert – Vorsicht, Abzocke! Für zwischendurch bietet sich ein *Balık Ekmek* (2,20 €) von den kostümierten Brutzlern an, die die leckeren Fischbrötchen direkt von schaukelnden Booten westlich der Galatabrücke verkaufen. Davor kleine Tischchen mit Hockern. Immer nett für ein Feierabendbier (mit oder ohne Fisch) sind die Lokale unter der Galatabrücke – doch Achtung, die Kellner sind etwas aufdringlich, suchen Sie sich Ihr Lokal in Ruhe aus.

Restaurants

Hamdi Restaurant **2** (→ Karte S. 148/149), beliebtes Lokal, das dank seiner fantastischen Terrasse mit dem Megablick über das Goldene Horn v. a. ein Tipp für den Sommer ist. Neben leckeren Meze gute Kebabs (8,70–12,50 €) aus Südostanatolien, z. B. *Patlıcan Kebap* (Auberginenkebab) oder *Fıstıklı Kebap* (Pistazienkebab). Unter „Hashish Kebap" versteht man hier übrigens

Kebab mit Mohn! Wer einen guten Tisch will, sollte unbedingt reservieren. Kalçın Sok., Eminönü, ✆ 5280390.

Cibalikapı Balıkçısı **1** (→ Karte S. 148/149), → Balat, Fener und Fatih/Essen und Trinken, S. 170/171). Das Lokal liegt nur rund 20 Fußmin. von Eminönü entfernt, ist von dort aber auch mit Ⓑ 99 zu erreichen.

Pandeli **4** (→ Karte S. 148/149), atmosphärisches Traditionsrestaurant, gegründet 1926, seit 1955 am Nordausgang des Ägyptischen Basars. Vor allem wegen der herrlichen Ausstattung – İznik-Kacheln zieren die Räumlichkeiten – einen Besuch wert. Das (überteuerte) Essen ist leider nur Durchschnitt und die Kellner können zuweilen pampig sein. Fest in Touristenhand. Reservierung empfehlenswert, v. a., wenn man einen Tisch mit Panoramablick auf das Goldene Horn ergattern will. Hg. 9–22 €. Mo–Sa 11.30–19 Uhr, So bis 18.30 Uhr. ✆ 5273909.

Darüzziyafe **5** (→ Karte S. 148/149), in der einstigen Armenküche der Süleymaniye-Moschee. Gepflegtes Restaurant mit einem von Arkaden umgebenen Innenhof. Ausgefallene osmanische Küche (kosten Sie *Hünkar Beğendi*, Fleischwürfelchen auf Auberginenpüree, und danach *Aşure*!), die um die Mittagszeit auch Busgruppen anlockt. Kein Alkohol. Hg. 5,20–15 €. Aufmerksame Kellner. Şifahane Cad. 4, Süleymaniye, ✆ 5118414.

Bahar Havuzlu Restaurant **7** (→ Karte S. 153), im Großen Basar. Imposanter Speisesaal unterm Gewölbe. Große Auswahl an sehr appetitlich präsentierten Topf- und Fleischgerichten. Werfen Sie vor der Auswahl unbedingt einen Blick auf die Speisekarte, um hinterher nicht zu erschrecken: vegetarische Topfgerichte 5 €, mit Fleisch 9 €, Beilagenreis 3 € extra. Nur zu Basar-Öffnungszeiten (Mo–Sa 9–19 Uhr). Gani Çelebi Sok. 3, ✆ 5273346.

Lokantas

››› **Unser Tipp:** **Gedikpaşa Caddesi** **17** (→ Karte S. 148/149), da sich die Lokantas im und rund um den Basar vorrangig aufs Abkassieren verstehen und/oder recht schlechte Qualität servieren, empfehlen wir Reisenden mit schmalem Geldbeutel, vor dem Besuch des Basars die Gedikpaşa Caddesi aufzusuchen, die Hauptstraße des gleichnamigen Viertels südlich des Basars. Dort reiht sich eine kleine Lokanta an die andere, das Publikum ist einheimisch, die Preise sind moderat und dazu angeschrieben (Topfgerichte 2,20–4 €). ‹‹‹

Subaşı Lokantası **11** (→ Karte S. 148/149), nahe dem Großen Basar. Seit 1959 hat sich hier, so heißt es, die Speisekarte nicht mehr verändert! Noch immer zählt die kleine, fast urige Lokanta zu den Händlerfavoriten, doch auch viele Touristen essen hier. Zeitungsartikel an der Wand berichten von der Popularität des Lokals. Gute Auswahl an Topfgerichten und Suppen. Aber Achtung:

Ewige Schlange bei Kurukahveci Mehmet Efendi

Es wird teils übelst abgezockt! Erfragen Sie jeden Preis im Voraus, auch den für die Cola! Çarşıkapı Nuruosmaniye Kapısı Sok. 48, Çemberlitaş.

Cihan Derya Balık Lokantası 14 (→ Karte S. 148/149), eine Leserentdeckung. Günstige Fischbräterei direkt neben der Straßenbahnstation Beyazıt-İstasyonu, aber so unauffällig, dass man gerne daran vorbeiläuft. Probieren Sie die Calamares im Brötchen *(Ekmek arası kalamar)*. Carşıkapı Cad. 2/ Ecke Yeniçeriler Cad., Beyazıt.

Cafés

Erenler 15 (→ Karte S. 148/149), dieser ruhige Teegarten im schattigen Hof einer alten Medrese wird noch immer vornehmlich von Studenten und bejahrten Wasserpfeifenrauchern besucht. Ein Stück Orient zu günstigen Preisen. Zuletzt kein Schild, wählen Sie den Zugang zur Çorlulu Alipaşa Medresesi. Yeniçeriler Cad, Beyazıt.

Lâle Bahçesi 7 (→ Karte S. 148/149), bei der Süleymaniye-Moschee. Auch hier werden Wasserpfeifen geraucht, ihr Duft zieht vom tiefer gelegenen Innenhof zuweilen bis auf die Straße. Man sitzt an Holztischen unter schattenspendenden Bäumen. In der Mitte ein plätschernder Brunnen. Gemütlicher Ort zum Entspannen. Kleine Snacks wie *Köfte* oder Hamburger, günstig. Şifahane Cad., Süleymaniye.

Şark Kahvesi 9 (→ Karte S. 153), im Großen Basar. Früher ein uriges Café mit vergilbten Wänden, jetzt ein gepflegtes Touristenlokal. Alkoholfreie Getränke und Snacks. Nur zu Basar-Öffnungszeiten (Mo–Sa 9–19 Uhr). Yağlıkcılar Cad. 134.

Hafız Mustafa 8 (→ Karte S. 148/149), → Einkaufen/Lebensmittel.

Einkaufen

Wo anfangen, wo aufhören in İstanbuls größtem Marktbereich? Souvenirs kauft man am besten im Großen Basar, Gewürze im Ägyptischen Basar, exquisite Knüpfwaren und sonstiges hochwertiges Kunsthandwerk in der Nuruosmaniye Cad., einer kleinen, niveauvollen Fußgängerzone nahe der gleichnamigen Moschee. Im türkischen Basaralltag zwischen dem Großen und dem Ägyptischen Basar bekommt man Klobürsten, Bügeleisen usw. Hier gibt es auch noch Läden, die *nur* Glühbirnen verkaufen, *nur* Kuscheltiere oder *nur* Plastikaugen für die Kuscheltiere. Ein paar Extra-Tipps im Folgenden:

Antikes/Kunsthandwerk

Kupferwaren ohne großes touristisches Tamtam bekommt man in der ruhigen Mimar Sinan Cad. nahe der Süleymaniye-Moschee. Teils kann man in den kleinen Werkstätten auch bei der Arbeit zusehen.

By Saka 5 (→ Karte S. 153), witziger Schmuck, der größtenteils aus Textilien (!) besteht, dazu lustige Taschen und ein paar Klamotten. Alles in allem ziemlich hippiesk. Halıcılar Cad. 47, Großer Basar.

Sofa 13 (→ Karte S. 148/149), kein Laden, der es nötig hat, Schlepper vor die Tür zu stellen. Stilvolles Geschäft mit antiken Accessoires von der Taschenuhr über Silberschmuck bis zu Kunstdrucken, alles mit Geschmack platziert. Auch Repliken, die keiner Ausfuhrgenehmigung bedürfen. Eine Augenweide. Nuruosmaniye Cad. 53 A, Çemberlitaş.

Armaggan 12 (→ Karte S. 148/149), museumsartiges, sehr ästhetisches Nobelkaufhaus für türkisches Kunsthandwerk. Insgesamt 7 Etagen, Dachterrasse, Kunstgalerie und Nobellokanta inklusive. Nur etwas für den großen Geldbeutel! Feine Bio-Lebensmittel, wunderschöne Kaftans, exklusive Damenmode (luftige Oberteile kommen schon mal auf 1300 €), Ledertaschen, klasse Spazierstöcke, schöne Backgammons usw. Nuruosmaniye Cad. 65, Çemberlitaş. ■

Foto

Viele Fotogeschäfte gibt es rund um die Hauptpost in Eminönü. Eine gute Adresse ist **Saatçioğlu** 10 (→ Karte S. 148/149) in Nr. 5: Hier ist auch hochwertiges Fotomaterial zu bekommen.

Hamamaccessoires

Derviş 5 (→ Karte S. 153), alles, was man zum Schwitzen braucht: flauschige Handtücher, hübsche Schälchen zum Abgießen, Holzlatschen, duftende Naturseifen usw. Halıcılar Cad. 51, Großer Basar.

Ein ähnliches Angebot bietet das Geschäft **Abdulla** 6 (→ Karte S. 153) gegenüber.

Lebensmittel

Kurukahveci Mehmet Efendi 6 (→ Karte S. 148/149), der kleine Straßenverkaufsladen hat den Ruf, den besten Kaffee der Stadt zu rösten. Die nie enden wollende Schlange davor unterstreicht dies. In der Hasırcılar Cad. 1 beim Eingang zum Ägyptischen Basar – immer der Nase nach, und Sie werden den Laden nicht verfehlen (→ Foto S. 159).

Ali Muhiddin Hacı Bekir 9 (→ Karte S. 148/149), türkisches Konfekt en masse. Eine der bekanntesten Adressen der Stadt, existiert bereits seit 1777. Das Angebot ist stets frisch – wichtig, da viele der zuckersüßen Stückchen sonst zu Stein oder zäh wie Kaugummi werden. Hamidiye Cad. 31, Eminönü.

Hafız Mustafa 8 (→ Karte S. 148/149), nahebei. Mischung aus kleinem Laden (der Kachelschmuck ist eine Augenweide) und Café. Beste Puddings, Kuchen, Torten und Baklava. Spezialität aber sind die kandierten, zuckersüßen Früchte. Hamidiye Cad. 20 C, Eminönü.

Namlı Pastırmacı 3 (→ Karte S. 148/149), Feinkostladen, der einem das Wasser im Mund zusammenlaufen lässt. Es gibt das Dörrfleisch *Pastırma*, dazu hausgemachtes Tomatenmark, Schafskäse, eingelegtes Gemüse etc. Hasırcılar Cad. 14, nahe dem Ägyptischen Basar.

Schuhe/Leder

In der **Emin Sinan Hamamı Sokak** im Viertel Gedikpaşa reiht sich Schuhgeschäft an Schuhgeschäft, die Auswahl ist riesig. Ein Teil wird in den Seitengassen in kleinen Werkstätten gefertigt, der andere Teil kommt wahrscheinlich aus China ... Dazu Leder als Meterware.

Teppiche/Stoffe

Muhlis Günbattı 2 (→ Karte S. 153), im Großen Basar. Neben Teppichen und Kelims auch kunstvoll bestickte oder gewebte Decken, Tücher, Wandbehänge und Überzüge aus Baumwolle und Seide. Seit über 50 Jahren im Geschäft. Sehr freundlich und deutschsprachig. Perdahçılar Cad. 48.

Şişko Osman (3 und 4) (→ Karte S. 153), der „Dicke Osman", der aus unerfindlichen Gründen berühmteste Teppichhändler des

Orientalische Spezereien

Großen Basars, ist im malerischen, ruhigen Zincirli Han gleich 2-mal vertreten. Schon Königin Beatrix und Bill Clinton schauten hier vorbei.

Ethnicon 10 (→ Karte S. 153), aus Überresten alter Kelims werden hier neue Patchwork-Teppiche in schönen Farben genäht. Takkeciler Cad. 49–51, Großer Basar.

Şengör 8 (→ Karte S. 153), großes Teppichgeschäft, bereits seit 1918 in der Hand der Familie Şengör. Die Fassade des Ladens – darauf ist man sehr stolz – war bereits im James-Bond-Film *Liebesgrüße aus Moskau* zu sehen. Takkeciler Cad. 65–83, Großer Basar.

Eğin Tekstil 1 (→ Karte S. 153), der rund 140 Jahre alte Laden steht ganz im Zeichen naturbelassener Stoffe. Ebenfalls im Großen Basar, Yağlıkçılar Cad. 1.

Textilzentrum Laleli

Rund um den Atatürk Bulvarı

Der Atatürk Bulvarı ist die bedeutendste Nord-Süd-Achse zwischen Stadtmauer und Serailspitze. In den Vierteln drum herum dominiert İstanbuler Alltagstristesse. Ein paar Baudenkmäler mit klangvollen Namen und ein paar Ecken mit pittoreskem Charme lassen sich aber auch hier ausmachen.

In den meisten Städten der Türkei ist der Atatürk Bulvarı eine elegante Flaniermeile. Nicht so in İstanbul: Auf der bis zu zehnspurigen Straße, die sich zwischen Goldenem Horn und dem Stadtteil Laleli erstreckt, staut sich meist der Verkehr. Rußende Busse verpesten die Luft. Keine edlen Boutiquen, sondern kleine Handwerksbetriebe und einfache Geschäfte in leprösen Häusern säumen den „Boulevard".

Einziges Postkartenmotiv entlang dem Atatürk Bulvarı ist der **Valens-Aquädukt** *(Bozdoğan Kemeri)*, benannt nach dem gleichnamigen oströmischen Kaiser. In der zweiten Hälfte des 4. Jh. wurde der imposante zweigeschossige Arkadenbau errichtet, um die Stadt mit Wasser aus dem Belgrader Wald zu versorgen. Einst war der Aquädukt über einen Kilometer lang, rund 600 m sind noch erhalten. Durch seine unteren Torbögen fädelt sich heute der Verkehr.

Zwei byzantinische Kirchen und zwei osmanische Moscheen sind die „Attraktionen" der Viertel rechts und links des Boulevards – allesamt aber keine Publikumsmagneten.

Westlich des Atatürk Bulvarı, im Stadtteil Zeyrek, kann man der ehemaligen → **Pantokrator-Kirche** *(Molla Zeyrek Camii)* einen Besuch abstatten. Der Stadtteil mit seinen schiefen und steilen Gassen besitzt, eingeklemmt zwischen kleinen Moscheen und engen Plätzchen, noch viele alte Holzhäuser aus der ersten Hälfte des 19. Jh. – leider größtenteils verschrabbelt. Die UNESCO bemüht sich vergebens um deren Erhalt.

Rund um den Atatürk Bulvarı

Im Viertel Vefa östlich des Atatürk Bulvarı lohnt der Sahlep-Ausschank **Vefa Bozacısı** (→ Kasten S. 167) eine kurze Visite. Nahebei steht, umgeben von Fakultätsgebäuden der Universität İstanbul, die → **Kalenderhane-Moschee** *(Kalenderhane Camii)*, eine ebenfalls ursprünglich byzantinische Kirche. Studentencafés in der Nähe laden zudem auf eine Pause ein.

Nur einen Katzensprung entfernt liegt die → **Prinzen-Moschee** *(Şehzade Camıı)*, eine monumentale Sultansmoschee aus der Mitte des 16. Jh. Südlich davon erstreckt sich Laleli. Benannt ist der Stadtteil nach der → **Laleli Camii** („Tulpenmoschee"), der schönsten Barockmoschee İstanbuls. Die meisten Lalelibesucher aber kommen der Mode wegen. Es sind v. a. Russen, Bulgaren, Rumänen, Georgier, Iraner, Iraker und Ukrainer, allesamt Geschäftsleute. Sie übernachten in den möchtegernschicken Hotels Lalelis und kaufen in den unzähligen umliegenden Bekleidungsgeschäften ein – selten Einzelstücke, meist ganze Kollektionen für den heimischen Markt. Die russischen Modetrends für den nächsten Winter sieht man in den Schaufenstern Lalelis schon im Sommer.

Kadınlar Pazarı

Parallel zum Atatürk Bulvarı verläuft im Viertel Zeyrek die İtfaiye Caddesi, weniger eine Straße, mehr ein verkehrsberuhigter, länglicher Platz. Der Volksmund kennt ihn als Kadınlar Pazarı. Drum herum Restaurants und ein kleiner Metzgermarkt, wo u. a. Schafsköpfe gestapelt werden. Die meisten Metzger kommen aus den Kurdengebieten Südostanatoliens. Die Spezialität der hiesigen Restaurants ist *Büryan Kebabı*. Vom stundenlang geschmorten ganzen Lamm wird das Fett ins Töpfchen und das Fleisch ins Brötchen geschnitten. Sieht nicht unbedingt appetitlich aus, schmeckt aber. Danach riecht man jedoch selbst wie ein Lamm!

Sehenswertes

Molla Zeyrek Camii (ehem. Pantokrator-Kirche)

Die Kirche gehörte einst zu einer der größten Klosteranlagen der Stadt, in der über 700 Mönche lebten. Gebaut wurde sie in der ersten Hälfte des 12. Jh. durch Kaiser Johannes II. und seine Gattin Eirene, und zwar in drei Etappen: Eirene, die Gründerin des Klosters, ließ zunächst den heutigen südlichen Teil des Gotteshauses als frei stehende Kirche errichten. Nach ihrem Ableben spendete ihr Mann eine ähnliche Kirche nördlich davon. Und als er seinen eigenen Tod nahen sah, ließ er eine Kapelle – seinen Bestattungsort – in der Mitte bauen, die beide Kirchen miteinander verband. Der Gelehrte Molla Zeyrek – heute Namensgeber des gesamten Viertels – richtete nach der Einnahme der Stadt durch Mehmet II. eine theologische Hochschule im Klosterkomplex ein. Aus der Kirche wurde so von einem Tag auf den anderen eine Moschee, die jahrhundertelang dem Verfall preisgegeben war, heute aber peu à peu restauriert wird. In ihrem Innern gibt es ein paar herrliche Mosaiken zu bestaunen, die teilweise unter Teppichen versteckt liegen. Nach Abschluss der Restaurierungsarbeiten wird diese hoffentlich wieder der Imam gegen ein Trinkgeld für Sie lupfen!

İbadethane Sok., Zeyrek. Von der İtfaiye Cad. der Beschilderung zum Restaurant Zeyrekhane folgen (Moscheeneingang vom Restaurant aus gesehen jedoch rückseitig).

Laleli – wo mit Dollar bezahlt und Russisch gesprochen wird

Die Türkei ist der viertgrößte Bekleidungsproduzent weltweit, für über 35 Mrd. US-Dollar exportiert sie jährlich Textilien ins Ausland. Laleli ist eines von mehreren Handelszentren der Textilindustrie in İstanbul, rund 30.000 Firmen – inkl. Zulieferer und Teemacher – sind hier ansässig. Die inoffizielle Amtssprache in Laleli ist Russisch, die Währung der US-Dollar. Die Modelabels, die gehandelt werden, klingen französisch oder italienisch: *Renzo Rinaldi, Gizelli, Tibno Rossi, Paulo Vento, Pierre Carlos, Marco Corvari, Paolo Bertolucci* – das verkauft sich besser in Osteuropa. Und die Biografie von einem der hiesigen Händler liest sich gar wie der amerikanische Traum – es ist die Geschichte von **Recep Cesur**. 1983 kam er als 14-jähriger Kurdenjunge nach İstanbul und verdingte sich zunächst als Klo- und Schuhputzer. Später fand er einen Aushilfsjob im Stoffhandel, wurde anschließend Anzugverkäufer und ließ Anfang der 1990er-Jahre erstmals selbst produzieren. Er gründete Filialen im Ausland und stieg 1997 in Bagdad zum Hoflieferanten Saddam Husseins und des gesamten Kabinetts auf. Und als 2005 der Prozess gegen Saddam Hussein eröffnet wurde, avancierte der „Kurdenmörder“ zum größten Werbeträger für einen Kurden: Immer wenn Hussein im Gerichtssaal in die Innentasche seines Sakkos griff, ging der Markenname „Cesur“, von Kameras eingefangen, um die ganze Welt. Die Verkaufszahlen explodierten. Heute unterhält Recep Cesur Filialen in aller Welt. Selbst Friedensnobelpreisträger Nelson Mandela hat Anzüge von Cesur im Schrank.

Der Laden Recep Cesurs (kein extravagantes Geschäft!) liegt an der Gençtürk Cad. 16 A in Laleli. Mo–Sa 7–21 Uhr, So 9–18 Uhr. Anzüge kosten zwischen 70 (!) und 700 €. www.cesur.com.tr.

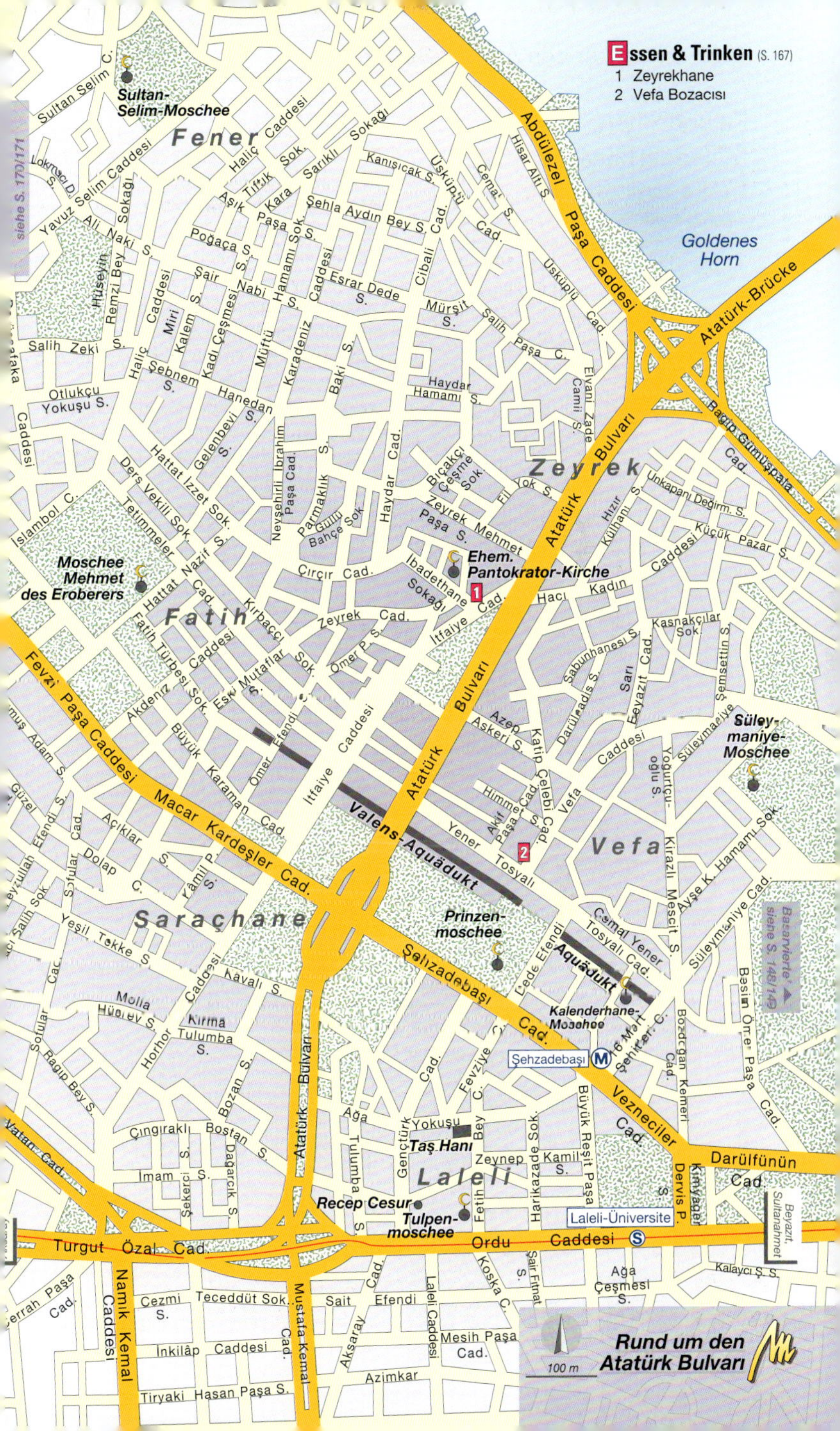

Essen & Trinken (S. 167)
1 Zeyrekhane
2 Vefa Bozacısı
Rund um den Atatürk Bulvarı
100 m
Goldenes Horn
Atatürk-Brücke
Fener
Zeyrek
Fatih
Saraçhane
Vefa
Laleli
Sultan-Selim-Moschee
Moschee Mehmet des Eroberers
Ehem. Pantokrator-Kirche
Süleymaniye-Moschee
Valens-Aquädukt
Aquädukt
Prinzenmoschee
Kalenderhane-Moschee
Taş Hanı
Recep Cesur
Tulpenmoschee
Şehzadebaşı
Laleli-Üniversite
siehe S. 170/171
Basarviertel siehe S. 148/149
Beyazıt, Sultanahmet
Abdülezel Paşa Caddesi
Atatürk Bulvarı
Fevzi Paşa Caddesi
Macar Kardeşler Cad.
Şehzadebaşı Cad.
Vezneciler Cad.
Darülfünün Cad.
Turgut Özal Cad.
Ordu Caddesi
Namık Kemal Caddesi
Mustafa Kemal Cad.
Sultan Selim C.
Yavuz Selim Caddesi
Haliç Caddesi
Kanısıcak S.
Üsküplü Cad.
Hisar Altı S.
Şehla Aydın Bey S.
Esrar Dede S.
Mürşit S.
Salih Paşa C.
Haydar Hamamı S.
Elvani Zade Camii S.
Ragıp Gümüşpala Cad.
Unkapanı Değirm. S.
Küçük Pazar S.
Kadın Hacı Caddesi
Kasnakçılar Sok.
Zeyrek Mehmet Paşa S.
İbadethane Sokağı
İtfaiye Cad.
Çırçır Cad.
Zeyrek Cad.
Haydar Cad.
Hattat İzzet Sok.
Ders Vekili Sok.
Tetimmeler
Hattat Nazif S.
İslambol C.
Otlukçu Yokuşu S.
Salih Zeki S.
Fatih Türbesi Sok.
Akdeniz Caddesi
Büyük Karaman Cad.
Ömer Efendi S.
Kırbaççı Sok.
Eski Mutaflar
İtfaiye Caddesi
Azep Askeri S.
Katip Çelebi Cad.
Yener Tosyalı
Cemal Yener Tosyalı Cad.
Süleymaniye Caddesi
Kirazlı Mescit S.
Yoğurtçuoğlu S.
Ayşe K. Hamamı Sok.
Dede Efendi
16 Mart Şehitler C.
Bozdoğan Kemeri Cad.
Besim Ömer Paşa Cad.
Büyük Reşit Paşa
Harikazade Sok.
Fevziye Cad.
Gençtürk
Tulumba S.
Ağa Yokuşu
Bey Zeynep Kamil S.
Kimyager Derviş P.
Kavalı S.
Molla Hüsrev S.
Kırma Tulumba S.
Horhor
Bozdoğan S.
Çıngıraklı Bostan S.
Dağarcık S.
Şekerci S.
İmam S.
Vatan Cad.
Cerrah Paşa Cad.
Cezmi S.
Teceddüt Sok.
Sait Efendi
Laleli Caddesi
Koska C.
Sait Fitnat S.
Ağa Çeşmesi S.
Kalaycı Ş. S.
İnkılâp Caddesi
Aksaray Cad.
Mesih Paşa Cad.
Azimkar
Tiryaki Hasan Paşa S.
Yeşil Tekke S.
Güzel Efendi S.
Açıklar
Dolap C.
Sofular Cad.
Ragıp Bey S.

Kalenderhane Camii (Kalenderhane-Moschee)

Der Sakralbau ist eine typisch byzantinische Kreuzkuppelkirche aus dem 12. Jh. Nach dem Fall Konstantinopels wurde die Kirche als Moschee dem Derwischorden der Kalenderiye zur Verfügung gestellt – daher auch der Name. Diese waren übrigens unkonventionelle Wandermönche, die ein unstetes und sehr bedürfnisloses Leben führten. Den Orden gibt es schon lange nicht mehr, der Ausdruck *kalender* für eine anspruchslose oder eigenbrötlerische Person blieb im Türkischen jedoch erhalten. Noch heute lässt sich im Inneren der Kirche christliches Dekor an den marmorverzierten Wänden finden, im Narthex sind zudem Fragmente eines Freskos auszumachen.

Kalender Medresesi Sok., Vefa. Die Moschee liegt etwas versteckt. Von der Cemal Yener Tosyalı Cad. ist sie am einfachsten zu finden, da ausgeschildert.

Şehzade Camii (Prinzen-Moschee)

Süleyman der Prächtige stiftete die Moschee zu Ehren seines liebsten, jung verstorben Sohnes, des Prinzen Mehmet. Als Architekten verpflichtete er den damals noch unbekannten Sinan (→ S. 120). Mit dem Bau der Moschee – Sinan bezeichnete sie als sein „Lehrlingsstück" – gelangte er zu erstem Ruhm. Prinz Mehmet wurde in einer Türbe im Mausoleengarten (im Rücken der Moschee) beigesetzt. Über dem Eingangsportal des Grabmals geben persische Verse sein Todesdatum nach dem islamischen Kalender an. Das Innere zieren pastellfarbene Fayencen, über dem Grabmal prunkt ein Nussbaumbaldachin mit Elfenbeinschnitzereien. Auch die nahe gelegenen Türben der Großwesire Rüstem Paşa, İbrahim und Destari Mustafa Paşa sind eher Kunstwerke als Totenstätten. Man sagt, sie seien die schönsten Mausoleen İstanbuls, dennoch schaut sie sich kaum jemand an. Das einzige Grab, das stets – und fast ausschließlich von Frauen – besucht wird, ist das des Helvacı Baba. Obwohl man nicht viel von dem guten Mann weiß, wird er wie ein Heiliger verehrt. Wer keinen Ehemann findet, wendet sich an ihn. Wer ihn gefunden hat, aber nicht schwanger wird, ebenfalls. Und hat man Kinder, aber kranke, so kommt man auch.

Şehzadebaşı Cad., Saraçhane.

Türbe an Türbe:
Mausoleengarten der Prinzenmoschee

Laleli Camii (Tulpenmoschee)

Mustafa III. ließ das Meisterwerk des osmanischen Barock (auch *Lale Devri*, Tulpenzeit, genannt) zu Mitte des 18. Jh. errichten. 1765, zwei Jahre nach ihrer Fertigstellung, fiel die Moschee einem Erdbeben zum Opfer und musste wiederaufgebaut werden. Ihre Pracht entfaltet die Moschee im Innern: Über 100 längliche Ornamentglasfenster, teilweise mit Opalen und Smaragden geschmückt, werfen buntes Licht auf die Porphyrwände und offenbaren die künstlerische Annäherung an das damalige barocke Abendland. Architektonisch interessant ist zudem die „Unterwelt" der Moschee: eine pfeilergestützte Halle mit einem Springbrunnen in der Mitte, drum herum ein paar Ladenpassagen – im 18. Jh. ein modernes unterirdisches

Kaufhaus, heute eine Kunstlicht-Ramschzeile. Neben der Moschee steht an der Ordu Caddesi die gemeinsame Türbe des Stifters und seines ermordeten Sohnes Selim III.

Zur Moschee gehörte einst auch der *Taş Hanı* zwei Straßenblöcke weiter nördlich. Heute befindet sich darin ein Basar. Von der Spitzenunterwäsche für heiße Abende bis zu Fellmützen für den sibirischen Winter ist hier alles zu bekommen.

Ordu Cad., Laleli.

Praktische Infos

→ Karte S. 165

Vorwahl: 0212

Verbindungen

Von Taksim (Busbahnhof) erreichen Sie den Valens-Aquädukt u. a. mit Ⓑ32T, 35C, 72T, 73, 80T, 83 0, 87, 89T, 93T u. 97T. Ab Nov. 2013 (so zumindest die Planungen) besteht zudem die Möglichkeit, mit der **Metro M2** von Taksim oder Şişhane bis zur Station **Şehzadebaşı** nahe der Prinzen-Moschee zu fahren.

Von Eminönü und **Sultanahmet** bringt Sie die Straßenbahn nach Laleli. Danach geht es zu Fuß weiter.

Essen und Trinken

Zeyrekhane **1**, gepflegtes Restaurant neben der Pantokrator-Kirche mit weitläufiger Gartenterrasse und Wahnsinnsblick auf das Goldene Horn und die Süleymaniye-Moschee. Ein Plätzchen, das die Hektik der Metropole vergessen lässt. Türkische Küche der gehobenen Preisklasse (Vorspeisen 5–8 €, Hg. 12–20 €, es gibt aber auch leckere Sandwichs für rund 6 €). Mo geschl. İbadethane Arkası Sok. 10 (ausgeschildert), Zeyrek, ✆ 5322778.

Boza und Sahlep – zu Nebenwirkungen und Risiken fragen Sie Vefa Bozacısı

Boza ist der türkische Energy Drink, ein cremefarbener, dickflüssiger und schwach alkoholischer Saft aus vergorener Hirse, der kalt mit einer Prise Zimt und Ingwer getrunken wird. Er verleiht aber nicht nur Energie in jeder Lage, sondern hilft angeblich auch gegen allerlei körperliche Beschwerden. Im 17. Jh. war man jedoch noch anderer Meinung: „Wer viel davon trinkt, wird von keinem Hund gebissen, aber von der Wassersucht und der Gicht geschlagen", so Evliya Çelebi, der berühmteste İstanbul-Chronist jener Zeit. Auch Sahlep sagt man wundersame Wirkungen nach. Sahlep wird heiß getrunken und vornehmlich im Winter ausgeschenkt. Aus den Knollen des Knabenkrauts gewinnt man einen Sud, der mit Milch aufgekocht und extrem süß getrunken wird. Erkältungen und Wintermüdigkeit beugt man damit vor.

Der bekannteste Boza- und Sahlep-Ausschank der Türkei ist **Vefa Bozacısı** **2**, untergebracht in einem alten, schön restaurierten Stadthaus im Viertel Vefa (→ Foto auf S. 57). 1876 wurde der Familienbetrieb von einem albanischen Flüchtling namens Sadık gegründet. Eine Kostprobe wert ist übrigens auch der Şira, ein leichter Traubenmost, der im Sommer angeboten wird.

Katip Çelebi Cad. 102, Vefa. Tägl. 8.30–20 Uhr. www.vefa.com.tr.

Am Goldenen Horn

Balat, Fener und Fatih

Balat war einst das Viertel der Juden, Fener das der Griechen und Fatih das der konservativen Muslime. Heute dominieren Letztere den gesamten Streifen am Goldenen Horn, doch Spuren haben alle hinterlassen.

Drei Stadtteile, drei Geschichten: Nach der Eroberung Konstantinopels durch die Osmanen ließen sich makedonische und sephardische Juden auf dem Gebiet des heutigen Balat nieder. Der Stadtteil entwickelte sich daraufhin zu einem wichtigen Handelszentrum. Als jedoch im 19. Jh. viele Juden in modernere Stadtteile übersiedelten, verlor Balat an Bedeutung. Und nach dem Zweiten Weltkrieg, als das Gros der Juden die Stadt gen Israel verließ, war es mit Balats Blüte endgültig vorbei. Lediglich ein paar Synagogen erinnern heute noch an die einst hier ansässige jüdische Bevölkerung.

Fener hingegen war bis Anfang des 20. Jh. ein rein griechisches Viertel. Im Buchhandel, Bankwesen und in der Seefahrt fanden die Bewohner ihr Ausbzw. Einkommen, in den berühmt-berüchtigten Kneipen Feners ließen sie es liegen. Wie die Juden verließen jedoch auch die Griechen ihren Stadtteil (→ Kasten S. 174). Ein paar Kirchen und das Griechisch-Orthodoxe Patriarchat sind ihre Hinterlassenschaft.

Weniger der Synagogen oder Kirchen wegen lohnt ein Besuch Balats oder Feners. Es ist der morsche, verwitterte Charme des alten İstanbuls, der hier wie kaum woanders in der Millionenmetropole erhalten geblieben ist und den Reiz der zwei Viertel ausmacht. Mal spaziert man durch malerische, von Weinreben überrankte Gassen vorbei an schönen alten Backsteinhäusern, mal geht es unter zum Trocknen ausgehängter Wäsche hindurch. Und so erfährt man hier ganz nebenbei auch, was eine fromme Muslima unter ihrem Schleier trägt.

Balat und Fener gelten zwar als islamisch-konservative Hochburgen, doch beginnt sich die Gesellschaftsstruktur in den zwei Stadtteilen langsam zu

wandeln. Immer mehr junge, moderne İstanbuler entdecken dieses Eck. Wo sonst lässt es sich im Zentrum mit so viel Flair für so wenig Geld noch wohnen? Den alten Bewohnern, selbst einst zugezogene Anatolier, bereitet die Entwicklung einige Sorgen. Sie befürchten steigende Mieten und die Verdrängung an die Stadtränder.

An Fatih wird der Kelch der Gentrifizierung vorüberziehen – wer hier nicht wohnt, will hier auch nicht hin. Trist wirkt der Stadtteil, hässliche Betonblocks aus der Mitte des 20. Jh. prägen ihn. Das Gros der Frauen trägt hier wie auch in Balat und Fener ein Kopftuch, so manche ist gar bis auf Mund und Augen in Schwarz gehüllt. Buben im

Haliç – das Goldene Horn

Das Goldene Horn ist keine Landmasse wie das Kap Horn, sondern ein 11 km langer und bis zu 400 m breiter Meeresarm, der die europäische Hälfte der Stadt durchschneidet. *Haliç* („Meerbusen") nennen ihn die Türken. Von Gold keine Rede. Nur in der westlichen Welt bezeichnet man ihn als Goldenes Horn, und nur eine Legende weiß, warum: Angeblich haben die Byzantiner kurz vor der Einnahme Konstantinopels ihr Vermögen in den Meeresarm geworfen, damit es nicht den osmanischen Eroberern in die Hände fiel. Golden habe das Meer danach geschimmert. Sollte etwas Wahres dran sein, so liegen die Schätze heute meterdick begraben unter all dem Müll und Dreck, der über Jahrhunderte hinweg mit den Abwässern der Stadt ins Horn gespült wurde und es zu einer stinkenden Kloake werden ließ. Erst in jüngster Zeit hat sich die Wasserqualität verbessert, selbst Seepferdchen sollen sich hier wieder tummeln. Dazu trugen der Bau von Kläranlagen, der Niedergang der hiesigen Werften und Fabrikanlagen sowie die neue Galatabrücke bei, die einen besseren Wasseraustausch ermöglicht. Seit ein paar Jahren bemüht sich die Stadt zudem, rund um das Goldene Horn einen Grünstreifen mit Teegärten anzulegen.

Vorschulalter spazieren schon mit Käppi und Kaftan umher. 184 Moscheen zählt der gesamte Stadtteil Fatih, so viel wie kein anderer. Aus dem farblosen Einerlei stechen lediglich die bunten Auslagen der Gemüsehändler heraus. Was sonst außer Moscheen gibt es hier zu besichtigen?

Spaziergang

Länge ca. 4,3 km inkl. Abstecher, **Dauer** ca. 3 Std., **Karte** S. 170/171.

Wollen Sie in den Stadtteilen nicht negativ auffallen, tragen Sie dezente Kleidung.

Nach **Fener**, dem Ausgangspunkt des Spaziergangs, gelangt man am gemütlichsten bei einer kurzen Fahrt mit dem Schiff. In Eminönü westlich der **Galatabrücke** legen die Fähren im Stundenrhythmus ab (→ Verbindungen am Ende des Kapitels). Die Fährfahrt ist eine relaxte Begegnung mit der Stadt. Hektik und Trubel sind vergessen. Das Gewusel der Millionenmetropole bleibt zurück im aufsteigenden Häusermeer zu beiden Seiten des Goldenen Horns. Früher, als sich die Sultane in ihren reich verzierten Kajiken den Meeresarm hinauf- und hinunterrudern ließen, säumten weite Gärten mit prunkvollen Pavillons und Schlösschen die Ufer.

Hoch über der Anlegestelle von Fener zieht ein großer rötlicher Backsteinbau den Blick auf sich. Es ist nicht etwa das Griechisch-Orthodoxe Patriarchat, sondern das **Özel Fener Rum Lisesi**, eine griechische Knabenschule.

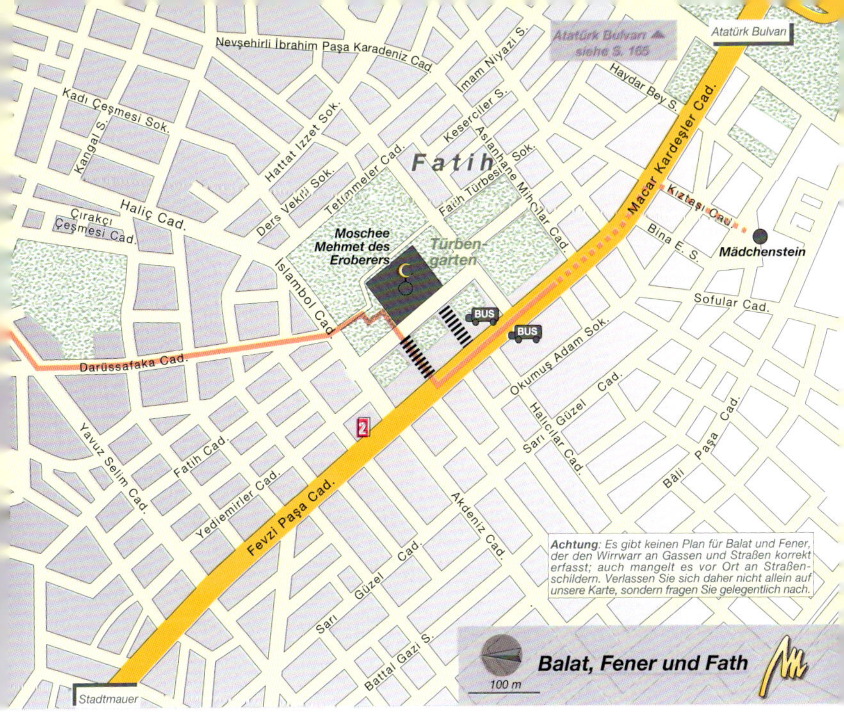

Hinter der Grünanlage bei der Anlegestelle Fener führt die Uferstraße gen Nordwesten in Richtung Balat. Dabei passiert man die graue neogotische **Kirche St. Stephan von Bulgarien** *(Bulgar Kilisesi)*. 1898 wurde sie aus in Wien vorfabrizierten und über die Donau und das Schwarze Meer nach İstanbul geschipperten Gusseisenteilen zusammengeschraubt. Noch heute wird die rostige Kirche von der arg geschrumpften bulgarisch-orthodoxen Christengemeinde genutzt. Ihr Inneres ist sehenswert, zuletzt war es wegen umfangreicher Restaurierungsarbeiten jedoch nicht zugänglich.

Nimmt man hinter der Kirche die erste Straße links, gelangt man in das dörflich wirkende Zentrum **Balats**. Beschaulich geht es zu, außer dienstags, wenn im Viertel der wöchentliche Obst- und Gemüsemarkt stattfindet.

Kleine, einfache Läden säumen die Hauptgeschäftsstraßen. Im Wirrwarr der abgehenden Gassen stehen viele Häuser leer oder sind im Verfall begriffen, andere sind neu restauriert und farbenfroh gestrichen. Teils schmücken schöne Erker, teils aufwendige Portale mit armenischen oder griechischen Inschriften die Fassaden. Mehrere alte Kirchen und Synagogen liegen hier versteckt, darunter die noch heute genutzte → **Ahrida-Synagoge** *(Ahrida Sinagogu)*. Ohne Besichtigungsgenehmigung braucht man sie aber gar nicht aufzusuchen. Nahebei versteckt sich in der Kamış Sokak die meist verschlossene **Surp-Hreşdagabet-Kirche** *(Surp Hreşdagabet Kilisesi)*, eine ursprünglich griechische Kirche, die bereits 1627 von den Armeniern übernommen wurde.

Hält man sich stets etwas oberhalb der mehrspurigen Uferstraße wieder gen Südosten, gelangt man zum → **Griechisch-Orthodoxen Patriarchat** *(Ortodox Patrikhanesi)*. Auf dem Weg dahin bieten sich Abstecher zur einstigen

→ **Marienkirche Pammakaristos** *(Fethiye Camii)* und zur → **Kirche der Hl. Maria der Mongolen** *(Kanlı Kilise)* an. Dabei geht es durch ein chaotisches Labyrinth an kopfsteingepflasterten Gassen und Treppen. Das Eck lädt zum Schlendern ein – zielstrebig auf etwas zuzusteuern ist ohnehin nicht drin (→ Karte).

Weit oberhalb des Griechisch-Orthodoxen Patriarchats liegt die → **Sultan-Selim-Moschee** *(Selim I. Camii)*, von deren Terrasse man eine herrliche Aussicht auf das Goldene Horn genießen kann. Auf ihrer Rückseite (südöstlich) erstreckt sich eine gigantische Mulde, begrünt und mit Sportanlagen versehen. Es handelt sich um die einst größte offene römische Zisterne. Sie misst über 150 m im Geviert.

Den kürzesten Weg zur riesigen → **Moschee Mehmets des Eroberers** *(Fatih Camii)* wählt man, indem man von der Yavuz Selim Caddesi nach links in die Darüşşafaka Caddesi einbiegt – mittwochs ein kleines Erlebnis, denn dann findet hier der hiesige Wochenmarkt statt. An allen anderen Tagen ist das Eck trostlos und der kleine Umweg über die Fevzi Paşa Caddesi vorzuziehen. Busse bringen Sie vom Moscheenkomplex zurück nach Eminönü oder Taksim (→ Verbindungen).

Wer will, kann noch einen Abstecher zur **Markianssäule** am Ende der Kıztaşı Caddesi unternehmen. Nur Ausländer nennen die Säule so, die vermutlich einst eine Statue Kaiser Markians (450–457) schmückte. Im Türkischen heißt sie *Kız Taşı* („Mädchenstein"). Sehenswert ist sie nicht gerade. Angeblich aber kann sie Jungfräulichkeit nachweisen; bei vorgetäuschter beginnt sie zu vibrieren. Probieren Sie's aus.

Sehenswertes

Ahrida Sinagogu (Ahrida-Synagoge)

Sie stammt aus dem 15. Jh. und gilt als die schönste Synagoge İstanbuls. In ihr wirkte im 17. Jh. der Sektengründer Sabbatai Zwi, der glaubte, der neue Messias zu sein, und die Bewegung des sog. „Sabbatianismus" auslöste. Die Osmanen fanden jedoch keinen Gefallen an dem neuen Messias und seiner stetigen Propagierung der Endzeit. Kurzum stellten sie ihn 1666 vor die Wahl zwischen Hinrichtung oder Übertritt zum Islam. Sabbatai Zwi entschied sich für Letzteres.

Das Innere der Synagoge ist mit barocken Malereien aus dem 17. Jh. verziert. Die *Teva*, eine Art Gebetskanzel, ähnelt einem Schiffsbug und soll, so sagt man, an die Schiffe erinnern, mit denen über 100.000 sephardische Flüchtlinge ins Osmanische Reich kamen. Ganz nebenbei: Manche alten Juden İstanbuls sprechen noch heute Ladino, die auf dem Altspanischen beruhende Sprache der sephardischen Juden. Doch das Ladino ist dem Untergang geweiht, die jüdische Jugend spricht Türkisch oder lernt gleich Hebräisch. *Şalom*, die jüdische Zeitung İstanbuls, druckte einst nahezu alle Artikel in Ladino, heute nur noch eine Seite von acht.

Kürkçü Çeşme Sok. 7, Balat. Die Synagoge liegt versteckt hinter einer hohen Mauer. Eine Videokamera und ein Stein mit hebräischer Inschrift über dem Eingang markieren den Zugang. Sie kann nur mit einer Genehmigung besichtigt werden (Infos über die Webseite des Oberrabbinats www.turkyahudileri.com).

Die griechische Knabenschule von Fener ist bis heute eine Landmarke

Balat, Fener und Fatih → S. 170/171

Ortodoks Patrikhanesi (Griechisch-Orthodoxes Patriarchat)

Seit 1601 hat es seinen Sitz im Stadtteil Fener. Auch wenn sich das Patriarchat gerne als das geistige Zentrum aller Ostkirchen betrachtet, so erstreckt sich dessen irdische Verfügungsgewalt heute nur noch auf die griechische Gemeinde İstanbuls, einige anatolische Orte und die Inseln des Dodekanes.

Die zum Patriarchat gehörende wunderschöne **Kirche Hagios Georgios** stammt aus der ersten Hälfte des 18. Jh. Die sehenswerten Ikonen, Madonnenbilder und Mosaiken in ihrem Inneren sind größtenteils erheblich älter. Dazu werden kostbare Reliquien verwahrt. Der Thron des Patriarchen rechts vom Mittelschiff soll übrigens der Sitz des hl. Johannes Chrysostomos (um 344–407), des einstigen Patriarchen von Konstantinopel, gewesen sein. Der heutige Patriarch Bartholomäus I. feierte hier 2006 mit Papst Benedikt XVI. einen gemeinsamen Gottesdienst, bei dem der Papst die Spaltung der Christenheit als „Skandal für die Welt" kritisierte.

Dem Patriarchat angegliedert ist auch eine Bibliothek, leider befinden sich große Teile ihres Bestands heute in den Athosklöstern. Zu den wertvollsten noch vorhandenen Manuskripten zählt eine Abschrift der *Methode zur Behandlung mechanischer Probleme* des Mathematikers und Physikers Archimedes aus dem 10. Jh.

Sadrazam Ali Paşa Cad. 35, Fener. **Kirche** tägl. 8–16.30 Uhr. Zugang zur **Bibliothek** nur nach Genehmigung des Patriarchats (Anfragen unter ✆ 0212/5319671, 📠 5319014). www.patriarchate.org.

Fethiye Camii (ehem. Marienkirche Pammakaristos)

Anlässlich der Eroberungen Georgiens und Aserbeidschans ließ Murat III. die „Marienkirche der vollkommen Glück lichen“ 1591 in eine islamische Gebetsstätte umwandeln. Fortan wurde sie „Moschee der Eroberung“ (türk. *Fethiye* = Eroberung) genannt. Die vermutlich

Griechen und Türken – eine schwierige Nachbarschaft

Heute leben noch rund 3000 Griechen in İstanbul. Zu Anfang des 20. Jh. stellten die Griechen mit rund einem Viertel der Einwohner die größte nichtmuslimische Minderheit der Stadt. Über Jahrhunderte hinweg hatten sie friedlich mit den Türken zusammengelebt, Spannungen waren die Ausnahme. Doch mit der Zerschlagung des Osmanischen Reiches nach dem Ersten Weltkrieg und dem Versuch Griechenlands, sich Kleinasiens zu bemächtigen (→ Geschichte, S. 94), änderte sich die Situation. Es folgte der türkische Befreiungskrieg, an dessen Ende ein „Bevölkerungsaustausch“ – eine Vertreibung bzw. ethnische Säuberung – stand: Ca. 1,4 Mio. Griechen mussten die Türkei verlassen, in entgegengesetzter Richtung waren rund 350.000 Türken aus Griechenland unterwegs. Dabei sprachen viele Griechen, die die Türkei verließen, gar kein Griechisch, und viele Türken, die kamen, kein Türkisch.

Lediglich die Griechen İstanbuls, ohne welche die Wirtschaft der Stadt von heute auf morgen zusammengebrochen wäre, und die Bewohner der Ägäisinseln Tenedos (heute Bozcaada) und Imbros (heute Gökçeada) durften bleiben. Doch auch sie kehrten in den folgenden Jahrzehnten der Türkei den Rücken: Die neue Republik belegte Nichtmuslime mit diskriminierenden Steuern. Ab den 50er-Jahren verschärfte zudem der Zypernkonflikt das Verhältnis zwischen Griechen und Türken. Und als 1955 die griechisch-zypriotische Untergrundorganisation *EOKA* militärisch gegen Türken und Briten aktiv wurde, initiierte der türkische Geheimdienst einen Bombenanschlag auf das Geburtshaus von Atatürk in Thessaloniki und schob die Tat den Griechen in die Schuhe, um den Mob zu mobilisieren. In der Nacht vom 6. auf den 7. September 1955, der antigriechischen Pogromnacht, eskalierte die Situation in İstanbul. Die Bilanz: Tausende von griechischen Geschäften und Häusern wurden geplündert und zerstört, mehrere Hundert Frauen vergewaltigt, Geistliche verstümmelt, über 70 Kirchen und 20 Schulen verwüstet. Der Höhepunkt der Abwanderung aber folgte 1964. Zehntausende „Hellenen“ wurden ausgewiesen, nachdem es zu Massakern an Türken auf Zypern gekommen war.

Bis Ende der 1990er beobachteten die NATO-Partner mit großer Besorgnis das Verhalten der beiden „verfeindeten“ Verbündeten, immer wieder kam es zu militärischen Provokationen in der Ägäis. Erst durch die wechselseitige Hilfe beider Nationen bei schweren Erdbeben und Waldbränden bahnte sich eine Verbesserung der bilateralen Beziehungen an. Mittlerweile gibt es enge wirtschaftliche Verflechtungen, mittlerweile ist Griechenland gar ein Befürworter des EU-Beitritts der Türkei. Und mittlerweile wächst die griechische Gemeinde İstanbuls wieder: Immer mehr Griechen wandern infolge der Krise in der Heimat dorthin aus.

Beim Berber

im 10. Jh. errichtete Kirche gehörte anfangs zu einem Männer-, später zu einem Frauenkloster und war auch vorübergehend Sitz des Griechisch-Orthodoxen Patriarchats.

Aufwendige Restaurierungsarbeiten brachten in der angrenzenden Grabkapelle für den General Michael Glabas (gest. 1304) und dessen Familie kostbare Mosaiken aus dem frühen 14. Jh. zu Tage. Darunter ist ein grandioses Kuppelmosaik mit Jesus als Pantokrator in der Mitte, umgeben von 12 Propheten. Das Deesis-Mosaik in der Apsis folgt dem traditionellen Typus (→ Hagia Sophia), das Kreuzgewölbe zieren die vier Erzengel. Des Weiteren findet man Mosaike von Bischöfen aus verschiedenen Ländern, von Mönchen und mehrere Festzyklen. Die Grabkapelle ist heute als Museum zugänglich.

Fethiye Cad., Fener. Tägl. (außer Mi) 9–19 Uhr, im Winter bis 16.30 Uhr. Eintritt 2,20 €. Zu erreichen auch mit Ⓑ 90 von Eminönü aus. Sagen Sie dem Fahrer, dass Sie bei der Fethiye Camii (ausgesprochen in etwa „Fättje Dschami") aussteigen wollen.

Kanlı Kilise/Meryem Ana Ortodoks Kilisesi (Kirche der Hl. Maria der Mongolen)

Sie ist die einzige Kirche, die seit ihrer Einweihung im 13. Jh. ohne Unterbrechung von der griechisch-orthodoxen Gemeinde genutzt wird. Ein Erlass Mehmets II. bewahrte sie vor der Umwandlung in eine Moschee. Der Name der Kirche geht auf Maria Mouchliotissa zurück, eine illegitime Tochter Kaiser Michaels VII., die aus politischen Gründen mit dem Mongolen Khan Abagu vermahlt wurde. Nachdem dieser ermordet worden war, kehrte sie zurück, stiftete die Kirche und das einst dazugehörige Kloster und verbrachte hier ihre letzten Lebensjahre. Die Kirche soll früher durch einen 5 km langen Tunnel mit der Hagia Sophia verbunden gewesen sein. Sehenswert sind ein Miniaturmosaik der Muttergottes (vermutlich 11. Jh.), mehrere byzantinische Fresken, Ikonen und der geschnitzte Holzaltar.

Balat, Fener und Fatih → S. 170/171

Firketici Sok. 1, Fener. Unmittelbar neben dem auffälligen Backsteinbau der griechischen Knabenschule. Tagsüber i. d. R. zugänglich, einfach klopfen. Um eine Spende wird gebeten.

Selim I. Camii (Sultan-Selim-Moschee)

Seit 1522 bereichert die Moschee, die im Volksmund auch Yavuz Selim Camii heißt, das Minarett- und Kuppelpanorama İstanbuls. Süleyman der Prächtige widmete sie seinem Vater Selim I., der den Beinamen „der Grausame" (= *Yavuz*) nicht zu Unrecht trug. Um auf den Thron zu kommen, ließ er all seine Brüder ermorden. Während seiner achtjährigen Regierungszeit eroberte er Ägypten und Syrien und ordnete nebenbei die Enthauptung acht seiner Großwesire an. Zum Ausgleich verfasste er Gedichte in Persisch. Heute ruht er in einer Türbe im Moscheengarten. Die Moschee selbst, ein einfacher Kuppelbau, ist verglichen mit ihrem Vorhof recht klein. Sie ist mit kunstvollen İznik-Kacheln ausgeschmückt. Die Teppiche sind farblich bestens darauf abgestimmt. Mihrab und Minbar aus fein behauenem Marmor setzen weitere gelungene Akzente.

Yavuz Selim Cad., Fener. Türbe tägl. (außer Mo/Di) 9.30–16.30 Uhr.

Fatih Camii (Moschee Mehmets des Eroberers)

Einst stand hier eine Apostelkirche, die den byzantinischen Kaisern als Begräbnisstätte diente. Mitte des 15. Jh. wurde sie abgerissen und durch einen Moscheenkomplex ersetzt, der an Pracht und Größe im gesamten Osmanischen Reich kaum seinesgleichen fand. Ihr Auftraggeber war Mehmet der Eroberer, ihr Architekt Atik Sinan. Beide liegen im Garten der Moschee begraben, Letzterer deswegen, weil Ersterer ihn hinrichten ließ. Der Grund: Sein Bauwerk erreichte nicht die Höhe der Hagia Sophia.

Ursprünglich erstreckte sich die Anlage über eine nahezu quadratische Fläche von über 90.000 m^2. Angegliedertwa-

Straßenzug in Fatih

ren u. a. eine Armenküche, ein Hospital, eine Karawanserei, eine Bibliothek und acht Medresen, in denen ca. 1000 Theologiestudenten wohnten. 1766 zerstörte ein Erdbeben weite Teile der Anlage. Im Geiste des türkischen Barock wurde die Moschee wiederaufgebaut. An ihre einstige Pracht konnte sie aber nicht mehr anknüpfen. Böse Zungen vergleichen ihren Kachelschmuck gar mit Fliesen öffentlicher Bedürfnisanstalten.

Macar Kardeşler Cad., Fatih. Türbe Mehmet des Eroberers tägl. 6.30–17 Uhr.

Sehenswertes abseits des Spaziergangs

Rezan Has Müzesi (Rezan-Has-Museum)

In einer ehemaligen Tabakfabrik im Stadtteil Cibali ca. 15 Fußmin. südöstlich von Fener haben heute das *Rezan Has Müzesi* und die private *Kadir Has Üniversitesi* ihren Sitz. Das Museum präsentiert oft hochkarätige temporäre Ausstellungen, die sich mit dem kulturellen Erbe des Landes befassen.

Kadir Has Cad., Cibali. Tägl. 9–18 Uhr. 1,30 €, erm. 0,40 €. www.rhm.org.tr.

Praktische Infos

→ Karte S. 170/171

Verbindungen

Nach **Fener** gelangt man am gemütlichsten mit dem nahezu stündl. verkehrenden **Fährschiff**, das **von Eminönü** (westlich der Galatabrücke, bei dem vierstöckigen „Storks"-Gebäude mit Aufzug und Rolex-Werbung) ablegt. Abfahrt Mo–Fr 7.50–21 Uhr, Sa/So ab 10.50 Uhr zur vollen Std. o. 10 Min. vor der vollen Std.). Einfache Fahrt 1,30 €, Dauer ca. 15 Min.

Achtung: Wegen Restaurierungsarbeiten wurde die Fähranlegestelle von Fener 2012 nicht angefahren. Sollte das bis zu Ihrem Besuch noch immer der Fall sein, gelangen Sie auch mit **Bussen** zum Ausgangspunkt des Spaziergangs. Von Eminönü fahren Ⓑ 399 B/C, 99 und 99 A über Cibali und Fener nach Balat. Nach **Fatih** gelangt man von Eminönü u. a. mit Ⓑ 32, 336 E, 36 KE, 37 E und 38 E, **von Taksim** (Busbahnhof) mit Ⓑ 87. Der Bus hält vor dem Moscheenkomplex, Haltestelle Fatih.

Essen und Trinken

Viele einfache Lokantas, Pide- und Kebabsalons findet man an der Vodina Cad. in Balat sowie an der Fevzi Paşa und Macar Kardeşler Cad. in Fatih. Wer zu seiner Mahlzeit ein Bier möchte, hat hier jedoch schlechte Karten. Ein paar nette Cafés entstanden zuletzt nahe dem Patriarchat in Fener.

Cibalikapı Balıkçısı **2**, charmante Fischmeyhane im Viertel Cibali, ca. 10 Fußmin. südöstlich der Fähranlegestelle von Fener an der Uferstraße. Holzverkleidet, Rettungsringe an der Fassade, oben eine Terrasse. Große Auswahl an außergewöhnlichen Meze und mit Liebe zubereiteten Fischgerichten (jedoch nicht billig). Kadir Has Cad. 5, ✆ 0212/5332046. Von Eminönü in ca. 20 Fußmin. oder mit Ⓑ 99 und Ⓑ 99 A zu erreichen, von Taksim (Bushaltestelle Taksim 3) mit Ⓑ 55 T. In beiden Fällen an der Haltestelle Ayakapı aussteigen und ca. 250 m zurückgehen. Nicht mit dem Restaurant Cibali Balıkçısı verwechseln, das man als Erstes passiert!

Kömür Lokantası **1**, eine Leserentdeckung, ideal, um nach dem Spaziergang den Hunger zu stillen. Große Lokanta. Riesige Auswahl an Meze und Topfgerichten (auch viele fleischlose), dazu ein paar Fischgerichte. Für ca. 6 € kann man hier satt werden. Fevzi Paşa Cad. 18, Fatih.

Balat, Fener und Fatih → S. 170/171

An der Stadtmauer

Entlang der Stadtmauer

Vom Goldenen Horn bis zum Marmarameer zieht sich die größte mittelalterliche Stadtmauer Europas. Im Schatten der über 6 km langen Befestigung liegen bedeutende kulturhistorische Bauten, allen voran die spätbyzantinische Chora-Kirche.

Der größte Teil des noch heute imposanten Bollwerks entstand in der ersten Hälfte des 5. Jh. unter der Herrschaft von Theodosius II. und wird deswegen auch „Theodosianische Landmauer" genannt. 1000 Jahre lang, bis zur Eroberung Konstantinopels durch die Osmanen, galt sie als unüberwindlich. Ein 20 m breiter Graben, der bei Gefahr geflutet werden konnte, bildete das erste Hindernis vor der äußeren Vormauer und der bis zu 5 m dicken inneren Hauptmauer. Beide waren mit jeweils 96 trutzigen Türmen von bis zu 20 m Höhe versehen. Heute präsentieren sich weite Abschnitte des Befestigungswerkes in einem ruinösen Zustand. Seit Jahrzehnten finden immer wieder Rekonstruktionsarbeiten statt – jedoch nicht gerade liebevoll, meinen Kritiker.

Das bekannteste Stadttor war das **Topkapı** („Kanonentor"), nach dem heute der angrenzende Stadtteil benannt ist (nicht zu verwechseln mit dem Palast auf der Serailspitze). Den Namen erhielt es während der osmanischen Belagerung, als es mit der bis dahin größten Kanone der Welt gestürmt wurde: 50 Paar Ochsen und 700 Mann waren nötig, um sie in Bewegung zu setzen. Allein eine Kugel brachte ein Gewicht von zwölf Zentnern auf die Waage. Nahe dem einstigen Stadttor erinnert das Museum → **Panorama 1453** an den Tag, als die Kanone im Einsatz war.

Es ist aber nicht die einzige Attraktion rechts und links der Mauer. Die mit Abstand bedeutendste Sehenswürdigkeit ist die → **Chora-Kirche** *(Kariye Camii)*, ihre Mosaiken sind ein Traum in Gold.

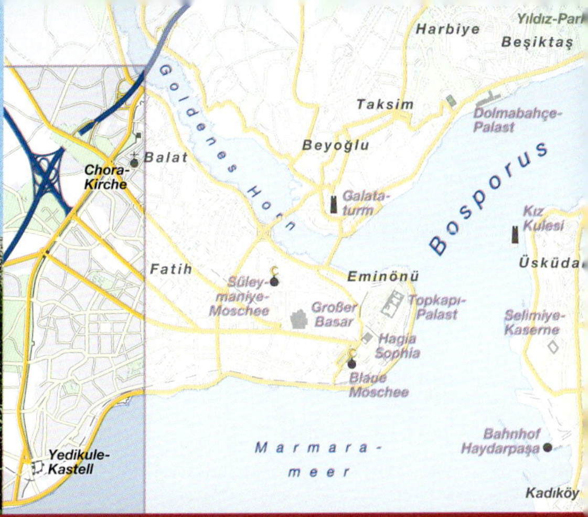

Entlang der Stadtmauer

Weitere interessante Ziele sind die → **Balıklı Kilise**, die „Kirche mit Fisch", die → **Kara-Ahmed-Pascha Moschee** *(Kara Ahmet Paşa Camii)* und die → **Mihrimah-Moschee** *(Mihrimah Sultan Camii)*. Auch kann man noch Überreste zweier byzantinischer Paläste entdecken: Ein paar Mauern erinnern vage an den Glanz des → **Kaiserpalastes** *(Tekfur Sarayı)* und des → **Blachernen-Palastes** *(Blaherna Sarayı)*. Und von dem Panoramablick vom → **Yedikule-Kastell** *(Yedikule Müzesi)*, einer byzantinisch-osmanischen Festung mit blutiger Vergangenheit, schwärmte Lord Byron (1788–1824): „Mir ist kein Werk der Natur vor Augen gekommen, das auf mich den gleichen Eindruck machte wie die Aussicht von beiden Seiten der Sieben-Türme-Festung." Ob der gute Lord das heute noch sagen würde?

Hinweis: Ein längerer Spaziergang entlang der Stadtmauer ist zwar möglich, mörderische Verkehrsschneisen und die stark befahrene Westtangente lassen im Ganzen jedoch wenig Freude aufkommen. Vom Belgrader Tor *(Belgratkapı)* kann man mit Ⓑ 93M entlang der Westtangente über Topkapı und Edirnekapı bis Ayvansaray fahren. Zudem verkehren auch Dolmuşe entlang der Stadtmauer.

Sehenswertes (von Süd nach Nord)

Yedikule Müzesi (Yedikule-Kastell)

Ende des 4. Jh. ließ Theodosius I. hier einen Triumphbogen errichten, das sog. **Goldene Tor** *(Altın Kapı)*, durch das die siegreichen Herrscher auf der Heimkehr von ihren Feldzügen in die Stadt ritten. Noch in byzantinischer Zeit wurde daraus eine Festung mit vier Türmen. Sultan Mehmet II. fügte der Anlage kurz nach der osmanischen Eroberung drei weitere Türme hinzu, und ihr

Name war geboren: *Yedikule* – „Sieben Türme". Im 17. Jh. diente Yedikule schließlich als Gefängnis und Hinrichtungsort. Im Turm links des seit Jahrhunderten zugemauerten einstigen Goldenen Tors wurde 1622 der 17-jährige Sultan Osman II. grauenvoll hingerichtet – angeblich deswegen, weil er mit Pfeil und Bogen auf Pagen geschossen hatte. Gegenüber im Ostturm (beim Eingang) kerkerten die Osmanen ausländische Gesandte ein. Viele kritzelten ihre Leidensgeschichte auf die Wände oder schlugen Sie in Stein, weswegen der Turm auch „Inschriftenturm" *(Yazılı Kule)* genannt wird. Die jahrhundertealten „Graffiti" sind heute jedoch mehr schlecht als recht zu erkennen. Das Areal im Innern steht leer.

Yedikule Meydanı Sok., Yedikule. Das **südliche Mauerende** samt **Yedikule-Kastell** erreicht man **von Taksim** (Busbahnhof) mit Ⓑ 80 T, **von Sirkeci/Eminönü** mit der Vorortbahn B1 (Station Yedikule). Tägl. 8.30–17 Uhr. 4,30 €.

Balıklı Kilise

Die Kirche mit dem eigenartigen Namen „Kirche mit Fisch" verbirgt sich hinter hohen Mauern und gehört zu einem griechisch-orthodoxen Kloster, das noch heute von drei Nonnen bewohnt wird. Der Boden im Eingangsbereich ist mit Grabsteinen gepflastert, auch sind hier die Gräber der letzten ökumenischen Patriarchen von Konstantinopel zu finden. Manche Grabinschriften sind in Karamanlı gehalten. Dieses mit griechischen Buchstaben geschriebene Türkisch geht auf die bis 1922 in Zentralanatolien lebenden Griechen zurück, die zwar die türkische Sprache angenommen hatten, nicht aber das arabische oder lateinische Alphabet. Die Attraktion der Kirche ist jedoch eine unterirdische Quelle, über die eine Kapelle gebaut wurde und deren Wasser allerlei Leiden mildern soll – den Fischen im Bassin geht es zumindest prächtig. Rund um das Kloster erstrecken sich

weitläufige griechische, armenische und muslimische Friedhöfe.

Balıklı Seyitnizam Cad. 3, Silivrikapı. **Von Eminönü** erreicht man das Stadttor Silivrikapı (gleichnamige Haltestelle) mit Ⓑ 93, **von Taksim** (Busbahnhof) mit Ⓑ 93 T. Gegenüber dem Silivrikapı in die Seyyid Nizam Cad. (Hinweisschild „Gasilhane") einbiegen, nach ca. 80 m erste Möglichkeit rechts, die Rechtsabzweigung nach weiteren 50 m ignorieren, dann nach 150 m linker Hand. Tägl. 8.30–16.30 Uhr.

Panorama 1453

Zum Kulturhauptstadtjahr 2010 spendierte die Stadt İstanbul ein 2350 m² großes Rundbild, das an den 29. Mai des Jahres 1453 erinnert, als die Osmanen die Landmauer Konstantinopels unter Beschuss nahmen und stürmten. Acht Künstler schufen in vier Jahren das Megaschlachtengemälde mit rund 10.000 Figuren. Das Rundumgucken untermalen Kanonenschüsse vom Band.

Topkapı Kültür Parkı. Von **Kabataş**, **Eminönü** und **Sultanahmet** mit der Straßenbahn T1 zu erreichen, das Museum liegt gleich neben der Haltestelle Topkapı. Tägl. 9–19 Uhr. 4,30 €, für Türken die Hälfte. www.panoramikmuze.com.

Kara Ahmet Paşa Camii (Kara-Ahmed-Pascha-Moschee)

In einem ruhigen Wohnviertel liegt die 1554 für Kara Ahmed Pascha, den Großwesir Süleymans des Prächtigen, errichtete Moschee, ein Werk Sinans (→ S. 120). Einer grünen Oase ähnlich ist der von Platanen beschattete und mit Rosenstöcken versehene Innenhof. Im Innern begeistern apfelgrüne und gelbe İznik-Fayencen. Die Holzdecke unter den westlichen Galerien ist zudem mit kunstvollen Arabesken in Rot, Dunkelblau, Gold und Schwarz bemalt und zählt zu den besterhaltenen Beispielen solcher Ornamentik in İstanbul.

Emin Molla Sok., Topkapı. **Von Eminönü/ Sultanahmet** mit der Straßenbahn bis

Festung Yedikule

Pazartekke, von **Taksim** u. a. mit Ⓑ 71T, 73, 83 0, 85T, 92T bis Pazartekke. Weiter zu Fuß auf der Topkapı Cad. (jener Straße, die links der Shell-Tankstelle beginnt) bis zum Hotel Yavuz, dort links auf die Stadtmauer zuhalten und unmittelbar vor dieser rechts ab (Sulukule Cad.). Man passiert zwei Kirchlein, ca. 100 m hinter der zweiten rechts in die Emin Molla Sok. abbiegen (zuletzt kein Straßenschild). Nach ca. 150 m rechter Hand.

Mihrimah Sultan Camii (Mihrimah-Moschee)

Auf dem höchsten Punkt des alten „Stambul" steht diese Moschee, die ebenfalls Baumeister Sinan für Mihrimah Sultan, die Lieblingstochter Süleymans des Prächtigen, 1565 errichtete. Imposant ist die 37 m hohe Hauptkuppel mit exakt 161 Fenstern, die ungewöhnlich viel Licht einfallen lassen. Ihr Inneres ist ganz und gar mit zartfarbenen Arabesken ausgemalt. Das einst hohe, schlanke Minarett stürzte schon mehrmals ein, 1894 durchbrach es sogar das Dach der Moschee. Seit Jahren finden an Moschee und Minarett (das mittlerweile in gekürzter Form wieder steht) umfangreiche Restaurierungsarbeiten statt. Bis zu Ihrem Besuch sollte die Moschee wieder zugänglich sein.

Einen regeren Besuch als die Moschee genoss lange Zeit das südlich von ihr gelegene Viertel **Sulukule**, das einstmals älteste Romaviertel der Welt, über das schon byzantinische Schreiber berichteten. Fast hinter jeder zweiten Haustür gab bis in die 1990er-Jahre Rakı, laute Musik und leichte Mädchen. Sulukule war so populär, dass selbst James Bond in den *Liebesgrüßen aus Moskau* vorbeischaute. 2008 wurde das Viertel abgerissen, um modernem Wohnraum Platz zu machen. Die „Stadterneuerung" bedeutete für das Gros der 3000 Bewohner die Vertreibung an die Stadtränder.

Sulukule Cad., Edirnekapı. **Von Eminönu** u. a. mit Ⓑ 31E, 37E, 38E, 336 E o. 910 , **von Taksim** (Busbahnhof) mit Ⓑ 87. Am besten setzt man sich in Fahrtrichtung rechts und steigt, wenn man ein Stadion in einer Senke sieht, aus, Haltestelle Acı Çeşme. Die Moschee erhebt sich linker Hand voraus.

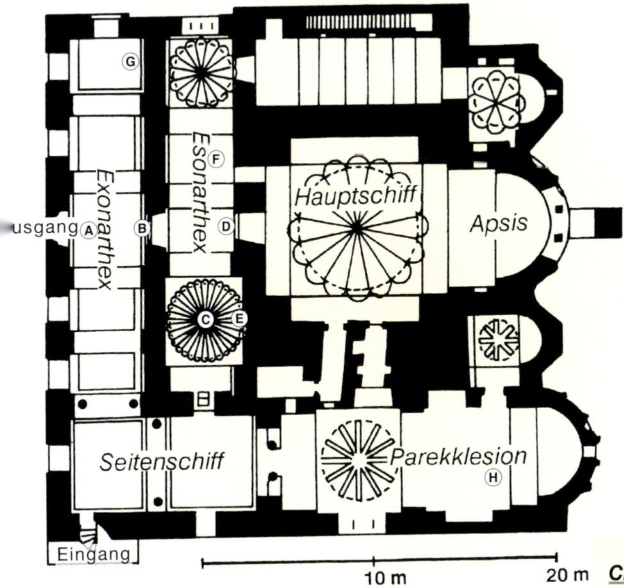

Chora-Kirche

Kariye Camii (Chora-Kirche)

Erst Klosterkirche, dann Moschee, heute Museum. Der gegenwärtige Bau, von außen eher unscheinbar, stammt aus dem späten 11. Jh. Aber schon im 5. Jh. stand hier eine Kirche, die den Namen Chora trug, was so viel bedeutet wie „in den Feldern". Der Name der Kirche blieb bestehen, als Theodosius II. die Verteidigungsmauern nach Westen versetzte und die Kirche somit ins Stadtgebiet einschloss.

Äußerst sehenswert sind die vielfarbig glänzenden Mosaiken und Fresken im Stil der paläologischen Renaissance, die zu den bedeutendsten und schönsten Sakralzyklen weltweit zählen. Sie entstammen der Zeit zwischen 1315 und 1321. Der oder die Künstler sind unbekannt. Man weiß nur, dass der Theologe und Würdenträger Theodorus Metochites die Mosaiken in Auftrag gab. Er selbst sollte die letzten Jahre seines Lebens im Chora-Kloster verbringen, aber nicht freiwillig. Nach einer Revolte von all seinen Ämtern entmachtet, war er dahin verbannt worden. Nachdem die Kirche im frühen 16. Jh. in eine Moschee umgewandelt worden war, kamen die Mosaiken und Fresken unter Putz oder wurden übertüncht. In der Mitte des 20. Jh. wurden sie wieder freigelegt und restauriert.

Die Mosaiken zeigen Szenen der biblischen Geschichte von den Vorfahren Jesu bis zum Weltgericht. Die bedeutendsten darunter sind „Maria im Gebet mit dem Christuskind, flankiert von den Erzengeln Michael und Gabriel" (A), „Christus als Pantokrator" (B), „Christus als Pantokrator, in den Kannelüren drum herum seine Stammväter" (C), „Theodorus Metochites übergibt Christus die Kirche" (D), die „Deesis" (E; Darstellung von Christus und Maria, hier jedoch ohne Johannes den Täufer), der gesamte Zyklus aus dem Leben der gebenedeiten

Jungfrau Maria (F) und „Josef und Maria bei der Volkszählung“ (G). Die Fresken im Parekklesion (Grabkapelle) behandeln die Themen Tod und Auferstehung. Am eindrucksvollsten ist dabei der Zyklus zum „Jüngsten Gericht“ (H).

Verändern Sie übrigens beim Anblick der Mosaiken Ihre Position, verändert sich auch oft das Bild: Eine Hand wird größer, ein gestreckter Finger krumm, oder ein Ohr verschwindet gar vollständig. Dies hat mit Unebenheiten des Untergrunds und der leichten Schräglage vieler Steinchen zu tun.

Kariye Camii Sok. 8, Edirnekapı. **Von Eminönu** u. a. mit Ⓑ 31E, 37E, 38E, 336 E o. 910, **von Taksim** (Busbahnhof) mit Ⓑ 87. Am besten setzt man sich in Fahrtrichtung rechts und steigt, wenn man ein Stadion in einer Senke sieht, aus, Haltestelle Acı Çeşme. Dann in Fahrtrichtung noch ca. 100 m weitergehen, dann rechts ab, ausgeschildert mit „Kariye Müzesi“. Tägl. (außer Mi) 9–18 Uhr. 6,50 €. http://kariye.muze.gov.tr. Detaillierte Informationen über die Kirche bietet der Führer *Kariye. Die Chora-Kirche Schritt für Schritt* von Edda Weissenbacher, erhältlich z. B. in der türkisch-deutschen Buchhandlung in Beyoğlu.

Tekfur Sarayı (Porphyrogennetos-Palast)

Weder Dach noch Stockwerke – nur eine Schale aus rotem Backstein und weißem Marmor ist übrig geblieben von dem herrschaftlichen Palast aus dem 13. Jh., der einst zu den imposantesten des späten Byzanz zählte. Interessanter als eine Besichtigung ist seine traurige Geschichte nach der türkischen Eroberung: Mal diente der Palast als Menagerie, mal als Bordell und mal als Keramikmanufaktur, bis er im 19. Jh. verfiel. In den nächsten Jahren soll das Palastskelett jedoch zu einer Ausstellungshalle umgebaut werden.

Şişehane Cad., Edirnekapı. Von der Fähranlegestelle in Ayvansaray (Verbindung → Blachernen-Palast) halten Sie sich an der Mauer entlang Richtung Süden, und zwar auf ihrer inneren (östlichen) Seite.

Mosaike in der Chora-Kirche

Blaherna Sarayı (Blachernen-Palast)

Auch die Reste dieses einst recht großen Komplexes nahe dem Goldenen Horn sind spärlich – ein paar Mauern und Türme. Die Geschichte des byzantinischen Palastes geht bis ins 5. Jh. zurück. Doch erst im 12. Jh. wurde er zu einer majestätischen Residenz ausgebaut. Zum Komplex gehörte das gefürchtete Anemas-Gefängnis (Anemas Zindanları), in welchem auch in Ungnade gefallene Herrscher eingesperrt, gefoltert und hingerichtet wurden.

Dervişzade Cad., Ayvansaray. Wegen Restaurierungsarbeiten zuletzt nicht zugänglich. Man erreicht den Palast, indem man sich von der Fähranlegestelle in Richtung Stadtmauer orientiert und an deren Ostseite aufsteigt. Nach Ayvansaray gelangen Sie nahezu stündl. mit dem **Fährschiff von Eminönü** (die Fähren legen westlich der Galatabrücke ab, bei dem vierstöckigen „Storks"-Gebäude mit Aufzug und Rolex-Werbung, Abfahrt 10 Min. vor der vollen Std. o. zur vollen Std., Mo–Fr 7.50–21 Uhr, Sa/So ab 10.50 Uhr). Zudem bringen Sie von **Eminönü** u. a. Ⓑ99 und 99A nach Ayvansaray, von Taksim (Bushaltestelle Taksim 3) Ⓑ55T.

Praktische Infos

→ Karte S. 180/181

Verbindungen

Siehe unter den einzelnen Sehenswürdigkeiten.

Essen und Trinken

Kleine Büfes und Lokantas gibt es in allen an die Mauer grenzenden Stadtteilen.

Aus der Reihe fällt das **Restaurant Asitane** **1**, nahe der Chora-Kirche. Es ist dem Kariye Oteli angegliedert. Freundlicher Außenbereich, bekannt für eine authentische osmanische Küche. Kosten Sie z. B. gefüllten Tintenfisch, Weinblätter mit Sauerkirschen, Zucchini mit Lamm, Kichererbsen in Traubensirup oder das Honighähnchen. Meze 6–9 €, Hg.11–16 €. Kariye Camii Sok. 6, Edirnekapı, ✆ 0212/6357997.

Entlang der Stadtmauer → Karte S. 180/181

Zwischen den Gräbern von Eyüp

Eyüp

Kunstvolle Mausoleen und prächtige Moscheen, dazu unzählige von Zypressen beschattete Gräber prägen Eyüp, das „heiligste Viertel" İstanbuls. Fünfmal am Tag rufen hier die Muezzins um die Wette wie sonst nirgendwo am Goldenen Horn, während lokale Hundebanden im Kanon mitheulen.

Muslime aus aller Welt pilgern nach Eyüp – früher ein weit außerhalb der Stadtmauern gelegenes Dorf, heute mit dem Moloch İstanbul verwachsen. Der Stadtteil ist benannt nach Eyüp Ensari, dem sagenhaften Bannerträger des Propheten. Der Legende nach fiel Eyüp als Heerführer während der ersten arabischen Belagerung Konstantinopels (674–678). Nachdem Sultan Mehmet II. acht Jahrhunderte später die Stadt erobert hatte, fand er durch eine wundersame Eingebung den noch immer unversehrten Leichnam – genau an jener Stelle, wo heute die Eyüp-Sultan-Moschee samt dem Mausoleum des Bannerträgers steht. Für viele Türken kommt ein Besuch dieser heiligen Stätte gleich hinter einer Pilgerreise nach Mekka und Medina. An Freitagen und religiösen Feiertagen herrscht hier Andrang wie auf einem Rummelplatz. Vor wichtigen Spielen beten am Grabe des Bannerträgers gar ganze Fußballmannschaften, und Eltern kommen am Tage der Beschneidung ihrer Söhne, die in glänzend-kitschige Kostüme eingekleidet sind. Das soll Glück bringen, insbesondere den Kleinen, denn Eyüp soll ein Kindernarr gewesen sein.

Neben dem Karaca-Ahmed-Friedhof auf der asiatischen Seite (→ S. 255) wurde auch Eyüp zu einem Ort, wo sich fromme Muslime bevorzugt bestatten ließen: osmanische Würdenträger in aufwendigen Mausoleen nahe der heiligen Moschee, das Volk auf dem dahinter ansteigenden Hügel. Die weiten Grabanlagen bestimmen bis heute das Bild Eyüps und verleihen dem Viertel eine entrückt-melancholische Atmosphäre. Oder mit Orhan Pamuks Worten: „So abgeschottet, orientalisch, geheimnisvoll fromm, pittoresk und mystisch ist dieses

Eyüp, dass es wie eine der Stadt von fremder Hand aufgepfropfte Orientfantasie wirkt, wie ein türkisch-orientalisch-muslimisches Disneyland."

Wer lieber gemütlich bergab statt schnaufend bergauf geht, beginnt seine Tour durch Eyüp in luftiger Höhe. Von der Fähranlegestelle sind es nur ein paar Schritte am Ufer entlang, bis man die Talstation der Seilbahn hinauf zum → **Pierre-Loti-Café** *(Piyer Loti Kahvesi)* **2** erreicht. Von der Terrasse des Cafés genießt man einen eindrucksvollen Panoramablick über das Goldene Horn. Der Weg von der oberen Seilbahnstation bergab gen Südwesten – ein herrlicher Spaziergang vorbei an Tausenden von Grabstelen – bringt Sie fast automatisch zur → **Eyüp-Sultan-Moschee** *(Eyüp Sultan Camii).*

Hier beginnt auch die Korutürk Caddesi, die das lebhafte **Zentrum** des Stadtteils bildet. Zahlreiche Goldgeschäfte und verführerisch duftende Imbissläden reihen sich dort aneinander.

Eine weitere interessante Gebetsstätte liegt ca. 200 m südöstlich der Eyüp-Sultan-Moschee: die rot-weiße → **Zal-Mahmud-Pascha-Moschee** *(Zal Mahmut Paşa Camii).* Weit abseits davon, im Norden Eyüps, lohnt zudem das → **Santral İstanbul** einen Besuch. Das Kunst- und Kulturzentrum am Zipfel des Goldenen Horns ist so ganz anders als Eyüp: cool und modern.

Sehenswertes

Piyer Loti Kahvesi (Pierre-Loti-Café)

Das nette, im Sommer leider oft überfüllte Ausflugscafé hoch über den Grabanlagen Eyüps ist benannt nach dem französischen Marineoffizier und Schriftsteller Pierre Loti (1850–1923), der in İstanbul mehrere Jahre seines Lebens verbrachte – viel Zeit davon angeblich genau hier. Der turkophile Franzose, der am liebsten mit Fes und Gebetskette auftrat, verfasste vorrangig in der Exotik angesiedelte Novellen. Er romantisierte Tahiti und den Senegal, schrieb aber auch über das Alltagsleben in İstanbul. Sein Liebesabenteuer mit der verheirateten Bosporus-Schönheit Aziyade verewigte er in dem gleichnamigen Roman. Seine Werke genossen seinerzeit eine größere Popularität als die eines Emile Zola. Auch der Ausblick vom Café war damals sicherlich schöner: Die Ufer des Goldenen Horns waren z. T. noch bewaldet, und Kinder badeten im sauberen Wasser. Auf diese Romantik muss man heute leider verzichten. Trotzdem lohnt ein Getränk auf der herrlichen Panoramaterrasse fernab vom Gedränge der Millionen noch immer. Falls diese voll ist, kann man in die angrenzende, gepflegte Anlage *Turquhouse* mit Boutiquehotel, Restaurant (→ Essen und Trinken) und Café ausweichen – hier gibt es ebenfalls tolle Terrassen.

Karyağdı Sok. 5. Tägl. 8–23 Uhr.

Eyüp Sultan Camii (Eyüp-Sultan-Moschee)

Gegenüber dem Moscheeneingang befindet sich im Schatten einer mächtigen Platane das berühmte Grabmal Eyüps, eine oktogonale Türbe. Deren in der Sonne funkelnde Fassade und die Innenwände sind mit feinsten İznik-Fayencen der verschiedensten Perioden geschmückt (→ S. 156). Der Bannerträger selbst ruht in einem leicht erhöhten Holzsarkophag. Vor dem reich dekorierten Guckloch zum Sarg beten Pilger zu Allah.

Die dazugehörige Moschee ließ Mehmet der Eroberer fünf Jahre nach dem Fall Konstantinopels errichten. Die heutige Gebetsstätte stammt aus dem Jahre 1800, ein Erdbeben zerstörte den Vorgängerbau. Bis zum Untergang des Osmanischen Reiches wurde hier jeder Sultan bei seiner Inthronisierung mit dem Schwert Osmans gegürtet – eine Feierlichkeit, die der Krönungszeremonie europäischer Monarchen nahe kam. Im Inneren der Moschee beeindrucken elegante Leuchter und ein schöner hellblauer Teppich, ein Geschenk des 1961 hingerichteten Ministerpräsidenten Menderes.

Camii Kebir Cad. Tägl. 8–16.30 Uhr. Falsches Verhalten kann hier mehr als anderswo zu unangenehmen Zwischenfällen führen, beachten Sie deswegen die Kleidervorschriften und stellen Sie sich nie vor einen Betenden.

Zal Mahmut Paşa Camii (Zal-Mahmud-Pascha-Moschee)

Die palastartige Moschee entstand in der zweiten Hälfte des 16. Jh. und gilt als eines der vielen Meisterstücke Sinans. Ihr Schmuckstück ist der Mihrab mit schönen Fayencen. Zal Mahmud Pascha, der Auftraggeber der Moschee, erwürgte übrigens Sultan Süleymans erstgeborenen Sohn und verhalf so Selim dem Säufer auf den Thron. Dieser belohnte den Pascha daraufhin mit seiner Schwester. Zal Mahmud Pascha und seine Frau starben später in ein und derselben Nacht und teilen sich nun eine Türbe im Garten neben der Moschee. Die Moschee wurde zuletzt aufwendig restauriert und war nicht zugänglich.

Zal Paşa Cad.

Santral İstanbul

Energiemuseum und Megagalerie – Santral İstanbul ist beides. Zentrum der Anlage auf dem Campus der Bilgi-Universität ist ein aus osmanischer Zeit stammendes E-Werk, das bis 1952 noch ganz İstanbul mit Strom versorgte und 1983 stillgelegt wurde. Heute präsentiert es sich als interessantes Industriemuseum mit Science-Fiction-Atmosphäre aus alten Tagen und interaktiven „Spielzonen", in denen man u. a. selbst Strom erzeugen kann. Im superschicken Anbau nebenan kommen zeitgenössische Künstler in interessanten Wechselausstellungen zum Zuge, auch zeigt man immer wieder spannende Ausstellungen zur Stadtentwicklung und Architektur. Auf dem Campus-Gelände laden mehrere trendige Lokale zu einer Pause ein. Auch finden hier immer wieder Konzerte und Festivals statt.

Eski Silahtarağa Elektrik Santralı Kazım Karabekir Cad. 1. **Von Eyüp und Eminönü** mit

Ⓑ99 zu erreichen. An der Haltestelle Silahtar Ağa Cad. aussteigen, dann die Fußgängerbrücke rechter Hand über den Kanal nehmen und dahinter nach rechts auf den Campus abbiegen. Tägl. (außer Mo) 10–18 Uhr. 6,50 €, erm. 2,20 €. www.santralistanbul.org.

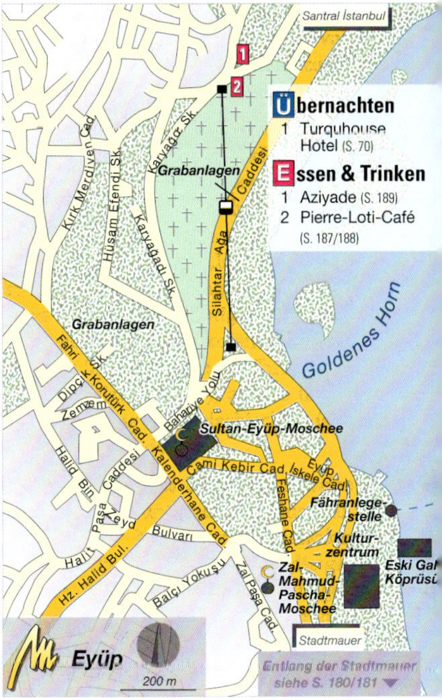

Praktische Infos

Verbindungen

Nach Eyüp gelangt man am gemütlichsten mit den nahezu stündl. verkehrenden **Fähren von Eminönü** aus (Abfahrt Mo–Fr 7.50–21 Uhr, Sa/So ab 10.50 Uhr zur vollen Stunde o. 10 Min. vor der vollen Std.). Die Fähren legen westlich der Galatabrücke ab, bei dem vierstöckigen „Storks"-Gebäude mit Aufzug und Rolex-Werbung. Einfache Fahrt 1,30 €.

Des Weiteren erreichen Sie Eyüp u. a. mit Ⓑ 99, 99 A und 399 B **von Eminönü** aus. **Von Taksim** (Bushaltestelle Taksim 3) fährt Ⓑ 55 T nach Eyüp.

Die **Seilbahn** *(Teleferik)* hinauf zum Pierre-Loti-Café ist 8–23 Uhr in Betrieb, 1,30 €/Fahrt.

Für die Anfahrt zum Santral İstanbul, ca. 4 km nordöstlich der Eyüp Sultan Camii, s. o.

Essen und Trinken

Zahlreiche Restaurants für Pilgertouristen findet man rund um die Eyüp-Sultan-Moschee, gute Lokantas und Fast Food-Läden in der Korutürk Cad. Ein Bier ist in Eyüp leider kaum zu bekommen.

››› Unser Tipp: Restaurant Aziyade **1**, neben dem Pierre-Loti-Café, dem Hotel Turquhouse (→ Übernachten, S. 70) angeschlossen. Gediegenes Restaurant mit Traumterrasse und international-türkischer Küche. Hg. 7–14 €. ✆ 0212/4971313. ‹‹‹

Was Grabstelen erzählen

Zu Kopf und zu Füßen beerdigter Muslime stehen Grabstelen. Sie tragen verschiedene Symbole, anhand derer man Geschlecht und Stellung der Verstorbenen erkennen kann. Viele sind mit einem steinernen Turban gekrönt, der u. a. durch seine Größe darüber Aufschluss gibt, ob der Selige Großwesir, Pascha, Mönch, Eunuch oder Janitschar war. Ein zur Seite gedrehter Turban ist das Zeichen dafür, dass der Verstorbene enthauptet wurde. Die Scharfrichter hingegen bekamen meist einfache Steine ohne jegliche Verzierungen. Bei Frauen zieren nur selten Kopfbedeckungen den Abschluss einer Stele. Ihre Steine sind i. d. R. mit einem einfachen Schal oder Blumenmotiven verziert. Dabei gilt: je mehr Blumen, desto mehr Kinder! Aber keine Rosen – Rosen bekamen nur ledig Verstorbene.

Taksim aus der Vogelperspektive

Taksim und Beyoğlu

Jugendstil und gestylte Jugendliche. Glas und Stahl zwischen Ziergiebeln und brüchigen Säulen. Dazwischen Bars und Stars. Nördlich des Goldenen Horns schlägt İstanbuls unbändiges Herz.

Taksim, ein nie zur Ruhe kommender Stadtteil, gilt als der Nabel des modernen İstanbul. Er besteht aus nicht viel mehr als dem gleichnamigen weiten Platz, dem *Taksim Meydanı*, samt angrenzenden Bauten. Bedeutung kommt dem Taksim Meydanı insbesondere als zentraler Verkehrsknotenpunkt zu, Flair besitzt er nicht. Doch das soll sich ändern. Der Verkehr soll verschwinden und künftig unterirdisch durch ein Tunnelsystem geleitet werden. Die Bauarbeiten dazu haben bereits begonnen.

Vom Taksim-Platz führt die Cumhuriyet Caddesi, ein breiter Boulevard, in den nördlich von Taksim gelegenen Stadtteil Harbiye (→ ab S. 218).

Im Südwesten schließt sich Beyoğlu an. In den schluchtartigen Gassen und Straßen des Stadtteils verbergen sich die ausgefallensten Clubs und Restaurants, viele Kunstgalerien, die alles zwischen türkischer Landschaftsmalerei und surrealen Videoinstallationen präsentieren, Multiplexkinos, Theater und Einkaufspassagen mit einem Angebot zwischen internationalen Streetwear-Labels und schrägen Secondhand-Klamotten. Am pulsierendsten ist das Leben auf der İstiklal Caddesi, der „Straße der Unabhängigkeit", ein langer, enger Schlauch. Am Wochenende spaziert hier – gefühlt – halb İstanbul auf und ab und es kann entsprechend eng werden. Ruhiger geht es im Viertel Cihangir südwestlich von Beyoğlu zu, eine der beliebtesten und teuersten zentralen Wohngegenden der Stadt mit netten Boutiquen, Cafés und Restaurants. Zur intellektuellen Elite des Landes, die hier, am Prenzlauer Berg İstanbuls, zu Hause ist, gehört auch Orhan Pamuk.

Westliche Großstadtmoral bestimmt das Bild und die Menschen Beyoğlus. Viele

Taksim und Beyoğlu

Bewohner verlassen ihren Stadtteil nie, und von den strengen anatolischen Sitten anderer Viertel will hier kaum jemand etwas wissen. Nirgendwo kann man besser den Trends und Gegensätzen der modernen Türkei nachspüren als in Beyoğlu. Schon immer war die Atmosphäre hier freier als anderswo in İstanbul. Jahrhundertelang galt Pera, so der alte Name Beyoğlus, als der kosmopolitische Mittelpunkt des Osmanischen Reiches, als bevorzugtes Botschafts- und Wohnviertel der Europäer und nichtmuslimischen Minderheiten. Elektrischen Strom und Wasserklosetts gab es hier schon, als man jenseits des Goldenen Horns noch nicht einmal davon gehört hatte. Mit der Republikgründung zogen die Botschaften nach Ankara. Mit ihnen gingen die Ausländer, die den Stadtteil geprägt hatten. Zurück blieben ihre grandiosen Gesandtschaften, die teils noch heute als Konsulate genutzt werden, ihre versteckt gelegenen Kirchen, ihre Art-nouveau-Bauten und der westliche Lebens-stil. Es gibt viel zu entdecken, kunsthistorische Besonderheiten sind jedoch keine darunter.

Der internationale Hype um den Stadtteil als Aushängeschild der „Trendcity İstanbul" hat Beyoğlu auch bei Partypeople aus aller Welt sehr populär gemacht. Doch seit dem sog. Tisch-Bann (→ Kasten) hat das Viertel an Attraktivität eingebüßt. Zu einer der wildesten Outdoor-Partymeilen der Welt verwandelt sich Beyoğlu seitdem nächtens nicht mehr – sehens- und erlebenswert ist ein Abend in Beyoğlu aber noch allemal.

Spaziergang

Länge ca. 3,5 km, **Dauer** ca. 2 ¼ Std., **Karte** S. 192/193.

Vormittags schläft Beyoğlu sich aus. Beste Zeit für einen Spaziergang ist der späte Nachmittag. Aber nicht am Sonntag – dann ist hier oft kein Durchkommen.

Taksim heißt „Verteiler". In Anbetracht seiner Funktion als Drehscheibe im Getümmel der Millionenmetropole ist der Name des Platzes heute genauso passend wie im 18. Jh., als auf dem Taksim Meydanı Wasser aus dem Belgrader Wald in einem Reservoir gestaut und nach Pera weiterverteilt wurde.

2012 wurden die Bauarbeiten zur Neugestaltung des Platzes in Angriff genommen. Ein Megaprojekt: In mehreren Etappen werden Tunnels geschaffen, um irgendwann einmal – die im Untergrund schlummernde Antike macht jedem Zeitplan einen Strich durch die Rechnung – den Verkehr darin verschwinden zu lassen.

Rund um den Platz ragen ein paar Luxushotels in den Himmel. An seiner Ostflanke steht das **Atatürk-Kulturzen-**

Essen & Trinken (S. 199-204)

3 Zencefil
4 Kallavi (S. 78)
12 Çalıntı
14 Eski Beyrut
19 Gizli Bahçe
20 Umut Ocakbaşı
21 Pendor Corner
22 Merih Restaurant
32 Pano Şaraphanesi
33 Cumhuriyet İşkembe Salonu
34 Kalkanoğlu Pilavı
35 Doğa Balık Restaurant
40 Çukur Meyhane
45 Ara Café
48 360 und The House Café und Lokal Grand Pera (S. 78)
54 Beşinci Kat
55 Litera
57 Savoy Balık
60 Datlı Maya
63 Mikla
65 Café Fîruz
67 Miss Pizza
70 Şimşek Karadeniz Pide Salonu
71 Café Susam
72 Van Kahvaltı Evi
75 Galata Restaurant (S. 78)
77 Canım Ciğerim
79 Café Smyrna
80 Yakup 2
83 Refik; Kino Garden
88 Sofyalı 9
90 Helvetia
91 Mihriman Sultan
93 Peranostra
94 Miss Pizza
95 Leb-i Derya

Sonstiges (S. 44)

41 Gençtur (Reisebüro)

Übernachten (S. 64-67)

1 En Estambul
6 Doğan Apartments
7 Chill Out Lya
11 Dolmuş
16 Grand Hisar Otel
17 #bunk
26 Lush Hotel
39 Mia Pera
52 Büyük Londra Oteli
59 The House Hotel
66 Pera Palace Hotel
69 Villa Zürich
73 Monopol
76 Devman
78 Neverland
81 Tulip Pera und Tulip City
82 Hotel Paradise
84 Gümüşyan Hotel
85 Witt İstanbul
87 Hotel Richmond
89 Ansen Suites

Einkaufen (S. 204/205)

29 Adım und Halep Pasajı
36 Atlas Pasajı
38 Plakhane
41 Aznavur Pasajı
42 Deform
43 Mor
46 İpek
49 Ambar
51 Antijen
53 Mozk
56 Asrı Turşucu
61 La Cave
64 Paşabahçe
68 Denizler Kitabevi
74 Berrin Akyüz
75 By Retro
92 Türkisch-deutsche Buchhandlung

100 m

Taksim und Beyoğlu

trum (*Atatürk Kültür Merkezi*, kurz *AKM*, → S. 73), eine wichtige Adresse im İstanbuler Kulturleben. Wie der Platz soll auch das AKM ein neues Gesicht bekommen, noch 2013 sollen die Renovierungsarbeiten abgeschlossen sein.

Atatürk selbst ist auch vertreten. Das **Denkmal der Republik** (*Cumhuriyet Anıtı)* inmitten einer kleinen, kreisrunden Grünfläche zeigt ihn in heroischer Pose mit seinen einstigen Weggefährten.

Südwestlich davon beginnt die İstiklal Caddesi, İstanbuls Amüsiermeile. Eine nostalgisch herausgeputzte Straßenbahn fährt auf ihr bimmelnd hoch und runter. Gleich zu Beginn drängen sich linker Hand Dönerstände um einen Burger King. Dahinter erhebt sich die **griechische Hagia-Triada-Kirche** (*Aya

Gemütlich: Trödlerviertel Çukurcuma

Knackig in Folie: Schokolade aus Beyoğlu

Trias Kilisesi). Der auffällige Kuppelbau vom Ende des 19. Jh. erinnert mehr an eine Moschee denn an ein christliches Gotteshaus. Das niedrige Gebäude hingegen, das zu Beginn der İstiklal Caddesi rechter Hand steht, beherbergt das **Französische Konsulat und Kulturinstitut** samt nettem Café. Es wurde 1719 als Hospital für Pestkranke errichtet.

Die Gassen rechts und links der İstiklal Caddesi lassen tagsüber gar nicht vermuten, dass hier nächtens die Hölle los ist: In İstanbuls Nightlifespot Nr. 1 reihen sich Bars, Cafés, Clubs und Restaurants jeglicher Couleur nicht nur aneinander, sondern stapeln sich zuweilen auch übereinander – vier Kneipen auf vier Etagen sind keine Seltenheit. Am Abend wird dieses Eck zum Magneten der Flaneure. Noch um zwei Uhr nachts ist hier an Wochenenden mehr los als auf dem Ku'damm am letzten Samstag vor Heiligabend! Auch ist hier die zarteste Versuchung İstanbuls zu finden: Linker Hand, in einem winzigen Verschlag an der Ecke İstiklal Caddesi/ Büyükparmakkapı Sokak, wird seit 1932 beste Hausmacherschokolade verkauft, ganz simpel in Alufolie verpackt.

Weiter an der İstiklal Caddesi passiert man die **Ağa Camii** aus dem späten 16. Jh., den einzigen muslimischen Sakralbau entlang der İstiklal Caddesi, und dahinter die 2011 eröffnete Mall Demirören, für deren Bau denkmalgeschützte Gebäude abgerissen wurden. Da die Mall ein paar Stockwerke tiefer ausfiel als genehmigt, sackte der Boden unter der Ağa Camii ab. Daraufhin konnten sich die Investoren der Mall als die großzügigen Spender für deren Restaurierung feiern lassen – İstanbul, die Stadt der unbegrenzten Möglichkeiten.

100 m weiter zweigt nach rechts die Balo Sokak ab. An ihrem Ende, an der Ecke zum Tarlabaşı Bulvarı, liegt rechter Hand der Eingang zum → **Doğançay-Museum** *(Doğançay Müzesi)*, das der international renom-

mierte İstanbuler Künstler Burhan Doğançay ins Leben rief.

Nördlich des Tarlabaşı Bulvarı, einer breiten Verkehrsschneise samt nächtlichem Straßenstrich, erstreckt sich das Viertel Tarlabaşı, nach dem Beyoğlu die Finger ausstreckt. Tarlabaşı besitzt wie Beyoğlu schmale Gassenschluchten mit historischen Erkerhäusern, nur alles eine Nummer kleiner. Hier wohnen – für den an Beyoğlu angrenzenden oberen Teil muss man mittlerweile sagen: hier wohnten – all jene, die in İstanbul sonst keiner haben will: Transsexuelle, afrikanische und asiatische Flüchtlinge, osteuropäische Prostituierte und kurdische Underdogs.

Der Abriss des Viertels hat begonnen – das Projekt nennt sich *Tarlabaşı yenileniyor* („Tarlabaşı wird erneuert"). Kunstzentren, Büros, Hotels, Lofts und schicke Apartments für Besserverdiener sollen entstehen. Um die alten Bewohner loszukriegen, machte man ihnen das Leben unerträglich: Die Müllabfuhr ließ sich nicht mehr blicken, dafür kamen ein paar Bulldozer und machten demonstrativ die ersten Häuser platt, um damit ohne Worte zu sagen: Nehmt die Abfindung und verschwindet, bevor Ihr noch den Haushalt verliert! Auf ähnliche Weise verschwand auch das Romaviertel Sulukule (→ S. 182). Zukünftig muss man nicht mehr so rabiat vorgehen, um lukrative Ecken rund um Beyoğlu zu gentrifizieren: Mit dem sog. „Urbanen Transformationsgesetz" (→ S. 36) hat man ein akkurates Mittel zur Hand.

Geht man die Balo Sokak wieder ein paar Schritte zurück, zweigt nach rechts die **Nevizade Sokak** ab, eine der feucht-fröhlichsten Restaurantgassen der Stadt (→ Essen und Trinken). An Sommerabenden sitzt hier Tischgemeinschaft an Tischgemeinschaft im Freien, und auf dem schmalen Gang dazwischen drängen sich Geigenspieler, fliegende Händler und Kellner mit riesigen Meze-Tabletts.

Die Nevizade Sokak mündet in den **Fischmarkt** *(Balık Pazarı)*, wo aber nicht ausschließlich Fisch, sondern auch allerlei Snacks wie frittierte Muscheln mit Knoblauchsoße und Souvenirs verkauft werden.

Vom Fischmarkt an der Sahne Sokak gehen ein paar Seitenpassagen ab – werfen Sie einen Blick hinein. Die schönste Passage ist die **Blumenpassage** *(Çiçek Pasajı)* in einem Gebäude im Rokokostil aus dem Jahre 1876. Einst beherbergte es neben vielen Blumenläden auch einen Schweinefleischmetzger und einen Wiener Bäcker. Heute servieren in dem herrlichen Ambiente gehobenere Restaurants zu überhöhten Preisen.

Überquert man am Ausgang des Fischmarktes die İstiklal Caddesi, gelangt man, vorbei am alteingesessenen (aber von Lesern vernichtend beurteilten) **Galatasaray Hamamı**, ins **Trödlerviertel Çukurcuma**. Galerien und Antiquitätengeschäfte laden hier zum Stöbern ein. Der Weg führt durch verwinkelte, zum Bosporus hin abfallende Gassen zwischen teils liebevoll restaurierten, teils aber noch recht leprösen Kolonialbauten hindurch. Unter bunter, zum Trocknen aufgehängter Wäsche spielen Kinder Fußball. Und in dem roten Gebäude an der Çukurcuma Caddesi 24 hat der Literaturnobelpreisträger Orhan Pamuk sein → **Museum der Unschuld** *(Masumiyet Müzesi)* eingerichtet.

Über die Boğazkesen und die Bostanbaşı Caddesi erreicht man die steil bergauf führende Treppengasse **Cezayir Sokak** mit etlichen netten Cafés und Restaurants, teils mit tollen Dachterrassen und Live-Musik am Abend.

Weiter bergauf an der Yeniçarşı Caddesi befindet sich linker Hand in einem alten Stadtpalast das Goethe-Institut *(Alman Kültür Merkezi)* mit der wohl schönsten Dachterrasse aller Goethe-Institute weltweit (→ Essen und Trinken/Cafés). Und noch ein paar Schritte weiter bergauf folgt das → **Kino- und**

Theatermuseum *(Sinema Tiyatro Müzesi)*. Der ummauerte Komplex schräg gegenüber beherbergt das **Galatasaray-Gymnasium** *(Galatasaray Lisesi)*, eine der ältesten und angesehensten Bildungseinrichtungen der Stadt. Über das Gymnasium, das viele Politiker des Landes hervorbrachte, und die gleichnamige Fußballmannschaft (18-maliger türkischer Meister, zuletzt 2012) informiert man im **Galatasaray-Kulturzentrum** *(Galatasaray Kültür Merkezi)* gegenüber an der İstiklal Caddesi 90. Zu sehen sind Pokale über Pokale und Fotos über Fotos, dazu eine Mokkatasse samt Satz, aus der Atatürk bei einer Schulvisite im Jahre 1930 getrunken hat (tägl. außer Mo 10–18.30 Uhr, Eintritt frei).

Auf dem Platz zwischen Galatasaray-Kulturzentrum und Gymnasium finden an Wochenenden häufig kleine Kundgebungen unter großem Polizeiaufgebot statt. Erstmals demonstrierten hier die sog. „Samstags-Mütter", Mütter verschwundener politischer Aktivisten, heute Kurden, Atomkraftgegner und andere.

Auf der İstiklal Caddesi weiter Richtung Tünel liegt rechter Hand der **Han Geçidi** (Zugang über Hausnummer 116), eine lustige Einkaufspassage mit einem romantischen Innenhof (→ Einkaufen). Dort führen ein paar Treppchen zu einer schönen, alten griechisch-orthodoxen Kirche im Miniformat, der **Panhagia Eisodion** *(Panaya İsodyon Kilisesi)*. Wie so viele Kirchen İstanbuls liegt sie geduckt hinter einer Häuserzeile. Nach osmanischen Gesetzen war es verboten, christliche Gotteshäuser in erster Reihe zu platzieren oder sie so pompös zu bauen, dass sie Moscheen in den Schatten stellen könnten.

Das erklärt, warum auch die beiden Franziskanerkirchen weiter südlich an der İstiklal Caddesi etwas zurückversetzt liegen. Dazu gehören die 1913 errichtete neugotische **Sankt-Antonius-von-Padua-Kirche** *(Sent Antuan Kilisesi)*, die größte katholische Kirche der Stadt (linker Hand hinter der Hausnummer 169–171), und die **Santa-Maria-Draperis-Kirche** *(Sen Maria Draperis Kilisesi)* aus dem Jahr 1789 mit einer Marienikone über dem Altar, der allerhand Wunder nachgesagt werden (ebenfalls linker Hand hinter Hausnummer 215). In Nachbarschaft der Santa-Maria-Draperis-Kirche befinden sich auch das **Kunsthaus Arter** (Hausnr. 211) und die **Galerie Borusan Kültür Sanat** (Hausnr. 213), zwei der Topgalerien İstanbuls. Mehr zu diesen und anderen Galerien an der İstiklal Caddesi → S. 74.

Palmen schmücken den apricotfarbenen Palast des **Russischen Konsulats** (Hausnr. 225). Für den Bau der Gesandtschaft schickte der russische Zar seine Hofarchitekten, die Tessiner Gaspare und Giuseppe Fossati, an den Bosporus. Er hätte das besser nicht tun sollen: Nach Fertigstellung des Gebäudes 1837 arbeiteten sie für besseres Salär am osmanischen Hof.

Ein paar Meter weiter passiert man an der İstiklal Caddesi 172 die ehemalige **Markiz Pastahanesi**. Das farbenfrohe Jugendstil-Fayenceninterieur des einstigen Traditionscafés und heutigen Fast-Food-Restaurants erinnert an jene Zeit, als die İstiklal Caddesi noch „Grand Rue de Péra" hieß und die Nobelmeile der vornehmen Europäer war – mit französischen Patisserien, Cabarets und zahlreichen Theatern.

Die Asmalımescit Sokak mit ihren vielen Restaurants ist eine für Beyoğlu typische dunkle Gassenschlucht. Sie führt hinab zum legendären **Pera Palace Hotel** (→ Kasten S. 66) und zum ehemaligen **US-Konsulat**. Letzteres soll vor rund 150 Jahren ein Amerikaner im Pokerspiel gewonnen und seiner Regierung vermacht haben. Heute sitzt der Konsul in einem festungsartig abgesicherten Gebäude hoch über dem Bosporus im Stadtteil İstinye – übrigens ein Schwarzbau ...

Ewiger Trubel auf der İstiklal Caddesi, der „Straße der Unabhängigkeit"

Die Asmalımescit Sokak war lange Zeit so etwas wie ein Synonym für ausgiebiges Freiluftpicheln in Beyoğlu. Doch mit der großen Party auf der Straße ist es hier wie auch anderswo in Beyoğlu vorerst vorbei. Bis zum Tisch-Bann (→ Kasten) stuhlten die hiesigen Restaurants die Gassen davor fast komplett ein. Eine einzige Barpassage war auch die Sofyalı Sokak, die auf etwa halber Strecke abzweigt und zum **Tünel-Platz** *(Tünel Meydanı)* führt.

Vom Tünel-Platz kann der Spaziergang hinunter nach *Karaköy* (→ S. 206) fortgesetzt werden. Ansonsten bringt Sie die Tünel-Bahn, die kürzeste U-Bahn der Welt, in exakt einer Minute und 20 Sekunden dahin. Mit der nostalgischen Straßenbahn gelangen Sie zurück zum Taksim-Platz. Falls Sie über die Meşrutiyet Caddesi zurückspazieren wollen, passieren Sie das → **Pera-Museum** *(Pera Müzesi)*.

Sehenswertes

Doğançay Müzesi (Doğançay-Museum)

Der İstanbuler Burhan Doğançay (1929–2013) gehört zu den wenigen türkischen Künstlern, deren Werke auch schon im Metropolitan Museum von New York oder im Centre Pompidou in Paris gezeigt wurden. 2009 wurde Doğançays Gemälde *Mavi Senfoni* („Symphonie in Blau") bei einer İstanbuler Auktion für 1,29 Mio. Euro versteigert – mehr gab es noch nie für ein türkisches Kunstwerk. Ein paar der hiesigen Exponate zeigen Großstadtmauern, für Doğançay Zeichen urbaner Prägung und Veränderung. Inspiriert wurde Doğançay auf seinen vielen Reisen – er besuchte über 100 Länder und verbrachte viele Jahre im Ausland.

Balo Sok. 42. Tägl. (außer Mo) 10–18 Uhr. Eintritt frei. www.dogancaymuseum.org.

Masumiyet Müzesi (Museum der Unschuld)

In Anlehnung an den gleichnamigen Roman zeigt der Literat Orhan Pamuk

Taksim und Beyoğlu → Karte S. 192/193

Tisch-Bann über Beyoğlu

Einem Gerücht zufolge blieb Ministerpräsident Recep Tayyip Erdoğan im Juni 2011 mit seiner Limousine in Beyoğlus engen Kneipengassen stecken. Die Gäste der umliegenden Bars, die den Premier erkannten, prosteten ihm fröhlich-höhnisch zu. Zeitungsente oder Wahrheit? Tatsache ist: Einen Monat später, kurz vor dem Ramadan, wurden – unter massiven Protesten – Tische und Stühle aus den meisten Bargassen Beyoğlus entfernt, dazu alle Zweiersofas, die die fromme Stadtverwaltung schon länger sauer aufstießen ließen – schließlich können dort Pärchen sitzen (und evtl. noch schlimmere Sachen tun). Der Tisch-Bann wurde von offizieller Seite mit den vielen Lärmbeschwerden und den verstopften Gassen, durch die teils nicht mal mehr ein Feuerwehrauto hätte kommen können, begründet. Beides durchaus nachvollziehbar. Nur können anderswo die Behörden herrlich über so etwas hinwegblicken. Selbst der AKP-Bürgermeister von Beyoğlu konnte das jahrelang – als Verwaltungsbezirk umfasst Beyoğlu nicht nur das hier angesprochene namengebende Viertel, sondern schließt auch all die konservativen Ecken nördlich des Goldenen Horns mit ein.

Religiösen Fanatikern war das Treiben in Beyoğlu schon immer ein Dorn im Auge. Bereits seit den 1920ern, als die Ausländer den Stadtteil verließen und sich Amüsierlokale ansiedelten, galt Beyoğlu als verrucht. „Beyoğlu ist die Quelle des Verbrechens und der Immoralität in diesem Lande. Es gibt nur eine Möglichkeit, diesen Pfuhl der Sünde zu beseitigen: mit Bulldozern drübergehen.“, schrieb schon das Magazin *Erkekçe*.

Ob bei Ihrem Spaziergang durch Beyoğlu schon wieder ein paar Tische draußen stehen oder die einen oder anderen Bars und Restaurants ganz aufgegeben haben (es gibt Lokale, die durch den Tischbann 80 % ihres Umsatzes eingebüßt haben), können wir nicht vorhersagen. Immerhin wurde der Tisch-Bann 2012 schon wieder etwas gelockert. Schließlich lässt man eine Goldquelle wie Beyoğlu trotz aller „Unmoralität“ nicht so einfach versiegen.

hier seine skurrile Sammlung ganz alltäglicher Dinge, die die Liebe der fiktiven Romangestalten Kemal und Füsun dokumentieren. Darunter viele (gefüllte!) Gläser Rakı und 4213 (!) Zigarettenstummel, die Füsun zwischen 1976 und 1984 rauchte. Jedem Buchkapitel ist eine Vitrine gewidmet. Es soll schon Orhan-Pamuk-Fans gegeben haben, die hier Tränen der Rührung vergossen haben.

Çukurcuma Cad. 24. Tägl. (außer Mo) 10–18 Uhr, Fr bis 21 Uhr. Mit dem Ticket in Kapitel 83 des Romans zahlt man nichts. Ansonsten bezahlen Türken 6,50 €, Ausländer 11 €, Stud. (egal welcher Nation) 4,30 €. www.masumiyetmuzesi.org.

Sinema Tiyatro Müzesi (Kino- und Theatermuseum)

Eine Hommage an die türkische Kino- und Theatergeschichte. Auf vier Etagen v. a. Plakate von B-Movies. Auf *Rambo* antwortete man am Bosporus mit *Ramo* – wie titelte mal der *Spiegel* so schön: „Süpertrash aus Hüllywood“. Dazu Porträts von noch lebenden und verstorbenen, aber nicht vergessenen Schauspielern und ein wenig cinematografisches Gerät.

Yeniçarşı Cad. 24. Tägl. (außer Mo) 10–18 Uhr. 4,30 €. www.turvak.com.

Pera Müzesi (Pera-Museum)

Es erinnert nicht – wie der Name vermuten lässt – an die glorreiche Vergangenheit dieses Viertels. Moderne Kunst steht im Mittelpunkt der wechselnden Ausstellungen in den Obergeschossen – große Namen sind dabei keine Seltenheit. Die ständigen Expositionen darunter – u. a. „Kütahya-Kacheln“ und „Anatolische Maße und Gewichte“ sowie „İstanbul: Stadt der Träume“ – sind für Laien nicht allzu spektakulär. Angeschlossen ist ein gediegenes Kaffeehaus.

Meşrutiyet Cad. 65. Di–Sa 10–19 Uhr, So 12–18 Uhr. 4,30 €, erm. die Hälfte. www.pera muzesi.org.tr.

Praktische Infos

→ Karte S. 192/193

Vorwahl: 0212

Verbindungen

Zum Taksim-Platz gelangt man **von Sultanahmet/Eminönü** am einfachsten, indem man die **Straßenbahn** bis Kabataş nimmt und von dort mit der **Fünikuler-Metro** nach oben fährt.

Das südliche Ende der **İstiklal Caddesi** erreicht man, wenn man **von Sultanahmet** die **Straßenbahn** bis Karaköy nimmt (von Eminönü genügt ein kurzer Spaziergang über die Galatabrücke nach Karaköy) und von dort mit der **Tünel-Bahn** (7.30–22.45 Uhr) hinauf nach Beyoğlu fährt.

Wichtiger Hinweis: Im Zuge der Umgestaltung des Taksim-Platzes in eine verkehrsfreie Zone (→ S. 190) wird in den nächsten Jahren auch der dortige Busbahnhof verschwinden. Die Busse werden hier künftig unterirdisch halten bzw. den Platz gar nicht mehr passieren. Welche konkreten Auswirkungen das Projekt auf die im Buch angegebenen Busanfahrten von Taksim (Abfahrtsstellen o. Busnummern) haben wird, war bei Redaktionsschluss noch nicht bekannt. Aktuelle Infos i. d. R. auf www.iett.gov.tr.

Eine **Straßenbahn** (7–22 Uhr alle 20 Min.) verbindet beide Enden der İstiklal Caddesi. Zwischen dem oberen Ende der Tünel-Bahn (nebenan die Metrostation Şişhane) und dem Taksim-Platz verkehrt auch die **Metro** *M2*.

Essen und Trinken

Für jeden Geschmack und Geldbeutel ist etwas dabei, die Auswahl an Restaurants, Lokantas, Bars und Cafés ist riesig, und jedes Jahr werden es mehr. Vor allem durchdesignte Lokalitäten sind im Kommen – mit Traumterrassen über den Dächern der Stadt. Entlang der İstiklal Cad. dominieren qualitativ gute türkische Schnellrestaurants (Döner, Topfgerichte, *Mantı*, *Gözleme*, Süßspeisen usw.). Die besten Restaurants liegen etwas abseits der Straße, sind tagsüber meist leer, füllen sich jedoch zwischen 19 und 20 Uhr schlagartig. Dann ist ohne Reservierung oft kein Platz mehr zu bekommen. Auch in den Bars kann man meist etwas essen.

Restaurants

Mikla 63, auf dem Dach des Hotels The Marmara Pera. Sensationelle Terrasse mit Wahnsinnsblick aufs Goldene Horn und das Lichtermeer der Stadt. Innen sehr stylish, außen sogar ein Pool! Exzellente Küche. Chef Mehmet Gürs gilt als der Tim Mälzer der Türkei und kredenzt eine überaus feine und innovative „New Anatolian

Cuisine". Hg. 24–40 €. So Ruhetag. Reservierung empfehlenswert. Meşrutiyet Cad., ✆ 2935656.

Beşinci Kat 54, der „Fünfte Stock". Bar-Restaurant mit verspielt-extravagantem Interieur, toller Open-Air-Terrasse (selbstverständlich ebenfalls mit Traumblick über die Stadt) und einem Publikum „with a free mind", so die Selbstdarstellung. Multikulti-Küche mit feinen Pastagerichten, aber auch asiatischen Currys, Hg. 11–26 €. Dazu Frühstück und Brunchbüfett am So (20 €). Soğancı Sok. 3 A, ✆ 2933774.

Doğa Balık Restaurant 35, noch ein Wahnsinnspanorama-Restaurant, hier auf Fisch spezialisiert. Im 8. Stock des Hotels City Center. Blaue Stühle vor weißen Tischdecken versprühen einen Hauch Griechenlandflair. Tolle Kräutersalate, zudem Fischköfte, Fischsalate und Fischmeze. Lesermeinung: „Fantastisches Essen, aber auch nicht billig." Reservierung empfehlenswert, v. a. wenn Sie einen Tisch auf der Terrasse möchten. Billurcu Çıkmazı 1, ✆ 2922771.

Restaurant 360: Dinner mit Aussicht

››› Unser Tipp: 360 48, schon seit Jahren eines der angesagtesten Dachterrassenlokale – kein Wunder bei dem fast 360°-Panorama-Blick über Stadt und Bosporus! Das Bar-Restaurant bietet feine World Cuisine (Sushi und Pizza, herrliches Carpaccio von Schwertfisch, Oktopus, Ente oder Rind) und an Wochenenden regelmäßig Unterhaltung mit DJs oder Livebands. 2 Pers. sollten inkl. Getränken mit mindestens 100 € rechnen (allein ein großes *Perrier*-Wasser kostet 8 €, aber es gibt auch Billigeres!). Nur mittags und abends, Reservierung empfohlen. İstiklal Cad. 163, ✆ 2511042. ‹‹‹

Leb-i Derya 95, und nochmals ein Bar-Restaurant für den Über-Blick – toll zum Sundowner. Rundherum verglast. Junges, trendiges Publikum, nette Musik. Mix aus internationaler und türkischer Küche, gute Weinauswahl. Ein kleines Bier kostet happige 6 €. Ab 16 Uhr. „Zweigstelle" im Hotel Richmond. Kumbaracı Yokuşu 57, ✆ 2934989.

Savoy Balık 57, sehr populäres, gepflegtes Fischlokal mit großer Terrasse (ohne Aussicht), besser reservieren! Außergewöhnlich gute, einfallsreiche Meze, kosten Sie z. B. den *Mezgit* (Merlan bzw. Wittling) mit Rosinen und Pinienkernen. 2 Pers. mit kleinem Bierdurst können hier ab ca. 40 € gut tafeln. Bakraç Sok. 34 b, ✆ 2493382.

In der Gasse landen: Nevizade Sokak nennt sich die populäre Restaurantgasse, die an die Rakı-Tafel ruft. Ideal für ein fröhliches, ungezwungenes Abendessen mit hervorragenden Meze (Portion ab 3 €). An Freitag- und Samstagabenden ist jedoch kaum ein Platz zu bekommen. Rechnung genau prüfen! Eine schöne Adresse für ein Essen oder auch nur ein Getränk ist zudem die **Cezayir Sokak** südlich des Galatasaray-Gymnasiums. Hier geht es deutlich weniger quirlig zu.

Yakup 2 80, rakıgeschwängert ist die Luft dieser innerhalb der älteren linksalternativen Kunst- und Politszene hochgeschätzten, eher schlichten Meyhane. Fotos von alten Stammgästen aus Journalisten- und Literatenkreisen hängen an den Wänden.

Hervorragende Meze – lassen Sie sich den Oktopussalat keinesfalls entgehen. Das Lokal diente schon Fatih Akın für *Auf der anderen Seite* als Kulisse. Rechnung überprüfen! Nette Terrasse. Meze 3,50–9 €, Hg. ab 11 €, Flasche Rakı (35 cl) 17 €. Asmalımescit Sok. 35, ✆ 2492925.

Fasıl-Restaurants finden Sie im Kapitel „Nachtleben" auf S. 78/79.

Refik **83**, ebenfalls ein alteingesessenes Lokal (seit 1954!) im gleichen Stil. Getrunken wird viel Rakı, gegessen werden vorrangig hervorragende Meze, viele Variationen basieren auf Fisch und Meeresfrüchten. Ähnliche Preise. Reservierung ratsam. Sofyalı Sok. 6–8, ✆ 2432834.

Sofyalı 9 **88**, äußerst beliebte, freundliche Meyhane auf 3 Etagen. Für das Gebotene faire Preise: Meze (viel Fisch, darunter auch Außergewöhnliches) 3,50–6,50 €, Hg. 8,50–15 €. Für einen guten Platz sollte man früh kommen oder reservieren. Sofyalı Sok. 9, ✆ 2450362.

Miss Pizza **67**, eine der besten Pizzerien der Stadt, hier schmeckt es fast wie in Italien! Nur ein paar wenige Tische mit karierten Tischdecken, kleiner Außenbereich. 33 verschiedene Pizzen, darunter leckere Sorten wie *Enginarlı* (mit Auberginenpüree, Ricotta und Dill) oder *Selena* (mit Büffelmozzarella, Kapern und Sardellen). Belegt wird auch mit Schinken und Salami vom Schwein! Pizzen 5,50–14,50 €. Hayvar Sok. 5/A, Cihangir, ✆ 2513279. Filiale in Tünel **94**, Meşrutiyet Cad. 86 a, ✆ 2513234.

Datlı Maya **60**, das neue Projekt der İstanbuler Kochkünstlerin Dilara Erbay. In einem winzigen 3-stöckigen Gebäude zaubert sie traditionell-dörfliche Leckereien in einem großen holzbefeuerten Steinofen: außergewöhnliche Pide (z. B. mit Ziegenkäse und Spinat oder mit Wildpilzen), *Lahmacun*, Tontopfgerichte usw. Dazu tolles Frühstück. Auf saisonale Zutaten, Frische und Qualität wird viel Wert gelegt. Gegessen wird im obersten liebevoll dekorierten Stock, viel Platz gibt es hier allerdings nicht. Hg. 4,30–7,50 €. Türkgücü Cad. 59/A, Cihangir, ✆ 2929056. ■

Zencefil **3**, nettes, vornehmlich vegetarisches Restaurant mit überschaubarer Karte, aber tägl. wechselnden Specials. Hausgebackenes Brot, Kräutertees. Lauschiges, baumbestandenes Gärtchen. Hg. um die 6,50 € und damit sehr günstig. Kurabiye Sok. 8–10, ✆ 2438234.

Fressgasse Nevizade Sokak

Merih Restaurant **22**, einer unserer Favoriten in Beyoğlu, Mischung aus großer Lokanta und leicht rustikalem Restaurant, in dem stets der Fernseher läuft – knallevoll bei wichtigen Fußballspielen. Zu Meze, Fisch, Spießen und leckeren Topfgerichten rinnen Bier und Rakı in Strömen. Eigentlich eine Männerdomäne, doch Frauen sind ebenfalls willkommen. Schneller Service. Ein Abendessen mit einem Bier ab 11 €. Kamer Hatun Cad. 5, ✆ 2454325.

Umut Ocakbaşı **20**, Neonlicht, die Wände voller Atatürk-Reminiszenzen und ein rauchender Grill. Es gibt nur ein paar wenige köstliche Kebabs (6–7 €), die man ins weiche Fladenbrot rollt. Hasnun Galip Sok. 8, ✆ 2455005.

»» Unser Tipp: **Çukur Meyhane** 40, simpler geht's kaum. Diese verkachelte Souterrain-Rakı-Schwemme besteht aus nicht viel mehr als ein paar mitgenommenen Tischen, Stühlen, Schemeln und einer kleinen Küche. Bunt gemischtes Publikum. Außergewöhnliche Meze und Fischgerichte, kosten Sie den *Levrek* (Seebarsch) in Safransoße, die Makrele in Senfsoße oder das Krabben-*Güveç*. Für nur ca. 13–15 €/Pers. tafelt man (mit Bier) hier richtig gut. Kartal Sok. 1/A, ✆ 2445575. «««

Lokantas

Beachten Sie, dass in keiner der aufgeführten Lokantas Alkohol zu bekommen ist!

Helvetia 90, alternative Lokanta der anderen Art. Hier bekochen junge Leute ihr vornehmlich studentisches Publikum mit bester türkischer Hausmannskost. Die Gerichte (viel Vegetarisches) sucht man sich an der Theke aus. Kostenloses Trinkwasser, nett eingerichtet. Günstig, ein Teller voller Köstlichkeiten ca. 5 €. General Yazgan Sok. 8/A, Tünel.

Şimşek Karadeniz Pide Salonu 70, Pide und eine reichhaltige Auswahl täglich wechselnder, immer frischer Fleisch- und Gemüsegerichte. Dazu selbst gebackenes Fladenbrot. Netter Inhaber mit Reibeisenstimme. Lange geöffnet – ideal auch für die Gute-Nacht-Suppe nach einer ausgiebigen Kneipentour. Oteller Sok. 8/A.

Canım Ciğerim 77, in dieser freundlichen kleinen Gassenlokanta gibt es nur zwei Gerichte: gegrillte Leberspieße und gegrillte Fleischspieße. Sehr lecker und günstig. Minare Sok. 1.

Kalkanoğlu Pilavı 34, Filiale des berühmten Reiskochers aus Trabzon am Schwarzen Meer. Kleine Lokanta, die Tische sind mit den schwarz-rot-weißen Umhängetüchern der Schwarzmeerfrauen gedeckt. Aus 3 Töpfen gibt es 3 Gerichte: Reis mit viel Butter, Bohnen in Tomatensoße und *Kavurma* (eine Art Geschnetzeltes). Günstig. Ayhan Işık Sok. 16/A.

Cumhuriyet İşkembe Salonu 33, im Fischbasar, kaum zu verfehlen. Innereien-Lokanta mit der besten Kuttelflecksuppe Beyoğlus. Auch Hirnsalat ist zu bekommen. Duduodaları Sok. 15 B.

Bars/Kneipen

Türkü-Bars finden Sie im Kapitel „Nachtleben" auf S. 78.

The House Café an der İstiklal Caddesi

››› **Unser Tipp:** **Kiki** 44, cool-niveauvolle Mischung aus Café, Restaurant (internationale Küche) und DJ-Bar (gutes Booking, Programm auf www.kiki.com.tr). Retromobiliar, schöne Terrasse. Gegen 23.30 Uhr werden die Tische beiseitegeräumt, dann wird getanzt und gefeiert – auch für Leute jenseits der 30 noch okay. Wie fast überall in İstanbul ist es hier natürlich nicht billig. So Ruhetag. Sıraselviler Cad. 42. ‹‹‹

Pendor Corner 21, recht kleine, nett gestylte Musikkneipe (regelmäßig Konzerte). Die alternativ-grungige Szene, die hier verkehrt, zischt auch schon mal mittags ein Bierchen. In der gleichen Gasse noch andere ähnliche Kneipen. Yeşilcam Sok. 25.

Pano Şaraphanesi 32, 1898 von einem Griechen gegründetes Weinlokal mit viel Charme. Im EG drängt man sich dicht an dicht an Stehtheken vor der Bar, hinter der sich die Weinflaschen nur so stapeln. Im Keller kann man an gemütlichen Tischen die gute Küche des Lokals kosten – wenn denn alles so bleibt: Das Lokal war 2012 wegen Umbau geschlossen, sollte jedoch bis zu Ihrem Besuch wieder geöffnet haben. Kalyoncu Kulluğu Cad. 12 B.

Gizli Bahçe 19, „Versteckter Garten" – trödelig-gemütliche Kneipe auf 2 Etagen mit netter, kleiner Terrasse, knarrendem Holzfußboden und cooler Musik für ebensolche junge Leute. Erst später kommen! In der Restaurantgasse Nevizade Sokak (Nr. 15) im 2. Stock.

Tektekçi 50, sog. Shotbars, in denen man ausschließlich heftige Drinks in kleinen Gläsern bekommt, waren in İstanbul zuletzt überaus popular, und das Tektekçi ist die allerpopularste! Schon am früheren Abend ist hier gut was los, hier glüht man vor, hier verschiebt man seine eigentlichen Pläne für die Nacht aber auch gerne mal. So geschl. Akarsu Sok. 2/B.

Eski Beyrut 14, Chansons, Zigeunermusik oder hebräische Liebesschnulzen in voller Lautstärke. Nette, simple World-Music-Kneipe, in der man am späteren Abend kaum noch ein Wort wechseln kann, tagsüber jedoch gähnend leer. Am Wochenende wird getanzt. Hin und wieder Livemusik. İmam Adnan Sok. 6 (2. Stock; vollkommen unauffälliger Eingang).

Çalıntı 12, einfache Musikkneipe. Hier legt der DJ vorrangig türkischen Rock und Pop der 60er und 70er auf. Junges, trinkfreudiges Publikum. İpek Sok. 18.

Ausgehviertel Beyoğlu

Kino Garden 83, gemütliche Loungebar mit großen Spiegeln. Freundliches Personal, netter Hinterhofgarten, sanfte elektronische Musik. Man kann auch günstig essen. Sofyalı Sok. 2.

Cafés

Nette Cafés findet man mittlerweile auch im Viertel Cihangir, z. B. in der Akarsu Yokuşu Sok. und in deren Seitengassen. Viele servieren auch ganze Mahlzeiten.

Litera 55, Caférestaurant auf dem Dach des Goethe-Instituts (6. Stock, im Winter verglast, im Sommer offen). Mediterrane Küche und gute Salate, happige Bierpreise (5,50 € für ein kleines Bier). Dafür gibt es aber auch einen sagenhaften Blick über Stadt und Bosporus hinweg. Yeniçarşı Cad. 32.

The House Café 48, großes Kaffeehaus direkt an der İstiklal Cad. (Nr. 163). Sehr schöne Räumlichkeiten, tolle Lampen. Kleiner Außenbereich fürs Peoplewatching. Gutes Frühstücksangebot, zudem Pizza und internationale Gerichte zu 8–20 €.

Café Smyrna 79, süß-verspielte Mischung aus Café, Restaurant und Bar, Tische draußen. Sehr angesagt bei der hippen Cihangir-Szene. Zu jeder Tageszeit einen Besuch wert, man kann auch sehr lecker essen. Akarsu Cad. 29, Cihangir.

Peranostra 93, eine mit Topfpflanzen verschönerte, offene Passage mit mehreren Bars. Wer nicht zwischen Palmen sitzen will, geht rein, z. B. ins **KV Café**: Backsteindecke, viel Holz und kleine Galerie. Sehr schöne Atmosphäre am Abend. Gute Kuchen, Frühstück, internationale Küche. Nicht ganz billig: Hg. 9–13 €, kleines Bier 4,50 €. Tünel Geçidi 1.

Beyoğlu: Café mit Kreuzbergflair

Van Kahvaltı Evi 72, eine empfehlenswerte Frühstücksadresse. Hier kann man so ausgiebig frühstücken, wie es die Südostanatolier am Van-See entsprechend ihrer großartigen Frühstückskultur zu tun pflegen. Sehr leckere Käsesorten und hervorragender Honig. Nett-schlicht mit viel Holz eingerichtet, dazu ein paar Tische auf dem Gehweg. Defterdar Yokuşu 52/A, Cihangir.

Mihriman Sultan 91, weiträumiges Caférestaurant, das durch ein bisschen Trödel aufgelockert wird. Gemütliche, ruhige Terrasse. Musik in dezenter Lautstärke. Etliche Sorten Tee und Kaffee zur Wasserpfeife, es gibt aber auch Alkohol. Türkisch-internationale Küche (teuerstes Hg. 10 €), zudem kann man ausgiebig frühstücken. Kumbaracı Yokuşu 77.

Ara Café 45, das Café des berühmten Fotografen und İstanbul-Chronisten Ara Güler, dessen Bilder hier auch zu sehen sind. Schnuckelig eingerichtet, im Sommer Tische auf der Sackgasse davor. Kein Alkohol. Tosbağa Sok. 2 (Zugang von der Yeniçarşı Cad.).

Café Fîruz 65, gemütliches Straßencafé (mehr Tische auf der Straße als drinnen). Junges Bobo-Publikum. Gute, leichte Küche, leckeres Frühstück. Kein Alkohol. Defterdar Cad./Ecke Akarsu Yokuşu Sok., Cihangir.

Café Susam 71, noch ein sehr beliebtes Café im Cihangir-Kiez. Mit Liebe und Geschmack zusammengewürfeltes Inventar. Kleiner Außenbereich, wo die kreative Szene philosophiert. Gute Frühstücksauswahl, Hg. 6–20 €. Abends wird das Café zur netten Bar. Susam Sok. 11, Cihangir.

Einkaufen

Trödel

Antiquitäten und Trödel (mittlerweile auch viel bunten Retrokram) findet man im Viertel **Çukurcuma** südöstlich des Galatasaray Lisesi, insbesondere in den Gassen Turnacıbaşı, Çukurcuma, Altı Patlar und Faik Paşa. Türrahmen, Leuchter, ausgediente Staubsauger, Schmuck, Kleinkram, Plakate – alles ist zu bekommen.

Dekoratives

Paşabahçe 64, hier wird das bekannte Glas verkauft, das seit einigen Jahren jedoch nicht mehr im gleichnamigen Bosporusort auf der asiatischen Seite (→ S. 261) hergestellt wird: Väschen, Gläser, Karaffen etc. İstiklal Cad. 150.

Bücher

Alman-Türk Kitabevi (Türkisch-Deutsche Buchhandlung) 92, Herrn Mühlbauers Buchhandlung ist die beste Adresse für deutsche Literatur, darunter viel über İstanbul und die Türkei. Am Eingangsbereich gibt es eine Pinnwand, an der sich arbeitslose Deutschlehrer, Wohnungssuchende und dergleichen verewigen. Freundliches Personal. İstiklal Cad. 237.

Denizler Kitabevi 68, schönes Antiquariat mit langer Tradition. Neben antiquarischen Büchern in allen Weltsprachen auch Bildbände, Drucke und Karten. İstiklal Cad. 199.

CDs

Großes Angebot – von türkischer Kunstmusik bis zur Weltmusik – in den vielen CD-Geschäften an der **İstiklal Cad.**

Deform 42, kultiger Platten- und CD-Laden, geboten wird viel Türkisches, aber auch Sound aus dem Ausland. Turnacıbaşı Sok. 47.

Plakhane 38, kleiner Laden auf 2 Etagen, Platten und CDs. Hier kann man türkische Raritäten erstöbern. Hocazade Sok. 22.

Eine weitere gute Adresse für alternative Klänge findet man im Kapitel „Galata und Karaköy"/Einkaufen, S. 217.

Kleidung/Schmuck

Auf die Suche nach ausgefallener Vintagekleidung kann man sich auch in Çukurcuma begeben. Werfen Sie auch immer wieder einen Blick in die rechts und links der İstiklal Cad. abgehenden **Passagen**, dort ist viel Interessantes zu entdecken, z. B. in der **Atlas Pasajı** (36, auch ein paar Läden mit alternativen Klamotten) und der **Halep Pasajı**.(29, viel Modeschmuck).

Antijen 51, originelle Mode der Stoffdesignerin Nilüfer Karaca, darunter lustige Sixties-Modelle. Yeniçarşı Cad. 9 B.

»» Unser Tipp: **By Retro** 75, riesiger Keller mit der wohl größten Auswahl an Retroklamotten und -accessoires in İstanbul, selbst Brautkleider sind zu bekommen. İstiklal Cad. Suriye Pasajı 166/C. Der Zugang befindet sich in einer Passage zwischen der Orhan Adlı Apaydın Sok. und der Gönül Sok. (auf der Rückseite der İstiklal Cad.). ««

Berrin Akyüz 74, Designerin Berrin Akyüz kreiert weiblich-nostalgisch-verspielte Damenmode. Dazu gibt es tolle Schuhe und Hüte. Akarsu Yokuşu 20.

Mozk 53, der Laden ist ein Gesamtkunstwerk. Neben tollen Vintageklamotten, -schuhen und -sonnenbrillen auch ausgewählte Retro-Kleinmöbel. Ağahamamı Sok. 13/B.

İpek 46, alles aus Seide, was das Herz begehrt: Tücher und Schals, Krawatten und Hausmäntel. Keine Schnäppchen, dafür ungewöhnlich breite Auswahl. İstiklal Cad. 120.

Han Geçidi, hier können Sie klimpernde Paillettenaccessoires kaufen oder sich mit Federboas, Schmuck und originellen Taschen eindecken. Hausdurchgang an der İstiklal Cad., von Taksim kommend kurz hinter dem Galatasaray Lisesi rechter Hand (Hausnr. 116).

Aznavur Pasajı 41, fast in der Nachbarschaft (Hausnr. 108). Tücher, Souvenirs, Bauchtanzkostüme, dazu Schmuck, Keramik und kitschig-witziger Wohnmüll.

Adım 29, feine, von Öncel Kalkan handgemachte Herrenschuhe in den Größen 45–55 (ab 100 €). Zu seinen Kunden zählen u. a. die türkische Basketballmannschaft und diverse Persönlichkeiten aus Wirtschaft und Politik, aber auch schon Fußballstar Maradona ließ sich hier Schuhe fertigen. Halep Pasajı, Zugang über die İstiklal Cad. 62.

Mor 43, wunderschöner Schmuck, ein Paradies insbesondere für Fans auffälliger Ringe mit großen Steinen. Turnacıbaşı Sok. 10/B.

Lebensmittel/Kosmetik

Asrı Turşucu 56, 1938 gegründet. Hier ist alles eingelegt von der Gurke über den Knoblauch und das Ei bis zur Roten Bete. Nicht jedermanns Geschmack, aber garantiert vitaminreich und eine Kostprobe wert ist ein Gläschen *Şalgam* (roter Steckrübensaft). Altı Patlar Sok./Ecke Ağa Hamamı Sok.

La Cave 61, großes Wein- und Spirituosengeschäft auf 2 Etagen. Mit Geschmack eingerichtet. Die Weinprobe versteht sich von selbst. Sıraselviler Cad. 109.

Ambar 49, alles korrekt, alles bio hier: vom Olivenöl über die Tomatenpaste, das Obst und die Gewürze bis zum Tee. Dazu Seifen und Cremes. Kallavi Sok. 6. ■

Taksim und Beyoğlu → Karte S. 192/193

Sehens- und erlebenswert: Derwischzeremonie im alten Mevlevi-Kloster

Galata und Karaköy

Wo der Bosporus das Goldene Horn küsst, liegen Karaköy und Galata – zwei Stadtteile im Wandel: In geheimnisvollen Gässchen verbergen sich Synagogen und Kirchen, tanzen Derwische und blüht das älteste Gewerbe der Welt. Neu dazu kamen in den letzten Jahren witzige Boutiquen, provokante Kunsträume und alternative Cafés.

Die beiden Stadtteile nördlich der Galatabrücke haben sich in den letzten Jahren gründlich verändert. Vor allem rund um den Galataturm und entlang der Galipdede Caddesi eröffneten etliche originelle Cafés, Restaurants und Vintageläden. Auch die einst recht düsteren Seitengässchen Galatas erwachen zu neuem Leben: Junge Designer zeigen hier ihre Kreationen, und Streetart-Künstler toben sich an den Wänden aus. Für viele İstanbuler Apple-Hipster ist Galata der neue *Place to be*. Ein Altbau nach dem anderen wird schick restauriert, die Mieten steigen rasant.

Trotz alledem ist der morbide Charme Galatas und Karaköys nicht verschwunden. Und in verborgenen Winkeln verstecken sich Moscheen, Kirchen und Synagogen. Die Synagogen sind eine Hinterlassenschaft der Ausländer und nichtmuslimischen Minderheiten, die beide Stadtteile über Jahrhunderte hinweg prägten. Insbesondere in Galata, das sich hinter Karaköy den Hügel nach Beyoğlu hinaufzieht, waren sie ansässig. In den Häusern und Hanen, unter denen heute die Tünel-Bahn schnaufend ihren Weg sucht, lebten und arbeiteten Genuesen, Araber und Juden, Griechen und Armenier.

In den sich nordwestlich an Karaköy und Galata anschließenden Vierteln entlang dem Goldenen Horn überwiegt hingegen Industrietristesse. Marode Fabriken und heruntergekommene Werften säumen das Ufer. Man kann aber auch hier auf Entdeckungstour gehen: Zu besichtigen gibt es ein Lustschlösschen aus dem frühen 19. Jh. und ein sehenswertes Industriemuseum (→ Sehenswertes westlich von Galata ab S. 215).

Galata und Karaköy

Spaziergang

Der **Tünel Meydanı** ist ein kleiner, von Cafés gesäumter Platz an der oberen Station der Tünel-Bahn, einer der ältesten Metros der Welt (gebaut 1875). Nahebei startet und endet die nostalgische Straßenbahn durch die İstiklal Caddesi. Vom Platz zweigt die steil bergab führende Galipdede Caddesi ab.

Länge ca. 4 km, **Dauer** ca. 2 ½ Std., **Karte** S. 208/209.

Hinweis: Zwar hat man sonntag vormittags die besten Chancen, das Gros der hier aufgeführten Kirchen offen vorzufinden, jedoch herrscht dann in den sonst äußerst geschäftigen Stadtvierteln wenig Leben.

Musikalienhandlungen und Studios säumen sie, dazu Cafés und Fruchtsaftverkäufer. Noch bis in die 1980er war die Straße eine für Galata typische Treppengasse, dann wurde sie zugunsten des Autoverkehrs gepflastert. Benannt ist sie nach Galip Dede, einem Hofdichter aus dem 17. Jh. Sein Grab befindet sich im Garten des → **Mevlevi-Klosters** *(Galata Mevlevihane)*, das heute ein Museum beherbergt. Das mächtige, aber recht morbide **Teutonia-Gebäude** (Galipdede Cad. 65) etwas weiter die Straße bergab wird heute vom Goethe-Institut und der Deutschen Schule für gelegentliche Veranstaltungen genutzt. Bereits im späten 19. Jh. versammelten sich hier die Bosporus-Deutschen im Verein Teutonia.

Kurz darauf führt linker Hand die Gassenschlucht Serdar-i Ekrem Caddesi an alten Stadtpalästen in neuem Glanz, an Designer- und Vintageläden sowie an hübschen Cafés vorbei zur schönsten protestantischen Kirche am Bosporus. Die neogotische **Crimean Memorial Church** *(Kırım Kilisesi)* der englischen Gemeinde İstanbuls entstand nach dem Krimkrieg (1854–56, meist nur zur Messe So um 10 Uhr geöffnet).

Der steil bergab verlaufende Kumbaracı Yokuşu ist benannt nach einem französischen Offizier, der im 18. Jh. zum Islam konvertierte und den martialischen

Beinamen „der Bombardier“ (Kumbaracı) annahm. Zum Glück prägt der Name einer Straße nicht seine Anwohner, die hier spielenden Kinder lachen einen eher schüchtern an. Die Straße wird vom Alltagsleben der kleinen Leute beherrscht – nur wie lange noch? Ihre Altbauwohnungen sind begehrt, v. a. die oberen Etagen mit ihrem Traumblick über die Stadt sind kaum mehr erschwinglich.

Weiter führt der Weg entlang der Lüleci Hendek Caddesi, an welcher ergraute Zweckbauten zerfressenen oder erst jüngst restaurierten Jugendstilfassaden die Hand geben. Kleine Handwerksbetriebe und Geschäfte säumen die Straße, Gasflaschen kann man hier kaufen oder sein Auto waschen lassen. In einem aufgegebenen Tabaklager hat sich die Galerie **Depo** niedergelassen, die oft

recht provokante Ausstellungen zeigt (→ Galerien, S. 75).

Eine Dominante im hiesigen Stadtbild ist der → **Galataturm** *(Galata Kulesi)*, ein imposantes, 62 m hohes Befestigungswerk. Von seiner Aussichtsplattform genießt man einen grandiosen Panoramablick. Dabei fällt ein weiterer Turm, dieses Mal mit Jugendstilornamenten, ca. 100 m weiter südlich ins Auge. Er gehört zum Beyoğlu-Krankenhaus (Beyoğlu Hastanesi). Den Platz vor dem Galataturm umringen Touristenlokale.

Südwestlich von ihm führt die gewundene Galata Kulesi Sokak steil hinab zum Goldenen Horn. An ihr liegt linker Hand das **alte englische Gefängnis** (*Eski İngiliz Karakolu*, Hausnr. 15). In spätosmanischer Zeit besaßen manche Kolonien europäischer Nationen in İstanbul das Privileg eines eigenen Strafvollzugs. Heute ist hier das charmante Restaurant Galata Evi untergebracht (→ Essen und Trinken). Schräg gegenüber wurde im 15. Jh. ein Dominikanerkloster gegründet. Dessen Gotteshaus, die hinter Hausnr. 28 verborgene **Peter-und-Paul-Kirche** *(Sen Piyer Kilisesi)*, stammt jedoch aus der Mitte des 19. Jh. Sie wird heute von der italienischen Gemeinde genutzt (geöffnet Mo–Fr 7–8 Uhr, Sa 15.30–17.30 Uhr, So 10–12 Uhr).

An der Kartçınar Sokak stößt man auf den einst wichtigsten genuesischen Palastbau Konstantinopels, den **Palazzo del Comune**, auch „Podestat" genannt. 1316 wurde er errichtet, im frühen 20. Jh. umgebaut, heute verfällt der graurosafarbene Bau. Der Palast war der Sitz des genuesischen Gouverneurs.

Vorbei am österreichischen St.-Georgs-Kolleg, einem angesehenen Gymnasium, erreicht man die **Kamondo Stufen**, eine eigenartige, fast kubistisch anmutende Treppe. Ihr Name erinnert an jene jüdische Bankiersfamilie, die sie einst als Abkürzung zu ihrem Wohnhaus bauen ließ. Die Stufen führen hinab zur Bankalar Caddesi (auch: Voyvoda Caddesi), der İstanbuler Wallstreet des 19. Jh. Die feudalen Bankgebäude werden nach und nach restauriert. Im Gebäude der ehemaligen Osmanischen Bank (Hausnr. 11) unterhält die *Garanti Bankası* das → **Osmanlı Bankası Müzesi**, das über die einst wichtigste Bank des Landes informiert. Zudem ist im Haus mit der **SALT Galata** eine der

Galata und Karaköy → S. 208/209

spannendsten Galerien der Stadt untergebracht (→ Galerien, S. 75).

Durch ein Gassenwirrwarr, mal links, mal rechts, geht es zur → **Arabischen Moschee** *(Arap Camii)*. Unterwegs stapelt sich vor kleinen Läden das vereinte Sortiment aller Baumärkte der Welt. Halten Sie dazwischen nach einem roten Backsteinbau mit Holzdach Ausschau – die Moschee gehört zu den außergewöhnlichsten der Stadt.

Bevor man über die Tersane Caddesi den Verkehrsknotenpunkt nördlich der Galatabrücke erreicht, heißt es aufpassen. Linker Hand, in der schmalen Perçemli Sokak, versteckt sich das → **Museum der türkischen Juden** *(Türk Musevileri Müzesi)*. Es ist untergebracht in der schön restaurierten Zülfaris-Synagoge, deren Ursprünge bis ins 17. Jh. zurückreichen.

Durch eine von Elektrohändlern in Beschlag genommene Unterführung gelangt man zum Hafen Karaköys. Die Uferpromenade wird von Fischlokalen gesäumt. Ein ständiges An- und Ablegen der Fähren bestimmt das Bild. Etwas weiter den Bosporus hinauf machen für gewöhnlich Kreuzfahrtschiffe fest. Früher lagen dort Handelsschiffe vor Anker. Von den Zeiten, als Matrosen aus aller Herren Länder hier das Vergnügen suchten, zeugen noch heute Bordelle in den landeinwärts gelegenen, engen Gassen. Das türkische Gesetz, nach dem Freudenhäuser mindestens 200 m von religiösen Stätten, Schulen und Fußballplätzen entfernt sein müssen, wird in Karaköy schlichtweg ignoriert.

Gleich in der ersten Parallelstraße hinter der Uferfront stößt man auf die → **Unterirdische Moschee** *(Yeraltı Camii)*, ein düsterer, fast unheimlicher Ort. Und noch etwas weiter landeinwärts, an der verkehrsreichen Kemeraltı Caddesi, steht das älteste christliche Gotteshaus des Viertels, die rot-weiße **Kirche des Hl. Benedikt** *(St. Benoit Kilisesi)*. 1427 wurde sie gebaut. Leider ist sie der Öffentlichkeit nicht zugänglich.

Falls Sie jedoch Glück haben, ist es gerade Sonntagvormittag, und Sie können als Entschädigung die kleine, versteckt gelegene **Panagia-Kirche** *(Aya Yani Kilisesi)* in der Vekilharç Sokak besichtigen. Dort wird der Besucher von einem Türklopfer in Form einer gruseligen gusseisernen Hand begrüßt. Die Kirche ist in Besitz der türkisch-orthodoxen Gemeinde, die sich 1922 vom Griechisch-Orthodoxen Patriarchat abspaltete und von diesem bis heute ignoriert wird. Keine 50 Mitglieder gehören ihr noch an.

Prostitution – das geduldete Tabu

Prostitution ist in der Türkei in staatlich genehmigten Bordellen legal. Landesweite Berühmtheit haben die Bordelle von Karaköy – nicht wenige männliche İstanbuler lernten dort die „Liebe“ erstmals kennen. In Karaköy gehen die Prostituierten nicht hinter diskreten Eingängen irgendwelcher Gebäude ihrem Gewerbe nach, sondern in engen Gassen, ähnlich wie in Amsterdam. Der Zugang zu solchen Gassen wird von der Polizei kontrolliert. Wer keinen Personalausweis vorweisen kann oder als Schüler in Uniform erscheint, wird abgewiesen. Einen Sturm der Entrüstung löste Anfang der 1990er-Jahre die Armenierin Matild Manukyan aus. Manukyan, damals Besitzerin von 14 lizenzierten Bordellen in Karaköy, erhielt über mehrere Jahre hinweg staatliche Auszeichnungen – als Zahlerin der höchsten Steuern des Landes. Ihre Gewinne aus dem Sex-Business investierte sie geschickt im Immobilienmarkt. Schwerreich verstarb die gute Dame im Jahr 2001.

Vorbei an der armenischen **Kirche des Hl. Gregor des Erleuchters** *(Surp Krikor Lusaroviç Kilisesi)* aus der zweiten Hälfte des 20. Jh. – ihr prächtiger Vorgängerbau musste einer Straßenverbreiterung weichen – und der **Kılıç-Ali-Pascha-Moschee** *(Kılıç Ali Paşa Camii)*, einem eher zweitklassigen Werk Sinans, gelangt man zur alten osmanischen **Kanonengießerei** *(Tophane)*, einem unübersehbaren, großen Backsteinbau. Heute finden darin gelegentlich Ausstellungen statt.

Der elegante marmorne **Tophane-Brunnen** *(Tophane Çeşmesi)* mit einem weit überhängenden Dach auf der anderen Straßenseite zählt zu den schönsten Barockbrunnen İstanbuls. Zwischen dem Brunnen und der **Nusretiye-Moschee** *(Nusretiye Camii)*, einer zierlich-verschnörkelten Barockmoschee aus dem 19. Jh., laden gemütliche Wasserpfeifencafés auf eine Pause ein.

Ein paar Schritte hinter der Nusretiye-Moschee befindet sich, dem Bosporus zugewandt, zwischen einstigen Lagerhallen der Zugang zum → **İstanbul Modern,** einem der besten Kunstmuseen des Landes. In direkter Nachbarschaft will die Mimar-Sinan-Universität der Schönen Künste noch bis 2013 ein **Museum zeitgenössischer Kunst** *(Çağdaş Sanat Müzesi)* gründen und damit die Rolle Karaköys als Zentrum der Künste festlegen.

Von Tophane bzw. Fındıklı gelangen Sie bequem mit der Straßenbahn nach Karaköy (und weiter mit der Tünel-Bahn nach Beyoğlu) bzw. Eminönü/Sultanahmet. Von Kabataş, der nächsten Straßenbahnhaltestelle gen Norden, bringt Sie die „Kurzmetro“ *(Fünikuler)* hinauf nach Taksim. Man kann aber auch über die bergauf führende Boğazkesen Caddesi wieder zurück nach Beyoğlu spazieren und dabei einen Blick in die eine oder andere Galerie des Viertels **Tophane** werfen (→ Galerien, S. 75).

Die so genannten Kamondo-Stufen passiert man beim Spaziergang durch Galata und Karaköy

Sehenswertes in Galata und Karaköy

Galata Mevlevihane Müzesi (Mevlevi-Kloster)

Der Mewlewija-Orden gehörte einst zu den bedeutendsten Derwischorden und hat seine Ursprünge im 13. Jh. Ins Leben rief ihn Celaleddin Rumi, sein Ehrentitel war Mevlana („unser Meister“). Lehren und Anschauungen der Derwische beruhen auf dem Sufismus, der islamischen Mystik, die über die Auslöschung des Ichs die Vereinigung

Der Galataturm ist die Attraktion des Viertels

mit Gott anstrebt – z. B. durch geistige Versenkung, asketische Übungen, Musik und rituelle Tänze. Da sich die Derwischorden den sozial-politischen Reformen der neuen türkischen Republik widersetzten, wurden sie 1925 verboten. Die Riten der Mönche leben z. T. aber bis heute fort. Im achteckigen hölzernen Tanzhaus des ehemaligen Mevlevi-Klosters (1492 gegründet) finden regelmäßig eindrucksvolle Derwischzeremonien statt, bei denen sich ein Dutzend Sufi-Anhänger mit wirbelnden weiten Röcken zu aufwühlender Musik drehen.

Darüber hinaus kann man eine ansprechende Ausstellung besichtigen, die über den Sufismus informiert, über den Mevlana-Orden und über Mevlana selbst. Zu sehen gibt es außerdem eine kleine Auswahl des Klosterbesitzes: Derwisch-Kleider, antike Musikinstrumente, Gebetsketten, Gebetsteppiche und Koran-Ausgaben.

Galipdede Cad. 9. Tägl. (außer Mo) 9–18 Uhr. 2,20 €, Audioguide zusätzliche 2,20 €. Derwischzeremonien jeden So um 17 Uhr, zuweilen auch Sa (Eintritt 17 €, Stand 2012). Erkundigen Sie sich vorab nach den aktuellen Terminen und besorgen Sie sich die Tickets nicht erst in letzter Minute. www.galatamevlevihanesi.gov.tr.

Derwischzeremonien finden des Weiteren im Hocapaşa-Kulturzentrum, einem restaurierten Hamam, in Sirkeci statt (Hocapaşa Hamamı Sok. 3/B, → Karte S. 113). Aufführungszeiten und Tickets (22 €) unter www.hodjapasha.com, Infos zudem in vielen Reisebüros in Sultanahmet.

Galata Kulesi (Galataturm)

1348 entstand der massive Rundbau als höchster Turm der genuesischen Befestigung. Einen Verteidigungszweck erfüllte er jedoch nie. Genutzt wurde der Turm als Gefängnis für Kriegsgefangene, astronomisches Observatorium, Unterkunft für die Mitglieder der osmanischen Militärkapelle und Absprungstelle für den angeblich ersten fliegenden Menschen der Welt: Der Abenteurer Hezarfen Ahmet Çelebi soll im frühen 17. Jh. mit angeschnallten Flügeln vom Galataturm bis auf die asiatische Seite gesegelt sein. Unter dem kegelförmigen Dach des Turms befindet sich heute ein teuerer Nachtclub mit Bauchtanzshows (→ S. 78).

Büyük Hendek Sok. Tägl. 9–19.30 Uhr. Eintritt für den Panoramabalkon 5,20 €. www.galatatower.net.

Osmanlı Bankası Müzesi (Museum der Osmanischen Bank)

Die einstige Osmanische Bank – 1856 als englische Privatbank gegründet, 1863 zur Staatsbank erklärt, 1875 durch den Staatsbankrott kurz zahlungsunfähig und 1931 durch die Schaffung der Türkischen Zentralbank wieder in eine Privatbank umgewandelt – ist seit 2001 im Besitz der *Garanti Bankası*. Das Museum in dem prächtigen Gebäude erinnert an prominente Kunden der Bank aus der osmanischen Epoche (z. B. an Sultan Abdül Hamit II. oder an den Archäologen Osman Hamdi Bey), an die damaligen Banker (vorrangig Armenier und Griechen, für die Muslime war das zinsträchtige Geldwesen lange Zeit ein Tabu, die erste Muslimin wurde 1920 eingestellt) und generell an das Bankwesen jener Zeit. Im Haus befindet sich zudem die Galerie **SALT Galata**, eine der innovativsten der Stadt (→ Galerien, S. 75).

Bankalar Cad. 11, kein Schild am Eingang. Di–Sa 12–18 Uhr, So 10.30–18 Uhr, Mo geschl. Eintritt frei. www.obmuze.com bzw. www.saltonline.org.

Arap Camii (Arabische Moschee)

Die Moschee mit ihrem viereckigen Glockenturmminarett sieht aus wie eine spätmittelalterliche Kirche. Genau das war sie einst auch. Dominikanermönche ließen sie in der ersten Hälfte des 14. Jh. errichten. Ihren heutigen Namen erhielt sie im 16. Jh., als das Gotteshaus aus Spanien vertriebenen Mauren als Moschee zur Verfügung gestellt wurde. In ihrem Inneren befinden sich Renaissance-Fresken, die zusammen mit der letzten Sanierung der Moschee im Jahr 2008 zwar ebenfalls

Die Synagogen von Galata

Das Gros der Synagogen Galatas wird von der jüdischen Gemeinde İstanbuls noch heute genutzt. Man schätzt die Zahl ihrer Mitglieder auf rund 20.000. Zu den sehenswertesten Synagogen gehören die **Zülfaris-Synagoge** *(Zülfaris Sinagogu)*, die heute das Museum der türkischen Juden beherbergt (s. u.), und der sog. **Schneidertempel** (*Schneidertempel Sanat Merkezi*, www.schneidertempel.com) in der Felek Sokak 5, der heute als Kunstgalerie genutzt wird. Der Name der Synagoge erinnert daran, dass ein großer Teil der in Galata lebenden Juden dem Schneiderberuf nachging. Besichtigt werden kann auch die **Neve-Shalom-Synagoge** (*Neve Şalom Sinagogu*, Büyük Hendek Sok. 43, geöffnet für Touristen Mo–Do 13–16 Uhr, Pass mitbringen) aus der Mitte des 20. Jh. Sie ist die größte Synagoge der Türkei mit Platz für 2000 Besucher. 3-mal schon war sie das Ziel von Terroranschlägen radikaler Muslime: 1986 (23 Tote), 1992 (nur Sachschaden) und 2003 (ähnlich hohe Opferzahl wie 1986). Nur mit einer Genehmigung sind die **Italienische Synagoge** *(İtalyan Sinagogu)* am Şair Ziya Paşa Yokuşu 23 und die **Aschkenasim-Synagoge** *(Aşkenaz Sinagogu)* in der Yüksekkaldırım Caddesi 27 zu besichtigen. Beide entstanden Ende des 19 Jh.

Sämtliche Informationen zum Erhalt einer Besuchergenehmigung (das Verfahren dauert ca. 4 Tage) unter www.turkyahudileri.com.

Galata und Karaköy → S. 208/209

İstanbul Modern – Mekka der Kunst

restauriert wurden, danach aber unter einem Spezialputz verschwanden – schließlich betet man hier zu Allah ...

Galata Mahkeme Sok.

Türk Musevileri Müzesi (Museum der türkischen Juden)

Das sehenswerte Museum beschäftigt sich mit der Geschichte der jüdischen Bevölkerung auf dem Gebiet der heutigen Türkei von ihrer Flucht aus Spanien 1492 bis in die jüngste Vergangenheit. Es informiert über religiöse Riten und Bräuche, dabei insbesondere über Geburt, Beschneidung und Hochzeit, das türkisch-jüdische Pressewesen, aber auch über prominente Juden in der modernen türkischen Politik und Gesellschaft. Zudem werden deutsch-jüdische Universitätsprofessoren vorgestellt, die aus dem Dritten Reich an den Bosporus geflohen waren und starken Einfluss auf die Entwicklung des türkischen Bildungssystems nahmen (→ Kasten S. 96).

Perçemli Sok. 1. Mo–Do 10–16 Uhr, Fr/So 10–14 Uhr, Sa geschl. 4,30 €, erm. die Hälfte. www.muze500.com.

Yeraltı Camii (Unterirdische Moschee)

Die Moschee aus der Mitte des 18. Jh. besteht aus einem Irrgarten enger, dunkler Durchgänge und einem Wald gedrungener Säulen. Untergebracht ist sie in einem ehemaligen byzantinischen Verlies, das einst, so vermutet man, zum sog. Galatakastell gehörte. Von hier wurde in Gefahrenzeiten jene Kette über das Goldene Horn hinüber nach Sarayburnu gespannt, die feindlichen Schiffen die Einfahrt unmöglich machte.

Kemankeş Cad.

İstanbul Modern

Das in einer Lagerhalle aus dem 19. Jh. untergebrachte Museum für moderne Kunst braucht internationale Vergleiche nicht zu scheuen. Der Kern der permanenten Ausstellung zur türkischen Kunst des 20. Jh. rekrutiert sich aus der rund 1200 Werke umfassenden Sammlung des Unternehmers und Museumsgründers Bülent Ezcacıbaşı.

Die Sammlung spiegelt zugleich den Selbstfindungsprozess der türkischen Kunst wider, der auf die Jahrhunderte lang dominierende Miniaturmalerei folgte, bei der die Symbolik wichtiger war als die Darstellung der Wirklichkeit. Erst im 19. Jh. begann man die europäischen Stilrichtungen zu imitieren, anfangs noch recht unbeholfen, weshalb die türkische Malerei des 19. Jh. auch als „Primitivmalerei" bezeichnet wird. Die Auseinandersetzung mit der europäischen Moderne forcierten in den 1930ern u. a. Exilprofessoren aus Deutschland (→ Kasten S. 96). Die Tendenzen zu einer eigenständigen bildenden Kunst kam schließlich durch die Verschmelzung der Ideen westlicher Gegenwartskunst mit der Rückbesinnung auf althergebrachte Traditionen wie z. B. der Vorliebe für das Ornament oder der Liebe zum Detail. Auch bei der jüngsten Generation türkischer Künstler kommt das orientalisch-okzidentalische Spannungsfeld zum Ausdruck.

Der Rest der 8000 m² großen Ausstellungsfläche wird für Wechselausstellungen internationaler Künstler genutzt. Zudem bietet das Museum Galerien für Fotografie und Neue Medien, eine Bibliothek, ein Restaurant und tolle Aussichten auf den Bosporus.

Meclis-i Mebusan Cad. Liman İşletmeleri Sahası Antrepo No: 4. Tägl. (außer Mo) 10–18 Uhr, Do bis 20 Uhr. 6,50 €, erm. 3,50 €. www.istanbulmodern.org.

Sehenswertes westlich von Galata

Aynalıkavak Kasrı (Aynalı-Kavak-Pavillon)

Sultan Ahmet III. ließ sich zu Beginn des 18. Jh. ein kleines Lustschlösschen am Nordufer des Goldenen Horns errichten. Selim III. war es nicht fein genug, und so wurde es rund ein Jahrhundert später umgebaut. Das Schlösschen, wie man es heute sieht, entspricht letztendlich dem Geschmack des kunstsinnigen Sultans Selim III., der die klassische türkische Musik liebte und sich auch selbst im Komponieren versuchte. Bei einer rund 30-minütigen Führung sieht man u. a. den schönen Zeremonienraum *(Divanhane)*, die Küche, mehrere Toiletten und eine Ausstellung antiker Musikinstrumente. Im Garten befindet sich ein schönes Café.

Kasımpaşa Hasköy Yolu, Hasköy. Von Eminönü mit Ⓑ 47, von Taksim mit Ⓑ 54 HT bis Haltestelle Aynalı Kavak. Tägl. (außer Mo u. Do) 9–16.30 Uhr, im Sommer bis 17 Uhr. 2,20 €. www.millisaraylar.gov.tr.

Rahmi M. Koç Müzesi (Industriemuseum)

Einer der führenden Unternehmer der Türkei, Rahmi M. Koç, hat das Museum auf dem Gelände einer alten Werft begründet. Es sorgt bei technikbegeisterten Kindern und Erwachsenen gleichermaßen für Unterhaltung. Zu bewundern gibt es jede Menge: Flugzeuge, Oldtimer, einen durchsichtigen Staubsauger, alte Linotype-Setzmaschinen, Eisenbahnwaggons (darunter der, mit dem Sultan Abdül Aziz 1867 Napoleon III. in Paris besuchte), Motoren, Schiffsmodelle, ein amerikanisches U-Boot aus dem Zweiten Weltkrieg (jedoch nur nach Voranmeldung, s. u.) usw. Des Weiteren gibt es mehrere Lokale, darunter das stilvoll-gehobene Restaurant Halat mit Traumterrasse direkt an der Uferfront und exzellenter französisch angehauchter Küche (leckere Desserts!).

Hasköy Cad. 27, Hasköy. Von Eminönü mit Ⓑ 47, von Taksim mit Ⓑ 54 HT, die Busse

Galata und Karaköy → S. 208/209

halten vorm Museum (Haltestelle Kırmızı Minare). **Museum** Sa/So 10–20 Uhr (im Winter bis 18 Uhr), sonst 10–17 Uhr, Mo geschl. 5,50 €, erm. 4,70 €, mit dem *Museum Pass İstanbul* 20 % Rabatt. Das U-Boot kann nur nach Voranmeldung besichtigt werden (3 €, erm. 2,20 €). www.rmk-museum.org.tr.

Praktische Infos

→ Karte S. 208/209

Vorwahl: 0212

Verbindungen

Von Sultanahmet: Um zum Ausgangspunkt des Spaziergangs zu gelangen, fährt man mit der Straßenbahn bis Karaköy und dann mit der Tünel-Bahn von der Tershane Cad. hinauf nach Beyoğlu (7–22.45 Uhr).

Von Taksim: Zum Ausgangspunkt des Spaziergangs gelangt man vom Taksim-Platz mit der historischen Straßenbahn (7–22 Uhr).

Die Anfahrten zu den westlich von Galata gelegenen Sehenswürdigkeiten sind separat angegeben.

Essen und Trinken

Leckeren Grillfisch im Brot bieten die einfachen Stände am Fischmarkt westlich der Galatabrücke. Ansonsten gibt es in beiden Stadtteilen für nahezu jeden Geschmack etwas: Traditionslokale und einfache Lokantas, nette, alternativ angehauchte Cafés und trendige Restaurants. Die Fluktuation ist allerdings enorm.

x **8**, heißt wirklich so! Restaurant und Bar. Hippe Location (mit Plastikstühlen!) im 6. Stock des Gebäudes der İstanbuler Kunst- und Kulturstiftung (IKSV). Komplett verglaste Front mit Megablick aufs Goldene Horn, davor eine schmale Terrasse. Zu Loungemusik wird hochwertige internationale Küche serviert. Unter den Vorspeisen (12–18 €) *Foie gras*, unter den Fleischgerichten (ca. 28 €) gegrillte Wachtel oder Ente mit Blutorangensoße, unter dem Meeresgetier (22–41 €) auch Lobster. Sadri Konuralp Cad. 5, ✆ 2447101.

Galata Evi **18**, mehrere kleine Räume mit Wohnzimmeratmosphäre und Antiquitäten. Gemütlicher Innenhof. Spezialitäten der georgischen (z. B. *Baje*, Huhn mit Walnüssen und Safran) und russischen Küche (z. B. *Pilmeni*, eine Art Ravioli). Hg. 8,50–11,50 €. Abends Pianomusik. Galata Kulesi Sok. 15, ✆ 2451861.

Akın Balık **25**, einfaches Fischlokal beim Fischmarkt von Karaköy. Große baumbestandene Terrasse am Goldenen Horn, abends herrlicher Blick auf die beleuchteten Moscheen. Kleine Auswahl an Meze und frischem Fisch (ohne Beilage 3–6,50 €). Überprüfen Sie die Rechnung! Ali Yazıcı Sok. Gümrük Han 10, ✆ 2449776.

Karaköy Lokantası **21**, nahe dem Kreuzfahrtschiffhafen. Familiengeführtes, mit farbenfrohen Kacheln geschmackvoll verziertes Lokal. Sehr gute, täglich wechselnde Küche mit bestem Olivenöl. Faire Preise. Mittags Hausmannskost, abends wird aus der Lokanta eine Meyhane mit Meze, Grillgerichten und: Alkohol! Sehr beliebt, am Wochenende reservieren. So nur Abendessen. Kemankeş Cad. 37, ✆ 2924455.

Lokanta Maya **22**, gleich nebenan. Reduziert eingerichtetes, modernes Lokal (keine Lokanta im ursprünglichen Sinne), das in jede Großstadt der Welt passen würde. Kredenzt wird eine kleine Auswahl an Gerichten, bei denen die türkische Küche raffiniert mit anderen Einflüssen kombiniert wird, auch außergewöhnliche Kräuter und Gemüsesorten kommen zum Einsatz. Sensationelle Eiscreme zum Nachtisch! So Ruhetag. Hg. 8,20–15 €. Kemankeş Cad. 35 A, ✆ 2526884.

Café Privato **13**, gemütliches, leicht trödeliges Caférestaurant mit nettem, jungem Personal. Hier kann man ausgiebig frühstücken. Ansonsten sehr gute Hausmannskost, oft aus Biozutaten. Von Lesern sehr gelobt: „Vom Feinsten!" Hg. 7–15 €, großes Bier 5,20 €. Tımarcı Sok. 3/B, ✆ 2932055. ■

Fisch und Bier im Unterbau der Galatabrücke

Konak Café **19**, Patisserie, Café und Restaurant, kein Alkohol. Der Renner ist die herrliche große Dachterrasse – den Besuch des Galataturms kann man sich danach eigentlich sparen. Große Auswahl: Frühstück, Snacks, Pasta, Fleischgerichte, Kuchen. Die Preise entsprechen der Lage. Von Lesern mehrfach gelobt. Die Autorin kann sich jedoch nicht erinnern, jemals herablassenderen Kellnern begegnet zu sein. Hacı Ali Sok. 2.

Karaköy Güllüoğlu **23**, der Tipp für klebriges Baklava im gepflegten Schnellcafé-Ambiente. Hier gibt es die stadtbesten Variationen, auch Baklava light (zuckerfrei). Zudem erstklassige Böreks. Kemankeş Cad. (im EG eines Parkhauses)

Namlı Gurme **24**, ein Ableger des Delikatessengeschäftes aus Eminönü (→ S. 161). Hier ist ein Café angeschlossen – leckeres Frühstück und ebensolche Snacks. Gleich neben dem Karaköy Güllüoğlu.

Einkaufen

Bücher

Antiquarische Bücher bekommt man in der **Librarie de Péra** **6**. Das Angebot konzentriert sich thematisch auf İstanbul und die Türkei, aber auch alte Stiche, Drucke und Schillers gesammelte Werke in deutscher Sprache sind zu finden. Galipdede Cad. 8/B.

Mode und Schmuck

Vintage ohne Ende gibt es in der Serdar-i Ekrem Cad. und der Camekan Sok.

Wer auf der Suche nach eleganter **Damenmode** aus hochwertigen Stoffen ist, kann sein Glück in folgenden Designerläden probieren: **Simay Bülbül** (**7**, Şahkulu Bostanı Sok. 22 A), **Bahar Korçan** (**9**, Serdar-ı Ekrem Cad. 9) und **Arzu Kaprol** (**10**, Serdar-ı Ekrem Cad. 22).

Aida Pekin **5**, filigraner Schmuck der Designerin Aida Pekin. Serdar-i Ekrem Cad. 44.

Musik

Musikinstrumente kauft man in der **Galipdede Cad.** Von der Flöte über die Saz bis zum Schlagzeug ist alles zu bekommen. In Hausnr. 1 befindet sich zudem der CD- und Vinyl-Laden **Lale Mağazası** **2** mit vielen türkischen Raritäten, dazu Jazz, Klassik und Weltmusik.

Wein

Sensus **15**, beste Auswahl an türkischen Weinen, Flasche ab 6,50 €, nach oben keine Grenzen. Dazu kann man es sich in diesem schönen Backsteinsouterrain bei einem leckeren Käseteller und einem Glas Wein gemütlich machen. Büyükhendek Cad. 5.

Galata und Karaköy → S. 208/209

Von Harbiye bis Şişli

Nördlich von Taksim zeigt sich die Bosporusmetropole von einer ihrer vornehmsten Seiten. Hier sind die Schaufensterauslagen eleganter, die Autos davor eine Nummer größer und die Lacoste-Hemden Originale.

Harbiye, Nişantaşı, Teşvikiye, Maçka und Şişli – fünf Stadtteile, eine Geschichte. Bis vor rund 200 Jahren erstreckten sich hier Wälder und Parkanlagen, in denen die Sultane jagten oder sich im Bogenschießen übten. Als die osmanischen Herrscher im 19. Jh. ihre Residenzen an den Bosporus (in den heutigen Stadtteil Beşiktaş) verlegten, änderte sich das Bild. Beamte und Bedienstete siedelten in ihrer Nähe und urbanisierten den Hügel zwischen Taksim und Bosporus. In den 20er-Jahren des letzten Jahrhunderts entwickelten sich die Stadtteile schließlich zu bevorzugten Wohngebieten der İstanbuler Oberschicht. Es folgten Luxushotels – als erstes İstanbuler Fünf-Sterne-Haus entstand in den 1950ern der plattenbauähnliche Hilton-Komplex – und nach ihnen Designerläden.

Insbesondere die Straßen Abdi İpekçi, Vali Konağı, Maçka und Teşvikiye entwickelten sich zum Laufsteg der Nation. Passend dazu eröffneten Hundecoiffeure, Fitnessclubs und Beautysalons. Heute sind die Viertel zwar noch immer hip, aber nicht mehr ganz so nobel – so mancher Edelstore zog bereits weg, dafür kamen *Diesel* und *C & A*. Denn mit der Bağdat Caddesi auf der asiatischen Seite und mit exquisiten Shoppingmalls auf den Bosporushügeln kamen in den letzten Jahren neue Hotspots hinzu, die en vogue sind und den Ansprüchen an Schönheit, Charisma und Erfolg gerecht werden. Trotzdem gehört die Gegend um die verkehrsberuhigte Abdi İpekci Caddesi und die Teşvikiye Caddesi noch immer der Hautevolee. *Luis Vuitton*, *Prada* und *Chanel* sind hier nach wie vor zu Hause. In den schicken Bars und Cafés relaxen die Botox-Damen, während sich ihre Golden Retriever mit den Hundesittern im nahen Maçka Demokrasi Parkı, der grünen Lunge der Stadtteile, vergnügen.

Von Harbiye bis Şişli

Trotz einiger prächtiger Jugendstilpaläste sind die Stadtteile architektonisch nicht allzu reizvoll. Vornehmlich funktionale Zweckbauten säumen die Straßenzüge, in denen die Autokolonnen stetige Hupkonzerte geben. Kulturhistorische Highlights sind eher rar: Kleinen, verschnörkelten Kunstwerken kommen die → **Lindenpavillons** *(Ihlamur Kasırları)* gleich, die Jagdschlösschen Sultan Abdül Mecits (1839–61). Weitaus bescheidener lebte der Gründer der türkischen Republik. Seine einstige Wohnstätte in Şişli beherbergt heute das → **Atatürk-Museum** *(Atatürk Müzesi)*. Und wer auch noch wissen will, wo Atatürk zum Stabsoffizier ausgebildet wurde, besucht das sehenswerte → **Militärmuseum** *(Askeri Müzesi)*, das in einer ehemaligen Militärakademie untergebracht ist.

Sehenswertes

Ihlamur Kasırları (Lindenpavillons)

Inmitten eines kleinen Lindenparks, umzingelt von İstanbuls Blech- und Betonmeer, steht der **Merasim-Pavillon**, ein Schmuckstück in feinster Barockmanier. Sultan Abdül Mecit ließ ihn Mitte des 19. Jh. von Nikoğos Balyan, dem Architekten des Dolmabahçe-Palasts, erbauen. Bis auf die Polster mancher Stühle ist das Interieur noch im Originalzustand. Lüster aus böhmischem Kristall und edle Vasen aus Frankreich schmücken die Räumlichkeiten. Ein Schlafzimmer war nicht vonnöten, da sich der Sultan nur tagsüber hier aufhielt. Ein weiterer kleiner Pavillon im Park, der für seine Gefolgschaft und den Harem errichtet wurde, dient heute als Café, das v. a. im Sommer den Weg lohnt (Sa/So Frühstücksbüfett).

Außerhalb des Parks kann man noch der nahen **Mabeyn Gallery** einen Besuch abstatten. Die Galerie für moderne Kunst hat ihren Sitz im einstigen Wohnhaus des Hofmeisters von Sultan Abdül Hamit II. – ein schmucker Bau mit Jugendstilelementen.

Ihlamur Teşvikiye Yolu, Teşvikiye. Zugang → Stadtplan. Von Eminönü mit Ⓑ 26, von Taksim (Busbahnhof) mit Ⓑ 43 bis Haltestelle

Ihlamur, allerdings fahren die Busse nicht allzu häufig, So nur von und nach Eminönü. **Lindenpavillons**, April–Okt. tägl. (außer Mo/Do) 9.30–17 Uhr, im Winter bis 16 Uhr. 2,20 €. Wer nur ins Café will, zahlt 0,40 €. www.millisaraylar.gov.tr. **Mabeyn Gallery**, tägl. (außer So 10–19 Uhr). Nüzhetiye Cad. 63. www.mabeyngallery.com.

Atatürk Müzesi (Atatürk-Museum)

Atatürk-Museen gibt es in der Türkei wie Filialen einer Supermarktkette. Die İstanbuler Variante ist in einem rosafarbenen Zuckertortenhäuschen untergebracht, eingepresst zwischen langweiligen Betonblocks. 1918 und 1919 verbrachte der große Staatsmann hier ein paar Monate und schmiedete politische Pläne über die Zukunft des Landes. Zu sehen gibt es u. a. Fotos und Uniformen, ein Jackett, das er während eines Kuraufenthaltes im böhmischen Karlsbad erwarb, und ein paar verschmuddelte Handtücher. Ein zweites, neueres Atatürk-Museum existiert in Beşiktaş (Süleyman Seba Cad. 36).

Halaskargazi Cad. 140, Şişli. Tägl. (außer So/ Mo) 9–16 Uhr. Eintritt frei. www.ataturk.net.

Askeri Müze (Militärmuseum)

Das riesige Museum, in dem man sich verlaufen kann, zeigt in erster Linie Waffen aus verschiedenen Jahrhunderten: Krummschwerter, Pistolen, Gewehre, Lanzen, Dolche usw. Ganze Bataillone könnte man damit für historische Paraden ausrüsten. Aber auch alles andere, was die Osmanen einst für ihre Feldzüge benötigten oder dabei erbeuteten, ist zu sehen: Trommeln, Fahnen, Kettenhemden, Pferderüstungen, Feldherrenzelte usw. Dazu gibt es Gemälde vergangener Schlachten zu Land und zu See; interessant dabei die Abteilung über den verlustreichen Stellungskrieg von Gallipoli. Die Präsentation ist eher sachlich als kriegsverherrlichend.

Jeden Nachmittag finden zudem Mehter-Konzerte statt. Die Mehter-Kapelle zog einst mit dem Sultan in die Schlacht, als erste Militärkapelle der Welt. Ihre bombastische Musik, unterlegt mit heroischen Texten, hatte Einfluss auf europäische Komponisten wie Mozart (Türkischer Marsch) und Beethoven (Opus 13) und war ausschlaggebend dafür, dass die Kesselpauke (türk. *kös*) Eingang in westeuropäische Orchester fand. Die Musiker treten in den Uniformen der Elitetruppe des Osmanischen Reiches auf.

Vali Konağı Cad., Harbiye. Tägl. (außer Mo/ Di) 9–17 Uhr, Mehter-Konzerte 15–16 Uhr. 1,70 €. www.tsk.tr.

Praktische Infos

Vorwahl: 0212

Verbindungen

Von Eminönü: Etliche **Busse**, z. B. Ⓑ 54 E, 46 Ç oder 66. Zudem verkehren **Direktdolmuşe** von Eminönü (Abfahrt dort vor dem Kadıköy-Fähranleger) nach Nişantaşı (Abfahrt dort an der Akkavak Sok.).

Von Taksim: Den Stadtteil Harbiye erreicht man von Taksim bequem in einem 10-minütigen Spaziergang. Nach Maçka, Nişantaşı, Teşvikiye und Şişli gelangt man am einfachsten mit der **Metro** (Station Osmanbey, von dort weiter zu Fuß). Der etwas außerhalb gelegene Lindenpavillon erfordert für Fußfaule eine separate Anfahrt (s. o.).

Zwischen den Stadtteilen: Eine kaum ausgelastete **Gondelbahn** *(teleferik)* erleichtert das Pendeln zwischen den Stadtteilen. Sie verbindet Maçka (Abdi İpekçi Cad.) mit dem Hotel Hilton in Harbiye. Tägl. 8–20 Uhr, einfach 1,30 €.

Essen und Trinken

Einfache Lokantas an der Halaskargazi Cad. Ansonsten herrscht v. a. eine große

Einkaufen (S. 222/223)
1 Cevahir Shoppingcenter
2 Özlem Süer
3 Nr. 39
4 Kürşat Ayvalık Zeytinyağı
5 Backhaus
6 City's Nişantaşı
7 Hatice Gökçe Cad.
9 Kumpanya 62
10 Beymen Nişantaşı
13 Atil Kutoğlu Flagship Store
14 Rifat Özbek
16 VK2 Designers
19 KAV Şarap Butiği
20 Midnight Express
21 Gönül Paksoy
22 Dilek Hanif
Übernachten (S. 64)
17 The House Hotel
23 Park Hyatt
26 Hilton
28 Grand Hyatt
29 Ritz
Essen & Trinken (S. 220–222)
8 Hacıbey Kebapçısı
11 Brasserie
12 Delicatessen
15 Saray Muhallebici
18 Salomanje Restaurant
24 Milli Reasürans Çarşısı
27 Gaja
Nachtleben (S. 79)
25 Kervansaray
Levent
Şişli
Atatürk-Museum
Osmanbey
Amerikan Hastanesi
Kirche der dt. Gemeinde S. Paul
Nişantaşı
Eingang Lindenpavillon
Linden-pavillon
Galerie Açık Ekran
Dolmuşe nach Eminönü
Harbiye
Dolmuşe nach Beşiktaş
Teşvikiye
Kenter-Theater
Cemal-Reşit-Rey-Konzertsaal
Militärmuseum
İstanbul Convention Hall
Galerie X-Ist
Mabeyn Gallery
Muhsin-Ertuğrul-Theater/Kongress-zentrum
Maçka
Beşiktaş
Freilichttheater (Cemil Topuzlu Açıkhava Tiyatrosu)
Gondelbahn
Hilton
Sixt
Küçükçiftlik Park
Maçka Parkı
G-Mall/Dot
Europcar
Taksim Parkı
İnönü-Stadion
Talimhane
Dolmuşe nach Kadıköy
Taksim 3
National/ Alamo
THY
Dolmabahçe-Palast
Taksim Dilmer (Sprachschule)
Atatürk-Kultur-zentrum
Taksim-Platz
Taksim
Dolmabahçe-Moschee
Dolmuşe nach Beşiktaş
Dt. General-konsulat
150 m
Beşiktaş siehe S. 226/227
Taksim & Beyoğlu siehe S. 192/193
Beyoğlu
Von Harbiye bis Şişli

Auswahl an gehobenen Cafés und Bars mit internationaler Küche. Nobelrestaurants bieten insbesondere die Nobelhotels.

Restaurants

Gaja 27, exzellente Weltküche im 16. Stock des Swissôtel. Wahnsinnsterrasse! Satte Preise. Bayıldım Cad. 2, ✆ 3263305.

Salomanje Restaurant 18, nennt sich „Bar, Café & Kanape". Gemütliches, kleines Caférestaurant im europäischen Stil, ein beliebter Treffpunkt. Frühstück, dazu eine gute Auswahl an türkisch-internationaler Küche zwischen feinen Fischgerichten, Köfte und Hühnchenschnitzel. Nişantaşı-Preise. In der gleichen verkehrsberuhigten Straße noch weitere nette Restaurants und Cafés mit Außenbestuhlung. Atiye Sok. 4, ✆ 3273577.

Milli Reasürans Çarşısı 24, ein ganzes Gebäude voller qualitativ hochwertiger Geschäfte, niveauvoller Bars, Restaurants und Cafés, im OG oft mit Terrassen. Hervorzuheben sind die schicke Cocktailbar **Corridor** im EG und die Brauereikneipe **Taps** im OG, wo man selbst gebrautes Bier kosten kann. Abdi İpekçi Cad. 57–63.

Lokanta

Hacıbey Kebapçısı 8, renommierte, aber nicht billige Dönerbude. Sollten Sie einen saftigeren *İskender Kebap* (10 €) in der Stadt finden, sagen Sie uns Bescheid. Weitere Spezialitäten sind *Peynir Tatlısı*, ein süßer Käsenachtisch, und *Şira*, ein aus getrockneten Weintrauben hergestellter Saft. Teşvikiye Cad. 8/B.

Cafés

Delicatessen 12, Mischung aus Bistro, Boulangerie und Café. Sehr angenehme Atmosphäre, dezente Musik, freundliches Personal. Man kann sich Sandwiches lecker belegen lassen (selbst mit Schweinefleisch-Mortadella!), dazu gibt es feine Salate, tolle Kuchen und internationale Gerichte mit Schwerpunkt auf mediterraner Küche (Hg. 13–20 €). Mim Öke Cad. 19.

Brasserie 11, schickes Café, umringt von schicken Boutiquen, dementsprechend schickes Publikum mit schicken Karossen und schicken Hunden. Abdi İpekçi Cad./ Ecke Teşvikiye Bostancı Sok.

Saray Muhallebici 15, Mischung aus türkischer *Pastane* und französischer Patisserie. Vom Börek bis zum köstlichen Kuchen ist alles zu bekommen. Adrette Kellner. Am Sonntag trifft man sich hier zum ausgiebigen Frühstück. Teşvikiye Cad. 105.

Einkaufen

Am stilvollsten shoppt man in Teşvikiye und Nişantaşı. Hier schmilzt die Urlaubskasse wie Schokoladeneis in der Sonne, wenn man es nicht beim Windowshopping belässt. Zwischen exquisiten Schaufensterauslagen, die sich z. B. auf zwei Paar brillantenbesetzte Schuhe beschränken, wirken *Benetton* oder *Tommy Hilfiger* beinahe wie Billigdiscounter. In Şişli, nordwestlich der Vali Konağı Cad., wird No-Name-Bekleidung zu weitaus günstigeren Preisen verkauft.

Shoppingcenter

Cevahir 1, 320 Läden (wie *Zara* & Co.) auf 6 Etagen (64.000 m²). Jedoch wenig außergewöhnlich, zudem architektonisch eher langweilig. Direkt an der Metrostation Şişli.

City's Nişantaşı 6, zwischen Teşvikiye Cad. und Akkavak Sok. In der Mall ist vertreten, was international hip sein will: *Daniel Hechter, GAP, Calvin Klein, Nautica* – daneben aber auch *Tchibo, C & A, Douglas* usw.

Kleidung/Schuhe/Design

Teşvikiye und Nişantaşı stehen für Haute Couture aus aller Welt. Auch viele türkische Modedesigner haben hier ihre Ateliers, nicht alle unterhalten jedoch eigene Boutiquen. Aus Platzgründen können wir nicht alles aufführen, was Rang und Namen hat, zumindest aber etwas neugierig machen:

Dilek Hanif 22, ihre Kollektionen werden international gefeiert. Extrem weibliche, extrem schöne Abendgarderobe für den größeren Geldbeutel: Eine Robe kostet schnell 15.000 €. Maçka Cad. 37/1.

V2K Designers 16, die Boutique vertreibt u. a. das Label *Chalayan* von Hussein Chalayan, der u. a. Kreativchef der *Puma*-Lifestyle-Kollektionen ist. Abdi İpekçi Cad. 31.

Midnight Express 20, das Gemeinschaftsprojekt der Designerin Banu Bora (deren Entwürfe z. T. die Superschönen der Hochglanzmagazine zieren) und des Innenarchitekten Tayfun Mumcu. Neben teurer Kleidung (auch von anderen Designern) auch Kleinmöbel und Accessoires. Kadırgalar Cad. 8/3.

Hatice Gökçe 7, Schwerpunkt dieser jungen Designerin ist avantgardistische, coole Herrenmode – ohne jegliche Synthetik. Für das andere Geschlecht gibt's nicht arg viel. Süreyya Ağaoğlu Sok. 41 A.

Gönül Paksoy 21, klassische feine Natur- und Seidenstoffe. In Frau Paksoys Laden ist jedes Stück ein Unikat. Atiye Sok. 1/3.

Atil Kutoğlu Flagship Store 13, Atil Kutoğlu (lebt heute in Wien) ist bei der İstanbuler Fashion Week meist mit recht großen Namen der Modelszene vertreten. Markenzeichen: orientalisch-osmanische Einflüsse, verdammt kurze Röcke. Teşvikiye Bostan Sok. 9/2.

Beymen Nişantaşı 10, die Herrenkollektion von Beymen wird gerne mit der von *Armani*, die der Frauen (Kate Moss fungierte schon als Werbeträgerin) mit der von *Versace* verglichen. Im Luxuskaufhaus sind auch *Prada* und *Dolce & Gabbana* zu finden. Gute Stammkunden geben hier pro Saison locker mal 80.000–150.000 € aus. Teşvikiye Bostan Sok. 12.

Kumpanya 62 9, kleine Boutique, in der rund 15 junge türkische Designer Schmuck, Kleidung, Schuhe und Taschen präsentieren. Prof. Dr. Orhan Ersek Sok 53.

Özlem Süer 2, schöne Villa aus den 1920er-Jahren, die einst als deutsches Altenheim diente. Designerin Özlem Süer schafft Ausgefallenes, Aufwendiges und Abendmode. Alles ist ziemlich plüschig-rüschig. Büyük Çiftlik Sok. 20.

Nr. 39 3, nicht verwirren lassen, der Shop ist in Hausnr. 33 untergebracht! Abgefahrene, teils sehr bunte und sehr verspielte, grundsätzlich aber sehr hohe Schuhe für die Dame, kreiert von İpek Yılmaz. Süleyman Nazif Sok. 33.

Rıfat Özbek 14, Rıfat Özbek schafft wunderschöne orientalisch angehauchte Kissen in allen Größen und Mustern. Ein außergewöhnliches İstanbul-Mitbringsel. Şakayık Sok. 13.

Lebensmittel

KAV Şarap Butiği 19, gut sortierte Vinothek. Neben internationalen Tröpfchen auch gute türkische Weine jenseits des Supermarktniveaus. Atiye Sok. 12/A.

Kürşat Ayvalık Zeytinyağı 4, aus dem nordägäischen Ayvalık kommt eines der besten Olivenöle der Türkei. Şakayık Sok. 75.

Backhaus 5, Brot, Kuchen und süße Stückchen fast wie zu Hause. Kein Wunder, dass die Bäckerei bei in İstanbul lebenden Ausländern sehr beliebt ist. Mit Café. Akkavak Sok. 12.

Märkte

Mehr zum **Floh- und Biomarkt** im nahe Şişli gelegenen Feriköy auf S. 33f.

Von Harbiye bis Şişli → Karte S. 221

Levent – das Bankenviertel

Südlich des Goldenen Horns prägen v. a. die Minarette der Blauen Moschee und der Hagia Sophia die Skyline İstanbuls auf der europäischen Seite. Nördlich des Goldenen Horns sind es die Wolkenkratzer von Levent. In vielen sitzt die Finanz- und Versicherungsbranche, manche beherbergen auch schicke Lofts und Malls. Zum Umherspazieren ist die Ecke mit ihren breiten Verkehrsschneisen wenig reizvoll, zumal es sich auch nicht um ein zusammenhängendes Areal wie Downtown Manhattan handelt. Steigt man aber an der Metrostation 4. Levent aus, steht man vor dem Wolkenkratzer *İstanbul Sapphire*, ebenfalls mit einer Mall (unten), einer Indoorgolfanlage (auf 163 m Höhe) und einer Aussichtsterrasse (auf 236 m Höhe – mehr Fernblick geht nicht, geöffnet 10–22 Uhr, Eintritt 8 €) ausgestattet. Nahebei sollten übrigens schon seit Langem die *Dubai Towers* in den Himmel ragen, mit über 300 m die vierthöchsten Gebäude Europas. Nur sind die Scheichs aus Dubai gerade nicht mehr flüssig ...

Blick vom Dolmabahçe-Palast

Beşiktaş

Beşiktaş ist bekannt für erstklassigen Fußball. Wer sich nicht dafür interessiert, kann sich ein paar monumentale Sultanspaläste anschauen, allen voran den Dolmabahçe Sarayı.

Beşiktaş, am Ufer des Bosporus nordöstlich von Taksim gelegen, ist ein lebendiger, offener Stadtteil und zugleich ein wichtiger Verkehrsknotenpunkt. Das Zentrum erstreckt sich auf Höhe der Fähranlegestelle, wo Bosporusdampfer im Minutentakt Menschenmassen aus ihren dicken Bäuchen spucken.

Nahe dem Fähranleger befinden sich mehrere Museen: das sehenswerte → **Marinemuseum** *(Deniz Müzesi)*, das etwas versteckte → **Museum für Malerei und Skulptur** *(Resim ve Heykel Müzesi)* und das → **Museum der Palastsammlungen** *(Milli Saraylar Saray Koleksiyonları Müzesi)*.

Leider liegen die Sultanspaläste des Stadtteils nahe den breiten Verkehrsschneisen, die den Stadtteil unschön durchschneiden. Ganz im Westen von Beşiktaş, an der ewig verstopften Uferstraße, lohnt der → **Dolmabahçe-Palast** *(Dolmabahçe Sarayı)*, eine der pompösesten herrschaftlichen Residenzen İstanbuls, eine Visite. Nicht minder spannend ist übrigens ein Besuch des benachbarten İnönü-Stadions, wenn der mehrmalige türkische Meister Beşiktaş seine Heimspiele austrägt.

Im Norden des Stadtteils, nahe dem Barbaros Bulvarı, über den sich die rollenden Massen zur Bosporus-Brücke kämpfen, steht der → **Yıldız-Palast** *(Yıldız Sarayı)* – im Vergleich zum Dolmabahçe-Palast jedoch die zweite Wahl. Für einen gemütlichen Spaziergang bietet sich der → **Yıldız-Park** *(Yıldız Parkı)* an, eine Oase der Ruhe im urbanen Getümmel. Gut schlendern und essen lässt es sich auch im lebhaften **Basarviertel** zwischen dem Barbaros Bulvarı und der Ortabahçe Caddesi. Wer mit einem dickeren Geldbeutel ausgestattet ist, begibt sich ins Viertel **Akaretler**: Die unteren

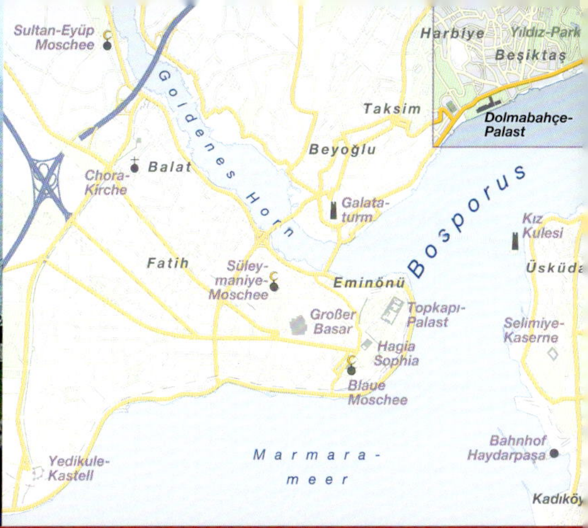

Bereiche der Süleyman Seba Caddesi und der Şair Nedim Caddesi, wo im 19. Jh. die Angestellten des Dolmabahçe-Palastes wohnten, wurden aufwendig restauriert und beherbergen seitdem edle Lokale und eine Reihe an exquisiten Boutiquen. Auch ist hier mit *Autoban* das spannendste türkische Möbeldesignlabel zu finden.

Sehenswertes

Deniz Müzesi (Marinemuseum)

Das Museum, eines der größten des Landes, soll noch 2013 durch die Eröffnung eines neuen Hauptgebäudes erweitert werden. Damit einhergehend sollen die Abteilungen und Sammlungen – im Fundus schlummern rund 40.000 Exponate – neu arrangiert werden. Darunter sind Kajiken, jene Prunkboote, mit denen sich die Sultane über das Goldene Horn zu ihren Schlösschen rudern ließen. Das Prachtstück unter den Sultansbarken: das 40 m lange Boot von Mehmet IV. (1648–1687), auf dem 144 Ruderer die Riemen strapazierten. Aber auch Schiffsglocken, Navigationsinstrumente, Taucherausrüstungen, ein Rosenthal-Service, das als Schiffsgeschirr Verwendung fand, Logbücher, Modellschiffe (mit bis zu 4 m Länge) und alte Seekarten sind zu sehen, darunter eine Kopie der legendären Amerika-Karte des Admirals Piri Reis von 1513.

Des Weiteren erinnern Gemälde vergangener Seeschlachten, Geschütze, rostige Metallreste, die von überall her stammen könnten, aber zu einem gesunkenen U-Boot gehören, Treibminen und Uniformen an die große Zeit der türkischen Marine. Unter Abdül Aziz hatte das Osmanische Reich die drittgrößte Flotte der Welt.

Beşiktaş Cad. Mi–Fr 9–17 Uhr, Sa/So 10–18 Uhr. 1,70 €, erm. 0,70 €. www.denizmuzeleri.tsk.tr.

Resim ve Heykel Müzesi (Museum für Malerei und Skulptur)

Die Zukunft dieses Museums (bereits seit 2008 wegen angeblicher Restaurierungsarbeiten geschlossen) steht in den Sternen. Es befindet sich nämlich im hübschen Kronprinzenpavillon des Dolmabahçe-Palastes, auf dessen schmucke Räumlichkeiten auch Ministerpräsident Erdoğan ein Auge geworfen hat. Sollte das Museum doch an alter Stelle wiedereröffnen, so wird hier v. a. türkisch-osmanische Kunst der vorrepublikanischen Periode gezeigt werden, u. a. Werke von İsa Behzat (1875–1916), Halil Paşa (1857–1939), İbrahim Çalış (1882–1960), Süleyman Seyyid (1842–1913) und Şeker Ahmet Ali Paşa (1841–1907). Erwarten Sie nichts Provokatives, sondern eher Hafenstimmungen und İstanbul im Schnee ...

Dolmabahçe Cad.

Milli Saraylar Saray Koleksiyonları Müzesi (Museum der Palastsammlungen)

Das in den ehemaligen Küchen des Dolmabahçe-Serails untergebrachte Museum zeigt Kostbar-Kurioses und Kostbar-Alltägliches aus den reichhaltigen Lagerbeständen der İstanbuler Sultanspaläste. Zu sehen gibt es u. a. üppig verzierte Kachelöfen, Hereke-Teppiche, Vasen, medizinisches Gerät, Petroleumlampen, Küchenkrimskrams, Sektkelche und Likörgläser der trinkfreudigen Sultane, ein speziell für Abdül Hamit II. angefertigtes Telefon im Rokokostil u. v. m.

Dolmabahçe Cad. Tägl. (außer Mo) 9–17 Uhr. 2,20 €, für Türken die Hälfte, mit einem Dolmabahçe-Palast-Kombiticket Eintritt frei (s. u.). www.millisaraylar.gov.tr.

Dolmabahçe Sarayı (Dolmabahçe-Palast)

In welch pompösem Luxus die osmanischen Herrscher lebten, demonstriert der Dolmabahçe-Palast am Bosporusufer besser als der Topkapı Sarayı. Seine Räumlichkeiten stehen nämlich nicht größtenteils leer oder beherbergen irgendwelche Sammlungen, sondern zeigen noch weitgehend ihr ursprüngliches

Interieur. Darunter befinden sich über 280 Vasen, 4500 m² seidene Hereke-Teppiche, exakt 36 Kronleuchter, 58 Kristallkerzenständer und Ähnliches mehr.

In Auftrag gab den Palast Sultan Abdül Mecit I. Mitte des 19. Jh., da ihm der Topkapı Sarayı nicht mehr zeitgemäß erschien. Verantwortlich für den Bau waren der armenische Architekt Karabet Balyan und sein Sohn Nikoğos. Obwohl man das Osmanische Reich zu jener Zeit schon als „Kranken Mann am Bosporus“ bezeichnete, schien Geld für den Bau des Palastes keine Rolle zu spielen: Mehr als 14 t Gold und 40 t Silber ließ der Sultan allein für die Palastdekoration verarbeiten. Kunsthistoriker finden trotz des Prunks wenig Gefallen an dem Bau. Für die meisten von ihnen ist der weiße Marmorpalast, ein Stilmix aus Neorenaissance und -klassizismus, ein geschmackloser, aufgeblasener Klotz.

Wer den Palast besichtigen möchte, muss sich einer Führung anschließen.

Zwei Touren stehen zur Auswahl: Die spannendere führt durch den **Mabeyn-i Hümayun** (ca. 45 Min., wird als „Selamlık-Tour" bezeichnet), jenen Teil des Palastes, wo vorwiegend Gesandte empfangen wurden und zeremonielle Empfänge stattfanden. Der 40 x 45 m große Festsaal, ein majestätischer Kuppelsaal am Ende der Tour, bildet dabei den Höhepunkt. In ihm schwebt ein riesiger Lüster (4,5 t schwer, 750 Kerzen) über einem aufwendigen Parkettboden, unter dem sich eine flächendeckende Fußbodenheizung befindet. Aber auch die anderen Räume und Salons auf dieser Tour sind feudal ausgestattet. Den Roten Salon beispielsweise, den ersten Raum, den man betritt, zieren Deckenmalereien italienischer und französischer Künstler. Selbst das Sultansbad, verkleidet mit edelstem ägyptischem Marmor, ist sehenswert. Die Badewanne ist aus einem Stück Alabaster gehauen, und die Decke darüber weist kubistische Züge auf.

Die zweite Tour führt durch den **Harem** (ca. 30 Min.), vorbei an den Schlafgemächern der Sultansfrauen, deren Gemeinschaftsräumen und den Privatgemächern des Sultans. Die Böden hier sind größtenteils mit geflochtenen Strohmatten bedeckt – im Harem trug man keine Schuhe. Für viele Türken einer der Höhepunkte auf dieser Tour ist das Zimmer (eines von insgesamt knapp 300 Räumen!), in dem Atatürk im Alter von 57 Jahren verstarb. Unmittelbar nach seinem Tod am 10. November 1938 um 9.05 Uhr wurde die dortige Uhr angehalten und nie wieder aufgezogen. Heute steht die ganze Türkei jedes Jahr an diesem Tag und zu dieser Minute in Gedenken an ihn still.

Gut bewacht: Dolmabahçe-Palast

Die Haremstour führt auch zum sog. **Kristallpavillon** *(Camlı Köşk)*, einem Wintergarten mit Kristallbrunnen und herrlichem Doppelkamin, der durch einen zweistöckigen Gang mit dem Haupttrakt verbunden ist. Von hier nahm der Sultan die Paraden ab.

Mit einem Extraticket kann man die **Uhrensammlung** *(Saat Müzesi)* besichtigen, die in der ehemaligen Schatzkammer untergebracht ist. Rund 60 Exemplare sind zu sehen, überwiegend Tischuhren, dick vergoldet und mit Schnickschnack wie Thermometer, Glockenspiel, drehendem Globus, Barometer oder Ähnlichem verziert. Viele Uhren waren übrigens Geschenke ausländischer Regenten. Blieb eine Uhr stehen, mussten nicht selten Uhrmacher aus Europa zur Reparatur anreisen. Ließ sich eine defekte Uhr aus dem Harem nicht heraustragen, waren sie mit die Einzigen, die ihn mit einer Sondergenehmigung betreten durften. Ihre Berichte gehören zu den wichtigsten Zeugnissen vom Leben im Harem. Inwieweit diese aber die Wahrheit bedienten oder eher das Interesse der Zuhörer an Erotik und Exotik, bleibt dahingestellt.

Umgeben ist der Palast von einem gepflegten Garten. Ein elegant geschwungener Marmorgitterzaun, verschlossene Prunktore und steife Gardesoldaten schützen ihn vor ungebetenen Gästen (zumal Ministerpräsident Erdoğan im Palast ein Büro unterhält). Alle zwei Stunden wird die Wache abgelöst, in einem etwas theatralischen Akt. An der Zufahrtsstraße zum Eingang befindet sich ein hübscher barocker Uhrturm und etwas weiter die **Dolmabahçe-Mo-**

schee *(Dolmabahçe Camii)* mit den schlanksten Minaretten İstanbuls.

Ganz nebenbei: Der Dolmabahçe-Palast war nicht der erste Bau an jenem Ort. Den gleichen Namen (türk. *dolmabahçe* = „aufgefüllter Garten") trug schon ein früheres Lustschlösschen, für dessen Bau das Hafenbecken extra aufgeschüttet wurde. Darin soll Sultan Murat IV. (1623–40) einst fast vom Blitz getroffen worden sein, als er gerade in ein Werk des Dichters Nefii Efendi vertieft war – für ihn Anlass genug, Befehl zur sofortigen Erdrosselung des Literaten zu geben.

Palast an der Dolmabahçe Cad., Moschee an der Meclisi-i Mebusan Cad. (gleiche Straße, nur anderer Name). Im Sommer tägl. (außer Mo/Do) 9–16 Uhr, im Winter bis 15 Uhr. **Achtung**: Bei zu starkem Andrang kommt es vor, dass die Kassen schon früher schließen, da dann alle Führungen ausgebucht sind. Ticketreservierungen unter ✆ 0212/3272626. Selamlık-Tour 13 €, Harems-Tour 20 €, beide Touren 17 € (mit dem Kombiticket können Sie auch das Museum der Palastsammlungen besichtigen, s. o.). Die Uhrensammlung war 2012 wegen Restaurierungsarbeiten geschlossen, soll aber noch 2013 wiedereröffnen. www.millisaraylar.gov.tr.

Yıldız Parkı (Yıldız-Park)

Zwischen der mehrspurigen Çırağan Caddesi und dem Bosporus liegt der **Çırağan Sarayı**, ein maurisch anmutender Palast, heute zum Hotel Kempinski (→ S. 70) gehörend. Sultan Abdül Aziz ließ ihn 1874 errichten. Keine zwei Jahre wohnte er darin, dann wurde er ermordet. Sein psychisch kranker Sohn Murat V. regierte von hier gerade vier Monate. Abdül Hamit II., sein skrupelloser Bruder, setzte ihn ab und hielt ihn im Palast für 27 Jahre gefangen. Bleibt zu hoffen, dass den Gästen des Hotels heute mehr Glück widerfährt.

Gegenüber dem Palast liegt der Eingang zum Yıldız-Park, einem weiten Gelände mit schönen Spazierwegen, Picknickbänken, alten Pavillons und exotischen Pflanzen – würde man den Park für Fahrzeuge sperren, wäre er noch attraktiver. Einer Legende nach soll hier schon der griechische Waldgott Pan seine Flöte ausgepackt haben.

Im Westen des Parks befindet sich der **Çadır-Pavillon** *(Çadır Köşkü)* aus dem Jahre 1871, der ein charmantes Terrassenlokal mit traumhaftem Bosporusblick beherbergt (→ Essen und Trinken). Schon Sultan Abdül Aziz liebte es, hier einen Kaffee einzunehmen. Sein Sohn Abdül Hamit II. weniger, er machte den Pavillon zur Folterkammer für Oppositionelle.

Der **Şale-Pavillon** *(Şale Köşkü)* ganz im Norden der Grünanlage erinnert ein bisschen an ein Schweizer Chalet. Sultan Abdül Hamit II. ließ das zweistöckige Holzschlösschen im späten 19. Jh. eigens als Luxusunterkunft für seinen Busenfreund Kaiser Wilhelm II. errichten. 1895 wurde hier die Allianz zwischen Deutschland und dem Osmanischen Reich geschlossen. Auch später, in republikanischer Zeit, diente der Pavillon noch des Öfteren als Unterkunft für Staatsgäste, u. a. nächtigten hier Charles de Gaulle, Winston Churchill und die iranische Kaiserin Soraya. Ein Teil der Räumlichkeiten ist heute der Öffentlichkeit zugänglich. Das Originalmobiliar ist größtenteils noch erhalten, die Säle und Salons sind prächtig ausgeschmückt. Am beeindruckendsten ist der Empfangssaal, dessen Boden ein 7,5 t schwerer Hereke-Teppich bedeckt. 60 Frauen knüpften das Stück. Aufgrund seiner Größe wurde er schon ausgelegt, bevor man die Außenmauern hochzog.

Im Nordosten des Parkes schließlich steht der **Malta-Pavillon** *(Malta Köşkü)*, ein Lustschlösschen, das heute ein schönes Restaurant mit ebenfalls spektakulärer Bosporusaussicht beherbergt (→ Essen und Trinken). Folgt man von dort der Beschilderung „Yıldız Porselen", gelangt man zur gleichnamigen Porzellanfabrik (→ Einkaufen). Die

Beşiktaş → S. 226/227

Beşiktaş – wo der Fußball regiert

1895 gegründete Manufaktur produzierte früher das Palastporzellan für die Sultansfamilien. Es werden auf Wunsch Führungen durch den Betrieb angeboten.

Park an der Çırağan Cad. Tägl. 9–23 Uhr. **Şale Köşkü** tägl. (außer Mo/Do) 9.30–16.30 Uhr. 4,30 €, erm. 2,20 €. www.millisaraylar.gov.tr.

Yıldız Sarayı (Yıldız-Palast)

Aus Furcht vor Attentaten verlegte der paranoide Sultan Abdül Hamit II. (1876–1908) seine Residenz vom Çırağan Sarayı hinter die hohen Mauern des Yıldız-Palastes (kein öffentlicher Zugang vom angrenzenden Yıldız-Park!). Der weitläufige Komplex besteht aus mehreren Gebäuden und erinnert ein wenig an den Topkapı-Palast. Er beherbergt heute u. a. das sog. **Palastmuseum** *(Yıldız Saray Müzesi)*.

Es zeigt persönliche Gegenstände des Herrschers: sein Schwert, seine Uniform, seinen Sattel und seine Kutsche, dazu Inventar aus dem Palast, u. a. allerhand antikes Yıldız-Porzellan (s. o.), Jugendstilvasen und kostbare Silberarbeiten. Man besichtigt Abdül Hamits Tischlerwerkstatt – auch wenn der Sultan kein begnadeter Politiker war, so doch zumindest ein solider Hobbyschreiner –, seine Arbeitsräume und sein Bad mit Plumpsklo. Highlight der Tour ist das private Theater Abdül Hamits, das einzige heute noch existierende osmanische Palasttheater. Ein Gastspiel darin gab einst sogar die französische Schauspielerin Sarah Bernhardt. Die vorderen Reihen mussten übrigens – sofern der Sultan in seiner Loge über dem Eingang anwesend war – stets leer bleiben, denn niemand durfte mit dem Rücken zum Sultan sitzen.

Zum Palastmuseum gehören auch zwei Pavillons im Garten: der Cihannuma Köşk (Abdül Hamit beobachtete von dort die auf dem Bosporus vorüberziehenden Schiffe) und der Ada Köşk auf einer künstlichen Insel (auf dem Wassergraben drum herum liebte es der Sultan mit seinem Ruderboot zu paddeln).

Neben dem Palastmuseum befindet sich noch das winzige **Stadtmuseum** *(Şehir Müzesi)* – die Exponate (Porzellan und Kunsthandwerk) sind jedoch nicht allzu spektakulär.

Yıldız Cad. Ein 20-minütiger Fußmarsch führt von der Fähranlegestelle in Beşiktaş den Barbaros Bul. hinauf, von dort ausgeschildert. Oder man fährt 2 Stationen mit dem Bus (z. B. mit Ⓑ29 C, 559 C o. 25 T) vom Beşiktaş Meydanı (Abfahrtsstelle am Barbaros Bul.) bis zur Haltestelle Yıldız Teknik Üniversitesı.

Palastmuseum tägl. (außer Di) 9.30–16 Uhr. Eintritt 3,50 €. www.yildizsarayi.com.tr. **Stadtmuseum** tägl. (außer Mo) 9–16.30 Uhr. Eintritt frei.

Praktische Infos

→ Karte S. 226/227

Vorwahl: 0212

Verbindungen

Von Sultanahmet/Eminönü aus: Die Straßenbahn von Sultanahmet über Eminönü fährt bislang nur nach Kabataş, soll aber bis Beşiktaş ausgebaut werden. Von Kabataş kann man jedoch problemlos bis Beşiktaş laufen.

Von Taksim: Rund um die Uhr verbinden Sammeltaxis Taksim mit Beşiktaş. Die Abfahrtsstelle in Taksim befindet sich an der İnönü Cad. nahe dem Deutschen Konsulat.

Essen und Trinken

Eine Vielzahl an guten und preiswerten Lokantas sowie netten Fischlokalen finden Sie im lebhaften Marktviertel rund um den Fischmarkt (vom Bosporus aus gesehen hinter dem Büyük Beşiktaş Çarşısı). Eleganter geht es in den Cafés und Restaurants im Viertel Akaretler im südlichen Bereich der Süleyman Seba Cad. zu.

Tipp: Brunchen Sie am Wochenende in einem der Pavillons im Yıldız-Park!

Restaurants

Vogue **6**, exklusives, legeres Clubambiente in Weiß und Chrom hoch über dem Häusermeer von İstanbul. Imposante Aussicht, insbesondere nachts, wenn das Lichtermeer unter einem funkelt. Terrasse. Feine türkisch-internationale Küche und viel gepriesenes Sushi, toller Sonntagsbrunch (30 €). Treffpunkt von Geschäftsleuten, aber auch der jungen Szene mit Geld. Wer es sich hier gut gehen lässt, legt für ein Abendessen für 2 Pers. schnell 120 € hin. Dafür ist das Ganze aber auch ein unvergessliches Erlebnis. Reservierung empfehlenswert. In der 13. Etage des BJK Plaza (Blok A) an der Süleyman Seba Cad. 48, ✆ 2272545.

Malta Köşkü **1**, schöner, beigefarbener Pavillon im Yıldız-Park. Traumhafte Terrasse mit Bosporusblick, die das Essen fast zur Nebensächlichkeit macht. Geboten werden insbesondere Fleischspezialitäten zu 6,50–11 €, aber auch Kaffee und Süßspeisen. Sa/So gigantisches Büfett (bis 13 Uhr Frühstücksbüfett zu 12 €, danach auch warmes Essen zu 17 €). ✆ 2589453.

Çadır Köşkü **3**, der hellrosafarbene Pavillon ist die zweite empfehlenswerte Brunch-Adresse im Yıldız-Park. Genießen Sie auch hier Sa/So das reichhaltige Frühstücksbüfett für 12 € entweder auf der schönen Terrasse (jedoch mit weniger spektakulärer Aussicht als im Malta Köşkü) oder im geschichtsträchtigen Inneren des Schlösschens. Ansonsten gehobene türkische Standards und Süßspeisen zu ebenfalls noch fairen Preisen. ✆ 2589020.

Einkaufen

Yıldız Porselen **2**, Porzellan-Fabrikverkauf. Die landesweit hoch angesehene Manufaktur bietet kostbare Vasen, Service und Lampen mit klassisch-osmanischen Motiven (die können ganz schön kitschig sein!). Im Yıldız-Park. Zweigstelle im Museum der Palastsammlungen (s. o.).

Im unteren Bereich der Süleyman Seba Cad. im Viertel **Akaretler** haben sich zahlreiche Flagship Stores niedergelassen, z. B. *Etro*, *Paul Smith* u. v. m. Auch finden Sie dort in Hausnr. 16–20 den **Autoban Showroom** **8** – Designermöbel alla turca! Das *Suite Bed* von Autoban (autoban212.com) erhielt 2012 den *Wallpaper Design Award.*

Beşiktaş → S. 226/227

A...-Bombenanschlag auf den Bosporus

Am Bosporus

(europäische Seite)

Der Bosporus, die Seele İstanbuls, trennt Asien von Europa und verbindet das Schwarze Meer mit dem Marmarameer. An seinen Ufern nördlich von Beşiktaş liegen alte, beschauliche Fischerstädtchen und vornehme Villenorte – eine bevorzugte Adresse der İstanbuler High Society.

Boğaz (= „Schlund“) nennen die İstanbuler ihre Meerenge etwas abwertend. Nicht viel besser ist die Bezeichnung „Kuh-Furt“, die der Bosporus nach einer antiken Legende erhielt: Die jungfräuliche Priesterin Io zog sich den Hass der Göttergattin Hera zu, weil sie die Aufmerksamkeit des Zeus erregt hatte. Aus Eifersucht verwandelte Hera Io in eine Kuh. Dieser schickte sie eine Bremse hinterher, auf dass die Kuh immer in Bewegung bleiben und niemals ein ruhiges Stelldichein mit Zeus haben sollte. Auf ihrer Flucht vor dem Insekt durchschwamm die Kuh den Bosporus. Io soll damit die Erste gewesen sein, die über den Bosporus die Kontinente wechselte.

Heute tun das tagtäglich Millionen. Tag und Nacht ist die Meerenge voll mit Fähren, Frachtern, Öltankern, Kreuzfahrtschiffen, Fischkuttern und Ausflugsbooten. Rund 55.000 Schiffe (der Lokalverkehr nicht eingerechnet) passieren den Bosporus pro Jahr. Im Winter haben nicht wenige davon mit der tückischen Wasserstraße zu kämpfen, die an ihrer engsten Stelle gerade mal 750 m misst. Stürme peitschen dann die See auf, und meterhohe Brecher sind keine Seltenheit. Oder es herrscht undurchdringlicher Nebel, und Eisschollen verstopfen die Fahrrinnen. Das birgt Gefahren. Aber auch auf die Technik alter Schiffe – nur Kriegsschiffen darf die Türkei die Durchfahrt verwehren – ist nicht immer Verlass. 2006 versagte das Steuerruder eines Flüssiggastankers. In letzter Sekunde, 50 m vor dem Dolmabahçe-Palast, konnte man das Schiff stoppen.

Lieblich hingegen zeigen sich die Ufer des Bosporus im Sommer. Mancherorts ähneln sie denen des Lago Maggiore oder des Genfer Sees. Und wenn die Stadt unter der Hitze stöhnt, bleibt es hier angenehm frisch – beste Zeit für eine Dampferfahrt. Vorbei geht es an ele-

Am Bosporus (eropäische Seite)

ganten Villenorten wie → **Arnavutköy**, → **Bebek**, → **Yeniköy** und → **Tarabya** oder Fischerstädtchen wie → **Sarıyer** und → **Rumeli Kavağı**. Zum Spazierengehen lädt → **Emirgân** ein, ins Nachtleben stürzt man sich am besten in → **Ortaköy**. Sehenswert sind zudem die → **Festung Rumeli Hisarı** und das Sadberk-Hanım-Museum in → **Büyükdere**. Einzig und allein die breite, stark befahrene bzw. meist verstopfte Uferstraße trübt so mancherorts das Flair der einstigen Bosporusdörfer. Zum Flanieren bietet sich die europäische Bosporusseite übrigens eher an als die asiatische, wo das Bosporusufer in erster Linie von Luxusvillen eingenommen wird und Uferpromenaden Mangelware sind.

Was Europa und Asien verbindet – die Bosporusbrücken

Zwei gewaltige Brücken überspannen den Bosporus. Die Atatürk-Brücke zwischen Ortaköy und Beylerbeyi wurde 1973 nach Plänen eines englischen Architekturbüros und unter der Leitung von *HOCHTIEF* fertiggestellt und war zu jener Zeit die viertgrößte Brücke der Welt. 55.000 m^3 Stahlbeton, 7000 t Kabel und 17.000 t Stahl wurden für die sechsspurige, 1622 m lange Brücke verarbeitet. 200.000 Fahrzeuge befahren sie heute täglich – Brückenzoll wird übrigens nur in Richtung Asien erhoben. Vier Jahre nach ihrer Einweihung hatte sich das Werk bereits amortisiert, und auch die sechs Spuren reichten nicht mehr aus. An der engsten Stelle des Bosporus, zwischen Rumeli Hisarı und Anadolu Hisarı, wurde daher 1988 eine zweite Brücke, die Mehmet-Fatih-Hängebrücke, errichtet. Auch sie ist mittlerweile überlastet. Eine dritte Brücke an der Mündung des Bosporus ins Schwarze Meer ist nun in Planung. Das türkisch-italienische Konsortium *İçtaş-Asdaldi* erhielt 2012 den Zuschlag für den Bau. Schon 2015 sollen die Arbeiten an der 1275 m langen Hängebrücke abgeschlossen sein. Die Proteste sind groß – Umweltschützer fürchten um Wälder und Wasserreservoirs, die durch die neue Brücke zerstört werden.

Sehenswertes

(von Süd nach Nord)

Ortaköy und Kuruçeşme

Ortaköy, das „Dorf der Mitte", duckt sich im Schatten der Bosporusbrücke. Was mit dem Begriff „Mitte" im Ortsnamen gemeint war, wussten vielleicht noch die Griechen, Armenier und Juden, die einst hier wohnten, heute aber niemand mehr. Die geografische Mitte des Bosporus konnte es auf jeden Fall nicht sein, diese ist weit entfernt.

Ortaköy ist ein lebenslustiger Stadtteil. Zahlreiche Kneipen und Galerien, einladende Restaurants und gemütliche Cafés findet man rund um die Piazza bei der barock anmutenden **Moschee** *(Ortaköy Camii)* nahe der Fähranlegestelle. Der Platz ist einer der beliebtesten İstanbuler Sommer-Nightspots. Lohnenswert ist ein Ausflug nach Ortaköy nicht nur am Abend, sondern auch das ganze Wochenende über, wenn ein bunter Kunsthandwerksmarkt stattfindet. Dann ist hier jedoch die Hölle los.

Im Norden schließt Kuruçeşme an Ortaköy an, ein Mekka der partyfreudigen İstanbuler Jeunesse dorée, die sich hier die Nächte in den schicksten und teuersten Clubs der Stadt um die Ohren schlägt. Tagsüber relaxen die Reichen und Schönen auf **Suada**, der „Wasserinsel", einem künstlichen vorgelagerten Eiland im Bosporus mit mehreren teuren Restaurants und einem genialen Pool, an dem die Ozeanriesen vorbeiziehen. Das Inselchen ist im Besitz des Fußballvereins Galatasaray. Wer sich dazugesellen will, besteigt an der Uferpromenade in Kuruçeşme ein Serviceboot und bezahlt je nach Wochentag 35–45 € Eintritt (www.suadaclub.com.tr).

Arnavutköy

Pastellfarbene Holzvillen im Zuckertortenstil säumen die Uferfront von Arnavutköy. Auf der Promenade davor wird flaniert und geangelt, auf der Straße dahinter gehupt. Das pittoreske kleinstädtische Zentrum besitzt ein paar hervorragende Fischlokale. Eine andere kulinarische Spezialität findet sich heute leider nur noch in wenigen Privatgärten: Die kleine, hellrosafarbene Arnavutköy-Erdbeere wurde bis ins 20. Jh. auf weiten Feldern rund um den Ort kultiviert und erfüllte das gesamte Gebiet mit einem zarten Duft. Namenspatrone des Dorfes waren übrigens Albaner (türk. *Arnavut*), die Mehmet der Eroberer nach einem Feldzug im 15. Jh. hier ansiedelte.

Im Norden von Arnavutköy liegt das berühmt-berüchtigte **Kap der Strömung** *(Akıntı Burnu)*. Der Bosporus ist vor dieser Landzunge über 100 m tief und die Strömung – bis zu sechs Knoten – enorm. Sie ist das Resultat eines Gefälles von rund 30 cm zwischen Schwarzem Meer und Mittelmeer.

Bebek

Wer hier wohnt, hat einen schwarzen Range Rover in der Garage, eine schnittige Jacht an der Uferpromenade und einen unfolgsamen Golden Retriever an der Leine. Bebek zählt zu den vornehmsten Adressen der Stadt, der İstanbuler Jetset hat hier seine Domizile. Das Bosporusufer und die bewaldeten Hügel sind gespickt mit prächtigen Villen – fast alle mit grandioser Aussicht. Bebek ist zudem bekannt für köstliches Marzipan (→ Essen und Trinken) und für die **Bosporus-Universität** *(Boğaziçi Üniversitesi)* auf einem Hügel nördlich des Zentrums. Ebenfalls hoch über Bebek befindet sich der moderne Stadtteil Etiler. Er ist charakterlos und austauschbar, aufgrund seiner Clubs, exquisiter Restaurants und seines riesigen gläsernen **Shoppingcenters Akmerkez** (250 Läden, darunter alles zwischen *adidas* und *Zara,* dazu Kinos, Cafés usw.) jedoch recht beliebt.

Abendstimmung in Ortaköy

Am Bosporus (europäische Seite) → S. 234

Anfahrt nach Etiler: Wer den schweißtreibenden 20-Minuten-Aufstieg von Bebek scheut, kann ein Taxi nehmen (4 €) oder von Taksim (Busbahnhof) mit Ⓑ 559 C anfahren, Haltestelle Akmerkez.

Rumeli Hisarı (Europäische Festung)

Die trutzige Festung an der engsten Stelle des Bosporus ließ Mehmet der Eroberer 1452 innerhalb von nur vier Monaten bauen, um gemeinsam mit der Burg Anadolu Hisarı (→ S. 260) auf der asiatischen Seite die Wasserstraße für byzantinische Schiffe zu sperren. Nach dem Fall der Stadt hatte die Festung militärisch ausgedient. Der nördliche der drei imposanten Türme wurde – ähnlich wie das Yedikule-Kastell (→ S. 179/180) – fortan als Gefängnis für missliebige ausländische Gesandte genutzt. Heute befindet sich im Inneren der Festung ein kleiner Park samt Freiluftbühne.

Nördlich der Festung reihen sich ein paar Cafés – beliebte Frühstücksadressen – aneinander. Schön der Bosporusblick, unschön die Uferstraße vor der Nase. Und noch etwas weiter nördlich, unübersehbar im Schatten der Mehmet-Fatih-Brücke, kann man am Wochenende die in einem etwas kitschigen Backsteinschloss untergebrachte **Galerie Borusan Contemporary** mit spannenden Wechselausstellungen zur Gegenwartskunst besuchen. Das „Museum im Büro"-Konzept ist höchst interessant (→ Galerien, S. 74).

Festung, tägl. (außer Mi) 9–18 Uhr, im Winter verkürzt. 2,30 €. **Borusan Contemporary**, Baltalimanı Hisar Cad. 5. Nur Sa/So 10–20 Uhr. 4,30 €, erm. die Hälfte. www.borusancontemporary.com.

Emirgân

Benannt ist der Ort nach Emir Khan, einem persischen Prinzen, der die Stadt Eriwan im frühen 17. Jh. kampflos an das Osmanische Reich abtrat und danach an den Bosporus geriet. Hier wurde er zum liebsten Trinkgenossen Murats IV. Der Sultan, der seinen Untertanen Alkohol, Tabak und sogar Kaffee strengstens verbot, hielt es mit seinen Gesetzen weniger genau.

An der Uferstraße, etwas nördlich des Fähranlegers und der örtlichen Moschee mit ein paar netten Cafés drum herum, liegt in einem kleinen, gepflegten Parkgelände das **Sakıp-Sabancı-Museum** *(Sakıp Sabancı Müzesi)*. Es ist untergebracht in einer herrschaftlichen Villa aus der ersten Hälfte des 20. Jh., die lange Zeit die Sommerresidenz der schwerreichen Sabancı-Familie war. An

Yalıs – Bosporusvillen der Hautevolee

Im 17. Jh., als die hohen osmanischen Würdenträger die Ufer des Bosporus als Sommersitze entdeckten, entstanden die ersten Yalıs – prächtige Holzvillen, nahe oder direkt am Wasser gebaut, mit einem eigenen Kai oder Bootshaus ausgestattet, damit man per Barke sein Domizil ansteuern konnte. Später kamen Yalıs im Stil der verschiedensten Epochen hinzu. Insbesondere die Uferseiten der meist weiß- oder pastellfarben gestrichenen Palästchen sind besonders herausgeputzt. Yalıs dürfen übrigens nicht abgerissen werden, sie stehen unter Denkmalschutz.

ihrer Spitze stand bis zu seinem Tod im Jahr 2004 Sakıp Sabancı, der als Sohn eines Baumwollhändlers aus dem südanatolischen Adana eines der mächtigsten Geschäftsimperien der Türkei aufbaute. Heute wird die Konzerngruppe mit mehr als 55.000 Mitarbeitern von Sakıps Nichte Güler geleitet. Zu sehen sind nicht nur prunkvoll eingerichtete Salons, sondern auch über 400 meisterliche Kalligrafien – Sakıp Sabancı war überaus kunstinteressiert und baute eine der weltweit größten Privatkollektionen osmanischer Kunst auf. Im Untergeschoss wird türkische Malerei vom Tanzimat bis zur Republik gezeigt. Zudem macht das Museum immer wieder mit interessanten Wechselausstellungen auf sich aufmerksam.

Nördlich davon erstreckt sich der weitläufige, schattige **Emirgân-Park** *(Emirgân Korusu)* mit herrlicher Aussicht über den Bosporus. Bekannt ist die Grünanlage für ihre Tulpengärten, in denen über 1000 verschiedene Sorten gezüchtet werden – eine Pracht im Frühjahr. Der im Park gelegene **Gelbe Pavillon** *(Sarı Köşk)* im Stil eines Schweizer Jagdschlösschens beherbergt ein gepflegtes Restaurant (→ Essen und Trinken).

Hinter Emirgân liegt die Ortschaft **İstinye** an einer kleinen fjordartigen Bucht. Seitdem eine hochmoderne Marina mit Schwimmstegen eröffnet wurde, verdrängen hier flotte Jachten die Fischerkähne von einst. Gute Fischrestaurants hat İstinye aber noch immer zu bieten.

Einige Kilometer landeinwärts befindet sich die Shoppingmall **İstinye Park**. In der luftig-leichten Architektur haben sich alle bekannten Modelabels versammelt, dazu gibt es etliche niveauvolle Lokale.

Emirgân Park, tägl. 8–23 Uhr, von der Uferstraße aus beschildert. **Sakıp-Sabancı-Museum** (Bushaltestelle Çınaraltı), tägl. (außer Mo) 10–18 Uhr, Mi bis 20 Uhr. 5,20 €, mit dem *Museum Pass İstanbul* 1,70 €. http://muze.sabanciuniv.edu. **Anfahrt zum İstinye Park**: Das Shoppingcenter erreicht man mit dem Dolmuş von Beşiktaş (Barbaros Bul., bergauf führende Straßenseite).

Yeniköy und Tarabya

Zwei noble Orte. Vor allem die Uferfront Yeniköys säumen feudale Yalıs (→ Kasten) – von See aus beeindruckend, von Land sieht man sie kaum, denn sie verstecken sich meist hinter hohen Mauern. Viele berühmte Persönlichkeiten des Landes verfügen hier über Sommerresidenzen. Auch die hohe Diplomatie ist ansässig: Das Österreichische Konsulat z. B. befindet sich in einem herrlichen Palast am nördlichen Ortsende Yeniköys, der Sommersitz des deutschen Konsulats liegt weiter nördlich kurz vor Tarabya. Letzterer, ein charmantes Villenensemble im Grünen und einst ein Geschenk Sultan Abdül Hamit II. an das Deutsche Reich, beherbergt zugleich eine Kulturakademie, in der rund 14 Stipendiaten im Jahr unterkommen.

Das Wort *tarabya* ist übrigens griechischen Ursprungs und bedeutet „Therapie" – vielleicht eine Anspielung auf das angeblich sehr gesunde Klima des Ortes, das bis vor wenigen Jahren auch viele arabische Touristen anlockte. Sie bevölkerten das Grandhotel Tarabya, einen 13-stöckigen Bau, der die schöne Bucht des Ortes dominiert. Seit Ewigkeiten wird an dem Hotel nun schon um- und angebaut – vielleicht hat es bis zu Ihrem Besuch wieder geöffnet.

Büyükdere

Im Norden des Villenortes liegt das **Sadberk-Hanım-Museum** *(Sadberk Hanım Müzesi)*, dessen Fundus der Sammelleidenschaft Sadberk Hanıms, der Gattin des Großindustriellen Vehbi Koç, zu verdanken ist. Viele Exponate erstand sie auf İstanbuler Märkten. Das Museum, das sich über zwei große Yalıs aus dem frühen 20. Jh. erstreckt, beherbergt im Hauptgebäude Silberarbeiten, Porzellan, Schmuck,

Kleidung (darunter sexy Nachthemden), Teppiche usw. Spannender ist jedoch die archäologische Abteilung im Nebengebäude: Zu sehen gibt es anatolische Gebrauchskeramik aus dem Neolithikum und der Bronzezeit, umfangreiche Münzsammlungen aus Athen, Tarsus und Aspendos, Goldschmuck aus römischer Zeit, byzantinische Amphoren und Ähnliches mehr. Hingucker ist ein Kandelaber in Form eines tanzenden Satyrs mit erigiertem Glied (400 v. Chr.). Zudem finden temporäre Ausstellungen statt.

Tägl. (außer Mi) 10–17 Uhr. 3 €. Etwa 200 m nördlich des Fähranlegers, Bushaltestelle Büyükdere Mah./Adliye. www.sadberkhanimmuzesi.org.tr.

Sarıyer und Rumeli Kavağı

Die Orte am nördlichen Bosporusende, deren Fischer von der Nähe zu den Fanggründen am Schwarzen Meer profitieren, haben bislang noch wenig mit den schicken, südlicher gelegenen Städtchen gemein. Doch v. a. Sarıyer wird stetig populärer: Die Grundstückspreise haben noch nicht die exorbitanten Höhen anderer Uferorte erreicht, zudem gilt die nördliche Bosporushälfte als weniger erdbebengefährdet. Für Touristen hat Sarıyer vorrangig als Verkehrsknotenpunkt Bedeutung. Hier starten die Minibusse in den Badeort Kilyos (→ S. 265) und die Fähren nach Anadolu Kavağı auf der asiatischen Seite (s. u.). Bekannt ist Sarıyer türkeiweit für seine Böreks, besonders leckere Blätterteigpasteten.

Rumeli Kavağı hingegen, die letzte Station der Bosporusdampfer auf der europäischen Seite, gleicht bislang noch eher einem verschlafenen Nest, zumindest vor dem abendlichen Andrang auf die örtlichen Fischtavernen. Wer einen Sprung in den Bosporus wagen will, findet im Norden des Ortes einen feinsandigen **Strand** namens Altınkum. Er ist, wie der türkische Name besagt, goldfarben, leider nicht allzu groß, zudem von Mauern unterteilt (eigener Frauenabschnitt) und auch noch gebührenpflichtig. Oberhalb von Rumeli Kavağı stehen innerhalb eines militärischen Sperrgebietes die spärlichen Ruinen einer byzantinischen Burg, die im Altertum eine wichtige Landmarke war. Auch zwischen den alten Festungsmauern im Ort selbst sitzt das Militär.

Auf dem Weg von Sarıyer nach Rumeli Kavağı passiert man übrigens einen kleinen Schrein, die **Türbe Telli Babas**. An Wochenenden geht es hier recht lebhaft zu. Telli Baba, der den Status eines moslemischen Heiligen hat, wird nachgesagt, passende Männer für heiratswillige junge Frauen zu finden.

Praktische Infos

Vorwahl: 0212

Verbindungen

Vom Fährhafen Kabataş (**von Taksim** mit der Fünikuler-Metro, **von Sultanahmet/Eminönü** mit der Straßenbahn zu erreichen) startet Ⓑ 25 E, der die Küste entlangfährt und bis Sarıyer in allen beschriebenen Orten hält. Ⓑ 42 T von Taksim fährt am Bosporus entlang bis Çayırbaşı und biegt dann landeinwärts ab.

In Sarıyer steigt man für die Weiterfahrt nach Rumeli Kavağı auf ein **Dolmuş** um. Die Abfahrtsstelle befindet sich an der landeinwärts führenden Hauptgeschäftsstraße Şehit Mithat Yılmaz Cad. auf Höhe von Hausnr. 15 (vor der Ziraat Bankası).

Von Sarıyer aus verkehren zudem von 7.15 bis 23 Uhr alle 1–2 Std. **Fähren nach Anadolu Kavağı** auf der asiatischen Seite. Dies ermöglicht die Besichtigung der europäischen Bosporusseite und der asiatischen in einer Art Rundkurs an einem Tag, sofern Sie sich auf wenige Besichtigungspunkte

Tipps zur Bosporusfahrt: Eine schöne Art, den Bosporus kennenzulernen, ist eine Fahrt mit dem **offiziellen Bosporusdampfer**, der ganzjährig um 10.35 Uhr (April–Okt. zudem um 13.35 Uhr, im Hochsommer zuweilen noch eine Fahrt mehr, Stand: 2012) ab Eminönü von der Anlegestelle mit der Aufschrift „Boğaz İskelesi" startet. Rechts und links davon bieten **private Schiffseigner** ebenfalls Bosporustouren an. Diese Schiffe starten i. d. R. erst dann, wenn genügend Personen an Bord sind (im Sommer auch abends zu Mondscheinfahrten). Die Touren sind kürzer (1 ½ Std., man fährt nur bis zur Mehmet-Fatih-Brücke), aber auch billiger (4,50 €). Der offizielle Bosporusdampfer hingegen durchfährt fast den gesamten Bosporus und legt mehrmals an, nämlich in Beşiktaş, Kanlıca (asiatische Seite), Sarıyer, Rumeli Kavağı und Anadolu Kavağı (asiatische Seite). Wer auf der Backbordseite (in Fahrtrichtung links) sitzt, sieht mehr. In Anadolu Kavağı hat man mindestens 2 Std. Aufenthalt, bevor das Schiff zurückfährt. Gesamtdauer der Tour ca. 6 Std., das Ticket hin/zurück kostet 11 €, Audioguide zusätzliche 2,20 €. Man kann auch nur ein einfaches Ticket lösen (6,50 €) und die Rückfahrt per Bus mit Stopps in den Bosporusorten verbinden.

konzentrieren. Auch verkehren **zwischen Beykoz und Yeniköy** von 6.20 bis 24 Uhr Fähren im 20-Min.-Rhythmus.

Essen und Trinken/Einkaufen

Die Bosporusstädtchen sind mit die besten Adressen für frischen Fisch: Egal ob im Sandwich vom Grillstand, in einem einfachen Lokal oder einem Nobelrestaurant mit manchmal recht aufgeblasenem Publikum am Nebentisch – für hohe Qualität ist stets gesorgt.

In Ortaköy → Karte S. 234

Feriye 11, exquisites Lokal in einem alten Palast direkt am Ufer des Bosporus. Herrliche Terrasse. Bekannt für exzellente osmanische Gerichte. Empfehlenswert: das Milchlamm mit Auberginen und der Rosinenpilaf. Hg. ab 21 €. Reservierung empfohlen. Çırağan Cad. 44, Zugang über das Gelände des Kabataş Lisesi (Bushaltestelle Kabataş Lisesi), ✆ 2272216.

Banyan 9, man wirbt mit „Food for the Soul" und serviert mit Liebe zubereitete

Die Festung Rumeli Hisarı

Am Bosporus (europäische Seite) → S. 234

Gerichte mit stark asiatischem Touch. Gegrillter Oktopus mit Ingwer-Soja-Soße, Sate-Spieße oder Pfeffersteak mit Brandy-Kokosmilch-Soße, Hg. 17–35 €. Innen in gemütlichen Brauntönen eingerichtet, außen herrliche Terrasse zum Bosporus hin. Zuvorkommendes Personal. Zwischen Fähranlegestelle und dem Hotel SAS Radisson in der schmalen Seitengasse Salhane Sok. 3 (2. Stock), ✆ 2599060.

Anjelique **10**, eine der exklusivsten Sommeradressen der Stadt. Traumterrasse am Bosporus, innen sehr schick. Feine Weltküche, sehr teuer. Nur abends, ab Mitternacht wird das Restaurant zum Club – achten Sie auf Ihr Outfit! Salhane Sok. 5, ✆ 3272844.

Çınaraltı Restaurant **6**, an der Fähranlegestelle in Ortaköy. Große und gute Auswahl an Vorspeisen, außerdem leckere Fischgerichte (9–18 €). Gemütliches Ambiente, Blick auf Ortaköy-Moschee und Bosporusbrücke. İskele Meydanı 28, ✆ 2614616.

Tipp: Ortaköy ist berühmt für **Kumpir**. Etliche **Stände** **5** verkaufen die mit allen möglichen Leckereien gefüllten Riesenkartoffeln.

In Kuruçeşme → Karte S. 234

»» **Unser Tipp:** **Aşşk Kahve** **2**, supergemütliches Plätzchen mit einer Terrasse direkt am Bosporus. Guter Kaffee und feine Snacks. Dazu eine der besten Adressen der Stadt fürs ausgiebige Frühstück – zig Variationsmöglichkeiten. Jedoch nicht billig und an Sommerwochenenden Schlangen! Muallim Naci Cad. 64/B (ca. 10 Fußmin. nördl. der Bosporusbrücke, versteckt hinter dem Supermarkt Macro-Center; nächste Bushaltestelle Muallim Naci Cad., von der Bushaltestelle noch ein wenig in Fahrtrichtung weiterlaufen). ««

In Arnavutköy

Hier gibt es zahlreiche gute Fischlokale. 2 Adressen:

Kuyu Balık, eines von mehreren Lokalen beim Fähranleger, ein Dauerbrenner, der seit 1957 existiert. Gepflegt und nett. Schöne Terrasse zur Seeseite hin, davor verläuft jedoch noch die Küstenstraße. Wunderbare Meze, frischester Fisch, Spezialität: *Tuzda Levrek* (Seebarsch im Salzbett). Für die Lage und das Gebotene noch faire Preise. Birinci Cadde 56 A, ✆ 2636750.

Adem Baba, einfaches Fischlokal, kein Alkohol und kein Bosporusblick. Den Hauptsitz (mehrere „Adem Babas" in Arnavutköy) findet man, vom Fähranleger kommend, in der Straße rechter Hand hinter dem Restaurant İskele Livar Balık Evi. Welchen fangfrischen Fisch es gerade gibt, sieht man in der Vitrine. Sehr faire Preise, schon mittags bestens belegt. Satış Meydanı Sok 2, ✆ 2632933.

In Bebek

Die folgenden Adressen befinden sich nördlich des Fähranlegers an der Cevdet Paşa Cad., der Hauptstraße entlang dem Bosporus.

Poseidon Restaurant, gehobenes Fischlokal mit strahlend weißen Tischdecken direkt am Bosporus – für alle, die etwas mehr ausgeben wollen. Zu den Spezialitäten des Hauses gehören gefüllte Tintenfische und marinierte Seebrasse. 2 Pers. sollten für ein Essen mit Meze, Fisch und Wein mindestens 100 € einkalkulieren. Wer schon die weite Anfahrt auf sich nimmt, sollte reservieren. Nr. 58 (liegt etwas versteckt, nach einem Gässchen zum Meer Ausschau halten), ✆ 2633823.

TAPS Bebek, die Filiale der Mikrobrauerei aus Nişantaşı – für alle, die es etwas rustikaler mögen. Zum selbst gebrauten Bier kann man auch essen, Fußball schauen oder vom Barhocker auf die schaukelnden Jachten am Bosporusufer blicken. Nr. 119 (ca. 5–10 Min. nördlich des Fähranlegers, Haltestelle Boğaziçi Üniversitesi), ✆ 2638700.

Bebek Hotel Bar, altmodisch-altbackene, auf jeden Fall extrem gediegene Cocktailbar des einzigen Hotels in Bebek. Traumterrasse. Ein Schwips geht hier zwar ins Geld (Cocktails ab ca. 11 €), ist aber garantiert unvergesslich. Dazu gibt es gute Snacks und Salate, am So auch ein Brunchbüfett für 26 €. Nr. 34.

Muss man einfach machen – Fährfahrt über den Bosporus

Mini Dondurma, kleiner Verschlag, in dem seit 1968 bestes Eis verkauft wird. Probieren Sie das Kastanieneis *(kestane dondurması)*! Nr.38.

Meşhur Bebek Badem Ezmesi, kein Restaurant oder Café, sondern ein 1904 gegründeter und weit über die Stadtgrenzen hinaus bekannter Süßwarenladen. Feinstes türkisches Konfekt. Spezialität: mit Nüssen gefülltes Marzipan. Zudem beste Schokolade. Nr. 53 C.

Nur ein paar Schritte weiter, auf der gegenüberliegenden Straßenseite, kann man bei **Laleli Taylıeli** in Hausnr. 16 D international preisgekröntes Olivenöl aus Burhaniye (Nordägäis) erstehen.

In Emirgân und İstinye

Müzedechanga, das schicke, von dem İstanbuler Designerteam *Autoban* durchgestylte Café des Sakıp-Sabancı-Museums wird nach 18 Uhr zu einem überaus populären Restaurant mit schönem Blick auf den Bosporus. Reservierung ratsam. 1-a-Meze und 1-a-Fisch- und Fleischgerichte, vorzüglich die raffiniert zubereiteten Köfte. Gehobenere Preisklasse. Sakıp Sabancı Cad. 22, ✆ 3230901.

Sarı Köşk, gediegenes Lokal in dem gleichnamigen hölzernen Schlösschen. Die Innenausstattung passend zum Kronleuchter. Terrasse mit Bosporusblick. Dazu Vogelgezwitscher statt Straßenlärm. Insgesamt schönes Ambiente, für das nicht extra und doppelt mitbezahlt werden muss – Hg. ab 7,50 €. Emirgân-Park, ✆ 2295037.

Sütiş, weißer Köşk mit herrlicher Terrasse, jedoch direkt an der Küstenstraße. An Wochenenden *die* Frühstücksadresse – davor steht und sitzt man zuweilen Schlange. Recht leger, obwohl die Kellner in weißen Hemden umhereilen. Auch 1-a-Döner. Etwas nördlich des Fähranlegers.

⋙ **Unser Tipp:** **İstinye İzmir Lokmacısı**, herrlich direkt am Bosporus gelegener Teegarten, einfach und preiswert. Kosten Sie *Lokma* zum Tee, ein leckeres Fettgebäck. Am nördlichen Ende der Bucht Richtung Yeniköy. ⋘

Bei Tarabya

Set Balık Lokantası, überaus beliebtes, großräumiges Fischrestaurant mit noch größerer, windgeschützter Terrasse, nur durch ein kleines Sträßlein (nicht durch die viel befahrene Küstenstraße) vom Bosporus getrennt. Für das Gebotene äußerst preiswert: Meze (darunter viele mit leckeren Meeresfrüchten) 2,50–5,50 €, Fisch nach Gewicht. Haydar Aliyev Cad. 18 (ca. 1,5 km nördl. von Tarabya beim Leuchtturm, Bushaltestelle Kireçburnu), ✆ 2620411.

In Sarıyer

Aquarius, Fischlokal unmittelbar am Fischerhafen von Sarıyer. Der Fang wandert hier vom Boot direkt in die Vitrine. Man bezahlt nach Gewicht (faire Preise), Meze ab 1,50 €, mit Meeresfrüchten ab 3 €. Dachterrasse. ✆ 2713434.

Am Bosporus (europäische Seite) → S. 234

Warten auf Kundschaft

Kadıköy

Sehenswert auch ohne kunsthistorische Highlights: Kadıköy ist der pulsierendste Stadtteil auf der asiatischen Seite.

Kleine bunte Gassen, lustige Studentenkneipen, farbenfrohe Marktzeilen und schicke Boutiquen zeichnen das Bild dieses modernen Stadtteils, der auf ein paar gemütliche Schlenderstunden einlädt. Kadıköy ist westlich geprägt – ganz im Gegensatz zum benachbarten konservativen Üsküdar, für das Moscheen und im wahrsten Sinne des Wortes zugeknöpfte Frauen charakteristisch sind. Wer hingegen in Kadıköy Moscheen sucht, wird Kirchen finden. Sie sind das Erbe der Armenier, heute die größte nichtmuslimische Minderheit İstanbuls. Ihre Zahl wird auf rund 50.000 geschätzt. Im 18. Jh. ließen sie sich bevorzugt hier nieder.

Besiedelt war die Gegend um Kadıköy jedoch schon viel, viel früher, nämlich bereits im 7. Jh. v. Chr., also noch vor der Gründung Byzantions. Damals hieß es Chalkedon. Erst im 16. Jh. erhielt das Dorf seinen heutigen Namen: Süleyman der Prächtige übergab es seinem obersten Richter (türk. *kadı),* und so wurde aus dem „Land der Blinden" (→ Geschichte, S. 85) ein „Dorf des Richters".

Im Südosten schließt sich der Stadtteil **Fenerbahçe** an, oder besser die „Republik Fenerbahçe", wie türkische Fußballfans ihn liebevoll nennen. Fenerbahçe hat aber mehr zu bieten als nur ein großes Stadion und erfolgreiche Kicker. Die kilometerlange **Bağdat Caddesi**, früher Ausgangspunkt der Karawanen nach Bagdad, dient heute als noble Flaniermeile – architektonische Raffinesse besitzt sie jedoch nicht (→ Einkaufen). Und Fenerbahçes schicke Cafés und Restaurants an der Marina am Marmarameer sind beliebte Treffpunkte im Sommer. Hier genießt man einen schönen Blick auf die Prinzeninseln und hat dabei eher das Gefühl, an einem mondänen Mittelmeerhafen zu sitzen, als in einer Millionenstadt Urlaub zu machen.

Kadıköy

Spaziergang

Länge ca. 4,3 km, **Dauer** ca. 3 Std., **Karte** S. 244/245.

Für all jene, die auf der europäischen Seite İstanbuls wohnen, beginnt ein Ausflug nach Kadıköy mit der Fährpassage über den Bosporus. Unterwegs heben sich drei monumentale Gebäude aus der Silhouette des asiatischen İstanbul ab. Im Norden Kadıköys (vom Fährschiff aus linker Hand) sticht die **Selimiye-Kaserne** *(Selimiye Kışlası)* ins Auge. Mit ihren charakteristischen Ecktürmen erinnert sie ein wenig an einen Klosterkomplex. Während des Krimkrieges (1854–56) diente das Gebäude als Lazarett, in dem die berühmte englische Krankenschwester Florence Nightingale Verwundete pflegte. Durch fürsorgliche Betreuung und Verbesserung der hygienischen Verhältnisse gelang es ihr, die Sterberate der verletzten Soldaten um 90 Prozent zu reduzieren. Heute erinnert ein kleines Museum in der Kaserne an sie. Es kann allerdings nur nach schriftlicher Anmeldung besichtigt werden – faxen Sie Ihren Pass, Ihre Telefonnummer und das gewünschte Datum an ✆ 0216/3107929.

Etwas weiter südlich fällt der orientalisch anmutende Bau der **Marmara-Universität** *(Marmara Üniversitesi)* mit seinen stilisierten Minaretten ins Auge. Den Entwurf dazu lieferte der italienische Architekt Raimondo d'Aronco, der die Stadt am Bosporus auch mit vielen Art-nouveau-Bauten bereicherte. Die juristische und die medizinische Fakultät haben darin ihren Sitz.

Und noch bevor das Schiff in Kadıköy anlegt, passiert man den unmittelbar am Ufer des Marmarameers gelegenen neoklassizistischen **Bahnhof Haydarpaşa** *(Haydarpaşa Garı)*, der ein wenig einem Rheinschloss nachempfunden scheint. 1908 wurde er eröffnet. Das bescheidene Präsent Kaiser Wilhelms II. konzipierten die deutschen Architekten Otto Ritter und Helmuth Conu. Abenteurer konnten von hier einst nach Teheran und Bagdad starten – eine Reise, die drei Tage dauerte. Zukünftig sollen

Üsküdar, Selimiye-Kaserne, Marmara-Universität
Üsküdar siehe S. 252/253
Yenikapı, Bakırköy
Karaköy, Eminönü
Beşiktaş, Kabataş
Prinzeninseln
Bahnhof Haydarpaşa
Fähranlegestelle Haydarpaşa
Haydarpaşa
İstasyon Caddesi
Tıbbiye Cad.
Dr. Eyüp Aksoy Cad.
Haydarpaşa Çayır Sok.
H. Paşa Rıhtım Caddesi
Dolmuşe nach Küçük Camlıca und zum Salı Pazarı
Bus-bahnhof
Private Fähren nach Karaköy und Eminönü
Fähren nach Karaköy und Eminönü
Fähren nach Kabataş, Beşiktaş und zu den Prinzeninseln
Private Fähren nach Eminönü und Karaköy
Seebusse nach Yenikapı und Bakırköy
Ballon
Dolmuşe nach Taksim und Bostancı
Kadıköy
IDO
İskele Camii
Çarşı
Altıyol
Dolmuşe nach Üsküdar
Karakolhane Caddesi
İskele Sok.
Hafız Sokak
Uzun
Yurttaş Sok.
İzzettin Sokak
Recaizade Sok.
Ferif Bey Sok.
Milli Sok.
Nakil S.
Efendi
Kırmızı Kuşak
Misaki S.
Reşitefendi Sok.
Teyyareci Sami Sok.
Nüshet
Cuhadar Ağa Sok.
Halit Ağa Caddesi
İnkişaf Caddesi
Saray Ardı Caddesi
Acıbadem Caddesi
Fahrettin Kerim Gökay Cad.
E. Çeşme Sok.
Yavuztürk Sok.
Söğütlüçeşme Caddesi
Dere Gazinosu Sok.
Bahnhof Söğütlüçeşme
Söğütlü Çeşme Cad.
Surp-Levon-Kirche
G. Osman Sok.
Tulumbacı A. Sok.
Karadur S.
Vişne S.
Çilek Sok.
Gezinme S.
Çayın Sok.
Kuşdili Caddesi
Bağdat
Fenerbahçe-Stadion
Kırtasiyeci Sok.
Pavlonya
Kazasker
Seraske Cad.
Tellalzade Sok.
Damacı Sakız S.
Nail Bey S.
Ali S.
Nihal S.
Suavi S.
Süleyman Paşa Cad.
Canan Sok.
Caddesi
Bahçe S.
Cad.
Tavuz S.
Muvakkithane Cad.
Surp-Takavur-Kirche
Albay Özdemir Sok.
Neşet Ömer Sok.
Misbah Muhayyes Sok.
Mühürdar
Sarraf Ali Sok.
Güneşli
Pinar Sok.
Moda Cad.
Sahil Yolu
H. Paşa Rıhtım Cad.
1
2
3
4
5
6
7
8
9
10
11
12

Ü bernachten (S. 69)

2 Hush Hostel
4 Kent
12 Double Tree by Hilton

E inkaufen (S. 249)

5 Ali Muhiddin Hacı Bekir
7 Mapchalina
17 Elta Ada

E ssen & Trinken (S. 248/249)

1 Kilisli Fiko Kebap Bus
3 Gökkem Et Lokantası und Dadaş Pilav
6 Nâzım Hikmet Kültür Merkezi
8 Benusen Restaurant
9 Çiya
10 Sahaf Café
11 Cinili Café
12 360 East
13 Viktor Levi Şarap Evi
14 Zincir
15 Karga und Arka Oda
16 Dunia Bar
18 Cibalikapı Balıkçısı

Kadıköy, wie es grinst und schaut

sollen die Fernzüge am neuen Bahnhof Söğütlüçeşme starten, am Bahnhof Haydarpaşa rollt dann nur noch die Vorortbahn ein. Die Schalterhalle und das charmant-altmodische Bahnhofsrestaurant sind sehenswert.

Das unaufdringlich-ruhige **Marktviertel von Kadıköy**, wo noch ein paar alte, niedere Holzhäuser die Zeiten überdauert haben, liegt ein paar Straßenzüge südöstlich des **Fähranlegers**. Es erstreckt sich insbesondere zwischen der Mühürdar und der Moda Caddesi. Viele İstanbuler sind der Meinung, dass es nirgendwo bessere Lebensmittel zu kaufen gibt als hier. Ein Spaziergang hindurch ist ein Genuss für Auge und Nase – lassen Sie sich treiben: Es geht vorbei an kunstvoll aufgetürmten Obstpyramiden und wohlriechenden morgenländischen Köstlichkeiten. Und mittendrin erhebt sich die **armenische Kirche Surp Takavur** *(Surp Takavur Kilisesi)* mit ihrem kleinen hölzernen Glockenturm.

Das Marktviertel bietet aber nicht nur Kulinarisches, sondern auch Antikes. Von der Moda Caddesi geht die gemütliche Trödlergasse Tellalzade Sokak (→ Einkaufen) ab. Wer nach dem Stöbern reif für eine Pause ist, kommt kurz darauf an der Dumlupınar Sokak vorbei. Hier reiht sich Café an Café – die meisten sind fest in Studentenhand.

Die Moda Caddesi führt gen Süden in das gleichnamige ruhige Viertel **Moda**. Die Straße säumen einfachere und bessere Geschäfte, Fast-Food-Lokale und nette Cafés, dazu zweckmäßige Apartmenthäuser. Noch Anfang des 20. Jh. galt Moda als eine der vornehmeren Ecken der Stadt. Hauptsächlich Ausländer lebten hier. An jene Zeit erinnert die 1902 gegründete und noch weitgehend mit dem Originalmobiliar ausgestattete Apotheke in Hausnr. 89 B. Ein kurzer Blick hinein lohnt auch ohne Kopfschmerzen. Die Straße endet an der alten, von Wellen umspülten Fähranlegestelle von Moda. Das dortige Caférestaurant ist ein herrliches Plätzchen für eine Pause (kein Alkohol; wen es danach dürstet, der wählt den Biergarten beim Steg vorm Fähranleger).

Nun geht es am Marmarameer entlang weiter – in der Ferne die Prinzeninseln, voraus das Häusermeer Fenerbahçes. Unter der Woche ist hier wenig los, ein paar Mütter schieben ihre Kinderwagen spazieren, vereinzelt sieht man ein paar Angler und flirtende Kids der umliegenden Schulen. Ganz anders vor 100 Jahren, als hier ein noch sauberes Meer gegen einen der beliebtesten İstanbuler Strände schwappte. Er verschwand mit der Neugestaltung des Uferbereichs.

Nach rund 5 Min. auf der Uferpromenade verlässt man diese wieder, schwenkt nach links ab (erste Möglichkeit) und folgt den Treppen hinauf in ein ruhiges Wohngebiet. An der Dr. Esat Işık Caddesi wird es wieder lauter, v. a. zur Mittagszeit, wenn der letzte Gong der Schulen erklingt und uniformierte Kinder auf die Straße strömen.

Die verkehrsberuhigte **Bahariye Caddesi** (mittlerweile in „Gen. Asım Gündüz Caddesi" umbenannt, aber kein Mensch nennt die Straße so) ist eine beliebte Einkaufsmeile, durchsetzt von netten Cafés. Dazwischen erblickt man (links) die **Aya Triada**, eine große griechisch-orthodoxe Kirche aus dem frühen 20. Jh. (leider selten geöffnet), und (etwas weiter rechts) die **Süreyya-Oper**, die 1927 als erstes Konzerthaus auf der asiatischen Seite İstanbuls eröffnet wurde.

Am Abend lohnt ein Abstecher in die linker Hand verlaufende Parallelstraße **Kadife Sokak**, einer der Nightspots İstanbuls auf asiatischer Seite. Umgangssprachlich wird die Gasse auch *Barlar Sokağı* („Bargasse") genannt (→ Kasten S. 248). Das allabendliche Treiben ist im Vergleich zu Beyoğlu deutlich unaufgeregter, eher innovativ-alternativ denn aufgetakelt. Und dank dem liberalen CHP-Bürgermeister darf hier im Gegensatz zu Beyoğlu noch fröhlich auf der Straße gepichelt werden.

Vom nördlichen Ende der Bahariye Caddesi zweigt die schmale gepflasterte Ali Suavi Sokak mit ein paar netten Cafés und fest installierten Kunsthandwerksständen zum Nâzim Hikmet Kültür Merkezi ab (→ Essen und Trinken). Die kleine armenische **Surp-Levon-Kirche** *(Surp Levon Kilisesi)* aus dem Jahr 1911 fällt hier kaum auf.

Über die verkehrsreiche **Söğütlü Çeşme Caddesi** gelangt man zurück zur Fähranlegestelle. In entgegengesetzter Richtung geht es zum Fenerbahçe-Stadion.

Praktische Infos

→ Karte S. 244/245

Vorwahl: 0216

Verbindungen

Von Eminönü: Mit der **Fähre** (7.30–21 Uhr alle 15–20 Min.). Voraussichtlich 2014 öffnet die Metrostation Sirkeci. Dann kann man auch mit der **Marmaray** unter dem Bosporus hindurch bis Ayrılıkçeşme/İbrahimağa fahren und dort in die Metro M4 nach Kadıköy umsteigen.

Von Taksim: **Dolmuş** bis Beşiktaş (rund um die Uhr, Abfahrt von der İnönü Cad. nahe dem deutschen Konsulat), weiter mit der **Fähre** (7.45–21.15 Uhr alle 30 Min.). Oder **von Beyoğlu** mit der **Tünel-Bahn** (7–22.45 Uhr) hinab nach Karaköy und weiter mit der **Fähre** (6.30–23 Uhr alle 15–30 Min.). Wer über die Bosporusbrücke fahren möchte, nimmt vom Taksim-Platz (Busbahnhof) Ⓑ 110 oder ein **Sammeltaxi** (rund um die Uhr, Abfahrt an der Mete Cad. neben dem Atatürk-Kulturzentrum). Von Kadıköy zurück nach Taksim gelangt man ebenfalls rund um die Uhr mit dem Dolmuş, Abfahrt nahe dem Fähranleger (→ Karte).

Nach Fenerbahçe: Von Kadıköy mit Ⓑ FB 2 (vom Busbahnhof nördl. der Fähranlegestellen). Der Bus fährt auch zur Marina. Für die **Anfahrt zur Bağdat Caddesi** → Einkaufen.

Zwischen Kadıköy und Üsküdar verkehren regelmäßig **Dolmuşe**. Abfahrt der Dolmuşe in Kadıköy von der H. Paşa Rıhtım Cad.

Innerhalb Kadıköys: Zwischen Kadıköy und Moda verkehrt tagsüber ca. alle 20–30 Min. eine historische Straßenbahn im Ringverkehr. Route: Busbahnhof (südöstlich des Beşiktaş-Fähranlegers) – Moda – Bahariye Cad. – Söğütlüçeşme Cad. – Busbahnhof.

Essen und Trinken

Viele nette und günstige Lokale gibt es u. a. in der Güneşli Bahçe Sok. Schöne Terrassenlokale findet man über der alten Fähranlegestelle von Moda.

Restaurants

»» **Unser Tipp: 360 East 12**, der Ableger aus Beyoğlu (→ S. 200). Sensationelle Location auf dem Dach des Hotels Double Tree by Hilton – mit Traumblicken hinüber auf den Moscheenzauber Sultanahmets auf der europäischen Seite. Mischung aus schickem Restaurant (feine Weltküche), Bar (tolle Cocktails) und Club. Clubnächte mit DJs und/oder Livemusik steigen i. d. R. am Wochenende ab Mitternacht, dann auch mittelstrenge Türpolitik! Teuer, aber ein ganz besonderes Erlebnis. Albay Faik Sozdener Cad. 31, ✆ 5424350. ««

Cibalikapı Balıkçısı 18, der Moda-Ableger des Fischlokals am Goldenen Horn (→ Balat, Fener und Fatih/Essen und Trinken, S. 177). Schattige Terrasse, leider ohne Ausblick. Tarihi Moda İskelesi Yolu, ✆ 3489363.

Ein Abend in Kadıköy! Selbst wenn Sie nur 2 oder 3 Tage in İstanbul verbringen und gar keine Zeit für den Spaziergang am Tage haben, so ist auch nur ein Abend in Kadıköy ein Erlebnis. Die Fährfahrt zur blauen Stunde ist herrlich. Im Anschluss können Sie durch das Marktviertel schlendern, dort in einem der vielen guten Lokale essen gehen und danach noch durch die Barstraßen spazieren. Zurück bietet sich neben der Fähre auch das Dolmuş an (fährt über die Bosporusbrücke nach Taksim, und zwar die ganze Nacht).

Viktor Levi Şarap Evi 13, gepflegtes Weinrestaurant, das Interieur erinnert ein wenig an einen englischen Herrenclub, dazu schöner Sommergarten. Türkisch-internationale Küche, Hg. 8–16 €, die Flasche Hauswein ab 13 €. Damacı Sok. 4, ✆ 4499329.

Çiya 9, südostanatolische Küche in freundlichem Ambiente. Das Lokal ist so beliebt, dass es in der gleichen Straße gleich 3-mal vertreten ist. Im *Çiya Sofrası* gibt es beste und außergewöhnliche Hausmannskost wie Lammwürste mit Bulgur, im *Çiya Kebap* v. a. köstliche Kebabs und Lahmacun, im *Çiya Sofrası Kebap* von jedem etwas. Kein Alkohol. Mittlere Preisklasse. Güneşli Bahçe Sok, ✆ 4185115.

Benusen Restaurant 8, einfache Meyhane mit ein paar Tischen auf dem Gehweg – das urigste Restaurant in der Straße, innen holzverkleidet. Erstklassige Meze, danach Fleisch oder Fisch. Guter Service, faire Preise. Zuweilen Fasılmusik. Sehr beliebt, am Wochenende besser reservieren. Neşet Ömer Sok. 18, ✆ 3388418.

Lokantas

Görkem Et Lokantası 3, günstige, einfache Lokanta, die sich von anderen auf den ersten Blick nicht sonderlich abhebt. Hier werden jedoch regionale Spezialitäten vom Schwarzen Meer serviert, u. a Reis mit Schwarzmeersardinen *(hamsi pilav)* oder Krautwickel *(lahana sarması)*. Teyyareci Sami Sok. 8 B.

Dadaş Pilav 3, hier gibt es Reis, Hühnchenfleisch und Salat, und zwar alles zusammen als Riesenberg auf den Teller gehäuft. Sonst kaum etwas. Schmackhaft, sättigend und billigst: Mit 1,50 € is(s)t man dabei. Auch zu später Stunde noch geöffnet, deswegen beliebter Treffpunkt hungriger Nachtschwärmer. Misaki Milli Sok. 16 C.

Kilisli Fiko Kebap Bus 1, kleiner Verschlag mit ein paar Tischen direkt an der Straße. Eine der besten Suppen İstanbuls wird hier serviert, die *Yuvarlama Çorbası*: zarte Fleischstückchen, Hackbällchen und Gemüse in fantastisch gewürzter Brühe. Auch Gegrilltes. 24 Std. geöffnet, deswegen auch hin und wieder recht bizarres Publikum. Am nördlichen Ende der Haydarpaşa Rıhtım Cad. (gegenüber dem Hotel Deniz).

Cafés

Sahaf Café 10, Bücherei, Antiquariat und Café auf 2 Etagen. Wohnzimmeratmosphäre. Hin und wieder Dichterlesungen, jeden Tag ein frisch gebackener Kuchen, dazu günstiges Essen zwischen türkischer Hausmannskost und Spaghetti. Auch Alkohol. Garten und Balkon. Dumlupınar Sok. 8 A.

Çinili Café 11, gleich daneben und genauso empfehlenswert. Studentencafé mit knarrenden Holzböden und ruhiger Musik. Der Hit ist der wunderschöne kleine Hinterhof. Große Auswahl an Weinen und Cocktails, zudem gibt es Kleinigkeiten zu essen. Dumlupınar Sok. 6 A.

Nâzim Hikmet Kültür Merkezi 6, der schattige, baumbestandene Teegarten dieses Kulturzentrums ist eine ruhige Oase inmitten des Getümmels. Ali Suavi Sok. 7.

Bars

Karga 15, gemütliche, über 3 Etagen angelegte Location mit viel Holz, warmen Wandfarben und netter, nicht überladener Dekoration. Kleiner Außenbereich. Abends legen oft DJs auf, die sich in keine Schublade pressen lassen. Sehr empfehlenswert. Kadife Sok. 16. Kein Schild, auf eine Tür mit Rabenemblem achten (*karga* heißt „Rabe").

Zincir 14, die „Kette" ist der Treffpunkt der langhaarigen Metal- und Heavyrock-Szene Kadıköys. Der DJ gibt sein Bestes – wer sich ernsthaft unterhalten will, geht besser woanders hin. Ein Dauerbrenner. Kadife Sok. 3.

Arka Oda 15, wunderbar gemütliche DJ-Bar auf 2 Etagen: kuschelige Sofas, Schirmlampen von der Oma, Garten und Balkon für die Raucher. Sehr entspannte Atmosphäre, und auch am Wochenende tritt man sich hier nicht auf die Füße. Wechselndes DJ-Programm (Post-Punk, Nu-Disco, Psychedelia, Afrobeat, Gypsy-Jazz, Zombie-Punk usw.), hin und wieder auch Live-Acts. Kadife Sok. 18 A, kein Schild am Eingang.

Dunia Bar 16, schräg gegenüber im 1. Stock. Auch hier trifft sich ein eher alternatives, junges und nettes Publikum zum coolen Sound der experimentierfreudigen DJs. Kadife Sok. 19/2.

Einkaufen

Lebensmittel

Ali Muhiddin Hacı Bekir 5, traditioneller Süßwarenladen, der Ableger aus Eminönü (→ S. 161). Muvakkithane Cad. 16.

Mapchalina 7, klasse Naturhonig in allen Variationen. Dazu kann man sich hier auch ein Becherchen Joghurt mit Honig zum Nebenbeischlecken holen. Güneşlibahçe Sok. 28.

Elta Ada 17, feines Bio-Olivenöl, Bio-Käse und Bio-Obst von der Ägäisinsel Gökçeada. Yenifikir Sok. 3 (Eingang Moda Cad.). ■

Markt

Der traditionelle **Dienstagsmarkt (Salı Pazarı)** von Kadıköy wurde ins nahe gelegene Viertel Hasanpaşa versetzt. Er gehört zu den größten Wochenmärkten der Stadt. Keine Souvenirs, daher auch kaum Touristen. Mit Dolmuşen von Kadıköy aus (Abfahrt nördl. des Busbahnhofs) zu erreichen, auf die Aufschrift „Salı Pazarı" achten.

Mode

Bağdat Caddesi, kilometerlanger, sich über mehrere Stadtteile hinziehender, palmengesäumter Einkaufsboulevard für das gut betuchte elegante İstanbul. Neben Mode ohne Ende (alle bekannten Marken sind vorhanden) findet man hier auch Schönheitskliniken, noble Cafés und Restaurants. Anfahrt: mehrere Möglichkeiten. Zum einen kann man mit der **Vorortbahn** von den Bahnhöfen Haydarpaşa oder Söğütlüçeşme bis zur Station Suadiye fahren. Nach Verlassen des Zuges Treppe runter und rechts/links/rechts halten, dann rechts ab in die Bağdat Cad. (in Fahrtrichtung laufen). Zudem passieren die **Kadıköy-Bostancı-Dolmuşe** (Abfahrtsstelle nahe dem unübersehbaren Ballon am Hafen von Kadıköy) auch die Bağdat Caddesi, sagen Sie dem Fahrer Bescheid.

Trödel

Tellalzade Sokak, schmucke Trödlergasse im Marktviertel Kadıköys. Gute Fundgrube für alles, was zwischen antikem Schmuck und kaputten Lampen möglich ist. Zwischen den alteingesessenen Opa-Trödlern auch immer mehr teure Antiquitätenläden.

Schmuck

Etliche **Goldläden** im östlichen Bereich der Söğütlüçeşme Cad. Hier kauft man günstiger ein als im Großen Basar.

Kadıköy → Karte S. 244/245

An der Uferpromenade von Üsküdar

Üsküdar

Kein Stadtteil auf der asiatischen Seite besitzt so viele Sehenswürdigkeiten wie Üsküdar – Minarette weisen den Weg.

Der geografische Vorteil des Stadtteils, auf dem gleichen Kontinent zu liegen wie die sterblichen Überreste des Propheten, führte einst dazu, dass osmanische Würdenträger hier bevorzugt Moscheen stifteten. Deshalb weist Üsküdar eine der höchsten Moscheendichten İstanbuls auf. Genau aus dem gleichen Grund ließen und lassen sich hier noch heute viele Gläubige mit Vorliebe bestatten. So erstreckt sich in Üsküdar mit dem Karaca-Ahmed-Friedhof die größte muslimische Begräbnisstätte der Welt.

Üsküdar ist ein ziemlich konservativer Stadtteil und außer an Moscheen nicht gerade reich. Der Stadtteil ist zugleich Heimat vieler ostanatolischer Übersiedler. Zweckmäßigkeit prägt das Erscheinungsbild. Der kleine Obst- und Gemüsemarkt und das dahinter liegende Geschäftsviertel nahe dem Hafen sind bei weitem nicht so bunt und lebendig wie im südlich anschließenden Kadıköy – und von Kneipen gar keine Spur. Das war einmal anders: In osmanischer Zeit, bis zum Bau der anatolischen Eisenbahn, war Üsküdar ein reges, sogar recht vornehmes Handelszentrum mit unzähligen Hanen (→ Kasten S. 154), wo viele Handelskarawanen aus Asien endeten und die großen Pilgerkarawanen nach Mekka starteten.

Deutlich liberaler präsentieren sich die nördlich von Üsküdar gelegenen Bosporus-Orte. Nur drei Busstationen bzw. 20 Fußminuten sind es bis Kuzguncuk (→ S. 259), wo die İstanbuler Welt schon wieder ganz anders aussieht.

Üsküdar

Spaziergang

Länge ca. 7,3 km, **Dauer** ca. 4 ¼ Std., **Karte** S. 252/253.

Vorbei am **Kız Kulesi** (→ Kasten) steuern die Bosporusfähren Üsküdar an. Einem Amphitheater gleich steigen um den Hafen in einem weiten Halbrund die Häuser des Stadtteils empor, durchsetzt von Kuppeln und Minaretten. In der Abendsonne glitzern die Fassaden seit eh und je golden – vielleicht ein Grund dafür, weshalb Üsküdar in vorchristlicher Zeit Chrysopolis, „Stadt des Goldes", genannt wurde.

Kurz bevor das Fährschiff anlegt, fällt rechter Hand (südwestlich der Fähranlegestelle) die malerische, unmittelbar am Bosporus gelegene **Şemsi-Pascha-Moschee** *(Şemsi Paşa Camii)* ins Auge. 1580 entwarf Sinan (→ S. 120), bereits in hohem Alter, die zierliche Einkuppelmoschee aus hellem Marmor für den Wesir und Dichter Şemsi Ahmed Pascha. Die Türbe des Stifters steht daneben.

Imposanter ist die **Hafenmoschee** *(İskele Camii)* auf einer terrassenförmigen Anhöhe direkt bei den Fähranlegern. Der Weg dahin führt vorbei an einem großen, reizvollen Barockbrunnen mit arabischen Inschriften. Es handelt sich um Verse berühmter osmanischer Dichter. Auch die Hafenmoschee aus dem Jahr 1547 schuf Sinan, dieses Mal für Mihrimah, die Lieblingstochter Sultan Süleymans. So stattlich ihr Äußeres mit der weit ausladenden Vorhalle auch erscheinen mag, ihr Inneres enttäuscht: Die Raumaufteilung ist unausgewogen, und Licht fällt nur spärlich hinein.

Hinter der Hafenmoschee erstreckt sich das Marktviertel, davor der **Üsküdar Meydanı**. Der weite Platz ist noch bis voraussichtlich 29. Oktober 2013 eine einzige Baustelle. Dann aber soll dort die Metrostation Üsküdar eröffnen,

Essen & Trinken (S. 256)
1 Ismet Baba (S. 262)
2 Kanaat Lokantası
3 Niyazibey İskender
4 Kız Kulesi
Karaköy
Beşiktaş
Eminönü
Beşiktaş
Kuzguncuk
Dolmuşe nach Kuzguncuk
Paşa Limanı C.
Yeni Dünya S.
K. Medrese
Busbahnhof
BUS
Hafenmoschee
Barockbrunnen
Selman Ağa Sok.
Bosporus
Şemsi-Pascha-Moschee
Üsküdar Meydanı
Selmanipak Cad.
Bülbüldere Baglar
Şemsi Paşa Cad.
Busse/Minibusse nach Şile
Dolmuşe nach Kadıköy
Yeni-Valide-Moschee
Atlas Sok.
Selamsız Cad.
Harem Üsküdar Yolu
Hakimiyeti Milliye Cad.
Marktviertel
Mimar Sinan Çarşısı
B. Hamam S.
Evliya H.S.
Hamza
Kuşoğlu S.
Ahmediye Meydanı
Salacak
Gündoğumu S.
Çavuşdere Cad.
Hükümet Konağı
Kız Kulesi
Doğancılar Cad.
Hayrettin Çavuş S.
Mustafa-Efendi-Moschee
Eski Toptaşı C.
Dr. Fahri Atabey C.
Halk Cad.
Halk Cad.
Büyük Selim Paşa Cad.
Dolambaç Sok.
Döner Dolap S.
B. Bekir S.
Tunus Bağı Cad.
Dr. Sıtkı Özferendeci S.
Üsküdar Harem Sahil Yolu
Karaca - Ahmed-Friedhof
Balcılar Yokuşu
Doktor Ey...
Marmarameer
İsmail Hakkı Tonguç Parkı
Suphi Bey S.
Caddesi
Şair Nesimi S.
Selimiye Camii S.
Daye Kadın S.
Selimiye Kışla Cad.
Harem İskele
Selimiye Hamam S.
Şerif Kuyusu Sok.
Eminönü
Autofähre
Busbahnhof Harem
BUS
Petrol-Ofisi-Tankstelle
Karlık Bayırı S.
Selimiye İskele Cad.
Ambar S.
Busse/Minibusse nach Şile
Kadıköy siehe S. 244/245
Kadık

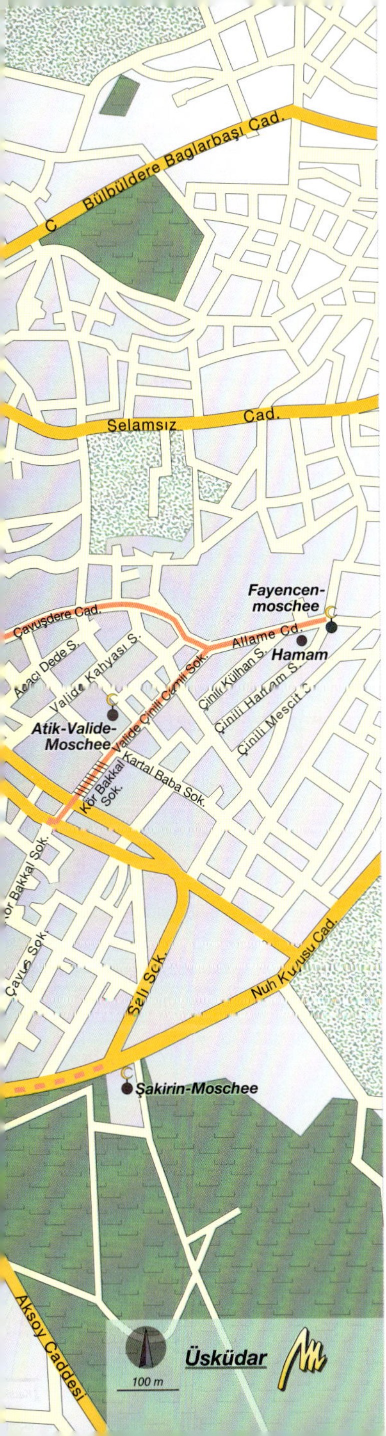

der Zugang zur neuen, unter dem Bosporus verlaufenden Metrolinie *Marmaray* (→ Unterwegs, S. 25).

Rund um den Platz findet man weitere Moscheen. Die bedeutendste steht an seiner Südflanke, die **Yeni-Valide-Moschee** *(Yeni Valide Camii)* mit zwei auffälligen Minaretten. Ahmet III. ließ sie im klassischen Stil zwischen 1708 und 1710 für seine Mutter Gülnuş Emetullah (was für ein Name: „Rosentrunk Zeitferne Gottes") errichten. Der Innenraum wirkt freundlich, die Fayencen sind jedoch blass und einfallslos.

Von der Yeni-Valide-Moschee führt die Hakimiyeti Milliye Caddesi landeinwärts. Die Straße ist die zentrale Achse Üsküdars, hier stockt meist der Verkehr, sodass man vom Auto aus die Auslagen der Geschäfte begutachten kann. An der Hakimiyeti Milliye Caddesi steht auch gleich zu Beginn ein alter, von einem Park umgebener Hamam, heute der **Mimar Sinan Çarşısı**, eine Markthalle mit Ramschläden.

Beim Restaurant Niyazibey Iskender verlässt man die Hakimiyeti Milliye Caddesi und folgt fortan der Dr. Fahri Atabey Caddesi, bis es nach dem Regierungsgebäude Hükümet Konağı links in die Eski Toptaşı Caddesi und kurz drauf, bei der Mustafa Efendi Moschee, in die Hayrettin Çavuş Sokak abgeht. Durch nun eher langweilige Straßenzüge – rechter Hand vorbei an tristen Wohnblocks, linker Hand eine Megabaustelle, wo ein neuer Rathauskomplex entstehen soll – gelangt man bergauf zur **Fayencenmoschee** *(Çinili Camii)*, die von einem kleinen Garten umgeben ist. In ihrem Innern begeistert feinste İznik-Keramik (→ S. 156). Türkise und zartblaue Töne überwiegen. Gestiftet wurde die Moschee 1640 von Valide Mahpeyker („Mondgesicht") Kösem, der Mutter der zwei Sultane İbrahim der Verrückte und Murat IV.

Üsküdar → Karte S. 252/253

Kız Kulesi – ein Turm wie für Legenden geschaffen

Aus den dunklen Fluten des Bosporus ragt eines der lieblichsten Wahrzeichen İstanbuls hervor, der kleine, festungsartige Kız Kulesi („Mädchenturm"), wie die Türken ihn nennen. Einer Legende zufolge wurde einem König einst prophezeit, dass seine Tochter jung an einem Schlangenbiss sterben werde. Zu ihrer Sicherheit errichtete der König den Turm im Bosporus – fernab aller Schlangen. Umsonst: In einem Obstkorb, der dem Mädchen gesandt wurde, hatte sich eine Natter versteckt, und die Prophezeiung wurde wahr. Die Legende hört man in der Türkei übrigens nahezu überall, wo es eine kleine küstennahe Insel mit einem Turm bzw. einer Burg darauf gibt.

Auf eine andere Legende geht die überwiegend von Ausländern verwendete Bezeichnung „Leanderturm" zurück. Sie handelt von dem sagenumwobenen Liebespaar Hero und Leander, das sich nur nächtens sehen konnte, da die Liebe geheim gehalten werden musste. So durchschwamm Leander stets in der Dunkelheit das Meer, um zu Hero zu gelangen. Zur Orientierung stellte sie ihm eine Kerze in eines der Turmfenster. In einer stürmischen Winternacht ging die Kerze aus, Leander ertrank, und Hero stürzte sich aus dem Fenster. Leider Humbug: Das traurige Schicksal von Hero und Leander, das u. a. Ovid (43 v. Chr. bis 17 n. Chr.) überlieferte, soll sich nicht am Bosporus, sondern an den Dardanellen zugetragen haben.

Seit der Jahrtausendwende könnte der Turm auch „Elektraturm" genannt werden, denn er ist um eine Geschichte reicher geworden. Diese handelt von der bösen Elektra, die ihn als Versteck nutzt – alles weitere im James-Bond-Film *The World is not enough*. Tatsache ist, dass das gegenwärtige Türmchen aus dem 18. Jh. stammt und u. a. als Leuchtturm, Zoll- und Quarantänestation diente. Heute beherbergt es eine kleine Ausstellung zur Geschichte des Turms, eine Bar, ein Café und Restaurant (→ Essen und Trinken).

Bootsservice von der Uferpromenade beim Viertel Salacak (zwischen Üsküdar und Harem) und von Kabataş (Abfahrt dort hinter der Tankstelle neben dem Dentour-Steg). 6,50 €, erm. 4,30 €. www.kizkulesi.com.tr.

Mädchenturm – legendenumwobenes Wahrzeichen im Bosporus

Zur Moschee gehört auch der etwas tiefer gelegene, gleichnamige Hamam (→ Kasten S. 30).

Geht man den Weg, den man gekommen ist, wieder etwas zurück und zweigt dann links ab in die Çinili Camii Sokak, gelangt man zur **Atik-Valide-Moschee** *(Atik Valide Camii)*. Sie ist eines der letzten Meisterwerke des großen Architekten Sinan, 1583 im Auftrag Nur Banus („Lichtgemahl"), der Gattin Sultan Selims II., errichtet. Ihr Inneres ist sehenswert. Die Apsis schmücken auch hier feinste İznik-Fayencen. Die Unterseiten der Emporen zieren Arabesken in Schwarz, Rot und Gold. Mihrab und Minbar sind kunstvolle Marmorarbeiten. Der Weg in die Moschee führt durch einen herrlichen baumbestandenen und nach Rosen duftenden Vorhof, einen der schönsten İstanbuls. Die zugehörige Külliye nebenan wurde 2012 aufwendig restauriert und soll künftig von der Marmara-Universität genutzt werden.

Folgt man der Çinili Camii Sokak und deren Fortsetzungen weiter Richtung Süden, stößt man automatisch auf den **Karaca-Ahmed-Friedhof** *(Karaca Ahmet Kabristanı)*, ein Meer aus Grabstelen, das von mehreren Straßen durchschnitten wird. Auch ein Nichtmuslim hat hier seine letzte Ruhestätte gefunden: In einer säulengetragenen Kuppeltürbe wartet das Lieblingspferd Sultan Mahmuts I. (1730–54) auf den Tag der Auferstehung.

Wer sich für Architektur und Design interessiert, kann nun einen kleinen Abstecher nach links in die Nuh Kuyusu Caddesi unternehmen. An der breiten Straße ragt, einem Raumschiff gleich, eine der modernsten Moscheen der Türkei in den Himmel, die 2009 fertiggestellte **Şakirin-Moschee** *(Şakirin Camii)*. Für die Innendekoration war erstmals in der Moscheengeschichte des Landes eine Frau zuständig – die İstanbuler Innenarchitektin Zeynep Fadıllıoğlu, die auch Szenebars designt.

Wer den Abstecher auslässt, folgt für ein paar Meter der breiten Straße zwischen den Gräberfeldern hindurch (Richtung Harem, bis es nach rechts Richtung Üsküdar abgeht). Dann führt der Weg über die Selimiye Kışla Caddesi, die Selimiye Hamamı Sokak (mittwochs überquert man dabei den Markt auf der Selimiye Camii Sokak), die Selimiye İskele Caddesi und die Karlık Bayırı Sokak zum İsmail Hakkı Tonguç Parkı, einer kleinen Grünanlage mit ein paar Bänken. Am Abend sieht man von hier aus Europa am anderen Ufer im Licht der untergehenden Sonne verglühen.

Von dort gelangt man über Treppen hinab zum Busbahnhof Harem (Fähre nach Eminönü). Entlang dem Ufer – egal ob zu Fuß oder per Dolmuş – geht es, vorbei an zig Cafés und dem Kız Kulesi, zurück nach Üsküdar.

Praktische Infos

→ Karte S. 252/253

Vorwahl: 0216

Verbindungen

Von Eminönü: mit der **Fähre**, Abfahrt östlich der Galatabrücke (6.30–23 Uhr alle 20 Min.). Ab voraussichtlich 2014 gelangt man auch mit der Metro Marmaray vom Bahnhof Sirkeci nach Üsküdar. Von und nach **Karaköy** verkehren tagsüber private Fähren.

Von Taksim/Beyoğlu: Mit dem **Dolmuş** fährt man von Taksim (Abfahrt an der İnönü ad. nahe dem Deutschen Konsulat) nach Beşiktaş und von dort weiter mit der **Fähre** (7–20.30 Uhr regelmäßig).

Zwischen Üsküdar und Kadıköy verkehren **Dolmuşe**, Abfahrt in Üsküdar vor der Yeni-Valide-Moschee. Achtung: Die Dol-

Üsküdar → Karte S. 252/253

muşe fahren nicht entlang der Küste, sondern vorbei an Friedhof und Marmara-Universität.

Essen und Trinken

Restaurants

Kız Kulesi 4, im Mädchenturm (→ Kasten S. 254). Tagsüber ein Café, abends (tägl. 20.15–24 Uhr) ein gehobenes Restaurant mit Panoramabar. Internationale Küche, Menüs 60–78 €. Für den Brunch am So sollte man reservieren. Bootsservice → S. 254 ✆ 3424747.

Lokantas

Kanaat Lokantası 2, gepflegte, überdurchschnittlich große Lokanta, besteht seit 1933. Gigantische Auswahl an Meze, Topfgerichten, Kebabs und Süßspeisen, z. T. auch außergewöhnliche Variationen – alles lecker. Stets gut besucht, etwas eng bestuhlt. Erfragen Sie die Preise besser im Voraus. Selmanipak Cad. 25.

Niyazibey İskender 3, ein ebenfalls etablierter Kebabsalon mit mehreren Ablegern. Neben Kebabs serviert man auch Pide aus dem Holzofen. Kleine Terrasse. Hg. 6,50–11 €. Ahmediye Meydanı.

Büyük Çamlıca – Aussicht zum Kaffee

Rund 4 km östlich von Üsküdar erhebt sich der *Büyük Çamlıca,* der große Pinienhügel. 261 m misst er, Pinien gibt es darauf auch, aber mindestens genauso viele Rundfunk- und Fernsehantennen. Trotzdem genießt man von hier eine berauschende Aussicht über den Bosporus, auf Beyoğlu und die moderne Skyline von Levent, auf das Goldene Horn, auf Sultanahmet und bis auf die Prinzeninseln. Im Süden kann man an klaren Wintertagen selbst den verschneiten Bergzug des Uludağ bei Bursa ausmachen. Auf der Hügelspitze befindet sich ein schöner, schattiger Park mit Spazierwegen und Lokalen. Neben Liebespaaren treffen sich hier überwiegend konservative Familien. Nicht minder schön ist übrigens der *Küçük Çamlıca,* der kleine Pinienhügel nebenan. Wie lange die hiesige Stadtidylle aber noch erhalten bleibt, ist fraglich: Ministerpräsident Erdoğan kündigte 2012 ein tollkühnes Projekt an, das in Çamlıca den Bau einer megalomanen Moschee vorsieht – mit 15.000 m² Fläche und den höchsten Minaretten der Welt ...

Anfahrt: In Üsküdar steigt man vor dem Eminönü-Fähranleger in Ⓑ 9 ÜD (Richtung Ümraniye) und fährt bis zur Haltestelle Turistik Çamlıca Tes. Achtung: Aufgrund der U-Bahn-Arbeiten am Üsküdar Meydanı kann sich die Abfahrtsstelle ändern! **Von Kadıköy** starten nördlich des Busbahnhofs an der H. Paşa Rıhtım Cad. **Dolmuşe** zum Küçük Çamlıca.

Ausblick vom Pinienhügel

Blick von Üsküdar über den Bosporus nach Sultanahmet

Die Festung Anadolu Hisarı (links) und der Küçüksu-Palast (rechts)

Am Bosporus

(asiatische Seite)

Am anatolischen Ufer des Bosporus, nördlich von Üsküdar, wechseln sich Kleinstädtchen mit herrschaftlichen Palästen ab. Die Hektik hält sich hier noch in Grenzen.

Bis in die 70er-Jahre des 20. Jh. lag das asiatische Bosporusufer im vergessenen Abseits der Millionenmetropole. Mit dem Bau der Brücken von Europa nach Asien kam die Kehrtwende. Die ländlich geprägten Ortschaften wurden urbanisiert und wuchsen mehr oder weniger zusammen. Trotzdem ist rechts und links der verkehrsreichen Küstenstraße Beschaulichkeit noch immer Trumpf. Das Ufer ist heute eine bevorzugte Adresse der Schönen und Reichen, die hier in luxuriösen Yalıs weilen. Von Land aus verbergen sie sich oft hinter hohen Mauern mit Stacheldraht und Videokameras. Vom Bosporusdampfer lassen sich diese prächtigen alten Bosporusvillen besser ausmachen.

Zu den nettesten Orten gehören → **Kuzguncuk**, → **Çengelköy**, → **Kanlıca**, → **Beykoz** und → **Anadolu Kavağı**. Letzterer ist v. a. wegen seiner Fischlokale bekannt. Dazwischen thronen der → **Beylerbeyi**-Palast *(Beylerbeyi Sarayı)* und der → **Küçüksu-Palast** *(Küçüksu Kasrı)*, Sommerresidenzen der Sultane aus dem 19. Jh., die Interessierten heute als Museen offen stehen. Nahe dem Küçüksu-Palast steht eine spätmittelalterliche Verteidigungsanlage, die sog. → **Anatolische Festung** *(Anadolu Hisarı)*.

Mehr zum Bosporus und Tipps zu einer Dampferfahrt entlang der Meerenge finden Sie auf S. 232 und S. 239.

Am Bosporus (asiatische Seite)

Sehenswertes

(von Süd nach Nord)

Kuzguncuk

Kuzguncuk schließt im Nordosten an Üsküdar an. Lange Zeit lebten hier Christen, Juden und Muslime im friedlichen Miteinander, an der Uferstraße zeugen noch eine Moschee und eine armenische Kirche aus dem 19. Jh. in direkter Nachbarschaft davon. Landeinwärts findet man noch eine ganze Reihe an charmanten Pflastergassen – ein Stück altes Stambul, das anderswo längst verschwunden ist. Spazieren Sie beispielsweise vom ehemaligen Fähranleger die İcadiye Caddesi entlang: Es geht vorbei an altem Baumbestand, liebevoll restaurierten historischen Holzhäusern, netten Cafés und einer griechisch-orthodoxen Kirche – Kleinstadtatmosphäre zum Durchatmen.

Beylerbeyi Palast (Beylerbeyi Sarayı)

Bei dem gleichnamigen Städtchen, im Schatten der Bosporusbrücke, liegt dieses prächtige Palais. Sultan Abdül Aziz ließ es zwischen 1861 und 1865 als Sommerresidenz und Gästehaus errichten. Unter anderem nächtigten hier Kaiser Franz Joseph von Österreich, König Edward VIII. und Kaiserin Eugénie von Frankreich. Letzterer gefiel der Aufenthalt so gut, dass sie sich ein Fenster ihres Gästezimmers für den eigenen Palast in Paris kopieren ließ.

Heute führt eine rund 30-minütige Tour durch die Räumlichkeiten, vorbei an japanischen und chinesischen Vasen, böhmischen Lüstern, seidenen Teppichen, einer 60 kg schweren Uhr (ein Geschenk des Zaren Nikolaus II.) usw. Interessant sind die Lehnen der Polsterstühle und Sofas im Empfangsraum. Sie haben einen nahezu rechten Winkel, damit die Besucher in angemessen steifer Haltung vor dem Sultan zu sitzen kamen. Nach der Besichtigung laden gemütliche Fischrestaurants an der Fähranlegestelle von Beylerbeyi zum Verweilen ein.

Çayırbaşı Cad. (Bushaltestelle Beylerbeyi Sarayı). Tägl. (außer Mo/Do) 9–17 Uhr. Nur mit Führung (auf Türkisch und Englisch). Eintritt 8,70 €, Türken die Hälfte.

Çengelköy

Nach dem Fall Konstantinopels wurden hier angeblich jede Menge Schiffsanker gefunden, was dem einfachen Dorf (dt. „Ankerdorf") seinen Namen bescherte. Heute ist der Ort bekannt für seine saftigen Gurken und Birnen, die man am Montagsmarkt erstehen kann, aber auch für seinen **Teegarten Çınaraltı Çaybahçesi** (→ Essen und Trinken). Der lauschige Platz im Schatten einer uralten Platane bietet herrliche Ausblicke auf den Bosporus. Nördlich von Çengelköy liegt die streng bewachte Offiziersschule (Kuleli Askeri Lisesi), die 1860 unter Sultan Abdül Mecit errichtet wurde.

Anadolu Hisarı (Anatolische Festung)

Ähnlich wie Rumeli Hisarı (→ S. 236) auf der anderen Bosporusseite trägt auch dieses pittoreske Dorf den Namen seiner Festung. Die kleine, unspektakuläre Verteidigungsanlage wurde um 1390 von Sultan Beyazıt I. als Vorposten gegen Byzanz errichtet. Zu ihren Füßen findet man ein paar gemütliche Restaurants und Cafés.

Der Fluss Göksu nebenan und das weiter südlich gelegene, heute kanalisierte Flüsschen Küçüksu wurden einst als die „süßen Wasser Asiens" bezeichnet. Die Wiesen zwischen den beiden Wasserarmen waren beliebte Picknickplätze der osmanischen Oberschicht. Sultan Abdül Mecit ließ sich hier im Jahre 1856 einen marmorverkleideten Sommerpalast, den **Küçüksu-Palast** *(Küçüksu Kasrı)*, errichten, der heute als Museum zu besichtigen ist. Eine geschwungene Doppeltreppe führt hinein, darin Luxus pur: Lüster aus Murano-Glas, erlesene Hereke-Teppiche, herrlich gemusterte Parkettböden, für die bis zu vier edle Holzsorten verwendet wurden, usw. Neben dem Gelände befindet sich ein nettes Terrassencafé direkt am Bosporus.

Vom Palastgarten sieht man den südlich gelegenen, weißen **Kıbrıslı Yalı**, mit 60 m der längste Yalı (→ Kasten S. 236) am Bosporus. Das Gebäude entstand im Jahre 1760.

Die **Anatolische Festung** war zuletzt nur von außen zu besichtigen. **Palast** tägl. (außer Mo/Do) 9–17 Uhr geschlossen. Eintritt 2,20 €; Bushaltestelle Küçüksu.

Kanlıca und Çubuklu

Kanlıca heißt „blutig". Seinen gruseligen Namen verdankt der hübsche Ort angeblich den heimischen Kühen, die vom Genuss bestimmter Gräser und Kräuterchen einst eine rosarote Milch gaben. Diese wiederum war und ist Basis für den hervorragenden lokalen Joghurt, den man – heute allerdings schneeweiß – in den Cafés rund um die Fähranlegestelle kosten kann.

Weiter nördlich schließt sich **Çubuklu** an. Längst aufgegeben ist das dortige, um das Jahr 420 gegründete „Kloster der Schlaflosen". Ein asketischer Orden verharrte hier Tag und Nacht in sich ablösenden Gruppen im Gebet. Eine schlaflose Gemeinde zieht Çubuklu aber auch heute noch an: Im hippen Open-Air-Club *Hayal Kahvesi* (→ Nachtleben, S. 79) direkt am Bosporus (an der Straße nach Beykoz) schlägt sich die junge High Society die İstanbuler Sommernächte um die Ohren.

Badetag in Üsküdar

Auf dem Hügel zwischen Kanlıca und Çubuklu thront, umgeben von einem romantischen Park, der **Khedivenpalast** *(Hıdiv Kasrı)*. Abbas Hilmi Pascha, der letzte Vizekönig Ägyptens, ließ ihn um das Jahr 1900 als Sommerresidenz errichten. Ihm gefiel es am Bosporus besser als in der heißen Heimat. Das Gebäude in der Manier italienischer Villen, versehen mit Jugendstil-Elementen und einem imposanten Turm, war Generationen von Seeleuten als Landmarke vertraut. Heute beherbergt es ein stilvolles Lokal (→ Essen und Trinken).

Wegbeschreibung zum Khedivenpalast: Im Zentrum Kanlıcas ca. 150 m nördlich der Moschee von der Uferstraße (hinter Hausnr. 8) in die Kafadar Sok. einbiegen, dann gleich wieder links und ca. 15 Min. immer der Straße bergauf folgen.

Beykoz

In den Fischrestaurants der konservativen Kleinstadt wird angeblich der beste Steinbutt *(kalkan)* der Gegend zubereitet. Gen Süden geht Beykoz fast fließend in das Dorf **Paşabahçe** über. Die türkeiweit bekannte Glasfabrik von Paşabahçe verlagerte ihre Produktion leider vor einigen Jahren ins westanatolische Binnenland, der Markenname *Paşabahçe* blieb jedoch erhalten.

Anadolu Kavağı

Die letzte Station der Bosporusdampfer lebt vom Geschäft mit den Touristen. Frischer Fisch wird in unzähligen Lokalen angeboten, doch Achtung: „Viel Geld für wenig Fisch“, meinen Leser. Obwohl im Sommer recht überlaufen, macht der Ort dennoch einen freundlichen Eindruck: Möwen kreischen, während die Katzen auf Abfälle warten. Restaurants und Cafés mit herrlichem Panoramablick gibt es auch hoch über Anadolu Kavağı bei den Überresten einer **genuesischen Festung** *(Yoros Kalesi)* aus dem 14. Jh. – 20 schweißtreibende Minuten sind es bis hinauf. Von oben genießt man eine grandiose Aussicht auf die Mündung des Bosporus ins Schwarze Meer.

Praktische Infos

Vorwahl: 0216

Verbindungen

Von Üsküdar: Ⓑ 15 fährt von Üsküdar (Abfahrt bei der Hafenmoschee) entlang dem Bosporus bis Ortaçeşme (nördl. von Beykoz) und hält bis auf Anadolu Kavağı in allen beschriebenen Orten. Wer nach Anadolu Kavağı will, steigt am besten schon in Kanlıca in Bus 15 A (alle 25 Min.) um. Auf dem Rückweg von Anadolu Kavağı muss man ebenfalls dort umsteigen, da der Bus hinter Kanlıca landeinwärts abbiegt.

Von Eminönü oder Taksim: Zuerst nach Üsküdar (→ S. 255), von dort weiter mit Ⓑ 15 (s. o.).

Bosporusfahrt/Fähren: → Am Bosporus (europäische Seite), S. 239. Das Linienschiff steuert auf asiatischer Seite lediglich Kanlıca und Anadolu Kavağı an. Wer dort aussteigt, kann die Rückfahrt auch mit dem Bus nach Üsküdar antreten und kommt von dort mit der Fähre zurück nach Europa.

Mo–Fr fahren zudem bis zu 7-mal tägl. (am Wochenende nur 1- bis 2-mal) Fähren von Eminönü (Beschilderung „Boğaz İskelesi") nach Beylerbeyi und Çengelköy, weniger oft geht es nach Anadolu Hisarı, Kanlıca und Beykoz.

Von Anadolu Kavağı verkehren von 7 bis 22.45 Uhr alle 1–2 Std. Fähren nach Sarıyer auf der europäischen Seite. Auch verkehren zwischen Beykoz und Yeniköy von 6.40 bis 23 Uhr Fähren im 20-Min.-Rhythmus.

Essen und Trinken

Die Auswahl an vorzüglichen Fischlokalen steht der am europäischen Bosporusufer in nichts nach – schickere Restaurants gibt es v. a. zwischen Çengelköy und Kuleli, einfache Fischbratereien in Beykoz.

In Kuzguncuk

››› **Unser Tipp: İsmet Baba** **1** (→ Karte S. 252/253), simples, von den Wassern des Bosporus umspültes Traditionsrestaurant (seit 1951) – herrliche Lage. Eine der gemütlichsten Adressen für ein opulentes Fischmahl zu fairen Preisen. Im Zentrum von Kuzguncuk direkt am Wasser. Meryl Streep aß hier übrigens 2009 auch schon – unerkannt von den Kellnern, die erst aus den Zeitungen am nächsten Tag von ihrem prominenten Besuch erfuhren ... Çarşı Cad. 1/A, ✆ 5331232. ‹‹‹

In Beylerbeyi

Viele gute Fischrestaurants rund um den Fähranleger. Die Preise für eine Portion Fisch beginnen bei 5 €. Je näher am Wasser, desto teurer!

In Çengelköy und Kuleli

Yakamoz Kuleli Restaurant, zwischen Çengelköy und Kuleli (Bushaltestelle Kuleli). Ein Tipp für den Sommer: schön begrüntes Terrassenlokal. Reservieren Sie einen Tisch direkt am Wasser (✆ 3189505). Gute Fisch- und Fleischküche der gehobeneren Preisklasse. Toll ist das Brunchbüfett Sa/So.

Çınaraltı Çaybahçesi, eines der gemütlichsten Plätzchen auf der asiatischen Bosporusseite. Im Teegarten serviert man Softdrinks und günstige Snacks, zudem Frühstück. Zur Brunchzeit am Wochenende brechend voll. Von der Durchgangsstraße in Çengelköy bei einer Apotheke *(Eczane)* in die Pazar Kayığı Sok. Richtung Ufer einbiegen.

Bei Kanlıca

Lacivert, südl. von Kanlıca zwischen Körfez und Anadolu Hisarı. Herrlich gelegenes Terrassenlokal direkt am Ufer des Bosporus. Meze, Fisch und Fleisch. Hohes Niveau, gehobene Preisklasse. So Wahnsinnsbrunch. Körfez Cad. 57/A (Bushaltestelle Dolaybağı, von dort der Küstenstraße noch für ca. 7 Min. nach Norden folgen), ✆ 4134224.

Hıdiv Kasrı, elegantes Restaurant und Café im alten Khedivenpalast mit Rosengarten. Für das Gebotene günstig. Sa/So tolles Brunchbüfett (12 €), das ab 13 Uhr in ein Büfett mit warmem Essen übergeht (17 €). Kein Alkohol. Hıdiv Kasrı Yolu, ✆ 4129253. Wegbeschreibung → Kanlıca, S. 261.

Blick von der Büyükada auf das Häusermeer von İstanbul

Ziele rund um İstanbul

Einmal Polen und zurück, Sonne, Strand und Meer oder Orte der Ruhe – ein paar Ziele, welche die Hektik der Millionenmetropole vergessen lassen.

Zum Baden bieten sich die Küstenorte → **Kilyos** und → **Şile** am Schwarzen Meer an. Letzterer ist mit Abstand der schönere Ort, allerdings dauert die Anfahrt ein wenig länger. Saison ist in beiden Orten von Juni bis September, Hochbetrieb herrscht an Wochenenden. Im Winter sind viele Hotels und Restaurants geschlossen. Streunende Hunde patrouillieren dann durch die Straßen.

→ **Polonezköy** ist hingegen ein Ort, wie man ihn bei İstanbul nie vermuten würde: Der kleinen polnischen Enklave stattete bereits Papst Johannes Paul II. einen Besuch ab.

Entspannung versprechen auch die → **Prinzeninseln** *(Kızıl Adalar)* im Marmarameer. Privatfahrzeuge sind auf ihnen nicht erlaubt, Pferdedroschken erledigen den Transport. Spaziergänger kommen im → **Belgrader Wald** *(Belgrat Ormanı)* auf ihre Kosten – vergessen Sie den Picknickkorb nicht!

Aufgeführt sind nur Ziele, die nicht zwingend eine **Übernachtung** erfordern. Unterkünfte sind, vom Belgrader Wald einmal abgesehen, dennoch überall zu finden. Tipps zu Übernachtungsmöglichkeiten in Şile und auf Büyükada finden Sie im Kapitel „Übernachten" ab S. 71. Vom Zentrum İstanbuls sind Sie in maximal zwei Stunden überall am Ziel.

Şile

Der 72 km nordöstlich von İstanbul gelegene Mittelklasse-Badeort hat als Sommerfrische eine lange Tradition. Heute strömen bis zu 150.000 gestresste İstanbuler an Sommerwochenenden nach Şile.

Auf einem vorgelagerten Halbinselchen stehen die Reste einer genuesischen Burg. Rund um den Ort erstrecken sich

Das Seebad Şile am Schwarzen Meer

weite, feine Sandstrände. Der populärste ist der Kumbaba-Strand westlich des Hafens. Bars sorgen hier im Sommer für Stimmung. Weniger überlaufen sind die Strände und Buchten östlich des Hafens. Şile ist aber nicht nur für seine Strände bekannt, sondern auch für seinen leichten Baumwollstoff *(Şile Bezi)*, der heute jedoch vorrangig im İstanbuler Stadtteil Üsküdar produziert und dann zu Blusen, Batikkleidern, Umhängetaschen und Ähnlichem für eine alternative Kundschaft verarbeitet wird.

Nahezu stündl. fahren **Busse** (Nr. 139 A und 139) vom Stadtteil Üsküdar über Harem nach Şile (Dauer ca. 1 ½–2 Std.), im Sommer oft voll. Abfahrt in Üsküdar gegenüber der Şemsi-Pascha-Moschee. Wie Sie nach Üsküdar kommen → S. 255/256.

Kilyos

38 km nördlich von İstanbul liegt Kilyos, ein im Sommer stark frequentierter Küstenort mit wenig Charme. In dem einstigen Fischerdorf bestimmen Souvenirshops und charakterlose Hotels für vornehmlich russische Pauschaltouristen das Bild. Im Winter ist Kilyos allerdings wie ausgestorben. Die Strände um den Ort sind aber okay. Eine aufgedrehte Partygemeinde zieht im Sommer der trendige *Solar Beach Club* an. Wer es etwas ruhiger mag, kann zu den Stränden bei **Demirciköy** (östlich von Kilyos) und **Gümüşdere** (westlich davon) ausweichen. Für alle Strände gilt: Schwimmen Sie nicht zu weit hinaus, es gibt tückische Strömungen.

Von Taksim (Busbahnhof) mit 25 T oder von Kabataş mit 25 E nach Sarıyer, dann weiter mit dem **Minibus**, Abfahrt der Minibusse nach Kilyos in Sarıyer an der landeinwärts führenden Hauptgeschäftsstraße Şehit Mithat Yılmaz Cad. auf Höhe von Hausnr. 82.

Polonezköy

25 km nordöstlich von İstanbul, umringt von üppig-grünen Hügeln, liegt die Ortschaft Polonezköy („Polendorf“). Der polnische Adelige Adam Jerzy Czartoryski erwarb hier in der Mitte des 19. Jh. für seine Soldaten, die sich am gescheiterten Novemberaufstand gegen die Russen in Polen (1830/31) beteiligt hatten, ein Stück Land. Steuerbefreiung und diverse Sonderrechte, welche die

Polen durch die Unterstützung der Türken im Krimkrieg erhielten, machten eine Übersiedelung an den Bosporus zudem nach 1856 attraktiv. Heute ist *Adampol,* so der polnische Name Polonezköys, ein gepflegtes Dorf mit Giebelhäusern, geraniengeschmückten Balkonen und romantischen Obstgärten hinter Jägerzäunen. Bis vor ungefähr zwei Generationen wurde in Polonezköy noch fast ausschließlich Polnisch gesprochen, mittlerweile hat sich das geändert. Immerhin lebt man heute in erster Linie vom Wochenendtourismus der İstanbuler High Society. Es gibt zahlreiche gehobene Unterkünfte (die, so ist bekannt, diskret und ohne Nachfrage Verheirateten den Seitensprung ermöglichen und deswegen recht populär sind) und hervorragende türkisch-polnische Restaurants, die auch Schweinefleisch servieren.

Vor dem großen Ansturm: Strandbad in Kilyos

Von Üsküdar mit Ⓑ 15 (Abfahrt vom Busbahnhof bei der Hafenmoschee) nach Ortaçeşme und von dort die letzten 15 km mit dem **Taxi** (einfach 17 €, hin/zurück Verhandlungssache je nach Wartezeit).

Kızıl Adalar (Prinzeninseln)

Aufgrund ihres rötlichen Gesteins nennen die Türken die Inseln Kızıl Adalar („Rote Inseln"). Der von Ausländern bevorzugte Begriff „Prinzeninseln" stammt aus byzantinischer Zeit, als Verschwörungen gang und gäbe und die neun abgeschiedenen Inseln Verbannungsorte für unliebsame Prinzen, Prinzessinnen und Patriarchen waren. Während des Osmanischen Reiches lebten hier v. a. Griechen, Armenier und Juden. So ist es kein Wunder, dass die Zahl der Kirchen, Klöster und Synagogen die der Moscheen bei Weitem übersteigt.

Im 19. Jh. entdeckte die İstanbuler Oberschicht die Inseln als Erholungsort, und von Abgeschiedenheit kann seither keine Rede mehr sein. Viele İstanbuler besitzen eine Zweitwohnung auf den Inseln, und so wächst in den Sommermonaten die Einwohnerzahl sprunghaft an. Auf **Kınalıada** z. B., der ersten Insel, die das städtische Fährschiff anläuft, leben im Winter gerade mal 1900 Menschen, im Sommer sind es 15.000. Das weitestgehend zugebaute Eiland bietet kleine Kiesstrände (u. a. gleich neben der Fähranlegestelle), ein Zwischenstopp lohnt dennoch nicht.

Die nächste Station des Kursschiffes ist der malerische Hafen von **Burgaz Ada**. Darüber erhebt sich die griechisch-orthodoxe Kirche, die von schönen alten Villen umgeben ist. In einer davon lebte Sait Faik (1906–54), der „türkische Mark Twain". In seinem Haus erinnert eine kleine Ausstellung an ihn (Di–Fr und So 10–12 und 14–17 Uhr, Sa 10–13 Uhr, Eintritt frei). Sait Faik gilt bis heute als einer der bedeutendsten tür-

Büyükada: Ruhe pur

kischen Erzähler, seine bekannteste Anthologie *Ein Lastkahn namens Leben* ist in deutscher Sprache im Unionsverlag Zürich erschienen.

Das winzige, dem Hafen gegenüberliegende Inselchen mit nur einem einzigen Haus heißt **Kaşık Adası**. Es gehört Ali Dinçkök, einem der reichsten Männer İstanbuls. Zum Besitz seiner Familie gehört u. a. das Shoppingcenter Akmerkez (→ S. 235).

Das Kursschiff lässt diese Insel jedoch links liegen und steuert nun **Heybeliada** an, eine Insel mit ausgedehnten Pinienwäldern. Wegen der guten klimatischen Verhältnisse wurde hier 1938 das erste Sanatorium der Türkei eröffnet, es existiert noch heute. Ein schöner Spaziergang führt zum Hagia-Triada-Kloster *(Aya Trias Manastırı)*, das landschaftlich reizvoll auf einem Hügel im Norden der Insel liegt. Bis 1971 befand sich darin die Theologische Hochschule *(Rum Ortodox Ruhban Okulu)* des Griechisch-Orthodoxen Patriarchats – eine Art Kaderschmiede für den Priesternachwuchs –, bis diese von der damaligen türkischen Regierung im Zuge des Verbotes privater Hochschulen geschlossen wurde. Man wollte keine freien theologischen Akademien, egal ob christlich oder muslimisch, zulassen. Verblieben sind einige wenige Mönche. Die Wiedereröffnung der Hochschule ist mittlerweile Thema der EU-Beitrittsverhandlungen. Beliebt ist Heybeliada u. a. wegen des einladenden, schattigen Picknickgeländes Değirmen Burnu, zu dem ein schmaler Strand gehört.

Als letzte Insel wird **Büyükada** angelaufen, die größte der Inselgruppe und zugleich deren administratives Zentrum. Wie keine andere lockt sie Tagesausflügler an. Vor allem Araber und Iraner fallen mittlerweile in Massen ein, um die Schauplätze ihrer geliebten türkischen Seifenopern aufzuspüren (→ Kasten S. 76). Das hat die Insel verändert, aufdringliche Kellner in Abfertigungslokalen inklusive. Abends aber kehrt Ruhe ein, Charme kommt auf, und die Ausblicke auf das nächtliche Lichtermeer İstanbuls sind einfach traumhaft. Wer eine Nacht bleiben will: für Unterkünfte → Übernachten, S. 71.

Büyükada besteht aus zwei von Kiefern- und Pinienhainen überzogenen Höhenrücken, die in der Mitte von einem breiten Tal durchschnitten werden. Auf der südlichen Erhebung, dem Yüce Tepe

In prachtvolle Kostüme kleidet man Jungen am Tag ihrer Beschneidung, wie hier in Kilyos

(202 m), steht das Sankt-Georg-Kloster *(Ayayorgi Manastırı)* mit herrlichen Ausblicken und einer kleinen, aber reich mit Ikonen ausgeschmückten Kirche. Stets am 23. April steht die Kirche im Mittelpunkt großer Feierlichkeiten. Dann pilgern bis zu 100.000 Gläubige – Muslime wie Christen – auf die Insel und zum Kloster. Wünsche sollen, an diesem Tag und an diesem Ort ausgesprochen, besonders gut in Erfüllung gehen. Ein ideales Umfeld für christliche Missionare, die dann fleißig Bibeln verteilen.

Auf dem nördlichen Hügel İsa Tepesi (163 m) befindet sich das Kloster der Verklärung Christi *(Hristos Manastırı)*. In dessen Nähe liegt die auffällige Ruine des griechischen Waisenhauses *(Eski Rum Yetimhanesi)*. Stumm bezeugt der noch immer gewaltige, zur vorletzten Jahrhundertwende errichtete hölzerne Bau die Größe und den Niedergang der griechischen Gemeinde İstanbuls.

Zwischen den beiden Hügeln, nahe dem Nikolaus-Kloster *(Ayanikola Manastırı)*, informiert das Inselmuseum *(Adalar Müzesi)* über die Geschichte und Flora Büyükadas (tägl. außer Mo 9–18 Uhr, Eintritt 2,20 €, www.adalarmuzesi.org). Nahebei befindet sich ein kleiner öffentlicher Strand *(Halk Plajı)*. Ansonsten werden für die wenig ansprechenden Strände bzw. Badestellen Büyükadas teils horrende Gebühren verlangt.

Die meisten Touristen besichtigen Büyükada mit der Droschke. Seitdem sich aber die Zahl der Touristen vermehrt hat, hat sich auch die Zahl der Kutschen vermehrt und damit verbunden der Pferdekot – für viele ein Ärgernis. Denn nicht wenige, die auf Büyükada wohnen (und nicht als Kutscher arbeiten), sind reich, lieben Diskretion, Ruhe und Sauberkeit. Der schlechte Zustand der ungepflegten, oft kranken Pferde bringt zudem immer wieder Tierschützer auf die Barrikaden, sodass mittlerweile darüber nachgedacht wird, einen Teil der Pferdedroschken durch Elektrokutschen zu ersetzen.

Die Insel lässt sich aber auch zu Fuß oder mit dem Rad erkunden – leuchtend weiße Villen mit gepflegten Gärten lassen die verpasste Ausgabe von *Schöner*

Wohnen vergessen. Nur das einst pompöse Trotzki-Haus *(Trocki Evi)* in der Hamlacı Sokak 4/1, in dem der russische Revolutionär zwischen 1929 und 1933 lebte, ist heute eine Ruine.

Von Büyükada lassen sich im Hochsommer (nur dann Fährverbindungen) Ausflüge zur östlich gelegenen Sedef Adası unternehmen – kein Muss.

Die restlichen Inseln sind in Privatbesitz, Militärgebiet oder unbewohnt und werden vom Kursschiff nicht angelaufen. Ein trauriges Ereignis spielte sich auf **Sivriada** ab, einem unbewohnten, knapp 90 m aus dem Meer aufsteigenden Felsriff: 1910 wurden alle herrenlosen Hunde İstanbuls hier ausgesetzt und gingen jämmerlich zugrunde.

Yassıada diente nach Militärputschen wiederholt als Internierungslager. Das große Gebäude darauf errichtete man 1960/61 eigens für den Schauprozess gegen Ministerpräsident Menderes und seine Gefolgsleute – in der Nacht vom 16. auf den 17. September 1961 wurden er und zwei Minister hier gehenkt. Im Gespräch ist, den traurigen Ort in ein „Museum der Demokratie" umzuwandeln. Ganz nebenbei: Der PKK-Chef Abdullah Öcalan sitzt nicht hier ein, sondern auf der Gefängnisinsel Imralı viel weiter südlich im Marmarameer.

Anfahrt: Von 7 bis 23 Uhr ca. alle 1–2 Std. **Fährverbindungen** ab Kabataş (vom Taksim-Platz mit der *Fünikuler* Metro, von Sultanahmet/Eminönü mit der Straßenbahn zu erreichen). 2,20 €/Fahrt. Die privaten *Denlur*-Fähren fahren vom Üsküdar-Anleger *(Üsküdar İskelesi)* hinter der Tankstelle ab, die städtischen vom Şehir-Hatları-Anleger. An Sommerwochenenden zuweilen Warteschlangen. Angesteuert werden die Inseln mit den städtischen Fähren in der bereits erwähnten Reihenfolge, bis zur ersten dauert es ca. 1 Std. Die privaten Fähren fahren nur Heybeliada und Büyükada an.

Transport vor Ort: Wer die Inseln erkunden will, kann dies per pedes, mit dem Fahrrad (ab 2,20 €/Std., ab 7 €/Tag) oder mit der Kutsche tun: Auf Büyükada z. B. kostet die kleine Tour (45 Min.) für bis zu 4 Pers. 26 €, die große Tour (70 Min.) 30 €.

Belgrat Ormanı (Belgrader Wald)

Der riesige, quellenreiche Buchen- und Eichenwald im Norden İstanbuls ist ein beliebtes Ziel von Joggern, Wanderern und Bikern. Überall stößt man auf alte Dämme und Aquädukte. Bereits zu byzantinischer Zeit spielte der Belgrader Wald eine wichtige Rolle für die Wasserversorgung der Stadt. Seinen Namen erhielt der Forst übrigens von serbischen Handwerkern, die Süleyman der Prächtige im 16. Jh. hier ansiedelte, um sie mit der Aufsicht über die Wasserspeicher zu betrauen. Der paranoide Sultan Abdül Hamit II. vertrieb sie im späten 19. Jh. aus Angst, die Slawen könnten das Wasser vergiften. Allein reisende Frauen sollten die geteerten Hauptwege nicht verlassen: Glaubt man den Zeitungen, verstecken sich im Wald neben Wildschweinen, Füchsen und Schakalen auch Sittenstrolche.

Von Taksim (Busbahnhof) fährt Ⓑ 42 T direkt nach Bahçeköy. Von Kabataş fährt Ⓑ 25 E über Tarabaya bis Çayırbaşı, wo man auf Ⓑ 42 T von Taksim umsteigen kann.

Pferdedroschken besorgen den Transport auf den Prinzeninseln

Kleiner Sprachführer

Die türkische Schrift verwendet lateinische Buchstaben. Allerdings existieren einige Buchstaben, die es entweder im deutschen Alphabet gar nicht gibt oder die anders als bei uns ausgesprochen werden.

Aussprache

c dsch;

ç tsch;

ğ längt den vorstehenden dunklen Vokal und wird nicht ausgesprochen;

h zwischen zwei Vokalen wie h, sonst wie ch;

ı ein i ohne Punkt wird als nichtbetontes e ausgesprochen (groß: I, dagegen großes i: İ);

j sch (stimmhaft);

s s (stimmlos);

ş sch (stimmlos);

v w;

z s (stimmhaft).

Die türkische Rechtschreibung gibt im allgemeinen den Wortklang wieder; der geschriebene Text ist daher leicht auszusprechen. Die Grammatik ist äußerst logisch aufgebaut, aber von derjenigen der indoeuropäischen Sprachen grundverschieden. Kennzeichen der ural-altaischen Sprachgruppe, zu der neben Finnisch, Ungarisch und Mongolisch auch das Türkische gehört, ist das agglutinierende (=anfügende) Prinzip. Die grammatischen Beziehungen, die ein Wort eingeht, werden durch Anfügung von Suffixen (Nachsilben) an den stets unveränderlichen Wortstamm ausgedrückt. Diese Suffixe unterliegen zudem in den meisten Fällen einer so genannten Vokalharmonie, d. h. ihr Vokal passt sich der Lautfarbe der vorhergehenden Silbe an. Als dunkel gelten die Vokale a, ı, o, u, als hell die Vokale e, i ö, ü.

Beispiele für Suffixe (Nachsilben)

Wortstamm + Plural-Nachsilbe „-ler/-lar“ + Possessiv-Nachsilbe

1. Person Singular „ - (i/ı/u/ü)m“

kitap – Buch

*kitapla*r – Bücher

kitaplarım – meine Bücher

Ortsfälle

Auf die Frage „wo?“ („nerede?“) antwortet die Nachsilbe „-de/-da“.

Auf die Frage „wohin?“ („nereye?“) antwortet die Nachsilbe „-e/-a“.

Auf die Frage „woher?“ („nereden?“) antwortet die Nachsilbe „-den/-dan“. Also:

in İstanbul	*İstanbul'da*
im Hotel	*otelde*
nach İstanbul	*İstanbul'a*
in das Hotel	*otele*
von İstanbul	*İstanbul'dan*
aus dem Hotel	*otelden*

„mit“ wird mit der Nachsilbe „-li/-lı/-lu/-lü“, „ohne“ mit der Nachsilbe „-siz/-sız/-suz/-süz“ ausgedrückt. Also:

şeker	Zucker
şekerli	mit Zucker
iş	Arbeit
işsiz	arbeitslos (ohne Arbeit)

Allgemeine Redewendungen

Danke	*teşekkürler/mersi*
Herzlich willkommen	*hoş geldiniz*
Antwort	*hoş bulduk*
Guten Tag	*merhaba*
Auf Wiedersehen	*allaha ısmarladık;* sagt der Weggehende
	güle güle, sagt der Bleibende
Guten Morgen	*günaydın*
Guten Abend	*iyi akşamlar*
Gute Nacht	*iyi geceler*
Alles Gute	*bol şans*
Selbstverständlich	*tabii*
In Ordnung, o.k.	*tamam*
Nein, danke	*hayır, teşekkür ederim!*
Vielleicht	*belki*
Ja	*evet*
Ja, es gibt	*var*
Nein	*hayır*
Nein, es gibt nicht	*yok*
Gibt es ...?	*... var mı?*
Gut	*iyi*
Schlecht	*fena*
Schön	*güzel*
Groß	*büyük*
Bitte	*lütfen*
Wie bitte?	*efendim?*
Verzeihung	*pardon* (wenn man jemandem auf den Fuß getreten ist)
Verzeihen Sie (Einleitung vor einer Bitte)	*affedersiniz*
Wie geht es Ihnen?	*Nasılsınız?*
Sehr gut	*çok iyiyim*
Klein	*küçük*
Wie heißt das auf Türkisch?	*Bunun Türkçesi ne?*
Sprechen Sie Deutsch (Englisch)?	*Almanca (İngilizce) bilir misiniz?*
Ich habe nicht verstanden	*anlamadım*
Wieviel Lira?	*kaç lira?*
Ich möchte ...	*istiyorum*

Zahlen

0 = *sıfır*, 1/2 = *yarım* (isoliert), *buçuk* (z. B. in 1 1/2 etc.)

1 = *bir*
2 = *iki*
3 = *üç*
4 = *dört*
5 = *beş*
6 = *altı*
7 = *yedi*
8 = *sekiz*
9 = *dokuz*
10 = *on*

11 = *on bir*
20 = *yirmi*
30 = *otuz*
40 = *kırk*
50 = *elli*
60 = *altmış*
70 = *yetmiş*
80 = *seksen*
90 = *doksan*
100 = *yüz*

101 = *yüz bir*
200 = *iki yüz*
300 = *üç yüz*
1000 = *bin*
2000 = *iki bin*
10.000 = *on bin*
100.000 = *yüz bin*
500.000 = *Beş yüz bin*
1.000.000 = *Bir milyon*

Allgemeine Zeitbegriffe

Gestern	*dün*
Heute	*bugün*
Morgen	*yarın*
Tag	*gün*
Woche	*hafta*
Monat	*ay*
Jahr	*sene, yıl*

Auf der Reise

Flughafen	*havaalanı/ havalimanı*
Hafen	*liman*
Stadtzentrum	*şehir merkezi*
Touristeninformation	*turizm bürosu/turizm danışması*
Meer	*deniz*
Ein gutes Hotel	*iyi bir otel*
Platz	*meydan*
Straße	*cadde*
Straße, Gasse	*sokak*
Wo?	*nerede?*
Wohin?	*nereye?*

Fragen nach dem Weg

Wo ist ein/ der Bahnhof	*nerede gar/? tren istasyonu?*
Busbahnhof	*otogar/ terminal/garaj*
Billiges Hotel	*ucuz bir otel*
Polizeistation	*karakol/polis*
Postamt	*postane*
Bank	*banka*
Türk. Bad	*hamam*
Toilette	*tuvalet*
Links	*sol*
Rechts	*sağ*
Geradeaus	*doğru*
Zurück	*geri*
Hier	*burada*
Dort	*orada*
Nächste(r), örtl.	*en yakın*
Ist es weit?	*uzak mı?*
Straße, Weg	*yol*

Eisenbahn / Busse / Taxi

Bahnhof	*gar, tren istasyon*
Zug	*tren*
Liegewagen	*kuşet*
Schaffner	*biletçi*
Busbahnhof	*otogar/terminal/garaj*
Bus	*otobüs*
Gepäck	*bagaj*
Bahnsteig	*peron*
Abfahrt	*hareket, kalkış*
Ankunft	*varış*
Fahrkarte	*bilet*
Fahrplan	*tarife*
Haltestelle	*durak*
Schalter	*gişe*
Sammeltaxi	*dolmuş*
Taxi	*taksi*

Flug / Schiffe

Flughafen	*havaalanı/havalimanı*
Flug	*uçuş*
Flugzeug	*uçak*
Schiff	*gemi*
Fähre	*feribot*
Anlegestelle	*iskele*
kleines Ruder-/ Segelboot	*kayık*

Für Autofahrer

Ich möchte 15 Liter Super	*15 litre süper i stiyorum*
Wo ist eine Werkstatt?	*tamirhane nerede?*
Wieviel kostet es?	*ne kadar/ kaç para?*
Führerschein	*ehliyet*
Tankstelle	*benzin istasyonu/ benzinci/benzinhane*
Panne	*arıza*

Allgemein

Benzin	*Benzin*
Diesel	*motorin/dizel*
Motoröl	*motör yağı*
Ölen	*yağlamak*
Unfall	*kaza*
Reparaturwerkstatt	*tamirhane/ tamirci*
Es funktioniert nicht	*çalışmıyor*
... tropft/läuft aus	*... damlıyor*

Fahrzeugteile

Anlasser	*marş*
Autobatterie	*akü*
Blinker	*sinyal*
Bremsen	*frenler*
Bremslichter	*stop lambaları*
Getriebe	*şanjman*
Kühler	*radyatör*
Kupplung	*debreyaj*
Lichtmaschine	*şarj dinamosu*
Motor	*motör*
Reifen	*lastik*
Vergaser	*karbüratör*
Zündkerzen	*bujiler*
Leerlauf	*boç vites*
Gang einlegen	*vitese takmak*
Rückwärtsgang	*geri vites*

Übernachten

Gibt es heißes Wasser?	*Sıcak su var mı?*
Wieviel kostet es?	*Ne kadar?*
Ein Zimmer	*bir oda*
Zwei Personen	*iki kişi*
Ein Doppelzimmer	*iki kişilik oda*
Vollpension	*tam pansiyon*
Halbpension	*yarım pansiyon*

Im Hotel

Ein Zimmer mit Bad	*banyolu bir oda*
Ein Zimmer mit Dusche	*duşlu bir oda*
Sehr teuer	*çok pahalı*
Billiger	*daha ucuz*
Einverstanden	*tamam*
Rechnung	*hesap*
Frühstück	*kahvaltı*
Butter	*tereyağı*
Kaffee	*kahve*
Tee	*çay*
Milch	*süt*
Zucker	*şeker*

Camping

Campingplatz	*kamp yeri*
Zelt	*çadır*
Dusche	*duş*
Platz	*yer*
schattig	*gölgeli*
Küche	*mutfak*

Einkäufe

Wieviel kostet das?	*Bu ne kadar?*
Das ist sehr teuer!	*Çok pahalı!*
Buch	*kitap*
Teppich	*halı*
Messing	*pirinç*
Gold	*altın*
Silber	*gümüş*
Leder	*deri*
Kupfer	*bakır*
Laden, Geschäft	*dükkân*
Geld	*para*
Kleingeld	*para*
Türkische Lira	*lira*
Dollar	*dolar*
Straßenkarte	*yol haritası*
Stadtplan	*şehir planı*
Kugelschreiber	*kalem*
Feuerzeug	*çakmak*

Streichhölzer	*kibrit*
Ein Päckchen	*bir paket*
Zigaretten mit Filter	*filtreli sigara*
Zigaretten ohne Filter	*filtresiz sigara*

Geschäfte

Markt	*pazar*
Basar	*çarşı*
Apotheke	*eczane*
Buchhandlung	*kitapçı*
Lebensmittelgeschäft	*bakkal*
Reisebüro	*seyahat acentası*

Auf der Post

offen	*açık*
geschlossen	*kapalı*
Eilpost	*kapalı*
Zoll	*gümrük*
Telefonmünze	*jeton*
Postkarte	*kartpostal*
Brief	*mektup*
Briefmarke	*pul*
Luftpost	*uçakla*

Gesundheit

Arzt	*doktor*
Krankenhaus	*hastane*
Kohletabletten	*karbon tableti*
Schmerztabletten	*ağrı hapı*
Schmerzen	*ağrılar*
Kopf	*baş*
Auge	*göz*
Ohr	*kulak*
Zahn	*diş*
Hals	*boğaz*
Brust	*göğüs*
Magen	*mide*
Herz	*kalp*
Leber	*karaciğer*
Nieren	*böbrekler*
Insektenstich	*böcek sokması*

Im Restaurant

Frühstück	*kahvaltı*
Mittagessen	*öğle yemeği*
Abendessen	*akşam yemeği*
Portion	*porsyon*
Gabel	*çatal*
Messer	*bıçak*
Löffel	*kaşık*
Teller	*tabak*
Glas	*bardak*
Brot	*ekmek*
Wasser	*su*
Mineralwasser	*madensuyu*
Eis (nur Kühleis)	*buz*
Fleisch	*et*
Hammelfleisch	*koyun eti*
Lammfleisch	*kuzu eti*
Rindfleisch	*sığır eti*
Kalbfleisch	*dana eti*
Huhn	*piliç*
Fisch	*balık*
Rechnung, bitte	*hesap, lütfen*
Bedienungsgeld	*servis ücreti*
Trinkgeld	*bahşiş*

Kleines Speiselexikon

Vorspeisen („mezeler")

Arnavut ciğeri	gebratene Leberstückchen mit Zwiebeln
Beyaz peynir	Schafskäse
Börek	Blätterteigpastete
Çerkes tavuğu	Hühnerfleisch in Sauce aus Walnüssen
Kabak dolması	gefüllter Kürbis
Midye dolması	gefüllte Miesmuscheln
Patlıcan salatası	Auberginenpüree
Yaprak dolması	gefüllte Weinblätter
Beyin	Hirn

Suppen („çorbalar")

Düğün çorbası	Suppe mit Hammel-Ei und Zitrone
Haşlama	Brühe mit Hammelfleisch
İşkembe çorbası	Kuttelsuppe
Yayla çorbası	Suppe mit Joghurt

Fleischgerichte („etli yemekler")

Bonfile	Beefsteak
Döner kebap	Hammelfleisch vom Drehspieß
Kuzu dolması	mit Reis gefülltes Lammfleisch
Pirzola	Lammkotelett
Şiş kebap	gegrillte Lammstücke
Şiş köfte	gegrillte Hackfleischbällchen
Çiğ köfte	scharfgewürzte Fleischbällchen aus rohem Hack
Lahmacun	Hackfleisch auf Fladenbrot („türkische Pizza")
Güveç	Fleisch-/Gemüseeintopf
Tas kebap	Lammfleisch-Eintopf
Tavuk	Suppenhuhn

Reisgerichte („pilav")

İç pilav	Reis mit Leber Reis mit Auberginen
Bulgur pilavı	Weizengrütze
Patlıcanlı pilav	Reis mit Auberginen

Kalte Gemüsegerichte in Olivenöl („zeytinyağlılar")

İmam bayıldı	gefüllte Auberginen in Olivenöl
Kabak kızartması	gebratene Zucchinischeiben
Patlıcan kızartması	frittierte Auberginenscheiben
Zeytinyağlı fasulye	grüne Bohnen in Olivenöl

Fisch („balık")

Alabalık	Forelle
Barbunya	rote Barbe
Dil balığı	Seezunge
Hamsi	Schwarzmeersardinen
Karides	Garnele
Kılıç	Schwertfisch
Levrek	Seebarsch
Midye	Miesmuscheln
Tekir	Rote Meerbarbe
Palamut	kleiner Thunfisch, Bonito
Pisi	Scholle
Uskumru	Makrele
Yengeç	Krebs

Beilagen

Bezelye	Erbsen
Salatalık	Gurke
Ispanak	Spinat
Karnıbahar	Blumenkohl
Lahana	Kohl

Patates	Kartoffeln
Soğan	Zwiebeln
Beyaz peynir	Schafskäse
Kaşar	mildgelber Käse
Sarımsak	Knoblauch
Karabiber	Pfeffer
Tuz	Salz
Zeytin	Oliven

Zubereitungsarten

Buğulama	gedämpft
Ezme	Püree
Fırın	im Ofen gebacken
Haşlama	gekocht
Izgara	auf Holzkohlen gegrillt
Tava	in der Pfanne
Pişkin	durchgegart
Soslu	mit Sauce
Yoğurtlu	mit Jogurt
Yumurtalı	mit Ei

Salate („salatalar")

Cacık	Joghurt mit Gurken und Knoblauch
Çoban salatası	gemischter Salat mit Tomaten,Gurken, Zwiebeln
Patlıcan salatası	Auberginensalat
Piyaz	Salat aus weißen Bohnen
Domates salatası	Tomatensalat

Nachspeisen („tatlılar")

Baklava	mit Walnüssen oder Pistazien gefülltes Blätterteiggebäck
Helva	türkischer Honig, Helwa
Tel kadayıf	gebackene Teigfäden mit Walnüssen oder Pistazien gefüllt und in Sirup getränkt
Aşure	Pudding aus Weizengrütze mit Walnüssen und Rosinen
Muhallebi	Pudding aus Reismehl und Rosenwasser
Sütlaç	Milchreis
Dondurma	Speiseeis

Obst („meyve")

Armut	Birne
Elma	Apfel
Erik	Pflaume
İncir	Feige
Karpuz	Wassermelone
Kavun	Honigmelone
Kayısı	Aprikose
Kiraz	Kirsche
Muz	Banane
Nar	Granatapfel
Portakal	Orange
Şeftali	Pfirsich
Üzüm	Weintrauben

Getränke

Ayran	Joghurtgetränk
Madensuyu	Mineralwasser
Su	Wasser
Meyve suyu	Fruchtsaft
Elma suyu	Apfelsaft
Portakal suyu	Orangensaft
Şeftali suyu	Pfirsichsaft
Limonata	Limonade
Süt	Milch
Çay	schwarzer Tee
Adaçayı	Salbeitee
Kahve	Kaffee, Mokka
Şekerli	süß
Az şekerli	schwach gesüßt
Bira	Bier
Şarap	Wein
Beyaz	weiß
Kırmızı	rot
Rakı	Anisschnaps

Abruzzen • Ägypten • Algarve • Allgäu • Allgäuer Alpen • Altmühltal & Fränk. Seenland • Amsterdam • Andalusien • Andalusien • Apulien • Athen & Attika • Australien – der Osten • Azoren • Bali & Lombok • Baltische Länder • Bamberg • Barcelona • Bayerischer Wald • Bayerischer Wald • Berlin • Berlin & Umgebung • Bodensee • Bretagne • Brüssel • Budapest • Bulgarien – Schwarzmeerküste • Chalkidiki • Chiemgau • Cilento • Cornwall & Devon • Dresden • Dublin • Comer See • Costa Brava • Costa de la Luz • Côte d'Azur • Cuba • Dolomiten – Südtirol Ost • Dominikanische Republik • Ecuador • Eifel • Elba • Elsass • Elsass • England • Fehmarn • Franken • Fränkische Schweiz • Fränkische Schweiz • Friaul-Julisch Venetien • Gardasee • Gardasee • Genferseeregion • Golf von Neapel • Gomera • Gomera • Gran Canaria • Graubünden • Griechenland • Griechische Inseln • Hamburg • Harz • Haute-Provence • Havanna • Ibiza • Irland • Island • Istanbul • Istrien • Italien • Italienische Adriaküste • Kalabrien & Basilikata • Kanada – Atlantische Provinzen • Kanada – der Westen • Karpathos • Kärnten • Katalonien • Kefalonia & Ithaka • Köln • Kopenhagen • Korfu • Korsika • Korsika Fernwanderwege • Korsika • Kos • Krakau • Kreta • Kreta • Kroatische Inseln & Küstenstädte • Kykladen • Lago Maggiore • La Palma • La Palma • Languedoc-Roussillon • Lanzarote • Lesbos • Ligurien – Italienische Riviera, Genua, Cinque Terre • Ligurien & Cinque Terre • Liparische Inseln • Lissabon & Umgebung • Lissabon • London • Lübeck • Madeira • Madeira • Madrid • Mainfranken • Mainz • Mallorca • Mallorca • Malta, Gozo, Comino • Marken • Mecklenburgische Seenplatte • Mecklenburg-Vorpommern • Menorca • Midi-Pyrénées • Mittel- und Süddalmatien • Mittelitalien • Montenegro • Moskau • München • Münchner Ausflugsberge • Naxos • Neuseeland • New York • Niederlande • Niltal • Norddalmatien • Norderney • Nord- u. Mittelgriechenland • Nordkroatien – Zagreb & Kvarner Bucht • Nördliche Sporaden – Skiathos, Skopelos, Alonnisos, Skyros • Nordportugal • Nordspanien • Normandie • Norwegen • Nürnberg, Fürth, Erlangen • Oberbayerische Seen • Oberitalien • Oberitalienische Seen • Odenwald • Ostfriesland & Ostfriesische Inseln • Ostseeküste – Mecklenburg-Vorpommern • Ostseeküste – von Lübeck bis Kiel • Östliche Allgäuer Alpen • Paris • Peloponnes • Pfalz • Pfälzer Wald • Piemont & Aostatal • Piemont • Polnische Ostseeküste • Portugal • Prag • Provence & Côte d'Azur • Provence • Rhodos • Rom & Latium • Rom • Rügen, Stralsund, Hiddensee • Rumänien • Rund um Meran • Sächsische Schweiz • Salzburg & Salzkammergut • Samos • Santorini • Sardinien • Sardinien • Schleswig-Holstein – Nordseeküste • Schottland • Schwarzwald Mitte/Nord • Schwarzwald Süd • Schwäbische Alb • Shanghai • Sinai & Rotes Meer • Sizilien • Sizilien • Slowakei • Slowenien • Spanien • Span. Jakobsweg • St. Petersburg • Südböhmen • Südengland • Südfrankreich • Südmarokko • Südnorwegen • Südschwarzwald • Südschweden • Südtirol • Südtoscana • Südwestfrankreich • Sylt • Teneriffa • Teneriffa • Thassos & Samothraki • Toscana • Toscana • Tschechien • Tunesien • Türkei • Türkei – Lykische Küste • Türkei – Mittelmeerküste • Türkei – Südägäis • Türkische Riviera – Kappadokien • Umbrien • Usedom • Venedig • Venetien • Wachau, Wald- u. Weinviertel • Westböhmen & Bäderdreieck • Wales • Warschau • Westliche Allgäuer Alpen und Kleinwalsertal • Westungarn, Budapest, Pécs, Plattensee • Wien • Zakynthos • Zentrale Allgäuer Alpen • Zypern

Reisehandbuch **MM-City** **MM-Wandern**

Register

Die (in Klammern gesetzten) Koordinaten verweisen auf die beigefügte Istanbul-Karte.

Vielen Dank! Für ihr Insiderwissen danken wir Ayfer und Burak Berber, Mürüvvet Kurt, Umut Karadirek und Deniz Tuna Dalyancı (alle İstanbul). Ein herzlicher Dank für die wertvollen Tipps gilt zudem den Lesern: Beatrice Montanari (CH-Pfeffingen), Anja Reger, Stefan Kaisers, Barbara Wanstrath, Karin Boersen, Claudia Helm (Ebringen), Dr. Niels Wilcken (Saarbrücken), Andrea Wenderoth (Weilheim), Marianne Steinbeck, Bettina Keller (CH-Merligen), Silke Koppensteiner (A-Linz), Sabine Rott, Claudia Hiestand, Peter Döring (Hamburg), Michael Herweg (München), Daniel Reicke, Walter Rumpold (CH-Muralto), Daniel Gräfe, Fam. Schülling, Angelika Stein (Berlin), Karsten de Ponte (Berlin), Heike Hörter, Nina Birkner (Jena), Claudia Oster, Sarah Lorenz, Jürgen Renardy (Aachen), Julia Repper (CH-Brugg), Marina Lück und Joachim Westermann, Johannes Näder, Karin Grochowski und Gerold Hoffmann, Mark Read, Monique Braun (Luxemburg), Kerstin Pape, Gabi Schaper und Herbert Grimm, Matthias Emmert, Charlie Scheurer (Speyer), Ulla Dahle und Nicole Hecker, Ferdinand-Josef Stemann (Memmelsdorf), Walter Reimann (CH-Zürich), Elisabeth Saigger (München), Martina Ohlhauser (Spechbach), Benjamin Siewert (Uhldingen), Burkhard Neumann, Marco Fischer (Dresden), Mehtap Renzel (Köln), Andreas Meyer (Freiburg), Claus Breitling, Christl Maier-Purk, Doris Müller und Erich Steiner, Eric C. Boettger (CH-Zürich), Heike Böhrer, Christoph Stach (Haimhausen), Regina Brudler, Alex Reinshagen, Anja Köstner (Ulm), Regina Köhler (Mannheim), Julia Baumgart (Köln), Marianne Steinbeck (Miesbach), Hans-Jörg Bodenmüller (CH-Winterthur), Claudia Kummert, Brigitte Wenger Şahin (CH-Basel), P. Saloustros, Hans-Dieter Dauphin, Helmut Lück (Niedernhausen), Constanze Jacob (Leipzig), Stefan Junk (Saarbrücken), Hans Hartmann-Thoma (Röthenbach) und Paul Bergmann.

ISBN 978-3-89953-792-5

Was haben Sie entdeckt? Haben Sie ein stilvolles Restaurant entdeckt, eine urige Kneipe oder ein romantisches Hotel? Wo haben Sie den besten Fisch gegessen, den lustigsten Abend oder die schönsten Stunden Ihres İstanbul-Aufenthaltes verbracht?

Wenn Sie Tipps, Anregungen oder Verbesserungsvorschläge zum Buch haben, lassen Sie es uns bitte wissen. Auch für Kritik sind wir dankbar.

Schreiben Sie an: Gabriele Tröger & Michael Bussmann „Istanbul" | c/o Michael Müller Verlag GmbH | Gerberei 19, D – 91054 Erlangen | michael.bussmann@michael-mueller-verlag.de